"十二五"国家重点图书出版规划项目

中国社会科学院创新工程学术出版资助项目

总主编：金 碚

经济管理学科前沿研究报告系列丛书

THE FRONTIER REPORT ON THE
DISCIPLINE OF
FINANCE

李俊峰 主 编
张永军 李洁如 副主编

金融学学科前沿研究报告

经济管理出版社
ECONOMY & MANAGEMENT PUBLISHING HOUSE

《经济管理学科前沿研究报告》专家委员会

主　任： 李京文

副主任： 金　碚　黄群慧　黄速建　吕本富

专家委员会委员（按姓氏笔划排序）：

方开泰	毛程连	王方华	王立彦	王重鸣	王　健	王浦劬	包　政
史　丹	左美云	石　勘	刘　怡	刘　勇	刘伟强	刘秉链	刘金全
刘曼红	刘湘丽	吕　政	吕　铁	吕本富	孙玉栋	孙建敏	朱　玲
朱立言	何　瑛	宋　常	张　晓	张文杰	张世贤	张占斌	张玉立
张屹山	张晓山	张康之	李　平	李　周	李　晓	李子奈	李小北
李仁君	李兆前	李京文	李国平	李春瑜	李海峥	李海舰	李维安
李　群	杜莹芬	杨　杜	杨开忠	杨世伟	杨冠琼	杨春河	杨瑞龙
汪　平	汪同三	沈志渔	沈满洪	肖慈方	芮明杰	辛　暖	陈　耀
陈传明	陈国权	陈国清	陈　宪	周小虎	周文斌	周治忍	周晓明
林国强	罗仲伟	郑海航	金　碚	洪银兴	胡乃武	荆林波	贺　强
赵顺龙	赵景华	赵曙明	项保华	夏杰长	席西民	徐二明	徐向艺
徐宏玲	徐晋涛	涂　平	秦荣生	袁　卫	郭国庆	高　闯	符国群
黄泰岩	黄速建	黄群慧	曾湘泉	程　伟	董纪昌	董克用	韩文科
赖德胜	雷　达	廖元和	蔡　昉	潘家华	薛　澜	魏一明	魏后凯

《经济管理学科前沿研究报告》编辑委员会

总主编： 金 碚

副总主编： 徐二明 高 闯 赵景华

编辑委员会委员（按姓氏笔划排序）：

万相昱	于亢亢	王 钦	王伟光	王京安	王国成	王默凡	史 丹
史小红	叶明确	刘 飞	刘文革	刘兴国	刘建丽	刘 颖	孙久文
孙若梅	朱 彤	朱 晶	许月明	何 瑛	吴东梅	宋 华	张世贤
张永军	张延群	李 枫	李小北	李俊峰	李禹桥	杨世伟	杨志勇
杨明辉	杨冠琼	杨春河	杨德林	沈志渔	肖 霞	陈宋生	陈 宪
周小虎	周应恒	周晓明	罗少东	金 准	贺 俊	赵占波	赵顺龙
赵景华	钟甫宁	唐 镳	徐二明	殷 凤	高 闯	康 鹏	操建华

序 言

为了落实中国社会科学院哲学社会科学创新工程的实施，加快建设哲学社会科学创新体系，实现中国社会科学院成为马克思主义的坚强阵地、党中央国务院的思想库和智囊团、哲学社会科学的最高殿堂的定位要求，提升中国社会科学院在国际、国内哲学社会科学领域的话语权和影响力，加快中国社会科学院哲学社会科学学科建设，推进哲学社会科学的繁荣发展具有重大意义。

旨在准确把握经济和管理学科前沿发展状况，评估各学科发展近况，及时跟踪国内外学科发展的最新动态，准确把握学科前沿，引领学科发展方向，积极推进学科建设，特组织中国社会科学院和全国重点大学的专家学者研究撰写《经济管理学科前沿研究报告》。本系列报告的研究和出版得到了国家新闻出版广电总局的支持和肯定，特将本系列报告丛书列为"十二五"国家重点图书出版项目。

《经济管理学科前沿研究报告》包括经济学和管理学两大学科。经济学包括能源经济学、旅游经济学、服务经济学、农业经济学、国际经济合作、世界经济、资源与环境经济学、区域经济学、财政学、金融学、产业经济学、国际贸易学、劳动经济学、数量经济学、统计学。管理学包括工商管理学科、公共管理学科、管理科学与工程三个学科。工商管理学科包括管理学、创新管理、战略管理、技术管理与技术创新、公司治理、会计与审计、财务管理、市场营销、人力资源管理、组织行为学、企业信息管理、物流供应链管理、创业与中小企业管理等学科及研究方向；公共管理学科包括公共行政学、公共政策学、政府绩效管理学、公共部门战略管理学、城市管理学、危机管理学、公共部门经济学、电子政务学、社会保障学、政治学、公共政策与政府管理等学科及研究方向；管理科学与工程包括工程管理、电子商务、管理心理与行为、管理系统工程、信息系统与管理、数据科学、智能制造与运营等学科及研究方向。

《经济管理学科前沿研究报告》依托中国社会科学院独特的学术地位和超前的研究优势，撰写出具有一流水准的哲学社会科学前沿报告，致力于体现以下特点：

（1）前沿性。本系列报告能体现国内外学科发展的最新前沿动态，包括各学术领域内的最新理论观点和方法、热点问题及重大理论创新。

（2）系统性。本系列报告囊括学科发展的所有范畴和领域。一方面，学科覆盖具有全面性，包括本年度不同学科的科研成果、理论发展、科研队伍的建设，以及某学科发展过程中具有的优势和存在的问题；另一方面，就各学科而言，还将涉及该学科下的各个二级学科，既包括学科的传统范畴，也包括新兴领域。

（3）权威性。本系列报告由各个学科内长期从事理论研究的专家、学者主编和组织本领域内一流的专家、学者进行撰写，无疑将是各学科内的权威学术研究。

（4）文献性。本系列报告不仅系统总结和评价了每年各个学科的发展历程，还提炼了各学科学术发展进程中的重大问题、重大事件及重要学术成果，因此具有工具书式的资料性，为哲学社会科学研究的进一步发展奠定了新的基础。

《经济管理学科前沿研究报告》全面体现了经济、管理学科及研究方向本年度国内外的发展状况、最新动态、重要理论观点、前沿问题、热点问题等。该系列报告包括经济学、管理学一级学科和二级学科以及一些重要的研究方向，其中经济学科及研究方向15个，管理学科及研究方向45个。该系列丛书按年度撰写出版60部学科前沿报告，成为系统研究的年度连续出版物。这项工作虽然是学术研究的一项基础工作，但意义十分重大。要想做好这项工作，需要大量的组织、协调、研究工作，更需要专家学者付出大量的时间和艰苦的努力，在此，特向参与本研究的院内外专家、学者和参与出版工作的同仁表示由衷的敬意和感谢。相信在大家的齐心努力下，会进一步推动中国对经济学和管理学学科建设的研究，同时，也希望本系列报告的连续出版能提升我国经济和管理学科的研究水平。

金碚

2014年5月

前　言

金融学是从经济学中分化出来的应用经济学学科，从19世纪到现在，不断发展的金融学科形成了两个主要的分支：宏观金融学研究与微观金融学研究。宏观金融学是宏观经济学（包括开放条件下）的货币版本，它主要研究货币和宏观意义上的金融系统的运转，着重于宏观货币经济模型的建立，并通过它们产生对实现高就业、低通货膨胀、高经济增长和其他经济目标可能有用的货币政策结论和建议；对金融的宏观分析大体包括货币体系的建立、利率及汇率的形成、通货膨胀与通货紧缩、虚拟经济与实体经济等。微观金融学则是以金融资产定价和公司金融（理财）等问题为主要研究对象，对微观层面上的金融市场和金融机构以及个人投资等进行研究；对金融的微观分析大体包括金融市场与金融机构、公司财务、投资组合理论等。

《金融学学科前沿研究报告》主要包括五个部分，即国内外研究述评、期刊论文精选、出版图书精选、年度重大金融事项及会议综述和文献索引。

第一部分是国内外研究述评。本报告以2011年国内外高水平专业期刊发表的金融学理论文章以及相关书籍作为研究对象，在既定理论结构的基础上对金融学理论研究成果进行系统梳理和内容划分，并进行文献述评和比较分析研究，为金融学理论未来的研究趋势和方向提供了建议。

第二部分是期刊论文精选。本报告对2011年国内外与金融学学科相关的期刊论文进行梳理和内容划分，得到与金融学学科相关的期刊论文926篇，其中：国内期刊文章601篇，国外期刊文章325篇。考虑到金融学理论发展的系统性、前瞻性、融合性、实用性等方面的要求，综合考虑研究内容、研究方法、研究视角等方面，通过金融学专家团队的一致评选，评选出16篇中文期刊优秀论文和22篇英文期刊优秀论文。

第三部分是出版图书精选。本报告整理了2011年国内外与金融学学科相关的图书，从金融学学科发展的系统性、前瞻性、融合性、实用性等方面的要求，综合考虑研究内容、研究方法、研究视角等方面，通过金融学专家团队的一致评选，评选出17本优秀中文图书和10本优秀英文图书。

第四部分是年度重大金融事项及会议综述。本报告对2011年国内外重要的会议以及重大的金融事项进行梳理和汇总，分国内和国际两部分进行阐述。国内重要金融事项包括中国银监会发布的《中国银行业实施新监管标准指导意见》，中国人民银行公布了获得第三方支付牌照的首批企业名单，地方政府自行发债试点正式启动等；国内重要会议包括第五季夏季达沃斯论坛，金砖国家领导人第三次会晤，国际金融论坛（IFF）第八届全球年

经济管理学科前沿研究报告

会等。国际方面重点关注欧债危机的进程,全球主要经济体的增速分化,美国通过提高债务上限和削减赤字的法案等热点问题;国际重要会议包括世界经济年会,达沃斯世界经济论坛年会,第三轮中美战略与经济对话等。

第五部分是文献索引。本报告的文献索引包括中文期刊和英文期刊两部分。中文期刊主要收录了金融研究、经济研究、国际金融研究、财经问题研究、管理世界等重要刊物的文章,共计601篇;英文期刊主要收录了Journal of Finance、Journal of Financial Economics、The Review of Financial Studies、Journal of Economic Literature、Review of International Economics等重要刊物的文章,共计325篇。

《金融学学科前沿研究报告2011》延续了2010年版本的编写逻辑,以2011年国内外高水平专业期刊发表的金融学学科文章作为研究对象,并从研究内容、研究方法和研究视角等方面进行对比分析研究。同时,该报告涵盖范围较广,包含了金融学科的发展历程及现状、金融学科最新研究动态、金融学科本年度研究的热点及主要理论等内容,并在报告最后进行了大量的文献检索。

作为一部反映国内外金融学前沿的报告,该报告难免会有偏颇或疏漏之处。报告团队将携手前进,共同努力,为金融学学科的发展做出更大的贡献。

目 录

第一章 金融学科 2011 年国内外研究评述 ········· 001
第一节 金融学科的发展历程及现状 ········· 001
第二节 金融学科本年度研究的热点及主要理论 ········· 002

第二章 金融学科 2011 年期刊论文精选 ········· 011
第一节 中文期刊论文精选 ········· 011
第二节 英文期刊论文精选 ········· 263

第三章 金融学科 2011 年出版图书精选 ········· 275
第一节 中文图书精选 ········· 276
第二节 英文图书精选 ········· 295

第四章 金融学科 2011 年大事记 ········· 303
第一节 国内部分 ········· 303
第二节 国外部分 ········· 307

第五章 金融学科 2011 年文献索引 ········· 315
第一节 中文期刊文献索引 ········· 315
第二节 英文期刊文献索引 ········· 347

后 记 ········· 367

第一章 金融学科 2011 年国内外研究评述

第一节 金融学科的发展历程及现状

金融学科的发展经历了一个漫长的过程，随着时间的推进，金融学研究的对象从初始的对宏观金融的研究逐渐偏向于对微观金融的研究。

宏观金融学的发展大概经历了几个阶段：第一个阶段是古典的货币需求理论阶段。古典经济学的二分法将经济分成实际经济领域和货币经济领域。凯恩斯则从宏观的角度考察国民收入等宏观经济变量。弗里德曼创造的货币需求理论主要考虑哪些因素影响人们的货币需求，开创性地将货币阐述为一种资产。第二个阶段是新凯恩斯主义的经济学派。与之前的凯恩斯学派不同的是，新凯恩斯学派认为名义总需求的变动可以对非均衡的产出以及就业率造成影响。第三个阶段的主要观点是金融约束理论。该理论认为由于金融管理部门特意地为一些金融机构提供诸如市场准入门槛等的特权，使得银行之类的金融机构可以获得较为稳定的利润，因此不会为了某些短期利益而损害整个社会的福利。第四个阶段为理性预期学派的阶段。该学派的一个重要结论就是货币政策的无效性。由于人们会根据各种预期对经济提前进行判断，并采取各种手动主动预防金融风险，使得人们的预期会对市场经济的变化产生不可忽视的重要影响。

微观金融学思想源于 Gabriel Crammer（1728）和 Daniel Bernouli（1738）在不确定环境下的最初思考，200 年后成为微观金融学的基础。微观金融学的发展经历旧金融学、现代微观金融学和新微观金融学（Robert Haugen，1999）三个阶段。第一个阶段是 19 世纪 60 年代前，即"旧时代金融"，当时主要通过分析会计财务报表来研究金融。第二个阶段"现代微观金融学"则是以有效市场假设、资本资产定价理论和现代资产组合理论建立起来的金融经济学，着重分析价格发生机制和金融市场效率问题。第三个阶段是 20 世纪 80 年代"新金融"产生，依赖行为金融学理论，主要研究投资者的有限理性以及无效率市场。

20 世纪八九十年代后，各学科之间的交叉互补为金融学的发展开拓了新的思路。例如，将数学、工程学等与金融学结合起来的金融工程学，将心理学与金融学结合起来的行为金融学等,都取得了较快的发展,金融学科也因此受到了越来越多的关注。

第二节　金融学科本年度研究的热点及主要理论

在宏观金融学方面,本年度研究的热点及主要理论观点包含以下几个方面:

(一) 汇率问题

汇率在经济和金融生活中,一直扮演着重要的角色。它与国家的宏观调控、经济政策、通货膨胀率等紧密相关,关系到国家内部和外部的经济乃至国际经济,对宏观调控、经济稳定等都具有重要的作用。汇率在经济中常常发挥着重要的作用,但是它的发挥程度将受到一个国家的商品结构、开放程度以及与国际金融市场联系程度的制约。汇率经常会出现变动,因为它会受到多种因素的影响:国际收支的状况,顺差与逆差、通货膨胀率、货币购买力、利率的水平、国家的宏观调控,经济政策、外汇的影响、政府的干预等,都影响着汇率,推动着汇率的变动。而汇率的变动,又将会影响到一个国家的国内经济和对外经济贸易,甚至影响整个国际经济。

汇率传递 (Exchange Rate Pass-through) 是国际金融学研究的热点之一,近期因中国等新兴市场在高增长的同时出现了高通胀的压力,各国中央银行将本币对外升值作为抗通胀的重要政策工具之一,从而再次引发各界的热烈讨论。所谓汇率传递,是指进口价格对本币汇率变动的反应程度。白钦先和张志文 (2011) 研究发现,在控制了通胀惯性、实质 GDP 增长、国际能源和食品涨价、流动性过剩等影响 CPI 通货膨胀的重要因素后,人民币名义有效汇率变动对中国通货膨胀的影响非常有限,汇率升值抑制通胀的作用不是很大,如果在短期内为抑制通胀而大幅度升值,会进一步挤压出口型制造业的利润空间,导致相关领域的企业既无法承受成本大幅上升又来不及升级或转型,最后选择关闭企业,抽出资金炒作国内各种产品,反而会直接推高通胀,这样的结果将会与汇率升值抑制通胀的政策目标背道而驰。所以,不宜在短期内为抑制通胀而大幅升值人民币汇率,以免产生严重的副作用。

此外,人民币汇率的波动还会对国内的货币需求产生影响,从而进一步影响我国货币政策的制定。肖卫国和袁威 (2011) 在开放经济条件下考察了 1999 年 1 月至 2010 年 5 月期间中国货币需求函数的特征。研究结果表明通胀预期、股票价格和人民币汇率是影响长期货币需求的重要因素。人民币升值和升值预期通过货币替代效应和国际资本流动效应增加了长期实际货币余额需求。研究结果还表明在样本期间人民币汇率波动的短期国际资本流动效应是造成中国 A 股市场动荡加剧的重要原因之一。这意味着中国货币政策的制定与实施应该关注资产价格波动和考虑人民币汇率因素,尤其是当前应特别注重稳定人民币升值预期。

（二）货币政策

货币政策传导机制是指从运用货币政策到实现货币政策目标的过程，货币传导机制是否完善，直接影响货币政策的实施效果以及对经济的贡献。货币政策传导机制理论可溯源到 18 世纪早期的货币数量论，但是直到 20 世纪 30 年代《就业、利息和货币通论》中凯恩斯提出的货币政策利率途径传导机制理论问世之前，这一理论在长达 200 年的时间内无人问津，未能引起经济学家们的关注。利率传导机制理论可以说是最古老的货币政策传导机制理论，也被不少西方经济学者认为是最重要和最有效的货币政策传导途径。但随着经济和金融理论的进一步深化和发展，货币政策传导机制朝着以不完全竞争、不完善市场、不对称信息为假设前提来分析货币政策传导机制的理论方向发展。

中国经济目前处于利率双轨制之下：银行体系中被管制的存贷款利率和基本由市场决定的货币和债券市场利率共存。利率双轨制是中国金融渐进式改革的一部分，也是理解中国货币政策框架的关键。以存款利率上限为核心的利率双轨制决定了中国货币政策中数量与价格工具并存的特点，也意味着中国货币政策传导机制不同于发达国家。何东（2011）通过一个新的理论模型来解释利率双轨制下的中国货币政策传导机制，描述了在不同情形下，货币政策目标如何通过各种政策工具传导至市场利率，并和信贷总规模一起实现货币政策对实体经济的调控。该理论模型的基本思路是：价格管制带来的扭曲需要由数量管制来纠正。实证模型结果显示：首先市场利率对基准存款利率调整最敏感，其次是存款准备金率的调整，公开市场操作在利率双轨制下效果则不太显著。

王君斌、郭新强和蔡建波（2011）基于动态新凯恩斯主义视角，讨论了货币政策冲击对产出、消费和通货膨胀的动态效应和传导机制。首先，基于中国宏观季度数据，运用结构向量自回归模型，得到产出、消费和通货膨胀对扩张性货币政策冲击的动态反应：产出呈驼峰形增长后，经历倒驼峰形态的"超调"过程，具有很强的产出持续性；消费温和下降，呈倒驼峰缓慢回到稳态，呈现较强的消费平滑性；通货膨胀率上升，表现出很强的通货膨胀惯性，但在中远期会出现通货紧缩。然后，模拟了一个基于工资刚性的动态新凯恩斯主义模型，发现该模型较好地拟合了上述三个经验事实，同时表明：在投资效率低下、产能严重过剩的经济条件下，扩张性货币供给冲击在短期内迅速增加产出的同时，倾向于抑制消费、提高通货膨胀率，因此需要配合其他经济政策提高货币政策的有效性，如财政政策、分配政策等。

（三）金融监管

金融是现代经济的核心，具有特殊的公共性和全局性。但同时金融业是一个存在诸多风险的特殊行业，关系到千家万户和国民经济的方方面面。因此，维护金融秩序，保护公平竞争，提高金融效率，是保障金融业稳定发展的前提。近年来，发达国家不断放松金融监管，鼓励金融创新，导致许多国家的金融机构过分追求效率，忽视风险控制，最终在金融危机中受到创伤。国际金融危机爆发后，全球各主要经济体都深刻认识到，维护金融体系稳定迫切需要在现有微观审慎监管的基础上进一步加强和完善以宏观审慎监管为主要内容的金融监管体系。宏观审慎政策框架是一个动态发展的框架，其主要目标是维护金融稳定、防范系统性金融风险,其主要特征是建立更强的、体现逆周期性的政策体系,其主要内容包括:对银行的资本要求、流动性要求、杠杆率要求、拨备规则,对系统重要性机构的特别要求,会计标准,衍生产品交易的集中清算等。周小川(2011)沿着宏观审慎政策框架形成的背景、内在逻辑关系及主要内容的主线,对金融政策对金融危机的各种响应进行梳理,明确了逆周期宏观审慎政策的内涵及意义。刘扬(2011)结合中国金融机构的发展现状,通过对巴塞尔协议Ⅲ主要内容的梳理,对金融监管机构如何在遵循巴塞尔协议Ⅲ的基础上构建有中国特色的宏观审慎监管制度框架、充分发挥金融机构在促进经济发展中的重要作用提出了意见和建议。

全球金融危机需要各国协调一致,得出全面解决问题的方案,但这在政治上还存在着诸多障碍。金融监管的制度差异、监管竞争、金融创新导致金融监管国际合作协调机制的失衡,进而产生金融监管套利行为。金融监管套利容易引发金融系统的负外部性,导致金融风险不断累加直至爆发金融危机。金融监管套利的盛行暴露了金融监管体系的漏洞,推动了金融监管国内协调统一和国际合作的发展。张金城和李成(2011)从金融监管国际合作失衡的角度,以监管制度的成本收益和供需均衡分析为框架,运用净制度负担的一价定律模型和金融监管国际合作博弈模型,探讨了金融监管国际合作不同状态下的监管套利问题。作者还提出了构建具有层次性、区域性的金融监管合作机制,加强各国协作并保持政策的一致性,拓宽金融监管国际合作的参与主体范围和市场领域,通过国际合作监管来缓解监管竞争,减少和消除监管套利的政策建议。

(四) 金融发展与经济增长

金融发展与经济增长之间的关系从 20 世纪 60 年代开始就成为学者争论的问题,其争论的焦点在于,是金融发展导致经济增长,还是经济增长促使金融发展,二者之间是否有因果关系。格利与肖在《经济发展中的金融方面》、《金融理论中的货币》、《金融结构与经济发展》等著作中最先揭开了金融发展理论的研究序幕。而后雷蒙德·戈德·史密斯通过《金融结构与金融发展》奠定了金融发展理论的基础,他认为,判断一国金融结构是否发达,就要看这个国家的金融工具和金融结构的种类、数量是否很多、规模是否很大。但是在现实生活中,金融工具和金融结构的种类、数量的增多和规模的扩大,并不意味着具有发达的金融结构,因此也就不能以此为依据来判断其金融发展的程度。20 世纪 70 年代时,美国经济学家麦金龙和肖对发展中国家的金融发展与经济增长的关系进行研究后,先后在《经济发展中的货币与资本》和《经济发展中的金融深化》中提出"金融抑制"和"金融深化"理论,并指出政府对金融体系和金融活动的过多干预会抑制金融体系的发展,金融体系的发展滞后又会阻碍经济的发展,经济若得不到蓬勃发展则无法刺激金融体系的进一步发展,从而陷入一种恶性循环。当然,也有学者认为金融发展是经济增长的障碍,如凯恩斯、戴蒙德、克鲁格曼等,他们认为金融体系不够稳定,股票泡沫和资本流动的冲击引发金融危机,从而对经济发展产生负效应。

已有的实证分析普遍认为金融发展有利于经济增长并减少城乡收入差距。但孙永强和万玉琳(2011)基于1978~2008年中国30个省份的面板数据,通过建立面板协整与误差修正模型，对我国金融发展、对外开放与城乡居民收入差距之间的长期稳定关系和短期波动影响做出实证研究，结果表明：对全国而言，长期内金融发展和对外开放均显著扩大了城乡居民收入差距，且金融发展的影响大于对外开放，而对外开放的中介效应显著，随着对外开放水平的提高，金融发展将进一步扩大收入差距；对东部地区，金融发展拉大收入差距的影响高于全国水平，对外开放影响不显著；中、西部地区情况与全国相同，但是对外开放的影响大于金融发展。东、中部地区对外开放的中介效应为正，西部地区为负。作者随后对其背后的原因和政策含义进行了阐述。叶志强、陈习定和张顺明（2011）也得出了相似的结论，他们利用中国1978~2006年各省的面板数据予以检验。实证结果表明：首先，金融发展显著地扩大了城乡收入差距；其次，金融发展和农村居民收入增长显著负相关，金融发展和城市居民收入增长之间不存在显著相关关系；最后，金融发展和经济增长不相关。

在微观金融学方面，本年度研究的热点及主要理论观点包含以下几个方面：

（一）影子银行

影子银行是指游离于银行监管体系之外、可能引发系统性风险和监管套利等问题的信用中介体系（包括各类相关机构和业务活动）。影子银行引发系统性风险的因素主要包括四个方面：期限错配、流动性转换、信用转换和高杠杆。

此次国际金融危机爆发以来，影子银行体系的迅速发展及其影响成为当前讨论的热点话题。尽管如此，从国内外现有的文献来看，绝大部分局限于影子银行体系发展对金融稳定和金融监管的影响，很少论及影子银行体系的信用创造功能及其对货币政策的影响。李波和伍戈（2011）结合此次国际金融危机前影子银行体系的典型运行模式，着重从其信用创造的角度，探讨其对货币政策的挑战，主要体现在以下四个方面：一是影子银行体系通过金融稳定渠道对货币政策产生系统性影响；二是影子银行体系对货币政策调控目标形成重要挑战；三是影子银行体系对货币政策工具效力产生直接冲击；四是影子银行与资产价格之间的关系加大了货币政策调控的难度。作者认为宏观经济决策者应积极应对，从而有的放矢地制定出科学的宏观政策。结合上述国际上影子银行的操作经验以及中国的实际情况，作者得出了若干政策建议。

（二）公司治理

公司治理领域近些年来的最新进展呈现出三个新趋势：研究对象由发达国家扩展到发展中国家，研究视角由原来的企业层面转移到企业间层面，研究层面由微观和中观层面上升至宏观层面。这些新趋势为公司治理领域勾勒出一个由微观层面（股权结构、管理者）、中观层面（企业集团、金融市场）和宏观层面（法律、政治、文化、历史、政府行为及其他）构成的新的分析框架。

在公司治理的微观层面，花贵如、刘志远和许骞（2011）将投资者与企业管理者的有限理性纳入同一框架，从公司财务的视角，提出并证实了投资者情绪影响企业投资行为的"管理者乐观主义的中介效应渠道"。这丰富了投资者情绪影响企业投资行为的作用机理的相关文献，有助于我们从微观企业的视角反思2008年以来的"金融海啸"对实体经济的传导机制。作者将两大主体的有限理性纳入同一框架的分析范式,对拓展与整合行为公司财务理论的研究路径也具有重要的参考价值。

随着薪酬制度改革的深化,企业高管与普通员工薪酬差距及其扩大的趋势引起了社会公众、政策制定者和研究者的关注和担忧。但是,上市公司高管与普通员工薪酬的制定依据仍不得而知。方军雄(2011)首次基于管理者权力理论从薪酬"尺蠖效应"的角度进行了分析,分别从薪酬变动的"尺蠖效应"和业绩薪酬的"尺蠖效应"加以研究。研究发现,上市公司薪酬存在较为严重的"尺蠖效应":业绩上升时,高管获得了比普通员工更大的薪酬增幅,而在业绩下滑时高管的薪酬增幅并没有显著低于普通员工,不过薪酬变动"尺蠖效应"仅存在于级别最高的高管层次;业绩上升时,高管薪酬业绩敏感性显著大于普通员工薪酬业绩敏感性,业绩下降时,高管薪酬存在显著的黏性特征,而普通员工薪酬并不存在黏性特征,而且业绩下降时高管薪酬业绩敏感性相比业绩上升时薪酬业绩敏感性的减少幅度显著超过普通员工薪酬业绩敏感性的减少幅度。上述研究表明,薪酬"尺蠖效应"可能是导致中国上市公司高管与普通员工薪酬差距不断恶化的一个重要原因,要缓解高管与普通员工薪酬差距恶化的趋势,关键是要解决企业管理者权力主导下的薪酬"尺蠖效应"。

在公司治理的中观层面,资本市场不完美对企业融资和资本结构带来的"供给方效应"日益受到公司金融学术界关注。转轨时期的中国资本市场存在严格证券发行管制与金融创新管制,给企业融资和资本结构带来了供给方约束。王正位、王思敏和朱武祥(2011)选取1993~2007年期间A股市场发生过股权再融资的上市公司为研究对象,研究股票再融资管制政策变更对上市公司资本结构的影响。结果表明,股票再融资管制政策的变更是影响上市公司资本结构的重要因素,股票市场估值的"市场时机"并不是影响上市公司资本结构的显著因素。

在公司治理的宏观层面,政治联系是中国资本市场国有上市公司中广泛存在的现象。杜兴强、曾泉、杜颖洁(2011)手工搜集了国有上市公司2004~2008年期间关键高管的政治联系数据,采用多维的政治联系度量方法,实证研究了关键高管的政治联系对国有上市公司的过度投资行为和公司价值的影响。研究结果表明,政治联系显著增加了国有上市公司过度投资的概率,且政治联系的强度越大、过度投资的概率越大;相对于中央政治联系,地方政治联系显著增加了国有上市公司过度投资的概率。进一步过度投资行为显著降低了国有上市公司的公司价值。

(三)资本市场

从20世纪70年代末期开始实施的改革开放政策,启动了我国从高度集中的计划经济体制向社会主义市场经济体制的转变。在这个过程中,国有企业改革的逐步深化和经济的持续快速发展,推动与之相适应的金融制度、资本市场应运而生,不断发展壮大,成为完善所有制结构和改进资源配置方式的重要力量。可以说,自改革开放以来,我国资本市场发展取得了巨大成就,但是,与其他领域相比,我国资本市场的发展仍比较滞后:总体规模小,结构不合理,体制机制不健全,缺乏对投资的吸引力,开放度差,难以适应经济社会发展对直接融资的需求。因此，认真分析影响我国资本市场发展的深层次矛盾，积极探索资本市场改革开放和稳定发展的有效途径，是继续推进我国现代化建设和完善社会主义市场经济体制必须解决的问题。

王茵田和朱英姿（2011）通过综合资产定价理论和实证文献研究结论，对1997~2009年中国股市A股股票的风险溢价的截面差异作了详尽的实证研究。他们构造了25个投资组合作为检验资产，进行Fama-MacBeth两步回归法，建立了基于市场风险溢价、账面市值比、盈利股价比、现金流股价比、投资资本比、工业增加值变化率以及回购利率和期限利差的八因素模型。其主要发现有以下三点：一是相对于Fama-French三因素模型，八因素模型的实证解释力有显著提高；二是与过去的文献不同，作者发现回购利率和期限利差等债市指标对股市风险溢价的截面数据有显著解释能力；三是与基于投资的资产定价理论一致，作者发现投资比率和现金流股价比能显著反映我国股市的风险溢价。

（四）商业银行

商业银行是一种特殊的企业，在一国金融乃至经济体系中的地位是非常重要的。从金融体系来说，商业银行是中央银行货币政策的首要传递者；从经济体系来看，商业银行是现代社会经济运转的枢纽之一。

在研究商业银行效率方面，张健华和王鹏（2011）根据2004~2008年中国银行业和国外主要银行数据，采用随机前沿方法和产出定位的距离函数，从银行盈利角度出发，对中、外银行业运行效率进行比较研究。研究发现：2006年以来，绝大多数国家的银行（盈利）效率呈下降趋势，2007~2008年下降尤为明显。与此相反，2006年及以前，中国银行业（盈利）效率并不高，但2007年以来，效率排名逐年上升。此外，银行盈利效率与其全球系统重要性之间存在非线性关系。一方面，随着全球系统重要性的提高，银行盈利效率上升，但系统重要性达到一定程度以后，银行盈利效率就会出现下降的情况，甚至低于全球非系统重要性银行。

在研究商业银行风险方面，周开国和李琳（2011）不同于以往文献仅专注于收入结构与银行绩效关系的研究，而是基于资产组合理论关于多元化组合可以分散风险的观点，对我国商业银行收入结构多元化与银行风险变化之间的关系进行研究。首先利用14家商业银行12年的数据建立面板数据模型，分析非利息收入占比提高对银行风险的影响。在此基础上，再根据资产组合理论对银行风险进行进一步的分解，试图更深一步探讨收入结构多元化与银行风险变化之间的关系。结果表明：中国商业银行收入结构多元化与银行风险间的关系并不显著，银行风险的降低主要归因于利息收入波动风险减小，而随着非利息收入占比的提高，非利息收入波动风险反而增加，对总风险的贡献值也就增加。基于此，作者在银行风险控制方面对中国商业银行收入结构转型提出了有益的建议。

（五）民间借贷

我国民间借贷最早出现在南方发达地区。一方面，民间资本越来越大；但另一方面，中小企业业主贷款难的问题日益突出。基于此，个别开放城市尝试让这部分"民间资本"与中小企业对接。现在，在全国许多经济开放的城市中，民间借贷已经由"地下"走到

"地上"，民间借贷在解决中小企业贷款难和活跃地方经济方面起到了越来越重要的作用。

民间借贷的发展，一方面是由于存在着金融抑制、交易中的信息不对称以及对中小企业而言的低成本；另一方面，数量庞大的民间资本亦为其提供了丰厚的土壤。民间借贷虽然具有一定积极作用，但是对其存在的问题也不容忽视。周茂清（2011）对此作了较为深入的分析，他认为不规范的、盲目的民间借贷行为向企业或乡村两级政府以及集体经济部门渗入，并不断蔓延和发展，将会对企业的正常生产甚至对整个区域经济金融运行产生不利的影响。在对这些现象深入分析的基础上，作者提出了一些对策和建议供有关部门参考。

在民间借贷的需求分析方面，杨汝岱、陈斌开和朱诗娥以"2009年中国农村金融调查"81村1951户专项入户调研数据为基础，从社会网络视角考察我国农户民间借贷需求行为。研究表明：首先，社会网络越发达的农户，民间借贷行为越活跃，社会网络是农户平衡现金流、弱化流动性约束的重要手段；其次，以社会网络为基础的农户民间借贷行为是传统乡土社会的典型特点，其规模和作用随社会转型和经济发展而趋于弱化，在现有农村残缺产权条件下，以社会网络为基础的民间借贷对满足农村金融需求有积极意义，但其可持续性和稳定性都还有待进一步深入讨论。该研究对理解农户民间借贷需求行为、深化农村金融体制改革做了一些有意义的探索。

（六）消费金融

消费金融是金融和经济学中一个正在快速兴起的重要研究领域，近年来，消费金融的飞速发展对金融业的发展也起到了重要的推动作用，而且从扩大内需的角度来看，由于金融危机缩减了国外需求，因此启动内需成为我国经济增长的重要动力。考虑到我国经济发展处于转轨期的特性，韩立岩和杜春越（2011）使用各省市自治区城镇家庭借贷支出的分类面板数据，考察消费升级、社会保障不完善及地区发展不平衡等因素对消费的影响。研究发现各变量在对消费的影响性质和程度上均存在地区差异，社会保障、消费升级和储蓄在全国范围内均显著正相关，房贷支出和教育在中西部地区的促进作用显著，而保险在东部地区作用突出，家庭投资则均不显著。政府要扩大消费内需并改变消费金融发展的不平衡，就应把握消费升级和社会保障制度的推进时机和力度，增加中西部地区社会保障投入和教育投入，持续提高居民收入，适度放宽中西部地区的家庭房贷限制。

消费金融调查是获得消费金融研究数据的一个重要途径。为了解我国城市居民家庭消费金融的基本情况，收集城市居民家庭消费金融的基本信息，清华大学在2010年开展了面向全国城市居民家庭的消费金融调研。廖理和张金宝（2011）择要介绍了本次调研的一些成果，包括居民家庭的资产负债情况、家庭的收支状况、家庭的投资和借贷行为，以及家庭其他方面的理财意识和行为等。最后，根据调研结果对我国城市居民家庭金融的几个特点进行了总结。

参考文献

[1] 白钦先，张志文. 人民币汇率变动对CPI通胀的传递效应研究［J］. 国际金融研究，2012（12）：

38-46.

[2] 肖卫国, 袁威. 股票市场、人民币汇率与中国货币需求 [J]. 金融研究, 2011 (4): 52-64.

[3] 何东, 王红林. 利率双轨制与中国货币政策实施 [J]. 金融研究, 2012 (12): 1-18.

[4] 王君斌, 郭新强, 蔡建波. 扩张性货币政策下的产出超调、消费抑制和通货膨胀惯性 [J]. 管理世界, 2011 (3): 7-21.

[5] 张金城, 李成. 金融监管国际合作失衡下的监管套利理论透析 [J]. 国际金融研究, 2011 (8): 56-65.

[6] 刘扬. 宏观审慎监管框架下中国金融监管的政策选择——基于巴塞尔协议Ⅲ的视角 [J]. 当代经济管理, 2011, 33 (6): 87-91.

[7] 周小川. 金融政策对金融危机的响应 [J]. 金融研究, 2011 (1): 1-14.

[8] 孙永强, 万玉琳. 金融发展、对外开放与城乡居民收入差距——基于1978~2008年省际面板数据的实证分析 [J]. 金融研究, 2011 (1): 28-39.

[9] 叶志强, 陈习定, 张顺明. 金融发展能减少城乡收入差距吗?——来自中国的证据 [J]. 金融研究, 2011 (2): 42-56.

[10] 李波, 伍戈. 影子银行的信用创造功能及其对货币政策的挑战 [J]. 金融研究, 2011 (12): 77-84.

[11] 陈仕华, 郑文全. 公司治理理论的最新进展: 一个新的分析框架 [J]. 管理世界, 2011 (2): 156-166.

[12] 花贵如, 刘志远, 许骞. 投资者情绪、管理者乐观主义与企业投资行为 [J]. 金融研究, 2011 (9): 178-191.

[13] 方军雄. 高管权力与企业薪酬变动的非对称性 [J]. 经济研究, 2011 (4): 107-120.

[14] 王正位, 王思敏, 朱武祥. 股票市场融资管制与公司最优资本结构 [J]. 管理世界, 2011 (2): 40-48.

[15] 王茵田, 朱英姿. 中国股票市场风险溢价研究 [J]. 金融研究, 2011 (7): 152-166.

[16] 方舟, 倪玉娟, 庄金良. 货币政策冲击对股票市场流动性的影响——基于Markov区制转换VAR模型的实证研究 [J]. 金融研究, 2011 (7): 43-56.

[17] 吴玮. 资本约束对商业银行资产配置行为的影响——基于175家商业银行数据的经验研究 [J]. 金融研究, 2011 (4): 65-81.

[18] 周开国, 李琳. 中国商业银行收入结构多元化对银行风险的影响 [J]. 国际金融研究, 2011 (5): 57-66.

[19] 张健华, 王鹏. 银行效率及其影响因素研究——基于中、外银行业的跨国比较 [J]. 金融研究, 2011 (5): 13-28.

[20] 杨汝岱, 陈斌开, 朱诗娥. 基于社会网络视角的农户民间借贷需求行为研究 [J]. 经济研究, 2011 (11): 116-129.

[21] 周茂清. 关于我国民间借贷问题的探讨 [J]. 当代经济管理, 2011, 33 (10): 31-34.

[22] 韩立岩, 杜春越. 城镇家庭消费金融效应的地区差异研究 [J]. 经济研究, 2011 (1): 30-42.

[23] 廖理, 张金宝. 城市家庭的经济条件、理财意识和投资借贷行为——来自全国24个城市的消费金融调查 [J]. 经济研究, 2011 (S1): 17-29.

第二章 金融学科 2011 年期刊论文精选

第一节

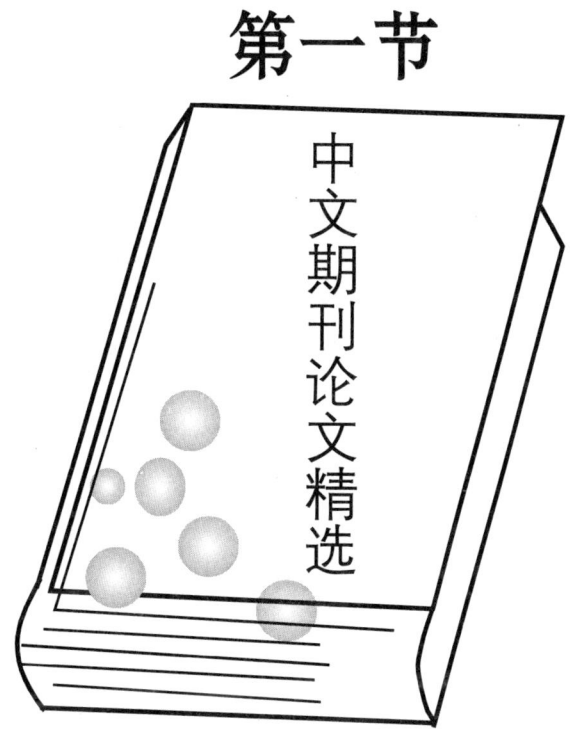

中文期刊论文精选

  本报告对 2011 年国内与金融学理论相关的期刊论文进行梳理和划分，经过以下程序选定：首先，主要收录了学术界公认的金融研究、国际金融研究、财经问题研究、经济研究、管理世界等权威期刊；其次，参考其他期刊中文章的引用率进行候选期刊的补充。根据以上原则，本次文献资料整理共得到与金融学理论相关的期刊论文 601 篇。在综合考虑研究内容、研究方法及研究视角后，经过编委们的一致同意，共评选出 16 篇中文期刊优秀论文。

人民币汇率变动对 CPI 通胀的传递效应研究*

白钦先　张志文①

【内容摘要】 本文采用两阶段最小二乘法（TSLS），就 1994 年第一季度至 2011 年第一季度人民币名义有效汇率变动对中国 CPI 通货膨胀的传递效应进行了实证研究。结果发现，在控制了通胀惯性、实质 GDP 增长、国际能源和食品涨价、流动性过剩等影响 CPI 通货膨胀的重要因素后，人民币名义有效汇率变动对中国通货膨胀的影响非常有限，并且以半年前的变动对当期通货膨胀的影响最大，不过幅度非常小。在假定其他条件不变的情况下，人民币名义有效汇率升值 10%，CPI 衡量的通货膨胀下降不到 1 个百分点。在考虑了 2005 年"7·21"汇率形成机制改革的影响后，上述结论仍然成立。

【关键词】 实际有效汇率；汇率传递；通货膨胀

一、引言

汇率传递（Exchange Rate Pass-through）是国际经济学中的研究热点之一，近期因中国等新兴市场在高增长的同时出现了高通胀的压力，各国中央银行已经把本币对外升值作为抗通胀的重要政策工具之一，从而再次引发各界的热烈讨论。所谓汇率传递，是指进口价格对本币汇率变动的反应程度。如果本币升值 1%，进口产品的本币价格下降 1%，称汇率传递是完全的；如果进口产品的本币价格下降的幅度小于 1%，则称汇率传递是不完全的。传统经济理论认为，本币汇率变动会影响进出口商品的价格。本币升值会降低进口价

---

* 基金项目：教育部哲学社会科学研究青年项目（09YJCGJW018）、教育部哲学社会科学研究专项委托项目（09JF001）以及中央高校基本科研业务费专项资金资助项目（1109043-13200-1137103）。

① 白钦先，辽宁大学经济学院国际金融研究所所长、教授、博士生导师；张志文，经济学博士，中山大学亚太研究院副教授。

格，而进口价格的下降会直接或间接地使本国消费者价格水平（CPI）发生同向变动，从而降低输入性通胀压力，具有紧缩性的作用。与此同时，本币升值还会推高本国出口产品在国际市场上的价格，降低出口竞争力，从而减少贸易顺差。如果本币贬值，那么情况刚好相反。中国当前既有巨大的外部顺差，又面临逐渐走高的通胀压力，人民币对外升值以"抑通胀、降顺差"似乎成了理所当然的最佳选择。然而，近年来中国的宏观经济现实是：通胀上升，人民币升值；人民币升值，通胀上升；通胀再上升，人民币再进一步升值；最终人民币"内贬外升"并存，资本和经常账户"双顺差"继续存在。这种有悖传统经济理论观点的宏观经济现象，促使我们重新思考货币汇率调整能够在多大程度上取得预期效果的问题。如果本币升值能够有效地发挥抗通胀的作用，那么货币当局应该积极动用汇率工具；如果其作用非常有限，就不应该过度关注。本文的目的在于，考察人民币汇率变动对中国CPI通胀的传递程度和动态过程，为预测通胀走向和评估中央银行货币政策操作的效率提供稳健的实证证据。当前，这方面的研究具有重要的学术价值和政策意义。

本研究采用两阶段最小二乘法（TSLS），实证考察了人民币名义有效汇率变动对中国CPI通货膨胀的传递程度和动态过程，并对估计结果进行了系统的稳健性检验。结果发现，在控制了通胀惯性、实质GDP增长、国际能源和食品涨价、流动性过剩等影响CPI通货膨胀的内外部重要因素后，人民币名义有效汇率变动对中国通货膨胀的影响非常有限，并且半年前的变动对当期通货膨胀的影响最大，不过幅度非常小：假定在其他条件不变的情况下，人民币名义有效汇率升值10%，CPI衡量的通货膨胀将下降不到1个百分点。在考虑了2005年"7·21"汇率形成机制改革的影响后，上述结论仍然成立。本文与现有文献的不同体现在如下两点：第一，使用TSLS估计量消除现有汇率传递文献中单方程回归存在的内生性问题，考察人民币名义有效汇率传递的程度和动态过程，并对实证结果进行了系统的稳健性检验；第二，引入2005年"7·21"汇改外生性制度虚拟变量补充信息量，反映汇率数据生成中可能发生的结构变化。

二、文献述评

对汇率传递问题的研究，国际上已经有大量的理论和实证文献。早期文献主要是从产业组织、市场分割和不同市场上的价格歧视等微观经济视角来考察汇率传递的程度及其原因。Krugman（1986）认为，出口厂商的"按市场定价"（Pricing to Market，PTM）行为会导致汇率传递不完全。不过，他强调这种PTM现象不是普遍存在的，依行业而异。PTM概念的提出引发了一系列跟进研究。Goldberg和Knetter（1996）对相关文献做了很好的综述。国际上近期代表性的文献有：Mc-Carthy（1999）采用包含定价分配链的递归VAR模型就1976年第一季度至1998年第四季度期间部分工业化国家的汇率和进口价格对国内PPI和CPI的影响进行了考察。其脉冲响应和方差分解分析表明，在后布雷顿森林体系时代，汇率和进口价格变动对多数国家的国内物价具有温和的影响，有较大进口份额的国家的汇率传递效应稍微强一些。Taylor（2000）认为，汇率传递与通胀环境有关。低通胀的程度低，较高通胀环境下汇率传递程度就高。Campa 和 Goldberg（2002）采用加权 OLS 估计量对 25 个 OECD 国家汇率向进口价格传递的情况进行了研究。他们发现，OECD 国家全样本，尤其是制造业内，存在汇率传递不完全的证据。从长期来看，生产者货币定价的现象对于很多进口产品都很普遍，较高的通胀和汇率波动性与较高的汇率向进口价格的传递程度弱相关。Ito 和 Sato（2006）采用递归 VAR 对 1993 年 1 月至 2005 年 8 月间印尼、韩国、泰国、马来西亚和新加坡的汇率传递程度进行了研究。他们发现，汇率传递程度因物价指数而不同：最高的是进口价格指数，其次是 PPI，最低的是 CPI，并且因国家而异。Zorzi、Hahn 和 Sanchez（2007）采用递归 VAR 模型就亚洲、拉美和中东欧 12 个新兴市场的汇率对国内物价的传递程度进行了考察，部分地推翻了新兴市场对进口物价和消费价格的传递总是高于发达国家的传统观点，并发现，汇率传递的程度与通胀呈正相关。这与 Taylor（2000）的假说一致。Hooper 等（2011）采用递归 VAR 模型就 2000 年 1 月至 2010 年 12 月期间美国和 10 个亚洲经济体的汇率变动对 CPI 通胀的影响进行了实证研究。研究发现，汇率变动对国内 CPI 的显著传递得到较少支持，多数经济体在效应统计上不显著，有时估计系数还出现了错误的"符号"。脉冲响应分析表明，人民币名义有效汇率升值对中国 CPI 的传递幅度不是很大，并且可能在统计上不显著。

　　从国内的研究来看，以实证文献为主，但数量不多。卜永祥（2001）采用误差修正模型就 1990 年第一季度至 2000 年第一季度人民币名义有效汇率变动对国内物价的影响进行了实证研究。结论认为，汇率变动显著地影响了零售物价水平 RPI 和生产者价格水平 PPI，其中，PPI 对汇率变动的弹性大于 RPI 对汇率变动的弹性。封北麟（2006）采用递归 VAR 模型对人民币名义有效汇率变动向国内 PPI、CPI 及其分类指数的传递效应进行了研究。结论认为，中国的汇率传递是不完全的，汇率变动对 PPI 的影响显著大于对 CPI 及其分类指数的影响。吕剑（2007）采用 E-G 两步法、误差修正模型、脉冲效应函数和方差分解方法就 1994~2005 年人民币汇率变动对国内物价的传递效应进行了实证研究。结论认为，长期而言，人民币汇率变动显著地影响了国内物价水平，其中对 CPI 影响最大，其次是 RPI 和 PPI。陈六傅、刘厚俊（2007）采用递归 VAR 模型对 1990 年 1 月至 2005 年 6 月期间人民币名义有效汇率的价格传递效应进行研究。文章发现，汇率变动对我国进口价格和消费者价格的影响虽然具有统计显著性，但影响程度非常低。许伟和傅雄广（2008）采用 OLS 和滚动回归法就 1995 年第一季度至 2007 年第二季度人民币名义有效汇率向进口价格的传递效应进行了实证研究。结论认为，人民币名义有效汇率对进口价格的传递是不完全的，并且传递程度呈先下降后上升的趋势，在一定程度上内生于国内通胀环境，还可能与进口产品结构的演变有关。施建淮、傅雄广和许伟（2008）采用递归 VAR 模型就 1994 年第一季度至 2007 年第二季度人民币名义有效汇率变动对我国进口价格、生产者价格和消费者价格的传递程度和速度进行了实证研究。结论认为，人民币名义有效汇率对国内价格的传递不完全而且存在一定的时滞性。若人民币升值 1%，6 个季度后的进口价格和 12 个季度后的 PPI 以及 CPI 分别下降 0.52、0.38 和 0.2 个百分点；平均来讲，1994 年至 2007 年期间汇率变动等外部冲击对国内价格变动只有适度的解释力，但 2005 年 7 月汇改后，人民币升值对降低国内通胀有比较显著的解释力。研究认为，加快人民币汇率的升值是缓解国内通货膨胀压力的有效途径。王晋斌和李南（2009）设定单方程采用 OLS 方法对 2001 年 1 月至 2008 年 3 月期间人民币名义有效汇率的变动向国内物价水平的冲击进行了实证研究。研究发现，在样本期内，总体上进口价格指数的汇率传递系数较高，但由于多种原因，从进口价格到国内 CPI 的传递效应较弱。但 2005 年汇改以后，汇率的短期和长期传递效应明显增强。张志文和白钦先（2011）对 1994 年第一季度至 2010 年第四季度中国通货膨胀的决定因素进行了考察。研究发现，人民币实际有效汇率升值对 PPI 的影响较大，但对 CPI 的影响较小。

总体来看，国际上对汇率传递的理论和实证研究已经比较丰富，但对中国的研究还比较少，而国内的现有研究绝大部分模仿 Mc-Carthy（1999）采用递归 VAR 模型加脉冲响应函数和方差分解方法来考察人民币汇率变动对国内物价的影响，只有少数学者采用单方程来实证研究人民币汇率变动与国内物价变动的关系（如许伟和傅雄广，2008；王晋斌和李南，2009；张志文和白钦先，2011 等）。虽然现有研究对相关问题进行了有价值的探讨，不过，VAR 模型对于变量的排序比较敏感，会影响到估计结果的可靠性。单方程回归分析的问题在于，如果通货膨胀与汇率变动存在双向互动关系，以及其他控制变量与扰动项相关的话，OLS 估计量将会有偏和不一致。张志文和白钦先（2011）的研究采用了 TSLS 估计量解决了回归中的内生性问题，但是，只是考察了人民币汇率的当期变动对通货膨胀的影响，没有考察汇率滞后期变动对通胀的动态影响。此外，从研究结论来看，关于人民币升值在多大程度上能够抑制通胀还存在争议。现有文献的上述不足，为本研究留下了空间。

三、变量、数据说明与计量估计模型的建立

现有文献已经识别出，影响我国 CPI 通胀的主要因素有通胀惯性、产出缺口、流动性过剩、国际大宗商品涨价等（中国经济增长与宏观稳定课题组，2008；黄益平等，2010；张志文和白钦先，2011）。本文根据数据可获得性，以 1994 年第一季度至 2011 年第二季度为样本期，在控制了上述重要因素的基础上系统地考察人民币名义有效汇率变动对中国 CPI 通货膨胀的传递效应。下面对相关变量和数据来源作简要说明：

（1）通胀惯性 CPI（-1）。我们用 CPI 通胀率的一阶滞后项 CPI（-1）来表示通胀惯性，并且预期其符号为正。初始数据取自 CEIC。

（2）实质 GDP 增长率（RGDP）。理论和经验研究表明，总需求扩张是影响中国 CPI 上涨的主要原因之一，但是产出缺口的估算方法有多种，不同的方法或多或少都存在一定

的局限性，本文模仿中国经济增长与宏观稳定课题组（2008）的做法，以实质GDP增长率来代表产出缺口，反映总需求扩张的情况，并且预期其符号为正。名义GDP数据取自CEIC。由于原始数据是累积值，所以，我们以每年后一季度的数值减去前一季度数值的方式来获得每季度的净产出，并用CPI指数进行紧缩求得实质GDP。

（3）流动性过剩RME1。流动性过剩是近年来出现的新名词，对其有不同的理解和界定（北京大学中国经济研究中心宏观组，2008），我们认为当货币供给超过了经济发展的需要时，就出现了流动性过剩，从而导致通货膨胀。流动性过剩的常用衡量指标是货币供应量/GDP，也有学者采用名义货币供应量增长率减去名义GDP增长率的差（如Baks和Kramer，1999；黄益平等，2010；张志文和白钦先，2011），还有学者使用货币供应量增长率减去实质GDP增长率的差（如杨继生，2009）。我们赞同杨继生（2009）的观点，采用货币供应量增长率（M_1）减去实质GDP增长率的差来代表流动性过剩，并且预期其符号为正。M_1的数据取自中经网统计数据库。

（4）国际大宗商品涨价（国际能源EIN和国际食品FIN）。国际大宗商品价格上涨对有大量能源、食品和原材料进口的国家而言，可能会产生较大的负面影响，从而形成输入性通胀的压力。国际能源和国际食品价格指数数据来自IMF的数据库（Primary Commodity Prices），并且预期其符号为正。

（5）人民币名义有效汇率NE。理论上讲，名义有效汇率升值会降低进口成本，对国内物价上涨有抑制作用；反之，则会推高国内物价水平。数据显示，1994年第四季度到1998年第二季度CPI处于下降通道，而NE处于上升通道，2002年后，两者的关系发生了明显变化，CPI通胀与NE基本保持同向变动，出现CPI通胀领先名义有效汇率的变动，往往是CPI先上升，然后名义有效汇率跟着上升；CPI下降，名义有效汇率也接着下降，而且这种现象自2005年以来不断强化。原因主要是国内出现通货膨胀，中央银行升值人民币，然后通胀下降，接着名义有效汇率下降，从而名义有效汇率变动对国内物价表现出负向传递效应，因此我们预期其符号为负，数据来自IMF的数据库IFS。

上述数据均已转化为同比增长率，并且在计算同比增长率之前，已使用EViews5.0中的X12方法对相关数据进行过季节调整。

（6）"7·21"人民币汇率形成机制改革（DUM）。"7·21"汇改在一定程度上增加了人民币汇率的弹性，有利于抑制输入型通胀压力。但是，由于中央银行实行的是"渐进、可控和有序"的升值性汇率形成机制改革，对外汇市场进行频繁干预以及单边升值预期导致大量热钱流入，中央银行被动投放了大量基础货币，虽然有冲销回收流动性，但是基础货币投放与冲销之间具有时间差，从而存在货币漏出，商业银行仍然会因此而有货币创造。这在一定程度上会造成和加剧国内通胀，两种效应相互抵消，"7·21"汇改抑制通胀的效果难以判断。我们以虚拟变量DUM来代表"7·21"汇改这一制度变迁。具体赋值如下：2005年第三季度之前取0，其余取1。

根据上述分析，我们以影响中国通货膨胀的主要因素建立基准回归模型，在此基础上考察人民币有效汇率变动对中国CPI通货膨胀的传递效应：

$$CPI_t = C + \beta_1 CPI(-1)_t + \beta_2 X_t + \beta_3 E_{t-i} + \varepsilon_t \tag{1}$$

其中，t 为时间，C 为常数项，β_1、β_2、β_3 为待估计参数；$CPI(-1)$ 为通胀惯性；X 为控制变量，包括实质 GDP 增长率 RGDP、流动性过剩 RME1 和国际大宗商品价格（能源 EIN 与食品 FIN）以及汇率机制改革虚拟变量 DUM；E 为人民币名义有效汇率，i = 0，1，2，3，4 为扰动项。与汇率传递的传统文献（Campa 和 Goldberg，2002；Otani、Shiratsuka 和 Shirota，2003；许伟和傅雄广，2008）不同的是，本实证模型在考察汇率变动的动态传递效应时，汇率的各滞后项是逐阶引进的，而不是把当期汇率及其若干阶滞后项同时引入，然后对所有估计系数求和得到长期汇率传递效应（如 Campa 和 Goldberg，2002）。这样处理的好处是，既可以考察汇率传递的短期效应和长期动态效应，又可以避免严重的多重共线性问题。

文献述评已经表明，近期文献多数模仿 Mc-Carthy（1999）的研究方法，采用递归 VAR 模型加方差分解和脉冲响应来考察汇率变动向国内物价的传递，然而，方差分解和脉冲响应对变量的先后排序比较敏感，可能对实证结果的影响较大；而使用单方程估计的担心主要是汇率变动与通胀之间可能具有双向互动关系，以及其他控制变量可能与扰动项相关，从而形成一种潜在的内生性问题。如果采用 OLS 来估计的话，将会得到有偏和不一致的估计结果。所以我们采用两阶段最小二乘法（TSLS），把所有解释变量的 1~3 阶滞后项作为工具变量来控制回归中的内生性问题，对人民币名义有效汇率变动向中国 CPI 通货膨胀的传递效应进行系统的实证研究。

四、回归结果分析

在进行回归分析之前，我们须对相关变量的数据特性进行必要的考察，以确定所选变量的数据是否可以直接采用普通的计量估计方法进行实证研究。

（一）相关性分析

表 1 给出所考察变量的相关性。结果表明，人民币名义有效汇率变动率 NE 与 CPI 通胀率为高度负相关，相关系数为-0.67，实质 GDP 增长率与 CPI 通胀率呈高度正相关，相关系数为 0.74，流动性过剩指标 RME1 与 CPI 通胀率的相关性为-0.44。此外，国际食品价格变动率 FIN、国际能源价格变动率 EIN 与 CPI 通胀率均呈正相关，相关系数分别为 0.25 和 0.02。总之，实质 GDP 增长、人民币名义有效汇率变动率和流动性过剩与中国通胀的相关性较高，而国际大宗商品（能源和食品）价格变动率与 CPI 通胀率之间的相关性不高。

表1 相关性矩阵

	CPI	RGDP	FIN	EIN	RME1	DUM	NE
CPI	1.0000						
RGDP	0.7367	1.0000					
FIN	0.2517	0.2001	1.0000				
EIN	0.0176	−0.0743	0.5143	1.0000			
RME1	−0.4396	−0.7740	−0.1820	0.0644	1.0000		
DUM	−0.1418	0.0204	0.3422	0.0790	0.0513	1.0000	
NE	−0.6729	−0.2645	−0.1655	−0.1199	−0.0104	0.2212	1.0000

注：所有变量均为同比增长率（%）。

（二）单位根检验

在回归分析之前，为了确保所考察的变量是平稳的时间序列，我们采用Augmented Dickey-Fuller（ADF）单位根检验法，根据SIC信息准则最小化原则确定最佳滞后项，对感兴趣的6个变量分别进行了单位根检验（见表2）。结果表明，所考察的变量均为平稳时间序列，所以，我们可以采用两阶段最小二乘估计法（TSLS）来进行实证研究。

表2 ADF单位根检验结果

MODELS	CPI	RGDP	FIN	EIN	RME1	NE
CONSTANT		−5.5986*** (0.0000)	−4.1171*** (0.0017)	−5.1143*** (0.0001)	−3.4155*** (0.0009)	−2.2258*** (0.0242)
NONE	−3.4982*** (−0.0007)					
MAXLAG (SIC)	17	16	15	15	6	16

注：(1) 所有变量均为同比增长率（%）；(2) ***、** 分别表示在1%和5%统计水平上显著。

（三）实证结果分析

表3给出了人民币名义有效汇率变动对中国CPI通胀传递效应的估计结果。EQ01是在控制了影响CPI通胀的重要因素的情况下，考察当期人民币名义有效汇率变动对CPI通胀的传递效应。我们发现，通胀惯性、流动性过剩、国际食品价格上涨对CPI通胀有统计上显著的推动作用，而国际能源价格EIN上涨对CPI通胀有正向的影响，但数值接近于零，并且在统计上不显著。人民币名义有效汇率（NE）变动对CPI通胀有负向影响，并且在1%统计水平上显著，不过，估计系数较小，为−0.0597。这意味着，假设其他条件不变，人民币名义有效汇率每升值10%，CPI通胀下降0.597%，影响不到一个百分点。

表3 人民币汇率变动对CPI通胀的影响估计结果

解释变量	被解释变量：CPI通胀率				
	EQ01	EQ02	EQ03	EQ04	EQ05
C	−1.1461*** (−2.8940)	−1.146** (−2.5554)	−1.4608*** (−3.9853)	−1.0230* (−1.9570)	−1.2461** (−2.0538)
CPI（−1）	0.8427*** (26.1200)	0.8550*** (20.2503)	0.7847*** (18.5792)	0.6714*** (9.0901)	0.6665*** (9.4581)
RGDP	0.0757*** (2.8605)	0.0769** (2.5570)	0.1051*** (4.0459)	0.0921** (2.3019)	0.0897** (2.0757)
FIN	0.0403*** (7.0703)	0.0402*** (5.4149)	0.0442*** (7.7452)	0.0594*** (6.2194)	0.0546*** (5.9284)
EIN	0.0005 (0.1373)	−0.0033 (−0.8535)	−0.0033 (−0.5891)	−0.0026 (−0.5714)	0.0076** (2.2118)
RME1	0.0799*** (3.7310)	0.0857*** (4.3189)	0.1068*** (5.6311)	0.0642*** (2.7086)	0.0565** (2.3261)
NE	−0.0597*** (−3.2596)				
NE（−1）		−0.0622*** (−2.9663)			
NE（−2）			−0.0746*** (−3.1537)		
NE（−3）				−0.0484** (−2.0651)	
NE（−4）					−0.0231 (−1.2862)
AR项	11, 16, SAR（4）	4, 11, 16	11, 16, SAR（4）	2, SAR（4）	5, 10, 12, SAR（4）
Sample Adj.	99Q2~11Q1	98Q2~11Q1	99Q3~11Q1	96Q2~11Q1	99Q1~11Q1
R-Squared	0.9500	0.9438	0.9514	0.9543	0.9486
Adj.R-Sq.	0.9381	0.9318	0.9396	0.9472	0.9350
Obs.Adj.	48	52	47	60	49
Q-St.（4：P）	0.416	0.217	0.213	0.182	—
Q-St.（5：P）	0.324	0.281	0.315	0.304	0.203
Normal.（P）	0.411	0.610	0.852	0.085	0.205
LM Test（P）	0.830	0.505	0.945	0.427	0.791

注：（1）标"*"的数值为系数估计值，括号内的数值为t统计量，***、**、*分别表示估计系数在1%、5%和10%统计水平上显著；（2）工具变量为所有解释变量的1~3阶滞后项（加常数项）；（3）当方程右边有滞后依赖变量时，D-W统计量无效，所以我们给出4~5阶滞后项的Q-statistics的P值以检验残差序列是否存在序列相关性，原假设为没有序列相关性。此外，本表还同时给出检验残差序列相关性的LMTEST（滞后2阶）及其正态性（NORMALITY）等两个指标的P值来反映模型设定的情况，原假设分别为残差序列无相关性和残差序列呈正态分布。

表4 人民币汇率变动对CPI通胀的影响估计结果（稳健性检验）

解释变量	被解释变量：CPI通胀率				
	EQ01_1	EQ02_1	EQ03_1	EQ04_1	EQ05_1
C	−1.4345** (−2.6138)	−1.4920** (−2.5710)	−1.5395** (−2.5168)	−1.8388*** (−3.5894)	−0.8267 (−1.2052)
CPI (−1)	0.8280*** (22.3409)	0.8143*** (21.2102)	0.7442** (15.1951)	0.7260*** (14.9328)	0.7062*** (11.3907)
RGDP	** (2.3636)	** (2.3905)	** (2.4738)	*** (3.1780)	0.0697 (1.3809)
FIN	0.0462*** (5.0392)	0.0459*** (4.7281)	0.0488*** (5.4309)	0.0460*** (4.7491)	0.0421*** (4.8076)
EIN	−0.0014 (−0.3090)	−0.0033 (−0.6601)	−0.0007 (−0.1273)	0.0029 (0.4472)	0.0039 (0.9619)
RME1	0.0830*** (3.7771)	0.0898*** (4.0090)	0.0958*** (4.0943)	0.1063*** (4.7810)	0.0452 (1.6106)
NE	−0.0571*** (−2.9512)				
NE (−1)		−0.0567** (−2.6323)			
NE (−2)			−0.0687** (−2.5191)		
NE (−3)				−0.0534*** (−2.8471)	
NE (−4)					−0.028 (−1.6264)
DUM	−0.2027 (−0.8266)	−0.198 (−0.7673)	−0.1347 (−0.5674)	−0.1406 (−0.6170)	0.0792 (0.4182)
AR项	11, 16, SAR (4)	5, 11, 16, SAR (4)	1, 10, 16, SAR (4)	5, 7, 11, 16, SAR (4)	2, 4, 5, 7, 11
Sample Adj.	99Q2–11Q1	99Q2–11Q1	99Q3–11Q1	99Q4–11Q1	97Q4–11Q1
R-Squared	0.9509	0.9508	0.9509	0.9591	0.9520
Adj. R-Sq.	0.9377	0.9357	0.9355	0.9442	0.9380
Obs. Adj.	48	48	47	46	54
Q-St. (4：P)	0.351	—	—	—	—
Q-St. (5：P)	0.390	0.195	0.111	—	—
Normal. (P)	0.442	0.494	0.216	0.483	0.191
LM Test (P)	0.968	0.804	0.694	0.945	0.103

注：(1) 标"*"的数值为系数估计值，括号内的数值为t统计量，***、**、*分别表示估计系数在1%、5%、10%统计水平上显著；(2) 工具变量为所有解释变量的1~3阶滞后项（加常数项）；(3) 当方程右边有滞后依赖变量时，D-W统计量无效，所以我们给出4~5滞后项的Q-statistics的P值以检验残差序列是否存在序列相关性，原假设为没有序列相关性。此外，本表还同时给出检验残差序列相关性的LMTEST（滞后2阶）及其正态性（NORMALITY）等两个指标的P值来反映模型设定的情况，原假设分别为残差序列无相关性和残差序列呈正态分布。

考虑到从汇率变动传导到国内价格存在时滞，EQ01 考察的只是当期汇率变动对当期通胀的影响，不能反映之前的汇率变动对当期通胀的效应，难以较好地反映出汇率调整的动态影响，所以，接下来，我们考察人民币名义有效汇率的滞后变动对 CPI 通胀的动态影响。

EQ02 给出滞后 1 期的人民币名义有效汇率变动对中国通货膨胀的影响。由于本文采用的是季度数据，所以实际上考察的是 3 个月前的汇率变动对当期通胀的影响问题。我们发现，回归模型中通胀各重要影响因素的估计结果与 EQ01 的结果基本一致，不同的是，人民币名义有效汇率的估计系数有所上升，达到 0.0622（绝对值）。这说明，当我们考虑到汇率升值的滞后影响后，汇率升值对通货膨胀的缓解作用有所变大，不过仍然较小。

EQ03~EQ05 分别考察 6 个月、9 个月和 12 个月前的人民币名义有效汇率变动对当期通货膨胀的影响。我们发现，NE（-2）即 6 个月前的升值对当期通胀的影响最大，估计系数是-0.0746，并且在 1% 的统计性水平上显著，之后逐渐下降。这意味着，假设其他不变，半年前人民币名义有效汇率升值 10%，当期 CPI 通胀将会下降 0.75%。随着时间的推移，这种影响逐渐下降，1 年后（NE（-4））降到 0.23%，并且在统计上不再显著。

综上所述，我们发现，在控制了影响 CPI 通胀的主要因素后，人民币名义有效汇率变动对 CPI 通胀有统计上显著的负向影响，并且以半年前的汇率变动影响最大，不过，其幅度非常小。

（四）稳健性检验

2005 年 7 月 21 日启动的人民币汇率形成机制改革，旨在增强汇率的弹性，在一定程度上会影响到汇率向国内价格传递的程度和速度，我们引入反映这一制度变迁的外生虚拟变量 DUM，重复上述所有回归，做稳健性检验，结果如表 4 所示。我们发现，在控制了"7·21"汇改虚拟变量 DUM 后，上述结论仍然成立。并且，"7·21"汇改虚拟变量 DUM 对 CPI 通胀的影响统计上不显著。此外，我们还用人民币实际有效汇率替代名义有效汇率，重复了上述所有回归，结果与采用名义有效汇率时的结果基本一致。这进一步表明本文的估计结果是稳健的。

五、结论

本文采用两阶段最小二乘法（TSLS）就 1994 年第一季度至 2011 年第一季度人民币名义有效汇率变动对中国 CPI 通货膨胀的传递效应进行了实证研究。研究发现，在控制了通胀惯性、实质 GDP 增长、国际能源和食品涨价、流动性过剩等影响 CPI 通货膨胀的重要因素后，人民币名义有效汇率变动对中国通货膨胀的影响非常有限，并且以半年前的变动对当期通货膨胀的影响最大，不过幅度非常小：在假定其他条件不变的情况下，人民币名义有效汇率升值 10%，CPI 衡量的通货膨胀将下降不到 1 个百分点。在考虑了 2005 年"7·21"汇率形成机制改革的影响后，上述结论仍然成立。因此，笔者建议，中国政府应重点管理好通胀预期，严厉打击哄抬物价等扰乱市场秩序的行为，适当降低经济增长率，从数量型增长转向质量型增长，在 GDP 高增长的同时更多地关注民生。人民币汇率升值虽然能够降低通胀压力，但是本文的实证结果已经表明，汇率升值抑制通胀的作用不是很大，如果在短期内为抑制通胀而大幅度升值，会进一步挤压出口型制造业的利润空间，导致相关领域的企业既无法承受成本大幅上升又来不及升级或转型，最后选择关闭企业，抽出资金炒作国内各种产品，反而会直接推高通胀，这样的结果将会与汇率升值抑制通胀的政策目标背道而驰。所以，不宜在短期内为抑制通胀而大幅升值人民币汇率，以免产生严重的副作用。

参考文献

[1] 北京大学中国经济研究中心宏观组. 流动性的度量及其与资产价格的关系 [J]. 金融研究，2008 (9)：44-55.

[2] 卜永祥. 人民币汇率变动对国内物价水平的影响 [J]. 金融研究，2001 (3)：78-88.

[3] 陈六傅，刘厚俊. 人民币汇率的价格传递效应 [J]. 金融研究，2007 (4)：1-13.

[4] 封北麟. 汇率传递效应与宏观经济冲击对通货膨胀的影响分析 [J]. 世界经济研究，2006 (12)：45-51.

[5] 黄益平，王勋，华秀萍. 中国通货膨胀的决定因素 [J]. 金融研究，2010 (6)：46-59.

[6] 吕剑. 人民币汇率变动对我国物价传递效应的实证分析 [J]. 国际金融研究，2007 (8)：53-61.

[7] 施建淮，傅雄广，许伟. 人民币汇率变动对我国价格水平的传递 [J]. 经济研究，2008 (7)：52-64.

[8] 王晋斌，李南. 中国汇率传递效应的实证分析 [J]. 经济研究，2009 (4)：17-27.

[9] 许伟，傅雄广. 人民币名义有效汇率对进口价格的传递效应研究 [J]. 金融研究，2008 (9)：77-90.

[10] 杨继生. 通胀预期、流动性过剩与中国通货膨胀的动态性质 [J]. 经济研究，2009 (1)：106-117.

[11] 中国经济增长与宏观稳定课题组. 外部冲击与中国的通货膨胀 [J]. 经济研究，2008 (5)：4-18.

[12] 张志文，白钦先. 通货膨胀的决定因素：中国的经验研究 [J]. 上海金融，2011 (6)：15-19.

[13] 陈诗一. 节能减排与中国工业的双赢发展：2009~2049 [J]. 经济研究，2010 (3).

[14] Baks K. and Kramer C. Global Liquidity and Asset Prices: Measurement, Implications and Spillovers [R]. IMF Working Paper, WP/99/168, 1999.

[15] Campa J. M., Goldberg L. Exchange Rate Pass-through into Import Prices: A Macro or Micro Phenomenon? [R]. NBER Working Pape, No. 8934, 2002.

[16] Goldberg P. K., Knetter M. M. Goods Prices and Exchange Rates: What Have We Learned? [R]. NBER Working Paper, No. 5862, 1996.

[17] Hooper P., Mayer T., Spencer M., Slok T. Exchange Rate and Commodity Price Pass-through in Asia [R]. Deutsche Bank Global Economic Perspectives, 2011.

[18] Ito T., Sato K. Exchange Rate Changes and Inflation in Post-crisis Asian Economies: VAR Analysis of the Exchange Rate Pass-through [R]. NBER Working Paper, No.1239, 2006.

[19] Krugman P. Pricing to Markets When Exchange Rates Change [R]. NBER Working Paper, No. 1926, 1986.

Research on the Pass-through Effect of RMB Nominal Effective Exchange Rate (NEER) on China's CPI Inflation

Bai Qinxian   Zhang Zhiwen

Abstract: This paper employs the Two Stage Least Square (TSLS) to investigate the pass-through effect of RMB nominal effective exchange rate (NEER) on China's CPI during the period 1994Q1~2011Q1. It is found that after controlling the major determinants of China's CPI inflation rate, the effect of RMB NEER changes on CPI inflation is very limited, and the biggest effect is from the second lag of NEER change, though the magnitude is very small. With other factors unchanged, if RMB NEER appreciates 10%, the CPI inflation rate will be lowered by less than 1%. Considering the effect of RMB exchange rate formation mechanism reform taking place on July 21, 2005, the conclusion still holds.

Key Words: NEER; Exchange Rate Pass-through; Inflation

人民币汇率对企业进出口贸易的影响
——来自中国企业的实证研究

李宏彬　马弘　熊艳艳　徐嫄[①]

【内容摘要】 本文首次使用 2000~2006 年的中国进出口企业面板数据，分别估计了人民币实际有效汇率变动对我国企业出口值与进口值产生的影响，从微观层面估计了我国进出口的汇率弹性。本文的结果表明，人民币实际有效汇率每升值 1%，企业出口值减少 0.99%，但同时，企业进口值也降低 0.71%。此外，本文发现，私营企业、高科技和资本密集型行业中的企业、从事进料加工贸易的企业以及东部和南部沿海地区的企业，其进出口值在人民币升值过程中遭受的冲击最大。

【关键词】 人民币实际有效汇率；企业进出口值；汇率弹性

一、引言

政策制定者和经济学家对人民币汇率的讨论由来已久。事实上，作为一个全球货币政策的关键问题，人民币汇率制度的选择和币值的变动会给全球贸易、投资以及各国经济带来深刻的影响（Frankel 和 Wei，2007）。全球经济危机背景下，中美两国之间关于人民币汇率以及中美贸易巨额顺差的争论日益激烈。Krugman（2010）和 Wolf（2009）等学者更是把全球经济失衡归结为人民币汇率低估。然而，国内外学者就汇率变动对一个国家或双边及多边国家之间进出口贸易的影响从来没有达成一致性的结论。就人民币汇率对中国进出口以及经常账户平衡的影响而言，有研究指出人民币升值将会降低我国的出口总额、增加进口总额，因而能改善我国对世界的贸易收支状况（戴永良，1999；李海波，2003；卢向前、戴国强，2005）。但是更多的文献发现人民币汇率变动并不能改善我国的贸易条件，

[①] 李宏彬（1972~），男，经济学博士，清华大学经济管理学院教授，博士生导师。马弘（1979~），男，经济学博士，清华大学经济管理学院助理教授。熊艳艳（1978~），女，经济学博士，清华大学经济管理学院博士后。徐嫄（1980~），女，经济学博士，清华大学经济管理学院助理教授。

因而不能减轻我国贸易不平衡问题（谢建国、陈漓高，2002；李建伟、余明，2003；Lau 等，2004；殷德生，2004；欧元明、王少平，2005；辜岚，2006；海闻、沈琪，2006；许统生、涂远芬，2006；叶永刚等，2006；陈六傅、刘厚俊，2007；徐明东，2007）。已有的这些研究主要使用宏观进出口数据，着重考察人民币汇率对中国贸易收支的总体影响，也有一些研究分行业和贸易方式来探究人民币汇率变动对中国出口或进口带来的不同影响（Dees，2001；Voon 等，2006；陈学彬等，2007；Marquez 和 Sehindler，2007；Rahman 和 Thorbecke，2007；李辉，2008；Thorbecke 和 Smith，2010）。以往的研究通常利用时间序列数据，少数运用分行业和贸易国别的面板数据，运用最小二乘法、广义矩估计法（GMM）、似不相关回归分析法（SUR）、向量自回归法（VAR）以及协整分析法（Cointegration Analysis）等，从名义汇率、实际汇率、有效汇率，双边与多边贸易等方面，估计了人民币汇率弹性，但是估计结果尚不统一。出口汇率弹性的绝对值一般介于 0.02 和 2.53 之间，而进口汇率弹性的绝对值通常介于 0.01 和 1.96 之间。

虽然以往的研究从宏观上估计了人民币汇率弹性，并就人民币汇率变动对我国贸易收支和贸易结构的影响做出了深入的分析，但是总体现象可能会掩盖市场的微观参与主体——企业的异质性行为，以及人民币汇率变动对这类微观市场主体造成的影响（Manova 和 Zhang，2009；Berman 等，2010）。首先，不同的企业与不同的国家和地区从事进出口业务，因此事实上面对着不同的人民币汇率变动。人民币对美元升值的同时，可能对英镑和欧元在贬值，那么与以美元结算的国家和地区有贸易往来的企业将面对人民币升值，而与以英镑和欧元结算的国家和地区有进出口业务的企业则面对人民币贬值。其次，同一企业也可能同时出口到分别以美元、欧元、日元、英镑等货币结算的不同国家。通过对 230 家中国纺织服装类出口企业的问卷调查，Bernard（2008）发现相当部分的中国企业事实上出口到不同币种的多个国家。例如，一个企业同时出口相当份额的产品到美国和德国，人民币对美元升值的同时如果对欧元贬值，企业所面临的有效汇率冲击有可能是正的，即增大出口；但也有可能是负的，即减少出口。最后，不同的企业，贸易的商品结构不同，贸易方式不同，采用的生产技术也不同，因而人民币汇率变动对不同企业所造成的影响不尽相同。综合以上三点原因，本文将从企业层面出发研究汇率变动对企业进出口的具体影响，回答以下两个问题：首先，人民币升值将会在多大程度上影响中国企业的出口值和进口值？其次，哪些进出口企业受到的影响最大？

本文的贡献主要在于以下四点。首先，据我们的了解，本文是第一篇使用全国进出口企业年度面板数据研究汇率弹性的论文。由上所述，从微观层面来考察人民币汇率变动对我国企业进出口值造成的影响，不仅是对现有研究的有益补充，也非常必要。其次，本文构造了企业层面的实际有效汇率。由于不同企业的出口市场和进口来源地不尽相同，计算其有效汇率的货币篮子也不同，因此，本文将计算每个企业每一期经贸易加权并剔除本国和贸易地区的物价水平变动后的实际有效汇率（即人民币对一篮子货币的实际汇率）。这种方法相较于以往的研究，能够更准确、更全面地描述人民币汇率变动对中国企业进出口的影响。再次，在研究方法上，为了克服简单最小二乘法估计过程中可能产生的内生性问题，本文将采用固定效应法去除难以观测但有可能造成估计偏差的企业特征，同时控制住时间效应。最后，由于不同类型的企业对汇率变动的反应不同，本文还按企业所有制类型、行业特征、贸易方式以及企业所在地，分别估计出口与进口的汇率弹性。

简单最小二乘法估计结果表明，从平均上讲，人民币实际有效汇率每升值1%，企业实际出口值减少0.56%，但对实际进口值没有显著影响。而当我们使用固定效应法控制难以观测的企业特征，同时控制时间效应后，结果显示人民币实际有效汇率每升值1%，企业实际出口值将会减少0.99%，实际进口值也会减少0.71%。因此，人民币升值将造成我国贸易企业出口值和进口值的同时降低，因而对改善我国贸易收支不平衡的作用比较有限。此外，我国私营企业、高科技和资本密集型行业中的企业、从事进料加工贸易的企业，以及东部和南部沿海地区的企业，其进出口值在人民币升值过程中遭受的冲击最大。

结合本文的实证结果，从政策层面，我们得到以下几点启示：第一，尽管中美贸易失衡和人民币对美元汇率是当前政策层和学术界讨论的焦点，但过于关注人民币对美元汇率变动的影响有失偏颇。应该关注人民币实际有效汇率的变动，及其对贸易和国内经济的影响，并以此指导我们制定政策。第二，从实际有效汇率上看，人民币升值对贸易平衡的影响比较有限。从本文的固定效应回归结果来看：有效汇率的升值一方面带来出口的减少，另一方面也造成了进口的减少。综上所述，改善中美贸易失衡乃至全球经济失衡，不能"头痛医头，脚痛医脚"，仅通过调节人民币汇率的方式显然不够，有效的药方可能包括美国转变借贷消费的生活方式，以及中国大力改善社会保障体系以促进内需等。

本文的其余内容安排如下：第二部分介绍估计模型与方法；第三部分描述本文所使用的数据；第四部分给出实证结果；第五部分是结论。

二、估计模型与方法

（一）基准模型和估计方法

本文首先从以下基准模型开始，估计人民币汇率变动对中国企业进出口值的影响：

$$\ln Y_{it} = \alpha + \beta \ln REER_{it} + \mu_i + \eta_t + \varepsilon_{it} \tag{1}$$

其中，Y_{it}是企业 i 在 t 期的实际出口值或实际进口值，本文取其对数形成；$REER_{it}$是按贸易额加权的人民币实际有效汇率，也以对数形式表示；μ_i以观测到的企业特征，其不随时间的变化而变化；η_t是难以观测到的随时间变化的变量；α是截距项；ε_{it}是残差项。

$lnREER_{it}$ 前的系数 β，即是本文重点估计的企业进出口值的汇率弹性。[①]

我们对企业在 t 期面对的 REER，定义如下：

$$REER_t = 100 * \prod_{j=1}^{n} \left(\frac{E_{jt}}{E_{jo}} * \frac{CPI_t}{CPI_{jt}} \right)^{w_{jt}} \quad \sum_{j=1}^{n} w_{jt} = 1 \text{ for each } t \tag{2}$$

其中，E_{jt} 是 t 期外币 j 的人民币价格，即外币 j/CNY；E_{jo} 是基期时外币 j 的人民币价格，本文的基期定在 1999 年。CPI_t 是 t 期中国的居民消费价格指数（1999=100），CPI_{jt} 是 t 期 j 国的居民消费价格指数（1999=100）。w_{jt} 是贸易权重，对于经营出口业务的企业而言，其等于该企业 t 期出口到 j 国的出口值占其 t 期总出口值的比例；对于经营进口业务的企业而言，其等于该企业 t 期从 j 国进口的进口值占其 t 期总进口值的比例。因此，基期时的 REER 值为 100，REER 上升，则表示人民币实际有效汇率升值；REER 下降，则表示人民币实际有效汇率贬值。

我们首先使用最小二乘法（OLS）来估计模型（1）中的 β，但是主要会遇到以下两个内生性问题。第一，OLS 估计法无法控制住难以观测到的不随时间变化的企业特征 μ_i，例如企业管理者的能力、企业传统的经营方针和策略、企业生产效率、企业对市场的适应调节能力等。第二，OLS 估计法也无法控制住随时间变化的变量 η_t，例如贸易国的收入水平变化，中国 GDP 的增长、收入水平的变化，贸易国对中国商品供需情况的变化，以及商业周期等。这两类难以观测到的变量很可能和 REER 相关，从而导致所估计出的人民币汇率弹性 β 是有偏的。因此，我们进一步运用固定效应法，在很大程度上去除观测不到的企业特征 μ_i，同时在模型中加入时间虚拟变量，以控制住 η_t，极大地解决了可能会产生的内生性问题。

（二）扩展模型和估计方法

本文在估计总体人民币汇率弹性的基础上，进一步根据下列模型，区分企业所有制、行业特征、贸易方式以及企业所在地来估计各种不同的汇率弹性。

$$lnY_{it} = \alpha_2 + \beta_2 lnREER_{it} + D_{jt}\gamma + lnREER_{it} \times D_{jt}\lambda + \mu_i + \eta_t + \sigma_{it} \tag{3}$$

其中，D_{jt} 是 $1 \times j$ 虚拟变量向量；α_2 是截距项；σ_{it} 是残差项。以估计不同企业所有制的汇率弹性为例，D_{jt} 即是企业所有制虚拟变量向量，包括 j 种企业所有制类型。在该模型中，我们所感兴趣的是 $lnREER_{it}$ 前的系数 β_2 以及交互项 $lnREER_{it} \times D_{jt}$ 前的系数向量 λ。

与在基准模型中使用的估计方法相同，我们首先采用 OLS 估计各种汇率弹性，然后使用固定效应法去除可能产生内生性的观测不到的企业特征，同时控制时间效应。

[①] 对于有效汇率的定义有两类形式，一类是算术加权形式，另一类是本文中所使用的几何加权形式。Brodsky（1982）利用 156 个国家的样本分别计算并比较了算术加权和几何加权形式的有效汇率，得出几何加权形式的有效汇率是一个无偏的有效汇率指数。其有两大优点：第一，它可以完全对称地反映出参与计算有效汇率的各国货币的升值和贬值，而不会像算术加权形式那样，由于某国货币对本币的升值或贬值而改变该国在计算有效汇率时的权重；第二，给定贸易权重后，几何加权有效汇率在任何两期的相对变动不依赖于计算该指标时所选择的基期，因而它的变动百分比是被唯一决定的。因此，本文采用几何加权形式计算人民币实际有效汇率。

三、数 据

本文所使用的数据是2000年1月至2006年12月的中国海关进出口企业数据。[①] 该数据来自中国海关总署,包括了中国境内所有进出口企业。数据的内容包括企业进出口类型、每月进出口商品的数量和金额,企业所有制形式、进出口商品种类、贸易方式和运输方式,企业所在地,出口商品的目的地与进口商品的来源地等。数据信息由各进出口企业每月按时直接报送到海关总署。

该套数据库包括样本期间内位于全国717个市县的314757家进出口企业,涉及239个贸易国与地区和8197种商品。[②] 为了在很大程度上剔除企业贸易额以及汇率的季度波动性,本文按年份来估计人民币汇率弹性。根据本文的研究需要,去除一些信息不完整的企业数据,我们的出口企业样本中总共包括655065个观测值,进口企业中则包括了542788个观测值。[③]

本文计算经贸易加权的人民币实际有效汇率时,在出口企业样本中,根据出口到各国的贸易权重,采用了14种货币对人民币的汇率进行计算:美元、欧元、英镑、港元、日元、韩元、新台币、新加坡元、马来西亚林吉特、印度尼西亚卢比、泰铢、菲律宾比索、澳元和加拿大元。从样本数据看,我国企业出口到这些国家和地区的平均出口值占出口总值的80%。其他出口目的地的货币汇率,我们均用美元对人民币的汇率来代替。在进口企业样本中,根据我国企业进口商品来源地较出口商品目的地更具多样性的特征,除了使用上述14种货币以外,还增加了瑞典克朗和瑞士法郎来计算人民币有效汇率。我国企业来自这16个国家和地区的平均进口额占进口总额的89%。同样,其他进口来源地的货币汇率,也由美元对人民币的汇率来代替。

图1中,本文将样本期间内各年企业实际有效汇率的平均数与国际货币基金组织(IMF)计算的以CPI为物价指数的实际有效汇率做比较,结果表明不论是出口企业实际有效汇率的平均数,还是进口企业实际有效汇率的平均数,都与IMF计算的实际有效汇率十

[①] 感谢"清华大学中国经济社会数据中心"提供该研究数据。
[②] 在314757家进出口企业中,完全从事出口贸易的有95942家,占30.5%;完全从事进口贸易的有71266家,占22.6%;既从事出口又从事进口贸易的企业共有147549家,占46.9%。
[③] 出口企业样本包括所有从事出口贸易的企业,进口企业样本则包括所有从事进口贸易的企业。出口和进口企业样本中分别舍弃了11.6%和14.3%的观测值。这套中国进出口企业调查数据是非平衡面板数据(unbalanced panel data),个别企业在样本期间内退出进出口贸易领域,也有部分新企业刚刚进入。为满足估计方法的需要,我们舍弃在样本期间内只经营了一年进出口贸易业务的企业数据。这样做有可能会造成选择性偏差,IIP人民币升值可能导致一些经营不善的企业退出贸易领域,而将较好的企业留在样本内。所以,我们进一步考察样本数据,发现在出口和进口企业样本中,分别有71%和47%的企业是2006年新进入贸易领域的企业,而非因各种原因退出该领域的企业。考虑到我们所使用的大样本数据,舍弃一年数据可能会导致的选择性偏差在可接受范围内。

分相近。从统计结果上看,出口企业和进口企业实际有效汇率的平均数与 IMF 计算的实际有效汇率之间的相关系数分别高达 0.99 和 0.98,而且均在 1% 的显著水平上显著。这说明本文使用微观企业数据所得出的估计结果具备政策含义。

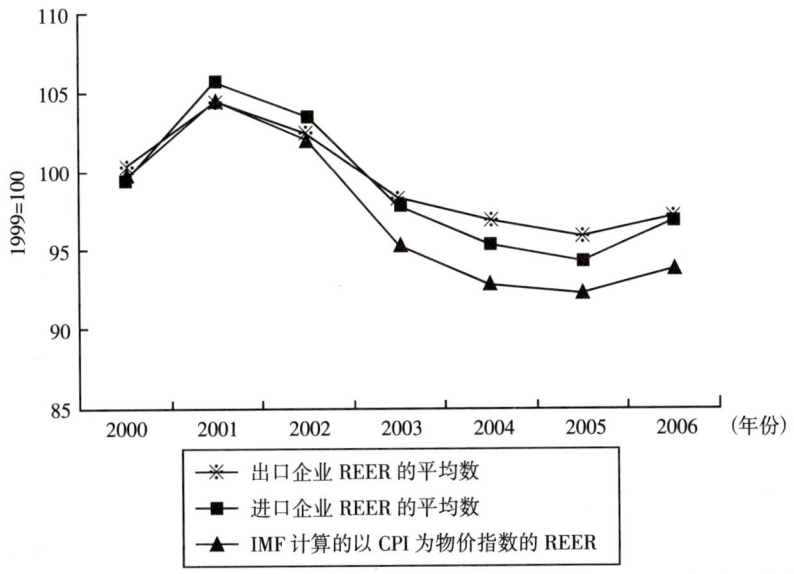

图1　2000~2006 年样本企业实际有效汇率的平均数与国际货币基金组织(IMF)国际金融统计数据库提供的实际有效汇率的比较

表 1 中分别给出了出口和进口企业样本中主要变量的统计结果。如表 1 所示,在 2000~2006 年,出口企业的平均实际出口值为 556 万美元,进口企业的平均实际进口值为 598 万美元。样本期间内的平均人民币实际有效汇率在出口企业和进口企业样本中分别为 98.425 和 98.205,说明在该期间内,从平均上讲,从事进出口贸易的企业均面对着人民币实际有效汇率的下跌,也即人民币对一篮子货币的贬值。

表1　出口企业样本和进口企业样本主要变量的统计性描述

出口企业		进口企业	
按 2006 年价格计算的实际出口值(万美元)	556 (6990)	按 2006 年价格计算的实际进口值(万美元)	598 (10200)
实际出口值的对数形式	13.241 (2.237)	实际进口值的对数形式	12.389 (2.810)
实际有效汇率(REER)	98.425 (10.445)	实际有效汇率(REER)	98.205 (10.086)
实际有效汇率的对数形式	4.584 (0.106)	实际有效汇率的对数形式	4.582 (0.105)
样本量	655065	样本量	542788

注:表格报告了主要变量的均值和标准差(括号内)。其中实际出口值和进口值是按各年的 CPI 对当年名义出口值和进口值按 2006 年的价格进行折算而得。

四、实证结果

(一)人民币汇率弹性

本文首先根据基准模型,利用最小二乘法,分别在出口企业和进口企业样本中估计人民币实际有效汇率的变动对企业实际出口值与进口值的总体影响。如表2的第1列所示,在出口企业样本中,人民币实际有效汇率前的系数为−0.559,且在1%的显著水平上显著,说明在其他条件相同的情况下,人民币有效汇率每升值1%,企业出口值将减少0.559%。从第4列的结果中可以看到,在进口企业样本中,人民币实际有效汇率前的系数为−0.025,并且在统计上不显著,说明人民币升值对企业进口值没有影响。

第2和第5列显示了运用OLS并控制了时间效应后的估计值。从结果中可以看到,人民币有效汇率前的系数均为负值,且均在1%的显著水平上显著,表明人民币有效汇率每升值1%,企业出口值减少0.52%,同时进口值也会减少0.15%。该结果也说明了在估计过程中控制时间效应的重要性。

为剔除观测不到的但有可能引起估计偏差的企业特征,本文进一步采用企业层面的固定效应法(firm specific fixed effect)估计。第3和第6列中的结果显示,当控制了企业的特征和时间效应后,人民币有效汇率前的系数仍均为负值,且仍在1%的显著水平上显著,说明在其他条件不变的情况下,人民币有效汇率每升值1%,企业出口值与进口值将分别减少0.99%和0.71%。

表2 人民币汇率弹性的估计结果

	实际出口值			实际进口值		
	OLS	OLS	FE	OLS	OLS	FE
	(1)	(2)	(3)	(4)	(5)	(6)
LnREER	−0.559***	−0.515***	−0.991***	−0.025	−0.153***	−0.707***
	(0.040)	(0.042)	(0.028)	(0.051)	(0.056)	(0.034)
时间虚拟变量	无	有	有	无	有	有
样本量	655065	655065	655065	542788	542788	542788

注:括号中是稳健性标准误差;* 表示10%的显著性水平,** 表示5%的显著性水平,*** 表示1%的显著性水平。

该结果有以下两点含义值得注意。首先,与传统观点不同,本文发现人民币升值并没有导致企业进口值的增加,反而导致其减少。① 主要是由于我国产业链对其产生的影响,很多进口是为出口提供原材料和中间品,人民币升值带来的出口需求的减少,会直接影响到对进口产品的需求,从而降低进口。为了进一步研究进口和出口之间的这种相关性,我们在样本中选取同时拥有进出口业务的企业,来估计企业出口值对进口值的影响作用。我们使用固定效应法并同时控制了时间效应,结果表明,在其他情况不变的情况下,出口值每减少 1%,进口值将减少 0.37%。估计结果证实企业出口值与进口值之间存在显著的正向关系,进口值会随着出口值的减少而减少。这种显著的正向关系在从事一般贸易和加工贸易的企业中都存在,不过在从事加工贸易的企业中,这种正向关系会更大一些。② 其次,从上述结果中可以看出,综观出口和进口两者的变化,人民币升值导致企业出口值的减少率比进口值的减少率仅略多一些,所以对减少宏观层面上的中国贸易顺差所起到的作用比较有限。

(二)按企业所有制类型估计的人民币汇率弹性

人民币汇率变动对不同所有制类型的企业所造成的影响不尽相同。本文将利用扩展型来估计不同企业所有制类型的汇率弹性,在基准模型中加入所有制类型虚拟变量以及该虚拟变量与名义有效汇率的交互项。根据样本数据,我们将企业分为以下四类:国有企业、私营企业、中外合资企业及外商独资企业。③

表3 按企业所有制类型估计的汇率弹性:外商独资企业为控制组

	实际出口值		实际进口值	
	OLS	FE	OLS	FE
	(1)	(2)	(3)	(4)
LnREER	−0.884*** (0.070)	−0.859*** (0.046)	−0.127 (0.081)	−0.772*** (0.053)
LnREER×国有企业	0.833*** (0.143)	1.106*** (0.078)	−0.658*** (0.166)	0.091 (0.087)

---

① Lau 等(2004)也发现人民币升值将导致中国的进口总额与出口总额同时减少。他们用宏观贸易数据估计了人民币有效汇率的出口弹性,以及中国加工贸易的进口弹性和国内消费的进口弹性。结果发现,短期内人民币每升值 1%,中国出口总额将减少 0.74%;用于加工贸易的进口总额将减少 0.70%;用于国内消费的进口总额将减少 1.8%。徐明东(2007)利用 1997~2006 年的月度数据,根据 VAR 模型估计的结果,也发现人民币实际有效汇率升值会引起出口和进口的同时下降。李辉(2008)运用协整分析方法,发现 1980~2005 年人民币实际有效汇率上升,一般贸易和加工贸易的出口总值和进口总值同时减少。

② 该项经验研究包括本文样本中同时经营出口和进口业务的企业,共计 381576 个观测值,估计模型的被解释变量是企业的实际进口值,解释变量为实际出口值。估计方法采用固定效应法,并同时在模型中加入时间虚拟变量以控制住时间效应。由于篇幅所限,未在文中汇报具体的回归结果。

③ 样本数据中还有两种所有制类型企业:集体企业和中外合作企业。由于这两类企业在出口与进口企业样本中所占比重均不超过 5%,所以,本文将集体企业归为国有企业中,而将中外合作企业归在中外合资企业中。在出口企业样本中,国有企业、私营企业、中外合资企业和外商独资企业所占的比重分别为 17.35%、27.46%、23.33% 和 31.86%;在进口企业样本中的比重分别为 15.64%、18.66%、24.93% 和 40.76%。

续表

	实际出口值		实际进口值	
	OLS	FE	OLS	FE
	（1）	（2）	（3）	（4）
LnREER×合资企业	0.106 (0.111)	−0.303*** (0.069)	−0.446*** (0.130)	0.392*** (0.075)
LnREER×私营企业	0.765*** (0.096)	−1.028*** (0.073)	−0.614*** (0.135)	−0.323*** (0.088)
样本量	655065	655065	542788	542788

注：所有回归方程中还包括企业所有制类型以及时间的虚拟变量。括号中是稳健性标准误差；* 表示10%的显著性水平，** 表示5%的显著性水平，*** 表示1%的显著性水平。

表3汇报了按企业所有制类型估计汇率弹性的结果，所有回归模型中都控制了所有制类型以及时间虚拟变量，其中，外商独资企业被作为控制组。从第2列的结果中可以看出，在出口企业样本中，当我们剔除了难以观测的企业特征变量，并且控制了时间效应后，人民币有效汇率前的系数为−0.859，有效汇率与国有企业交互项前的系数为1.106，且均在1%的显著水平上显著。由于估计中的控制组是外商独资企业，因而−0.859即是该类出口企业所面对的汇率弹性，而国有出口企业面对的汇率弹性则为0.247（−0.859+1.106）。同理，中外合资出口企业的汇率弹性为−1.162，私营出口企业的汇率弹性为−1.887。

为了更为直观地显示估计结果，表4中列出了根据利用固定效应法并且控制时间效应后的估计值（即表3中第2和第4列结果）计算而来的汇率弹性。从表中可以看出，人民币汇率变动对不同所有制类型企业产生的影响显著不同。对于从事出口业务的企业而言，人民币有效汇率每升值1%，国有企业出口值将增加0.25%，而外商独资企业、中外合资企业以及私营企业的出口值将分别减少0.86%、11.69%和1.89%。在从事进口业务的企业中，人民币升值1%将减少国有企业、外商独资企业、中外合资企业和私营企业的进口值分别为0.68%、0.77%、0.38%和1.10%①（见表4）。

表4 按企业所有制类型并且根据固定效应法估计结果计算出的汇率弹性

所有制类型	出口汇率弹性	进口汇率弹性
国有企业	0.247***	−0.681
外商独资企业	−0.859***	−0.772***
中外合资企业	−1.162***	−0.380***
私营企业	−1.887***	−1.095***

注：* 表示10%的显著性水平，** 表示5%的显著性水平，*** 表示1%的显著性水平。

---

① 和本文的估计结果不同，欧元明、王少平（2005）将我国进出口企业分为内资和外资两类企业，认为外资企业的出口基本不受汇率变化影响，因而仅使用年度宏观统计数据（样本量为16），利用Granger检验和协整分析法估计了人民币有效汇率对我国内资企业出口总额的影响，发现两者间也没有显著关系。

上述结果表明，私营企业的进出口值在人民币升值过程中将遭受最大幅度的降低，其次遭受较大进出口值降幅的是外资企业。因此，人民币升值在打击我国私营企业进出口业务的同时也抑制了外资企业进出口业务的发展。① 有趣的是，国有企业的出口值随着人民币升值而增加，进口值则随着人民币升值而减少。这可能反映了国有企业对汇率变动的反应较为迟钝，也可能是因为国有企业的最大化函数中包含了另外的一些政策导向性行为。

（三）按行业技术水平与行业资本密集度估计的人民币汇率弹性

本文将在本节中根据不同的行业特征，即从行业技术水平与资本密集度两方面来估计人民币汇率弹性。由于我们的样本中仅有贸易商品的 8 位 HS 编码信息，为了研究行业特征变量，我们将 HS 编码与国民经济行业分类（GB/T4754）信息相匹配，并利用 2005 年规模以上工业企业调查数据来估计行业的技术水平与资本密集度。②

首先，我们通过以下模型估计行业的技术水平，以行业的全要素生产率（TFP）来表示。

$$\ln Y_i = \text{cons} + \alpha \ln K_i + \beta \ln L_i + D_j \theta + \nu_i \tag{4}$$

其中，Y_i 只是企业的工业总产值；K_i 是固定资产，L_i 是职工人数；D_j 是 $1 \times j$ 行业虚拟变量向量；ν_i 是残差项。

我们首先对模型（4）采用最小二乘法估计，并将行业分类中的"其他行业"作为控制组，因而估计结果中的截距项，cons 即是"其他行业"的 TFP 值，而截距项与 θ 向量中第 j 个分量的和即是第 j 个行业的 TFP 值。其次，我们将通过估计该模型而得的行业 TFP 值与本文样本数据中的行业相匹配。③

本文在扩展模型中引入行业 TEP 值作为解释变量估计了不同行业技术水平的汇率弹性。从表 5 的第 2 和第 4 列中可以看出，当控制了难以观测的企业特征和时间效应之后，交互项前的系数为负，说明企业所在行业的技术水平越高，人民币升值对其进出口值的冲击越大。表 5 的下半部分汇报了 TFP 值最低的行业与 TFP 值最高的行业的进出口汇率弹性。结果显示，在 TFP 值最低的行业中，人民币有效汇率每升值 1%，企业出口值将减少 0.91%，进口值将减少 0.58%；而在 TFP 值最高的行业中，人民币有效汇率每升值 1%，企

---

① 不同所有制企业之间面对较大差异的汇率弹性，其中部分原因可能与我国不完善的信贷市场以及各类企业不同的融资能力有关。国有企业具有较强的融资能力，在人民币升值遇到资金"瓶颈"的时候，可以通过国有银行贷款，保证业务的正常运行。中外合资企业可以通过国内商业银行以及从外国投资方那里融资。外商独资企业则可以从其母公司获得资金周转。而私营企业的融资能力与融资环境相对较不理想，很难从国有商业银行处获得贷款，从而难以适时调整贸易结构以应对汇率变动。其他原因可能还与各类所有制企业的贸易方式、商品结构等有关。但这些原因已超出本文的研究范围，将在今后的研究中进一步探究。

② 感谢"清华大学中国经济社会数据中心"提供该研究数据。

③ 本文先将 8197 种 8 位 HS 编码的商品按国际标准 2 位 HS 编码分成 98 类，然后再将这 98 类以 HS 编码的商品与国民经济行业分类信息中所涉及的行业相匹配。根据样本信息合并某些样本量小的行业，本文最终将这些贸易商品归为 17 种行业类型。本文中进出口企业所在的行业是指该企业所在的主要行业，即该行业的进出口贸易值占企业进出口总值的比例最大。

表 5　按行业技术水平估计的汇率弹性

	实际出口值		实际进口值	
	OLS	FE	OLS	FE
	(1)	(2)	(3)	(4)
LnREER	−1.828 (1.269)	0.586 (0.813)	−15.989*** (1.970)	1.647 (1.047)
LnREER×行业 TFP	0.245 (0.238)	−0.296* (0.152)	2.962*** (0.370)	−0.442** (0.196)
样本量	655065	655065	542788	542788
	出口汇率弹性		进口汇率弹性	
TFP 值最低的行业	−0.909		−0.584**	
TFP 值最高的行业	−1.079		−0.837**	

注：所有回归方程中还包括行业 TFP 连续变量以及时间的虚拟变量。括号中是稳健性标准误差；* 表示 10%的显著性水平，** 表示 5%的显著性水平，*** 表示 1%的显著性水平。

业出口值与进口值将分别降低 1.08%和 0.84%。

其次，本文用资本密集度来反映行业特征，进而估计不同行业的汇率弹性。我们首先利用 2005 年规模以上工业企业调查数据估算出各个行业的资本/劳动比率，其等于该行业中所有企业资本/劳动比率的平均值。然后，我们再将估计出的行业资本/劳动比率与本文样本中的行业相匹配。与前述方法相同，本文在扩展模型中引入行业的资本/劳动比率来衡量行业的资本密集度。表 6 列出了根据行业资本密集度估计汇率弹性的结果。如第 2 和第 4 列的结果所示，交互项前的系数显著为负，说明企业所处的行业，其资本密集度越高，该企业进出口值受人民币有效汇率升值的负面影响就越大。表 6 的下半部分进一步汇报了根据固定效应法估计结果计算出的出口和进口汇率弹性：在资本/劳动比率最低的行业中，人民币有效汇率每升值 1%，企业出口值减少 0.87%，进口值则增加 0.19%；而在资本/劳动比率最高的行业中，企业的出口值和进口值分别减少 1.10%和 1.50%。

表 6　按行业劳动密集度估计的汇率弹性

	实际出口值		实际进口值	
	OLS	FE	OLS	FE
	(1)	(2)	(3)	(4)
LnREER	−0.084 (0.142)	−0.809*** (0.093)	1.856*** (0.179)	0.613*** (0.108)
LnREER×资本/劳动比率	−0.005*** (0.001)	−0.002** (0.001)	−0.022*** (0.002)	−0.014*** (0.001)
样本量	655065	655065	542788	542788
	出口汇率弹性		进口汇率弹性	
资本/劳动比率最低的行业	−0.867**		0.187***	
资本/劳动比率最高的行业	−1.096**		−1.502**	

注：所有回归方程中还包括资本/劳动比率连续变量以及时间的虚拟变量。括号中是稳健性标准误差；* 表示 10%的显著性水平，** 表示 5%的显著性水平，*** 表示 1%的显著性水平。

从上述估计结果中可以看出,就企业进出口值方面而言,人民币升值对高科技行业和资本密集型行业的冲击更大些。虽然从平均上讲,人民币升值会导致所有对外贸易企业出口值与进口值的同时减少,但是那些处于技术水平较低和劳动密集型行业中的企业,其贸易值降幅较小;处在劳动密集度最高的行业中的企业,进口值还会增加。这部分是由于我国低科技行业和劳动密集型行业(例如非金属矿物制造业,纺织、服装、皮革业,通用设备制造业等)的商品在国际上具有一定的比较优势和国际竞争力,国际市场对我国劳动密集型产品的需求价格弹性较低,即使人民币升值导致这些出口商品的价格相对小幅提高,国际需求的减少仍然相对有限。张小蒂、李晓钟(2001)测算了1980~1997年期间按SITC分类的显性比较优势指数,以及1990~1999年期间的贸易竞争力指数,发现我国劳动密集型产品具有较强的显性比较优势和国际竞争力。此外,陈学彬等(2007)也从汇率价格传递的角度,基于2001年1月至2007年8月间22种HS分类出口商品的面板数据,采用混合回归模型、固定效应模型和随机效应模型,估算了各行业的人民币实际有效汇率对出口价格的影响,发现劳动密集型行业在目标市场上具备较强的盯市能力,在人民币升值时出口商反而能降低本币出口价格,所以人民币升值抑制其出口的作用有限。而以加工贸易为特征的高科技制造业只有部分盯市能力,人民币升值对其影响相对较大。

(四)按贸易方式估计的人民币汇率弹性

已有的研究发现人民币汇率变动对我国一般贸易和加工贸易的影响不同,有的认为汇率变动对一般贸易的影响更大些,而有的则指出加工贸易所遭受的影响更大(Dees,2001;李建伟、余明,2003;李辉,2008)。① 本文则进一步将加工贸易细分为来料加工装配贸易和进料加工贸易来估计人民币汇率变动对其造成的影响。这两类贸易同属于加工贸易的范畴,但是前者主要是由外方提供全部或部分原材料,我方按外方要求进行加工装配,收取工缴费;而后者主要由我方用外汇购买进口的原材料,加工成品或半成品后外销,企业需要自行寻找供货渠道,并且开拓境外市场,需要承担一定的经营风险。② 根据样本数据,我们将海关总署划分的20种贸易方式归为5类:一般贸易、来料加工装配贸易、进料加工贸易、外商投资企业作为投资进口的设备和物品,以及其他贸易。③

---

① Dees(2001)根据1994~2000年分贸易方式的月度进出口总量数据,发现人民币汇率变动对一般贸易而非加工贸易出口量的影响更大:人民币每升值1%,出口数量将减少0.29%,其中一般贸易出口量减少0.48%,而加工贸易出口量仅减少0.15%。但是人民币升值却对加工贸易的进口量影响更大,而且人民币每升值1%,加工贸易进口量会减少0.17%。李建伟、余明(2003)使用1995年1月至2003年6月的宏观贸易数据,运用两阶段最小二乘法,估计了人民币实际有效汇率对进出口贸易的影响,发现人民币升值1%,将会导致一般贸易出口额减少1.50%,而加工贸易出口额增加0.47%,同时,会导致一般贸易进口额增加1.48%,而加工贸易进口额则减少1.62%。李辉(2008)根据1980~2005年的宏观贸易数据,使用协整分析方法,估计了人民币实际有效汇率对一般贸易和加工贸易进出口额的影响,发现人民币升值1%,加工贸易出口和进口额将会分别下降0.34%和0.65%,而一般贸易出口和进口额将分别下降0.18%和0.14%。

② 详见中国海关总署网站对各贸易方式的指标介绍。

③ 其他贸易包括捐赠物资、补偿贸易、易货贸易、转口贸易等共16种贸易方式。从事这些贸易方式的企业分别占出口和进口企业样本总数的2.75%和10.46%。

表 7 中显示了将一般贸易作为控制组来估计汇率弹性的主要结果。从第 2 和第 4 列的估计值中可以看出，有效汇率与来料加工装配贸易交互项前的系数显著为正，而有效汇率与进料加工贸易交互项前的系数则显著为负，说明与从事一般贸易的进出口企业相比，同是从事加工贸易的进出口企业，如果其所从事的是收取工缴费的来料加工装配业务，那么人民币升值对进出口值的负面影响要小得多；但对于从事进料加工贸易，需自寻供货商和销售商、自行承担经营风险的企业而言，人民币升值对其出口和进口业务的冲击要更大些。表 7 的下半部分列出了分主要贸易方式的出口和进口汇率弹性：人民币有效汇率每升值 1%，从事来料加工装配贸易企业的出口和进口值将分别减少 0.25% 和 0.20%；从事一般贸易企业的出口和进口值将会分别减少 0.97% 和 0.63%；而从事进料加工贸易的企业，其出口和进口值的减少率最大，分别为 1.33% 和 1.29%。

表 7 按贸易方式估计的汇率弹性：一般贸易为控制组

	实际出口值		实际进口值	
	OLS	FE	OLS	FE
	（1）	（2）	（3）	（4）
LnREER	−0.616***	−0.966***	−0.459***	−0.634***
	(0.046)	(0.033)	(0.078)	(0.044)
LnREER×来料加工装配贸易	2.040***	0.715***	1.607***	0.436***
	(0.133)	(0.090)	(0.136)	(0.091)
LnREER×进料加工贸易	−3.233***	−0.365***	−1.421***	−0.652***
	(0.103)	(0.061)	(0.118)	(0.068)
LnREER×外商投资企业作为投资进口的设备和物品			−1.190***	−0.101
			(0.124)	(0.094)
LnREER×其他贸易	−1.160***	0.292*	−0.937***	−0.126
	(0.338)	(0.166)	(0.235)	(0.095)
样本量	655065	655065	542788	542788
	出口汇率弹性		进口汇率弹性	
一般贸易	−0.966***		−0.634***	
来料加工装配贸易	−0.251***		−0.198***	
进料加工贸易	−1.331***		−1.286***	
外商投资企业作为投资进口的设备和物品			−0.735	

注：所有回归方程中还包括各种贸易方式的二元变量以及时间的虚拟变量。括号中是稳健性标准误差；* 表示 10%的显著性水平，** 表示 5%的显著性水平，*** 表示 1%的显著性水平。

（五）按企业所在区域估计的人民币汇率弹性

本节将研究我国不同地区进出口企业所面对的汇率弹性，考察人民币有效汇率变动对我国不同地区进出口企业造成的影响。我们根据样本企业在 717 个市县的分布情况，结合已有的经济区域划分方法，将我国地区划分为东北、北部沿海、东部沿海、南部沿海、中部和西部六大区域。①

与前文所述的估计方法相同,我们首先在扩展模型中加入各区域的虚拟变量以及有效汇率与这些虚拟变量的交互项,并分别利用 OLS 和固定效应法估计出有效汇率以及有效汇率与各虚拟变量交互项前系数。然后,我们根据固定效应法的估计值分别计算出各个区域的出口与进口汇率弹性,并将结果汇报在表 8 中。

表 8 按企业所在区域估计的汇率弹性

区域	出口汇率弹性	进口汇率弹性
东北	−0.235***	−0.579***
北部沿海	−0.211***	−0.478***
东部沿海	−1.486***	−0.891***
南部沿海	1.347**	−0.779
中部	−0.404***	−0.639*
西部	−0.936***	−0.234***

注:表中汇报了按固定效应法估计值计算而得的汇率弹性。

从表中可以看出,我国所有地区企业面对的出口和进口汇率弹性均为负值,说明人民币升值对我国所有地区企业的进出口业务均有不同程度的抑制作用。对于从事出口贸易的企业而言,人民币有效汇率升值对各占样本总量三分之一的东部和南部沿海地区的企业冲击最大,其次是我国中西部地区的企业,再次是我国北部地区的企业。在从事进口贸易的企业中,人民币有效汇率升值对企业进口值造成的负面影响,仍然是东部和南部沿海地区的企业最大,其次是中部、北部以及西部地区的企业。

该结果表明,人民币升值不利于我国区域经济发展总体战略的开展。在我国经济最发达的东部和南部沿海地区,企业对外贸易业务遭受人民币升值的负面影响最大,对加快该地区的经济发展会有一定的抑制作用。对于相对落后的中部和西部地区而言,人民币升值对该区域内企业对外贸易的影响也不容忽视,可能会间接减缓中部崛起和西部大开发的步伐。东北地区的进出口企业在人民币升值过程中遭受的冲击相对小些,但可能也会对振兴东北经济产生一定的不利影响。

---

① 本文六大区域的划分方法完全参照李善同、侯永志(2003)一文中提出的按社会经济发展状况将中国大陆划分为八大经济区域的做法,并在此基础上根据样本企业的分布情况,将黄河中游地区和长江中游地区合并为中部地区,并将西南地区和大西北地区合并为西部地区。具体上讲,东北地区包括辽宁、吉林和黑龙江;北部沿海地区包括北京、天津、河北和山东;东部沿海地区包括上海、江苏和浙江;南部沿海地区包括福建、广东和海南;中部地区包括黄河中游地区的陕西、山西、河南和内蒙古,以及长江中游地区的湖北、湖南、江西和安徽;西部地区包括西南地区的云南、贵州、四川、重庆和广西,以及大西北地区的甘肃、青海、宁夏、西藏和新疆。

五、结论

不同的企业,由于其贸易结构的不同,在相同的名义汇率下,所面临的有效汇率也不尽相同,为了更准确而全面地分析人民币汇率变动对我国进出口的影响,本文首次使用中国海关进出口企业面板数据分析了人民币实际有效汇率变动对我国企业进出口值的影响,从微观层面估计了我国进出口的汇率弹性。本文采用固定效应法控制了难以观测的但会造成估计偏差的企业特征,并且控制了时间效应,结果表明:人民币有效汇率每升值1%,企业实际出口值将会减少0.99%,同时,企业实际进口值也将降低0.71%。这意味着,一方面,人民币升值不仅不会很有效地改善我国的贸易顺差和全球贸易失衡状况,另一方面还会对我国出口和进口企业都造成负面的影响。

此外,本文进一步按企业所有制、行业特征、贸易方式以及企业所在地分别估计出口和进口的汇率弹性,发现虽然从平均上讲,所有贸易企业都将由于人民币升值而降低进出口值,但是不同企业间仍存在着较大的差异。第一,从所有制类型上看,私营企业,相对于国有企业、合资企业、外商独资企业,受人民币升值的冲击最大。第二,高科技、资本密集型行业中的企业,受人民币升值的负面影响更大一些。第三,与从事一般贸易的企业相比,在同属于加工贸易的企业中,从事来料加工装配业务的企业受人民币升值的影响要小些,而从事进料加工业务的企业会经历更大幅度的贸易额的减少。第四,我国所有地区的企业进出口值都会随着人民币的升值而减少,其中东部和南部沿海地区遭受的冲击最大,而中西部地区企业贸易值的减少也不容忽视。

本文的实证结果表明,从微观企业数据出发研究人民币有效汇率变动对我国企业进出口值产生的影响,可以反映出微观经济主体在人民币升值时所受到的不同影响。政策层在调整人民币有效汇率时,需充分考虑本国企业的不同特征和发展情况,使得政策的实施效果可以尽量达到多赢。

参考文献

[1] 陈六傅、刘厚俊:《人民币汇率的价格传递效应——基于VAR模型的实证分析》,《金融研究》,2007年第4期,第1-13页。

[2] 陈学彬、李世刚、芦东:《中国出口汇率传递率和盯市能力的实证研究》,《经济研究》,2007年第12期,第106-117页。

[3] 戴永良:《人民币汇率对乡镇企业出口的影响分析》,《经济研究》,1999年第1期,第29-34页。

[4] 辜岚:《人民币双边汇率与我国贸易收支关系的实证研究:1997—2004》,《经济科学》,2006年第1期,第65-73页。

[5] 海闻、沈琪:《中国进出口弹性实证分析:1999—2003年》,《经济与管理研究》,2006年第1期,第34-36页。

[6] 李海菠:《人民币实际汇率与中国对外贸易的关系——基于1973—2001年数据的实证分析》,《世界经济研究》,2003年第7期,第62-66页。

[7] 李辉:《人民币有效汇率对我国进出口贸易的影响》,《金融教学与研究》,2008年第6期,第29-35页。

[8] 李建伟、余明:《人民币有效汇率的波动及其对中国经济增长的影响》,《世界经济》,2003年第11期,第21-34页。

[9] 李善同、侯永至:《中国大陆:划分8大社会经济区域》,《经济前沿》,2003年第5期,第12-15页。

[10] 卢向前、戴国强:《人民币实际汇率波动对我国进出口的影响》,《经济研究》,2005年第5期,第31-39页。

[11] 欧元明、王少平:《汇率与中国对外出口关系的实证研究》,《国际贸易问题》,2005年第9期,第115-118页。

[12] 谢建国、陈漓高:《人民币汇率与贸易收支:协整研究与冲击分解》,《世界经济》,2002年第9期,第27-34页。

[13] 徐明东:《人民币实际汇率变动对我国进出口贸易影响:1997—2006》,《财经科学》,2007年第5期,第110-117页。

[14] 许统生、涂远芬:《中国贸易弹性的估计及其政策启示》,《数量经济技术经济研究》,2006年第12期,第4-22页。

[15] 叶永刚、胡丽琴、黄斌:《人民币实际有效汇率和对外贸易收支的关系——中美和中日双边贸易收支的实证研究》,《金融研究》,2006年第4期,第1-11页。

[16] 殷德生:《中国贸易收支的汇率弹性与收入弹性》,《世界经济研究》,2004年第11期,第47-53页。

[17] 张小蒂、李晓钟:《我国外贸产品比较优势的实证分析》,《数量经济技术经济研究》,2001年第12期,第104-107页。

[18] Bernard A.B., 2008, "Chinese Exporters, Exchange Rate Exposure, and the Value of the Renminbi", Working Paper, No 2008-52.Tuck School of Business at Dartmouth, HanoverN.H.

[19] Berman N., P. Martin and T. Mayer, 2010, "How do Different Exporters React to Exchange Rate Changes? Theory, Empifics and Aggregate Implications", Working Paper.

[20] Brodsky D.A., 1982, "Arithmetic Versus Geometric Effective Exchange Rates", Review of World Economics, 118(3): 546-562.

[21] Dees S., 2001, "The Real Exchange Rate and Types of Trade: Heterogeneity of Trade Behaviours in China", Working Paper.

[22] Frankel J., and S.Wei, 2007, "Accessing China's Exchange Rate Regime", Economic Policy, 22: 575-627.

[23] Krugman p., 2010, "Chinese New Year", New York Times, 1 January.

[24] Lau F., Y.Mo, and K. Li, 2004, "The Impact of A Renmibi Appreciation on Global Imbalances and Intra—regional Trade", Hong Kong Monetary Authority quarly Bulletin, March: 16-26.

[25] Manova K., and Zhang, 2009, "Quality Heterogeneity across Firms and Export Destinations", NBER Working Paper No.W15342.

[26] Marquez J., and J.Sehindler, 2007, "Exchange-rate Effects on China's Trade", Review of

International Economics, 15（5）: 837–853.

[27] Rahman M., and W. Throbecke, 2007, "How Would China's Exports be Affected by a Unilateral Appreciation of the RMB and by a Joint Appreciation of Countries Supplying Intermediate Imports?" RIETI Discussion Paper Series 07-E-012.

[28] Thorbecke W., and G. Smith, 2010, "How Would an Appreciation of the RMB and Other East Asian Currencies Affect China's Exports?", Review of International Economics, 18（1）: 95–108.

[29] Voon J.P., G.L, and J.Ran, 2006, "Does China Really Lose from RMB Revaluation? Evidence from Some Export Industfies", Applied Economics, 38（15）: 1715–1723.

[30] Wolf M., 2009, "Why China's Exchange Rate Policy Concerns US", Financial Times, Dec.8.

The Effects of RMB Real Effective Exchange Rate (REER) on Export and Import Revenues
——The Empirical Research of Chinese Enterprises

Li Hongbin　Ma Hong　Xiong Yanyan　Xu Yuan

Abstract: Using the Chinese Customs data from 2000–2006, this paper takes the first attempt to estimate the effects of RMB real effective exchange rate (REER) on export and import revenues of Chinese enterprises.The authors employ fixed-effect estimations to largely remove unobserved finn and time effects.The results show that after controlling for unobserved and endogenous firm's characteristics, one percent RMB appreciation of REER reduces export revenues by 0.99 percent and at the same time reduces import revenues by 0.71 percent. Further more, it is found that private finns, and the finns in hish-tech and capital intensive industries, the finns engaged in processing trade with imported materials, and the finns located in east and south coast areas, are most negatively affected by the RMB appreciation.In surnrnary. as RMB appreciation will reduce both export and import revenues of Chinese enterprises, it has little effect on improving Chinese trade balance toward world.

Key Words: RMB Real Effective Exchange Rate; Export and Import Revenue; Exchange Rate Elasticity

利率双轨制与中国货币政策实施

何东　王红林[①]

【内容摘要】 中国经济目前处于利率双轨制之下：银行体系中被管制的存贷款利率和基本由市场决定的货币和债券市场利率共存。利率双轨制是中国渐进式改革的一部分，也是理解中国货币政策框架的关键。以存款利率上限为核心的利率双轨制决定了中国货币政策中数量与价格工具并存的特点，也意味着中国货币政策传导机制不同于发达国家。本文通过一个新的理论模型来解释利率双轨制下的中国货币政策传导机制，描述了在不同情形下，货币政策目标和通过各种政策工具传导至市场利率，并和信贷总规模一起实现货币政策对实体经济的调控。该理论模型的基本思路是：价格管制带来的扭曲需要由数量管制来纠正。实证模型结果显示：首先市场利率对基准存款利率调整最敏感，其次是存款准备金率的调整，公开市场操作在利率双轨制下效果则不太显著。

【关键词】 中国人民银行；货币政策传导；利率双轨制；利率市场化

一、引言

中国货币政策已全球瞩目，但对中国货币政策的理解却缺乏清晰框架。一个主要原因是中国经济仍是一个转型经济体，中国的货币政策环境和框架与发达国家相比有明显差异，这意味着理解中国货币政策不能简单套用发达国家的框架和结论。例如，中国货币政策包括多个政策目标，而且货币政策工具包括多个数量与价格工具，而发达国家一般依靠一两个价格工具来实现一个货币政策目标。上述不同源于中国与发达市场经济处于不同的经济发展阶段，也意味着不同货币政策框架下货币政策传导机制及效果可能不同，而目前我们还没有一个清晰框架来描述处于不同政策框架下的中国货币政策传导机制。

[①] 何东，经济学博士，任职于香港金融管理局，E-mail: dhe@hkma.gov.cn。
王红林，经济学博士，任职于香港金融管理局，E-mail: hwang@hkma.gov.cn。

二、制度背景：中国货币政策与利率双轨制

（一）利率双轨制是理解中国货币政策框架的一个好的出发点

与发达国家不同，中国货币政策的一个显著特点在于利率双轨制：银行体系中的存贷款利率基本由中央银行管制（存款利率上限和贷款利率下限）市场决定的货币和债券市场利率并存（以下简称市场利率）。利率（价格）双轨制的存在并不孤立，其一定意味着其他管制措施的存在，否则价格双轨制不可能持续（张军，2007）。利率双轨制和其他管制措施（如货币政策中的数量工具）相辅相成，形成了一个复杂的货币政策环境和框架，而理解中国货币政策正是基于我们对这种复杂环境和框架的准确理解，并对各种货币政策工具在这种复杂框架下的传导机制有透彻掌握。

利率双轨制是中国从计划经济向市场经济过渡的一个组成部分，是中国渐进式改革在金融体系中的实践。渐进式改革的核心思路就是价格双轨制：在已经存在的计划价格体系之外，部分商品价格可以随行就市，由市场决定。而在计划体系内，商品价格仍然由计划价格决定（Qian，1999）。在两种价格（部门）并存和竞争的格局下，计划部门逐渐萎缩，并最后被市场部门代替，而整个经济体也逐渐演变为一个市场经济。在利率（价格）双轨制中，计划价格和市场价格的互动颇为复杂：一方面，市场价格不可避免地受到计划价格的影响；另一方面，市场价格的变化又会帮助制订计划的部门了解市场中的供求变化，从而制定合理的计划价格。

经过多年的渐进式改革，中国在金融体系改革和利率市场化方面取得了实质进展，金融市场包括货币和债券市场从无到有，逐步发展壮大。金融机构在货币和债券市场以及外汇市场上的交易从1996年开始已经逐步市场化。在银行体系的存贷款市场上，存款利率下限和贷款利率上限已于2004年10月后被废除（农村信用社除外）。[①] 另外，银行存款利率上限和贷款利率下限依然存在，并被中央银行作为主要货币政策价格工具。虽然利率双轨制较计划经济下的管制利率已有实质进步，但客观地讲，金融体系的市场化程度还是显著落后于国民经济的其他部门，这也使得利率双轨制成为理解中国货币政策的一个好的出发点。

（二）存款利率上限是利率双轨制的核心

利率双轨制在当前银行体系中的表现主要是存款利率上限和贷款利率下限，然而，这

---

① 农村信用社贷款利率上限维持在基准利率的2.3倍。

些上下限在实际中并不一定约束有效。① 如果这些约束无效，就不会导致市场利率偏离均衡利率的扭曲。存款利率上限一般被认为是约束有效的（PBC，2009；Feyzioglu 等，2009）。在附录一，我们运用 49 个经济体从 1973 年到 2005 年的数据，通过测算金融压抑导致的利率扭曲来估计中国经济的均衡利率，结果显示中国的实际利率水平明显低于其均衡利率水平，这意味着存款利率上限约束是有效的（如果存款利率上限放开，存款利率水平就会上升至其均衡利率水平）。

另外，贷款利率下限是否约束有效？从实际数据来看，2004 年以来只有 16%~32% 的贷款是采用贷款利率下限的，这表明大多数贷款利率是在其下限之上的。② 换句话说，贷款利率下限在实际中大多约束无效。所以，在银行体系中，真正起作用的约束是存款利率上限。正如过低的存款利率上限是金融压抑在许多国家的主要特征（易纲，1999），过低的存款利率上限也是中国目前利率双轨制的核心。

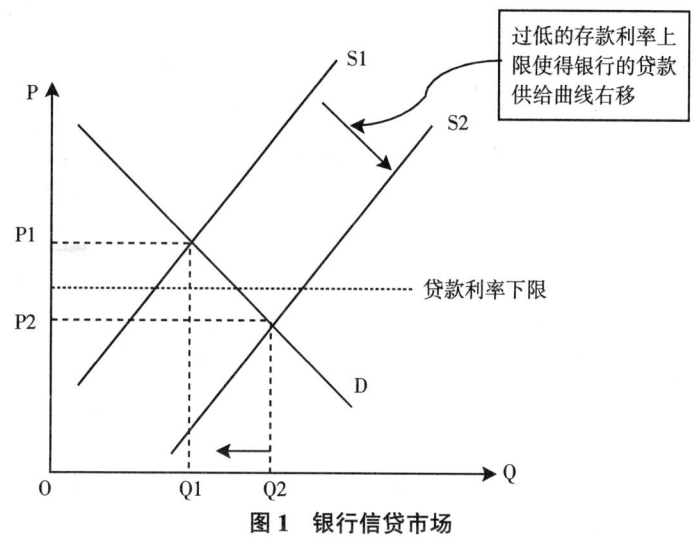

图 1　银行信贷市场

（三）利率双轨制决定多种价格和数量政策工具并存

过低的存款利率上限导致银行获得资金的成本被人为压低，在银行业充分竞争的情况下，低存款利率（低资金成本）致使银行贷款供给曲线右移（见图 1，S1→S2）。在这种情况下，银行愿意以低于均衡利率的水平供给贷款，而企业也会产生过度的信贷需求，因为借贷成本低于其应有的水平（P2<P1）。这样，如果没有贷款利率下限和信贷数量控制，市场会在一个低于均衡贷款利率的水平上出清（Q2，P2），企业和银行皆大欢喜，而储户

---

① 通俗地讲，上限或下限约束有效指市场力量有突破限制的冲动。换言之，如果放开限制，利率就会突破上限或下限。所以，当上限或下限约束有效时，我们可以观察到市场实际采用的存款利率或贷款利率就等于利率上限或下限。

② 数据来自中国人民银行的历次货币政策执行报告。

却蒙受损失）。但问题是这样会导致市场上有太多的流动性（Q2>Q1）而导致通胀。为了解决这个问题，至少另外两个措施被引入银行体系。一个是贷款利率下限，目的是防止银行间"过度"竞争，保证银行体系整体利润水平稳定，同时也通过提高贷款利率来部分抑制贷款需求。另一个是各种数量控制工具（存款准备金和信贷额度等），将贷款供给强行减少（Q2→Q1），从而防止市场因太多的流动性而导致通胀。从这里我们也可以看出，价格工具带来的扭曲（过低的存款利率上限导致过量信贷供给与需求），须用数量工具来纠正（将信贷数量拉回至合理水平，Q1附近）。这也说明了利率双轨制是决定多种价格和数量政策工具并存的主要原因。

（四）利率双轨制下的中国货币政策传导机制

因为价格管制带来的扭曲需要由数量管制来纠正，数量信号不可避免地会影响价格信号，这使得中国货币政策传导可以分为价格渠道和数量渠道，而不像发达经济体中数量和价格信号可以合二为一。例如，美联储在公开市场上通过注入或收回流动性（数量信号），将市场利率调整到其目标利率（价格信号）。中国作为一个正在向市场经济转型的经济体，数量工具的局限性正在日益显露。例如，经济过热时，央行可以控制银行系统信贷总规模，但市场的力量会将资金从银行系统引向价格更高的地方（货币与债券市场或影子银行），从而使央行调控效果大打折扣。当然，央行可以将数量管制范围扩大，例如，社会融资总规模控制，但市场可能会不断以创新来逃避监管，管理成本会变得越来越高。

与数量工具的捉襟见肘相反，价格工具正变得越来越重要。然而，中国利率双轨制下价格工具的传导机制与发达国家既有相似之处，又有不同之处。相似之处来源于中国日益市场化的经济运行机制，不同之处来源于中国特有的利率双轨制和与之配套的数量管制。在这种市场与计划共存的复杂环境下，许多国内外学者对中国货币政策传导机制是否有效持怀疑态度，或者将传导机制视为一个不可知的黑箱（Qin 等，2005；Geiger，2006；Laurens 和 Maino，2007；Dickinson 和 Liu，2007）。本文的目的就是打开黑箱，给出一个分析中国货币政策传导机制的清晰框架。

中国的金融体系目前还是以银行为主导，货币政策价格工具也主要是针对银行体系的存贷款基准利率和存款准备金等。公开市场操作虽然不完全针对银行系统，但大部分交易也与银行相关。所以，本文就从银行的行为入手，通过建立一个新的理论模型来分析在完全竞争市场中，一个以利润最大化为目标的银行对各种货币政策的反应，来分析各种货币政策工具通过银行体系对货币和债券市场利率的影响。而实证分析除了验证理论模型的预测外，更可以量化不同政策工具的力度大小。

三、理论模型:利率双轨制下的货币政策传导

本文中的新理论模型是基于 Freixas 和 Rochet（2008）、Porter 和 Xu（2009）、Chen 等（2011）的研究，再加入利率双轨制的制度设定后发展完善而成。新的模型的研究重点是：在利率双轨制下，货币政策如何从受管制的银行体系利率向货币与债券市场的市场利率传导。除了引入利率双轨制的框架之外，本文在新的模型中引入了银行体系和货币与债券市场的资金流动，来说明货币政策的冲击如何从一个轨道（市场）传导到另一个轨道（市场）。

(一) 理论模型的基本设定

假设在银行体系中有 N 个相互独立的银行，N 足够大，以致没有一个银行可以拥有影响市场定价的能力（即完全竞争市场）。银行从居民手里吸收存款（D_i）和在信贷市场对企业贷款（L_i）。银行的资产还有根据存款准备金率（α）上缴的存款准备金，存在央行的超额准备金（E_i）。银行还可以购买央票（B_i）（央票的利率由央行和市场决定，对单个银行来说是外生变量）。银行还可以在货币与债券市场上拆借资金、投资债券和其他金融产品。[①] 银行 i 的利润最大化条件可以写成如下：

$$\prod_i = \max_{L_i, D_i, E_i, B_i} \{r_l L_i + r_e E_i + r_r \alpha D_i + r_b B_i + r_{nr} NR_i - r_d D_i - C(D_i, L_i, E_i)\} \tag{1}$$

式中，r_l 代表贷款利率，r_d 代表存款利率，r_e 是央行规定的超额准备金利息率，r_r 是准备金利息率，r_{nr} 是货币与债券市场的市场利率。$C(D_i, L_i, E_i)$ 代表银行的经营管理成本，该成本是存贷款和超额准备金的函数。NR_i 是银行 i 在货币与债券市场的净头寸，由下式决定：

$$NR_i = D_i - L_i - E_i - \alpha D_i - B_i \tag{2}$$

将公式（2）代入公式（1），利润最大化条件可以改写为：

$$\prod_i = \max_{L_i, D_i, E_i, B_i} \{r_l L_i + r_e E_i + r_r \alpha D_i + r_b B_i + r_{nr}(D_i - L_i - E_i - \alpha D_i - B_i) - r_d D_i - C(D_i, L_i, E_i)\} \tag{3}$$

这个目标函数对 L_i、D_i、E_i 和 B_i 分别求一阶导数，可以得到以下结果：

对 L_i 求一阶导数：

$$r_l = r_{nr} + C'_L(D_i, L_i, E_i) \tag{4}$$

$C'_L(D_i, L_i, E_i)$ 是成本函数 L_i 的一阶导数，即贷款的边际管理成本。上式意味着：

[①] 在理论模型中，因为我们研究的重点是双轨制下的货币政策传导机制，我们将货币与债券市场看成一个市场（非管制的自由资金市场），其利率用一个利率代表。

为了利润最大化，银行从贷款中的边际收益 r_l，应该等于其边际成本：贷款的机会成本 r_{nr}（如果将资金投资在货币与债券市场，而非贷款的收益）和边际管理成本 $C'_L(D_i, L_i, E_i)$ 之和。同理，对 D_i 求一阶导数：

$$\alpha \cdot r_r + (1-\alpha)r_{nr} = r_d + C'_D(D_i, L_i, E_i) \tag{5}$$

公式（5）的左边是存款的边际收益，其等于公式右边的银行吸收存款的成本：存款利息支付加上存款的边际管理成本。

对 E_i 和 B_i 求一阶导数：$r_e = r_{nr} + C'_E(D_i, L_i, E_i)$ (6)

$$r_{nr} = r_b \tag{7}$$

公式（7）表示在均衡条件下，央票的利率应该等于货币与债券市场中非管制市场利率，例如国债的利率，否则，没有银行会想买央票。因为需要假设成本方程 $C(D_i, L_i, E_i)$ 是严格的凸性和二阶连续可导函数，为方便起见，我们定义成本方程如下：

$$C(D_i, L_i, E_i) = \frac{1}{2}(\delta_D D_i^2 + \delta_L L_i^2 + \delta_E E_i^2) \tag{8}$$

δ_D、δ_L 和 δ_E 是一些正数，代表不同的边际管理成本。将这个成本函数代入公式（4）、公式（5）和公式（6），我们可以得到关于贷款供给函数、存款需求函数和超额准备金的供给函数。

银行贷款供给函数：

$$L_i^s = (r_l - r_{nr})/\delta_L \tag{9}$$

存款需求函数：

$$D_i^d = [\alpha(r_r - r_{nr}) + r_{nr} - r_d]/\delta_D \tag{10}$$

超额准备金的供给函数：

$$E_i^s = (r_e - r_{nr})/\delta_E \tag{11}$$

如果贷款利率和存款利率没有管制，贷款利率 r_L 会由以下贷款市场的均衡决定：

$$L_i^d(r_L) = L_i^s, \quad L_i^s = (r_L - r_{nr})/\delta_L \tag{12}$$

其中，$L_i^d(r_L)$ 是贷款需求方程（r_L 的函数）。对于存款市场，均衡的存款利率由以下等式决定：

$$D_i^s(r_d) = D_i^d, \quad D_i^d = [\alpha(r_r - r_{nr}) + r_{nr} - r_d]/\delta_D \tag{13}$$

其中，$D_i^s(r_d)$ 是存款供给函数（r_d 的函数）。因为超额准备金的利率由央行决定，所以 r_e 在模型中是外生的。

现在，我们讨论货币与债券市场利率 r_{nr}。根据定义，这个利率是由货币与债券市场的资金供求来决定。从公式（2）我们可以看出，NR_i 表示一个银行向外部借出和借入资金的多少，可以有多种形式：拆借、国债、企业债和商业票据等。另外，在货币与债券市场中，资金也不仅仅来自于银行系统。各种非银行金融机构和企业也可以在这个市场上融入或融出资金。因此，这个市场出清的条件是：

$$\sum_{i=1}^{N} NR_i + S(r_d, r_{nr}) = T(r_L, r_{nr}) \tag{14}$$

其中，$S(r_d, r_{nr})$ 是指非管制市场中来自非银行部门的资金供给（r_d 和 r_{nr} 的函数）。这里，模型假设 $\partial S(r_d, r_{nr})/\partial r_{nr} > 0$ 成立，表明来自非银行部门的资金供给会随着 r_{nr} 的增加而增加。$T(r_L, r_{nr})$ 是来自非银行部门的资金需求，同样，模型假设 $\partial T(r_L, r_{nr})/\partial r_{nr} < 0$，意味着来自非银行部门的资金需求会随着 t_{nr} 的增加而减少。现在我们可以开始讨论银行体系和货币与债券市场上的竞争均衡。

贷款市场均衡：

$$\sum_{i=1}^{N} L_i^{'d}(r_l) = \sum_{i=1}^{N} L_i^s = (r_L - r_{nr})/\delta_L \tag{15}$$

$$r_L^* = h(r_{nr}, \delta_L) \tag{16}$$

其中 r_L^* 代表均衡贷款利率，其是 r_{nr} 和 δ_L 的函数。

储蓄市场均衡：

$$\sum_{i=1}^{N} D_i^s(r_d) = \sum_{i=1}^{N} D_i^d = [\alpha(r_r - r_{nr}) + r_{nr} - r_d]/\delta_D \tag{17}$$

$$r_d^* = d(\alpha, r_r, r_{nr}, \delta_D) \tag{18}$$

其中 r_d^* 代表均衡储蓄利率。

货币与债券市场均衡：

$$\sum_{i=1}^{N} NR_i + S(r_d, r_{nr}) = T(r_L, r_{nr}) \tag{19}$$

将 NR_i 代入公式（2），公式（19）可以改写成：

$$F(\cdot) = \sum_{i=1}^{N} NR_i + S(r_d, r_{nr}) - T(r_l, r_{nr}) = \sum_{i=1}^{N}[(1-\alpha)D_i - L_i - E_i - B_i] + S(r_d, r_{nr}) - T(r_l, r_{nr}) \tag{20}$$

非管制市场的均衡利率即是 r_{nr} 出清该市场时的利率。

上述理论模型通过一个银行在银行体系（存贷款业务）和货币与债券市场上（银行在该市场上的净头寸）的利润最大化行为，将两个市场联系在一起。同时，该模型也包括了常见货币政策工具（存贷款利率、存款准备金和通过央票进行的公开市场操作），这样，我们就可以在利率双轨制的框架下，分析由于货币政策工具的调整（这些变量在模型中是一些由央行决定的外生变量），模型的内生变量 r_{nr} 如何在不同情形下对各种货币政策作出反应。换句话说，我们可以通过该理论模型的数学推导，得出在不同的政策环境下，各种货币政策工具对市场利率 r_{nr} 的影响，从而检验货币政策在利率双轨制下的传导机制。

（二）不同情形下的货币政策传导

在目前的利率双轨制下，作为主要货币政策工具的基准利率是银行的存贷款基准利率（而不是发达国家采用的货币市场短期利率），更为重要的是，央行调整的基准利率并不是利率本身，而是存贷款基准利率的上下限。而这些上下限是否约束有效，直接影响到货币政策是否有效。因此，分析中国货币政策传导需要根据这些上下限条件是否约束有效，并配合考虑信贷数量约束，分析不同情形下的货币政策传导机制。因为我们已经证明了存款利率上限约束有效，所以以下的分析根据贷款利率和信贷额度是否约束有效，分别讨论四种情形下的货币政策传导机制。另外，为了和西方的货币政策传导机制作比较，我们首先讨论最简单的情况：利率全部由市场决定。

情形1：利率全部由市场决定。

在这种情况下，货币当局不对利率进行任何管制，一切价格都由市场决定（类似于发达经济体情况）。经过理论模型的推导，我们可以得出如下结论。

结论1：当贷款利率、存款利率和非管制市场利率都由市场决定时，存款利率、贷款利率和市场利率相互联动。提高存款准备金会令市场利率提高，也会使得存贷款利率提高。发行央票的作用和提高存款准备金相仿。

关于结论1的证明可参见He和Wang（2011）。从这个结论我们可以看出，在市场机制完善的情况下，三个市场的均衡利率完全由市场决定且互相联动。这意味着货币当局只要调整任何一个利率，市场机制就会将政策信号传导至其他市场。这也说明了为什么在西方发达国家，货币当局可以选择短期货币市场利率作为基准利率。提高存款准备金率会减少银行体系中的流动性，也会减少整个资金市场的流动性，导致所有利率水平上升。类似地，发行央票也会减少市场流动性，与提高存款准备金率有相似的效果。

情形2：存款利率上限约束有效。

在存款利率上限约束有效的大前提下，我们根据贷款利率下限约束是否有效和有无信贷额度控制，分成4种不同的情况讨论：贷款利率下限约束无效且无额度控制；下限约束有效且无额度控制；下限约束无效但有额度控制；下限约束有效且有额度控制。

情形2.1：存款利率上限约束有效，但贷款利率下限约束无效，无信贷额度控制。

结论2.1：当存款利率上限约束有效，但贷款利率下限约束无效且无信贷额度限制时，提高存款利率上限会推高市场利率，但是贷款利率下限的变化对市场利率没有影响。提高存款准备金和发行更多央票会推高市场利率。

关于结论2.1的证明可参见He和Wang（2011）。在这里，贷款市场实际均衡贷款利率高于贷款利率下限（贷款利率下限约束无效），调整贷款利率下限对市场均衡贷款利率没有影响，所以也对货币和债券市场上的市场利率没有影响。而在存款方面，因为存款利率上限约束有效，存款市场上的实际利率就是存款利率上限。当央行提高存款利率上限时，更高的存款利率会吸引资金从银行体系外流入体系内。因此，存款利率提高导致存款的供给增加。另外，在货币与债券市场上，资金流出导致该市场资金供给减少，价格下跌，债券收益率提高。

当资金流入银行系统变成存款后，银行需要将其中一部分作为存款准备金上缴，所以一部分资金会从市场上消失。因此，从这个角度来说，由于资金从非银行部门转入银行体系，市场上的资金总量（银行体系内外）会减少。即使增加的储蓄全部被银行重新投资回货币与债券市场，但此时市场的可获得资金总量却下降了，这种机制会导致货币与债券市场的利率较没有提高存款利率上限时上升。因此，在利率双轨制下，货币政策对冲可以借此传导到市场利率。

情形 2.2：存款利率上限和贷款利率下限约束都有效，无信贷额度控制。

且当存款利率上限和贷款利率下限约束都有效时，存款市场和贷款市场都没有在其均衡利率水平下出清。存款市场的实际利率是存款利率上限，而贷款市场的实际利率是贷款利率下限。在存款市场上，存款数量由存款的供给方决定，而贷款数量由贷款需求决定。

结论 2.2：当存款利率上限和贷款利率下限约束都有效时，提高存款利率上限会推高市场利率，但是改变贷款利率下限对市场利率的影响不确定。提高存款准备金和发行更多央票会推高市场利率。

关于结论 2.2 的证明可参见 He 和 Wang（2011）。类似于结论 2.1，市场利率和存款利率上限有正向关系，但是贷款利率下限对市场利率的影响方向不明确。一方面，提高贷款利率（下限），导致贷款需求下降，银行体系内资金富余，可用于投资货币与债券市场的资金增多，债券市场利率可能下降；另一方面，贷款利率提高，会鼓励企业发债融资，导致债券市场利率可能上升。因此，贷款利率下限变化对市场利率的总体影响不明确。

从这种情况的分析可以看出：在目前的制度设定下，相对于存款利率上限，贷款利率下限作为一种货币政策工具，其作用不太明确。在实践中，人民银行几乎总是同时提高存贷款的基准利率，使得我们在实证分析中很难判断到底哪一个是真正起作用的。从理论模型的分析结果来看，似乎存款基准利率才是关键。

情形 2.3：存款利率上限有效，贷款利率下限无效，有信贷额度限制。

如前所述，当经济体中有超额信贷需求时（由于管制利率低于市场均衡利率），信贷额度限制就成为必需手段。信贷额度限制的作用是将贷款供给曲线强行向左移动，曲线左移幅度不同会导致两种不同的情况（见图 2 和图 3）。若曲线从 S1 左移至 S2（见图 2），新的贷款利率 E2 高于贷款利率下限。在这种情况下，贷款利率下限不起作用，只有信贷额度控制起作用。

结论 2.3：当信贷额度使得贷款供给曲线发生折曲后（见图 3），并且实际贷款利率仍然高于贷款利率下限时，提高存款利率上限会推高市场利率，但是改变贷款利率下限对市场利率无影响。提高存款准备金和发行更多央票会推高市场利率，但是调整信贷额度对市场利率的影响不确定。

关于结论 2.3 的证明可参见 He 和 Wang（2011）。在这种情况下，由于贷款利率下限约束无效，所以调整贷款利率下限对市场利率无影响。存款利率下限的作用和以前一样。在信贷市场上，信贷额度控制发挥关键作用。值得注意的是，信贷额度的作用是不确定的。直观上讲，央行调低信贷额度会导致贷款利率上升，但是也同时提高了银行在货币与债券市场的资金供给能力，所以资金只是从银行系统转移到货币与债券市场而已，这也能说明为什么信贷额度控制会因为货币与债券市场的发展而逐渐失去作用。只要贷款利率还高于利率下限，同样的逻辑也适用于信贷控制变宽松的情况。然而，如果信贷控制过于宽

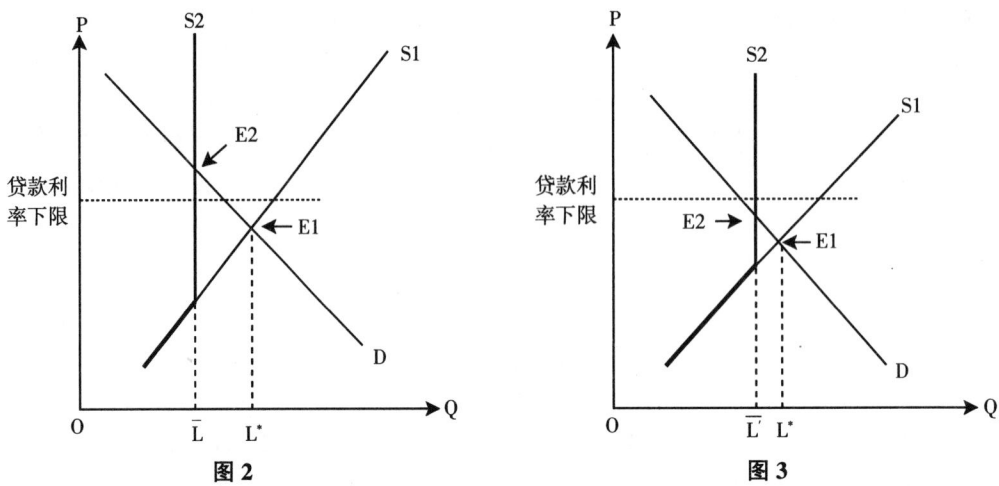

图 2　　　　　　　　　　　　　图 3

松,导致均衡贷款利率低于利率下限,那么贷款利率下限就开始发挥作用,而信贷控制对市场利率 r_u 就没有影响了。

情形 2.4:存款利率上限有效,贷款利率下限有效,有信贷额度限制。

在情形 2.4,贷款额度将供给曲线被向左移较少[S1 移至 S2(见图 3)],贷款利率(见图 3,E2)仍然低于利率下限,所以利率下限仍然有效。在这种情况下,信贷额度限制没紧到可以将贷款利率推至利率下限以上,因此,起作用的仍然是利率下限,信贷额度对市场利率没有影响。因为这种情况与我们在情形 2.2 中讨论的类似,在此不再重复。

(三) 小结

综合以上分析,我们将各种货币政策工具在不同情形下对市场利率的影响总结如表 1 所示:

表 1　货币政策工具对市场利率的影响

政策工具	存款利率上限约束有效				
	情形 1	情形 2.1	情形 2.2	情形 2.3	情形 2.4
	无任何利率管制	贷款利率下限约束无效,无信贷额度限制	贷款利率下限约束有效,无信贷额度限制	贷款利率下限约束无效,有信贷额度限制(见图 2)	贷款利率下限约束有效,有信贷额度限制(见图 3)
	市场利率对于政策工具的反应				
存款利率上限	不适用	+	+	+	+
贷款利率下限	不适用	无影响	不确定	无影响	不确定
存款准备金率	+	+	+	+	+
发行央票	+	+	+	+	+
信贷额度控制	不适用	不适用	不适用	不确定	不确定

（四）理论模型的一个简单校准表 1 中的结果列出不同的政策工具对市场利率的影响方向

为了理解影响的作用大小，本文对理论模型进行了一个简单校准（Calibration）。关于理论校准的细节可参见 He 和 Wang（2011）。校准的结果可以从图 4 中清楚看到：在目前制度设定下，存款基准利率是央行最有力的政策工具，其相对力度大约是存款准备金率的两倍，而发行央票对市场利率的影响很小。

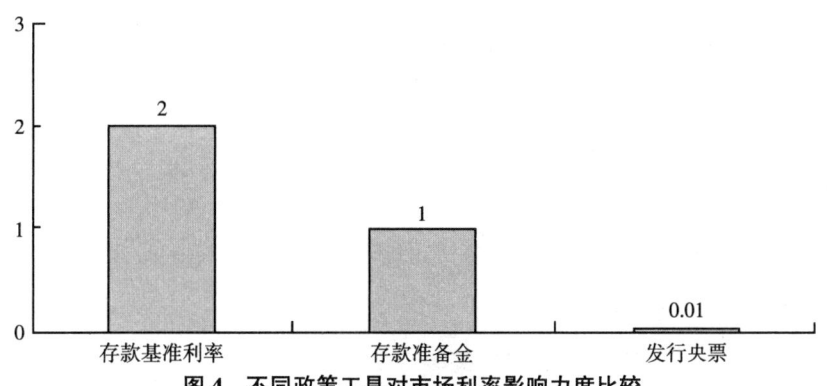

图 4　不同政策工具对市场利率影响力度比较

在数据方面，我们分别选择货币市场的隔夜回购利率，七天和一个月的回购利率作为被解释变量，因为回购市场是最活跃的货币市场。在债券市场，我们选择一年、五年和十年的国债、金融债和企业债（包括长期企业债和中期票据）。数据样本涵盖从 2004 年 10 月 30 日开始到 2010 年 11 月 15 日的逐日数据（因为存款利率下限和贷款利率上限在 2004 年 10 月 29 日取消）。换句话说，数据样本的选择基于本文的利率政策框架：利率管制只有存款利率上限和贷款利率下限。

我们选择三种主要的货币政策工具作为解释变量：存款基准利率、存款准备金率、央票发行利率。① 此外，我们还控制央票发行净额（发行量与到期量之差）、新股票发行、其他的宏观经济变量和季节因素对被解释变量的影响。关于实证分析的细节放在附录二里。实证分析的主要结果如下：

第一，正如理论模型预见的一样，市场利率随存款基准利率和准备金率上升而上升，反之亦然。存款基准利率对市场利率的影响要大于准备金率，而央票发行利率对市场利率没有显著影响。理论和实证研究都表明：我们在理论模型中揭示的货币政策传导机制对于我们理解中国货币政策是合适的。

---

① 因为央行几乎总是同时变动存款和贷款基准利率，这导致在计量模型中无法区分两个利率变动的作用，所以我们在实证模型中选择检验存款基准利率对市场利率的影响。如果我们将两个存贷款利率同时放入模型，将会导致严重的多重共线（Multicollinearity）问题而影响估计结果。

第二，在线性模型里，所有市场利率都随着存款基准利率的上升而上升。估计结果验证了我们在理论模型校准中的结论：在大多数情况下，存款基准利率对市场利率的作用大于准备金率，而发行央票对市场利率没有显著影响。其中的原因可能是央票的平均发行规模相对于其他数量工具和新股发行冻结资金还是较小。

第三，从非线性 GARCH 模型的结果来看，大部分市场利率随着存款基准利率上升而上升，而且其估计系数和线性模型的结果比较接近。与线性模型的结果类似，在一半的情况下，央票发行利率对市场利率有显著影响，这表明市场更在乎央票发行利率传达的价格信号，而非发行央票所带来的市场流动性变化。

第四，比较货币市场和债券市场的区别，两个模型的结果都显示，存款基准利率和准备金率对货币市场利率的影响大于对债券市场的影响。如果存款基准利率变化 1%，会使货币市场利率平均变化 0.61%，而相应的债券市场变化平均只有 0.19%（见表 2，倒数第三行）。类似地，货币市场利率相对于债券市场利率，对准备金率的变化反应更大，因为货币市场利率对流动性变化反应要更敏感。对央票的发行利率、货币与债券市场的弹性都很小，说明央票发行利率现在对于央行来讲可能不是一个很有效的政策工具。

表 2　货币和债券市场利率对政策工具的反应弹性

	货币市场弹性	债券市场弹性
线性模型		
存款基准利率	0.65	0.20
存款准备金率	0.51	0.16
央票发行利率	0.00	0.08
GARCH 模型		
存款基准利率	0.58	0.17
存款准备金率	0.33	0.15
央票发行利率	0.03	0.06
平均		
存款基准利率	0.61	0.19
存款准备金率	0.42	0.15
央票发行利率	0.02	0.07

四、结论及讨论

本文从货币政策制度背景入手，分析了在利率双轨制下，中国不同于发达国家的货币政策传导机制。解释了为什么存款利率上限是利率双轨制的核心，以及为什么利率双轨制决定中国货币政策中多种价格和数量政策工具并存的现状：价格管制带来的扭曲需要由数量管制来纠正。

在理论模型方面，通过建立一个新的理论模型来分析各种货币政策工具在不同情形下对货币和债券市场利率的影响。从理论模型的校准来看，在目前的制度设定下，存款基准利率是央行最有力的政策工具，其相对力度大小大约是存款准备金率的两倍，而发行央票对市场利率的影响很小。

在实证分析部分，验证和量化了理论模型的结果：在利率双轨制下，中国的货币政策传导是有效的。但有着和西方发达经济体不同的作用机理：市场利率随存款基准利率和准备金率上升而上升，反之亦然；存款基准利率对市场利率的影响要大于存款准备金率，而公开市场操作对市场利率没有显著影响。

利用本文的货币政策框架，我们可以对中国利率市场化改革思路有一些新的理解。现行的利率市场化的思路可以表述如下：先货币和债券市场，再储蓄和信贷市场；先外币市场，再本币市场；先贷款利率，再存款利率；先长期利率，再短期利率（PBC，2005）。上述改革，有些在2004年后已经实施，比如，货币和债券市场利率基本已经市场化，但是如何实施关键的存贷款利率改革一直处于热议之中。

例如，央行是应该先让贷款利率市场化，还是先让存款利率市场化？因为贷款利率下限在大多数情况下约束无效，所以将下限废除（贷款利率完全市场化），应该不会对银行体系有很大影响。但问题是贷款利率完全市场化，是否会使得存款利率市场化变得更容易？本文的研究可以帮助我们更好地理解这些问题。

在利率双轨制下，由于银行业仍然在金融体系中占主导地位，存款利率上限如同一座大山，将中国正规金融体系的整体利率水平压在一个较低的水平（相对于市场均衡利率）。只要存款利率上限仍然低于均衡利率水平，信贷额度控制就是限制过度信贷需求（或供给）的必需工具。另外，贷款利率下限也限制了银行间的竞争从而保证银行业整体的利润和稳定性。

如果央行先行放开贷款利率，而保持存款利率上限和信贷额度控制，信贷额度控制本身仍然可能将贷款利率保持在原先的利率下限水平之上（见图3）。但是，先行放开贷款利率并不会使存款利率市场化变得容易一些，因为此时（没有贷款利率下限时）信贷额度控制可能面临更多的不确定性。

因此，与先行放开贷款利率相比，也许一个更好的利率市场化策略是：将存款利率上限逐步向均衡利率水平方向上移，以逐步减少信贷额度控制的压力。同时，适度提高贷款利率下限，以保持银行业整体利润水平和稳定性。① 这种做法的好处是：将储户对借贷者的补贴逐步减少，同时保持银行业利润水平稳定。随着银行体系利率水平的提高，市场利率水平也会相应地提高。当存款利率上限和均衡利率很接近时，放开存款利率上限的条件也就成熟了，利率市场化自然水到渠成。利率市场化可以使资本要素价格扭曲逐步得到纠正，从而提高中国经济的整体运行效率。

---

① 然而，这并不意味着现在的大约3%的利差水平一定要保持不变。关于合理的利差水平的讨论超出了本文范围。

参考文献

［1］高坚:《中国债券资本市场》,经济科学出版社 2009 年版.

［2］中国人民银行(PBC):《中国货币政策执行报告》,中国人民银行 2009 年.

［3］中国人民银行:《稳步推进利率市场化报告》,《货币政策执行报告》(增刊),2005 年.

［4］吴晓灵:《存款准备金率仍有上调空间》,证券时报两会报道组,http://zt.stcn.com/content/2011-03/08/content_2267482.htm,2011 年 3 月 8 日.

［5］易纲、吴有昌:《货币银行学》,上海人民出版社 1999 年版.

［6］张军:《价格双轨制是奇迹还是神话》,《经济观察报》,2007 年 11 月 23 日.

［7］Abiad, Abdul, Detragiaehe, Enriea and Tressel, Thierry, "A New Database of Financial Reforms", IMF Working Paper (2008) WP/08/266.

［8］Chen, Hongyi, Chen, Qianying and Gelaeh, Stefan, "The Implementation of Monetary Policy in China", Working Paper in the Second Annual International Conference on the Chinese Economy (2011), Hong Kong Institute of Monetary Research.

［9］Dickinson, David and Liu, Jia, "The Real Effects of Monetary Policy in China: An Empirical Analysis", China Economic Review (2007), 18, 87-111.

［10］Feyzioglu, Tarhan, Porter, Nathan and Takats, Elod, "Interest Rate Liberalization in China", IMF Working Paper (2009), 09/171, Washington DC.

［11］Geiger, Michael, "Monetary Policy in China (1994~2004): Targets, Instruments and Their Effectiveness", Wurzburg Economic Papers (2006), No.66.

［12］He, Dong and Pauwels, Laurent, "What prompts the People's Bank of China to Change Its Monetary Policy Stance? Evidence from a Discrete Choice Model", HKMA Working Papers 0806 (2008), Hong Kong Monetary Authority.

［13］He, Dong and Wang, Honglin, "Dual—track interest rates and the conduct of monetary policy in China", HKIMR Working Papers No.21/2011.

［14］Fan, Longzhen and Zhang, Chu, "Beyond Segmentation: the Case of China's Repo Markets", Journal of Banking and Finance (2007), 31: 939-954.

［15］Freixas, Xavier and Rochet, Jean-Charles, "Microeconomics of Banking", Cambridge, Massachusetts, MIT Press (2008).

［16］Garcia-Herrero, Alicia and Girardin, Eric, "China's Monetary Policy Communication: Money Markets Not Only Listen, They Also Understand", Working Paper in the Second Annual International Conference on the Chinese Economy (2011).

［17］Goodfriend, Marvin and Prasad, Eswar, "A Framework for Independent Monetary Policy in China", IMF Working Papets (2006), 06/111, International Monetary Fund.

［18］Laubach, Thomas and Williams, John, "Measuring the Equilibrium Interest Rate", Finance and Economics Discussion Series (2001), 2001-56, Board of Governors of the FederM Reserve System (US.).

［19］Maino, Rodolfo and Laurens, Bernard, "China: Strengthening Monetary Policy Implementation." IMF Working Paper (2007), No.07/14.

［20］Nagai, Shigeto and Wang Hong, "Monetary Market Operations in China: Monetary Policy or FX Policy?", Bank of Japan Working Paper Series (2007), No.07-E-13.

［21］Porter, Nathan and Xu Tengteng, "What Drives China'8 Interbank Market?", IMF Working Papers

(2009), WP/09/189.

[22] Qian, Yingyi, "The Institutional Foundations of China's Market Transition", in Boris Pleskovic and Joseph Stiglitz.eds., Proceedings of the World Bank's Annual Conference on Development Economics (1999). (http://wwwecon.stanford.edu/facuhy/workp/swp99011.html).

[23] Qin, Duo, Quising, Pilipinas, He, Xinhua and Liu Shiguo, "Modeling Monetary Transmission and Pohcy in China", Journal of Policy Modelling 27 (2005), 157-175.

[24] Shu, Chang and Brian Ng, "Monetary Stance and Policy Objectives in China: a Narrative Approach", HKMA china Economle Issues (2010), Hong Kong Monetary Authority.

[25] Zhou, Xiaochuan, "Development of China's Inter—bank Market", Speech at the opening ceremony of the Shanghai Cleating House, Shanghai, 28 November, 2009.www.bis.org/review/r100122b.pdf.

Chinese Dual-track Interest-rate System and the Conduct of Monetary Policy

He Dong   Wang Honglin

Abstract: China has a dual-track interest-rate system: bank deposit and lending rates are regulated while money and bond rates are market-determined. The central bank also imposes an indicative target, which may not be binding at all times, for total credit in the banking system. We develop and calibrate a theoretical model to illustrate the conduct of monetary policy within the framework of dual-track interest rates and a juxtaposition of price-and quantity-based policy instruments.We model the transmission of monetary policy instruments to market interest rates, which, together with the quantitative credit target in the banking system, ultimately are the means by which monetary policy affects the real economy. The model shows that market interest rates are most sensitive to changes in the benchmark deposit interest rates, significantly responsive to changes in the reserve requirements, but not particularly reactive to open market operations. These theoretical results are verified and supported by both linear and GARCH models using daily money and bond market data.Overall, the findings of this study help US to understand why the central bank conducts monetary policy in China the way it does: distortions caused by price-based instruments have to be corrected by quantity-based instruments.

Key Words: Monetary Policy; People's Bank of China; Dual-track Interest Rates; Interest Rate Liberalization

附录一：存款利率上限是否约束有效？

存款利率上限约束是否有效对分析中国货币政策框架至关重要。尽管央行的报告（2009）和 Feyzioglu 等（2009）都间接支持了这个约束的有效性，然而我们毕竟没有直接的数据证明这个约束确实有效。为了解决这个问题，本文估计了在没有金融压抑下的中国均衡利率水平（存款利率上限是金融压抑的一个主要组成部分），然后比较这个均衡利率水平与现实利率水平的关系。如果均衡利率水平高于现实利率水平，那么存款利率上限约束必然有效，因为如果没有存款利率上限的约束，市场的力量会将存款利率推高至均衡利率水平。

为了估计没有扭曲（压抑）的均衡利率水平，关键需要度量一个经济体金融压抑的程度。根据 Laubach 和 Williams（2001），均衡利率水平由以下因素决定：

$$r = q(1/\sigma) + n + \theta \tag{1.1}$$

其中，r 代表均衡利率水平，σ 代表跨期的消费替代弹性，n 代表人口自然增长率，q 代表技术进步率，θ 代表（消费的）时间偏好。上式的前两项可以合并成产出的增长率（g），我们可以将金融压抑下的实际利率写成以下形式：

$$r = f(g, \theta, \tau) \tag{1.2}$$

其中，r 代表一个经济体金融压抑的程度。如果我们可以准确估计金融压抑对实际利率的影响，就可以运用上述公式推导出一个经济体在没有金融压抑下的均衡利率水平。

为了实现这个目标，关键就是如何准确度量金融压抑程度。幸运的是，Abiad 等（2008，IMF）提供了一套对于 91 个经济体从 1973 年到 2005 年以来的金融自由指数。①

因此，我们可以构建出以下实证模型：

$$r_i = a_0 + a_1 g_i + a_2 \theta_i + a_3 \tau_i + \pi_i + u_i \tag{1.3}$$

其中，g_i 为经济体 iGDP 实际增长率。θ_i 为这个经济体的储蓄率以代表消费的时间偏好。τ_i 为金融压抑指数。样本数据包括 49 个经济体从 1973~2005 年的数据。② 实际利率水平，GDP 实际增长率和储蓄率等数据均来自世界银行世界发展指数数据库（World Development Indicators Dataset）。实证模型分别用固定效应（Fixed-effect）和随机效应（Random-effect）方法估计，结果如表 3 所示。

实证模型估计的结果和理论预期一致：实际利率和 GDP 实际增长率呈显著正相关，和储蓄率（消费的时间偏好）呈显著负相关。金融压抑指数与现实的实际利率呈负相关，即金融压抑越深，实际利率水平相对于均衡利率水平越低（见表 3）。根据实证模型的结果，我们可以利用现实的实际利率减去金融压抑的影响，从而得出均衡实际利率水平：

---

① 如果金融自由指数为 1，代表没有金融压抑，0 代表最大程度的金融压抑。因此，金融压抑指数可以定义为 1 减去金融自由指数。

② 拉丁美洲、中东和北非地区及撒哈拉以南之非洲地区没有包括在样本里，因为这些经济体的通胀率在样本期内波动幅度太大，导致观测到的实际利率和 GDF 实际增长率波动太大。

表 3　金融压抑度量的计量模型回归结果

被解释变量：实际利率水平				
	固定效应估计		随机效应估计	
	系数	系数标准差	系数	系数标准差
CDP 实际增长率	0.692**	0.087	0.700**	0.086
储蓄率	−0.455**	0.077	−0.411**	0.070
金融压抑指数	−6.180**	1.474	−6.210**	1.416
样本数量	1062		1062	
拟合程度（R^2）	0.07		0.07	

注：** 代表 1% 的统计显著性水平。

2005 年中国的均衡实际利率水平为 4.7%。可以看出，均衡实际利率水平显著高于 1.6% 的 2005 年实际观察到的实际利率水平，这也意味着储蓄利率上限在现实中一定约束有效。

附录二：实证模型及回归结果

线性模型：

理论模型预示市场利率会随着存款利率上限、准备金率和发行央票的上升而上升（假定存款利率上限约束有效）。贷款利率下限可能对市场利率无影响或影响不确定，取决于其是否约束有效。在线性计量模型里，在控制新股票发行、其他的宏观经济变量和季节因素的影响后，我们检验市场利率如何对四个主要政策工具作出反应。线性模型可以写成如下形式：

$$\Delta Y_t = \beta_0 + \beta_1 \Delta IR_t + \beta_2 \Delta RRR_t + \beta_3 \Delta CBR_t + \beta_4 NEWS_t + \beta_5 CBI_t + \beta_6 IPO_t + \beta_{7,8} Dummies + u_t$$

其中，ΔY_t 代表市场利率的一阶对数微分（一阶对数微分等同于变化的百分比），u_t 代表和解释变量无关的随机误差项。ΔIR_t、ΔRRR_t 和 ΔCBR_t 分别代表基准利率、准备金率和央票发行利率的一阶对数微分。[①]

为了控制来自宏观经济变量带来的意外冲击，本文引入 $NEWS_t$ 这个变量代表宏观变量的实际值与其市场预期的差别。七个宏观变量包括在模型里：实际 GDP 增长率、广义货币增长率、通货膨胀率、生产资料价格指数、出口增长率、进口增长率和社会零售总额增长率。

实证模型也引入了两个变量来控制市场流动性变化对被解释变量的影响：CBI_t，央票每天的发行净额，用当天发行和到期的央票数量的差额表示。IPO_t，代表因为新股发行而被冻结的资金规模。另外，两个季节虚变量也被加入模型以控制由于月末和春节带来的季节因素对市场利率的影响。

在转入下一节讨论 GARCH 模型前，我们需要对几个相关问题作出说明：第一，为了

[①] 本文中存款准备金率变化的时点选在其生效日。本文也对准备金率变化的宣布日做过计量估计，结果显示，采用生效日作为变化时点的效果要好于宣布日（生效日在 12 个回归中显著，而宣布日仅有 5 个显著）。这表明市场利率在生效日对准备金率变化反应更敏感。

消除潜在的时间序列数据中的非平稳（non-stationarity）问题，所有模型中价格（利率）变量都使用一阶对数微分的形式，并且所有经过转换的变量都通过了加强型Dickey-Fuller检验。第二，虽然线性模型用最小二乘法估计（OLS）可能无法捕捉短期利率高波动性的特点（尤其在货币市场中），但是OLS的估计结果仍然是稳定的无偏估计（虽然不是最有效的估计），更重要的是，OLS的估计结果可以作为检验GARCH模型结果的基准。[①] 线性模型的具体估计结果可参见He和Wang（2011）。

GARCH模型：

为了捕捉货币市场数据所特有的集聚性和高波动性的特点，本文构建了一个非线性的GARCH模型来检验政策工具变化对市场利率的影响。考虑到货币市场数据特有的非正态分布特性（Fat-tails）（Porter和Xu，2009；Herrero和Girardin，2010），本文假设GARCH中的随机扰动项服从Generalized-error分布。GARCH模型可以写成如下形式：

$$\Delta Y_t = \mu_t + \varepsilon_t$$

其中，ΔY_t是货币与债券市场利率的一阶对数微分，$\mu_t = E\{\Delta Y_t | | F_{t-1}\}$是$\Delta Y_t$在上一期信息集$F_{t-1}$中的条件期望。随机扰动项等于$\varepsilon_t = z_t h_t^{1/2}$，其中$z_t$代表一个独立同质分布的随机变量（这个随机变量的数学期望是0，而方差为1）。这意味着，$\varepsilon_t | F_{t-1} \sim D(0, h_t)$，其中D代表一个服从Generalized-error的分布。条件期望$\mu_t(\Delta Y_t)$自身也是其他外生变量的函数：

$$\mu_t = \beta_0' + \beta_1' \Delta IR_t + \beta_2' \Delta RRR_t + \beta_3' \Delta CBR_t + \beta_4' NEWS_t + \beta_5' CBI_t + \beta_6' IPO_t + \beta_{7,8}' Dummies_t$$

为了反映货币市场利率数据高波动性的特点，条件方差可以写成如下形式：

$$h_t = \lambda_0 + \sum_{n=1}^{p} \gamma_n h_{t-n} + \sum_{j=1}^{q} \lambda_j \varepsilon_{t-j}^2 + \xi_i X_{it}$$

其中，λ_j代表ARCH部分（样本方差部分），γ_n代表GARCH部分（条件方差部分）。ξ_i代表其他外生变量对波动性的影响。非线性模型估计结果参见He和Wang（2011）。

[①] GARCH模型可以对其线性与非线性部分（Mean and Volatility Equations）提供比OLS更有效的估计，但是其估计结果依赖于对随机项的分布假设，因而稳定性较OLS差。

金融监管国际合作失衡下的监管套利理论透析

张金城 李成

【内容摘要】 金融监管的制度差异、监管竞争、金融创新导致金融监管国际合作协调机制失衡,进而产生金融监管套利行为。金融监管套利容易引发金融系统的负外部性,导致金融风险不断累加直至爆发金融危机。金融监管套利的盛行暴露了金融监管体系的漏洞,推动了金融监管国内协调统一和国际合作的发展。本文从金融监管国际合作失衡的角度,以监管制度的成本收益和供需均衡分析为框架,运用净制度负担的一价定律模型和金融监管国际合作博弈模型,探讨了金融监管国际合作不同状态下的监管套利问题。文章还提出了构建具有层次性、区域性的金融监管合作机制,加强各国协作并保持政策的一致性,拓宽金融监管国际合作的参与主体范围和市场领域,通过国际合作监管来缓解监管竞争,减少和消除监管套利的政策建议。

【关键词】 金融监管;国际合作;制度非均衡;监管套利

引 言

金融自由化导致的监管竞争、监管放松和金融创新使得与监管需求之间的矛盾不断积累,产生严重的金融监管套利。金融监管套利的长期存在,可能引发金融系统的负外部性,引起金融危机,全球金融监管套利是导致次贷危机及欧债危机发生的重要"外部条件"之一。金融创新改变了金融机构的外部性边界,次贷危机的发生和"影子银行"系统的全面瓦解正是由于西方对金融监管边界认识不清、对相关机构和创新产品的监管缺失所致。各国独自监管无法有效抵御全球化金融风险,加强国际金融监管合作的需求日趋旺盛,合作意向日趋强烈,完善国内金融监管、加强国际监管合作成为后金融危机时代各国监管改革的主流。建立完善金融监管国际合作机制可以有效防范外源性、系统性风险,同时也有助于推动建立全球统一的监管标准,减少金融机构跨国监管套利机会,避免在其他国家和地区较为宽松的金融市场上产生风险转移。

本文从金融监管国际合作失衡的角度，以监管制度的成本收益和供需均衡分析为框架，通过建立净制度负担的一价定律模型和金融监管国际合作博弈模型，对金融监管套利和国际合作进行理论模型分析，对金融监管国际合作不同状态下的金融监管套利和国际合作存在的问题进行研究，探索金融监管国际合作改革的途径和方法，以推进理论的发展。

一、相关文献综述

金融监管套利是 20 世纪 80 年代以来各国竞相放松金融管制，同时又缺失金融监管合作的必然产物。作为名词它是新的，但是作为一种现象，它其实早就存在。尽管各学者给出的表述不同，但所反映出监管套利的实质是相同的：降低监管成本、规避管制从而获取超额收益。而实现套利的前提是存在监管差异，即对于不同的监管者，采用的监管标准不一致，监管套利意味着原有监管制度被规避，迫使监管者不仅要根据监管套利不断地修改监管制度，而且要结合具体的经济金融状况来放松监管或收紧监管。监管套利增加了金融机构的道德风险，可能使金融机构暂时逃避社会和监管部门的监督，进行高风险的金融活动。Dtmahoo 和 Shaffer（1991）指出，监管对市场主体是税收的一种形式，即监管税收，市场主体有动机避免或使监管税收最小化。当一种经济目的可以通过多种交易策略实现时，主体会选择净监管负担最轻的途径。Frank Partong（1997）认为，监管套利是市场主体利用制度间的差异性或制度内部的不一致性，为降低成本或获得利润而设计的一系列交易。Taylor（2004）、Gastion 和 Walhof（2007）等指出，监管套利是金融机构为了降低监管成本或净监管负担而进行的经营行为。李海涛和孙祁祥（2003）认为，统一监管和联合监管的缺失导致监管制度和监管主体差异的存在，必然会产生监管套利，监管套利主要表现为跨部门监管套利和跨国监管套利。董红苗（2003）从制度套利角度分析了监管套利的目的与分类；石明（2004）阐释了金融监管中的结构性套利；时辰宙（2009）、杨柏国（2009）、王红贵（2010）、沈庆劼（2010）研究了监管套利的内涵、监管套利产生的原因、监管套利的主要模式及其对经济的影响；徐宝林和刘百花（2006）、肖崎（2006）、张玉喜（2008）、宋永明（2009）等人分析了巴塞尔协议下监管资本套利的动因、主要形式及对银行的影响。这些研究得出一致结论：金融监管套利是金融机构基于金融监管制度差异而进行降低净监管负担的行为。

在一个具有多国政府和多个金融监管机构的开放性国际经济中，各国金融监管机构之间为了保持或重新收复原有的监管领域而在减轻净监管负担上展开的竞争，使得金融机构可从金融监管的国际竞争中通过监管套利获益。监管竞争是指在金融全球化的条件下，各国金融监管当局为了吸引金融资源，竞相放松金融管制、降低监管标准以稳定原有的监管资源、争取更多的监管资源。Vogel（1996）、Licht（1998）、Abrams 和 Tavllor（2001）、

Spatt（2006）等认为，金融监管的制度差异容易导致各监管主体之间的监管竞争，从而产生监管放松，为金融机构监管套利创造条件，监管套利是监管竞争的结果。Hadjiemmanuil（2003）认为，金融监管竞争带来的"监管竞次"（Crce to the Bottom）和"监管宽容"推动了监管套利的产生和蔓延。巴曙松（2006）、潘正彦（2010）认为，监管冲突和监管空白使得被监管者有了监管套利的可能，监管套利的条件是存在监管制度差异。

监管竞争促使了金融创新，反过来，金融创新又加剧了监管者之间的竞争，这就为金融机构提供了更多的套利机会。规避金融管制或税收的金融创新多属于非竞争性监管套利，这类创新在提供了相同服务的情况下，减轻了制度负担；非竞争性监管套利通过非金融创新的形式出现，如业务的转移、结构的调整、改变注册机构等。监管套利促进了金融创新，但是，如果创新过度，则使得金融脱离实体经济而出现泡沫化，排斥国家对金融的监管，造成监管缺位，道德风险盛行，最终导致金融风险在金融机构中迅速积累。Kane（1984）从金融创新的角度研究金融制度套利，提出了管制辩证法，认为规避管制的金融创新犹如套利，是金融机构对税收调整一价定律的执行；Miller（1986）认为，监管和税收因素是金融创新的主要推动因素；Mishkin（2002）指出，金融控股集团通过业务转移和金融创新来规避监管进行监管套利。

与金融风险和金融危机全球化形成鲜明对比的是金融监管的国别化和分散化，监管套利反映出各国金融监管主体之间的竞争与合作问题。"监管竞争论"认为，监管制度也是一种产品，因而作为监管产品提供者的国家之间只有完全竞争才能提供最优质的监管制度，从而主张应由金融机构或证券发行人自由选择适用哪个国家的监管制度。"监管合作论"认为，按照"国际监管竞争论"的主张，只会导致金融机构或证券发行人选择监管要求最低的国家，从而降低包括信息披露在内的各项监管水准，同时，各国为了吸引更多的公司在其境内上市或资金流入，会竞相降低监管门槛，导致各国监管水平的下降。因此，只有各国加强彼此间的监管合作与协调才能达到对国际金融市场的有效监管。Herring和Litan（1995）、Hans Tietmeyer（1999）、Sol Picciotto和Jason Haines（1999）、Baxter和Rogers（2004）等认为，通过加强金融监管国际合作与监管规则的协调统一，可以消除监管套利。Murphy（2005）通过研究影响监管竞争和监管合作因素，提出了金融监管国际合作可能模式的选择。国内学者周道许（2000）、孔祥毅（2000）、陈学彬（2002）、白钦先（2002）、朱孟楠（2003）、林俊国（2007）等从金融监管失灵的角度研究金融监管国际合作并提出相关建议；廖凡（2008）认为，金融创新和金融集团的发展强化了监管竞争与冲突，使得监管协调更为必要；陈启清（2009）认为，监管竞争和监管合作共存，不是简单的互相取代的关系，在监管政策上更需强调监管合作；李扬、全先银（2009）认为，全球化的金融市场需要全球化的监管规则和国际合作；李健男（2010）从法律角度，认为监管套利行为类似于国际私法上的"法律规避"，国际社会需要创建一个全新的国际金融监管组织，并对国际金融监管合作组织形态选择问题进行了讨论。

关于金融价格套利方面，国内的研究文献很多，而对于监管套利研究文献涉及很少，已有的文献只是局限在概念的运用上，在研究监管竞争和统一监管时提及监管套利这个名词，没有进行深入理论分析。对于监管套利与国际金融监管合作，国内学者在美国次贷危机爆发后才有所涉猎，对通过加强金融监管国际合作协调而消除监管套利这一问题缺乏系统的研究和理论分析，已有的研究主要从金融监管国际合作的成因、影响和组织设计进行研究，缺乏从监管套利、制度供需均衡和监管强度边界方面的研究，研究的系统性和理论性有待进一步完善。

二、金融监管国际合作博弈下的金融监管套利模型

金融机构作为被监管者，金融监管制度既为其带来收益，同时也增加其成本支出。监管成本和收益之差是金融机构承担的净制度负担或净监管负担。金融机构对净制度负担（净监管负担）的一价定律的执行是金融监管套利活动的原理。净制度负担（净监管负担）的一价定律（The Law of One Net Regulatory Burden）是指在不计转换成本下，金融机构进行经营活动时，在可供选择的监管制度约束集合中选择不同的监管制度约束集合的情况下，所承担的净制度负担应该是相同的。当这一条件没有得到满足时，就会产生金融机构的监管套利。金融机构通过转移营业地点和调整结构或业务，使金融监管制度产生变化，降低自身所承担的净制度负担。

如果一个监管制度集中共有 n 项监管制度，定义其中 m(m≤n) 项监管制度构成一个监管制度子集，任何两个监管制度子集间至少存在一项监管制度差异，监管套利是利用监管制度的差异或不协调进行的活动，相当于改变了监管制度子集合。竞争性监管套利通过监管主体之间的竞争博弈来影响监管水平。假设 A、B 是两个具有竞争关系的监管主体，两者在监管制度的选择上都有两种策略：竞争与合作。竞争是指每一方都想提供监管负担比对方更低的监管制度，利用监管套利为己谋利；合作是指双方在监管制度的供给上，加强协调一致来共同抑制监管套利。金融机构可在 A、B 地迁移不受限制，并且充分了解两地监管制度的差异，通过经营地点的转移改变自身承担的监管制度约束，进行竞争性监管套利；通过金融创新改变自身承担的监管制度约束，进行非竞争性监管套利，从而减轻净制度负担。

在竞争性监管套利中，A、B 双方都想提供比对方监管负担更低的监管制度，过度放松监管导致监管套利的产生。博弈中的各监管主体竞相进行监管竞争，导致竞争性的监管放松，竞争性监管套利导致监管制度供给不足，出现监管真空，为金融机构逃避监管进行套利创造了条件。与竞争性监管套利不同，非竞争性监管套利可能导致监管制度供给过剩和监管效率低下。在一个缺乏监管竞争的环境中，监管者对监管套利只是在原有监管制度基础上制定新的制度来控制套利活动，原有的监管制度不断被规避，新的监管制度不断产生。这种监管套利与监管者间的不断博弈，直至金融监管社会执行成本大到政府财政无法承受或引进外来竞争时为止。

Giovann Dell Ariccia 和 Robert Marquez（2003）的监管外部性模型认为，在金融一体化的经济中，金融监管存在正的外部性。统一监管能够提高一国金融的稳定性，相对于统一的监管机构而言，单独监管主体之间的差异容易导致"监管不足"，产生监管套利。

模型假设存在两个国家 A 和 B，各自都有一个金融系统和对在该国注册的金融机构实施监管的监管者。设 A 国的工具组合变量为 K_A，该变量包括了金融监管国际合作带来的可能影响。$P_A(K_A, K_B)$ 为在 A 国注册的金融机构的利润函数，取决于 A 国监管者国际合作程度 K_A 和其竞争对手所在 B 国国际合作程度 K_B。$\frac{\partial P_A(K_A, K_B)}{\partial K_A} < 0$，意味着 A 国金融监管国际合作程度 K_A 越高，A 国金融机构利润越低；$\frac{\partial P_A(K_A, K_B)}{\partial K_A} > 0$，意味着其竞争对手所在 B 国金融监管国际合作程度 K_B 越高，对 A 国金融机构就越有利。

$F_A(K_A, K_B) = \frac{\partial^2 F_A}{\partial^2 K_A^2} + \frac{\partial^2 F_A}{\partial^2 K_B^2}$ 是 A 国金融稳定函数，$F_A(K_A, K_B)$ 是 K_A、K_B 的增函数，但在 K_A、K_B 接近 1 时，$F_A(K_A, K_B)$ 是 K_A、K_B 的减函数和凹函数：$\frac{\partial^2 F_A}{\partial^2 K_A^2} < 0$、$\frac{\partial^2 F_A}{\partial^2 K_B^2} < 0$，该函数代表了促进金融系统稳定性和保护存款人的优化监管的净收益，监管者的目标函数 $F_A(K_A, K_B) = \frac{\partial^2 F_A}{\partial^2 K_A^2} + \frac{\partial^2 F_A}{\partial^2 K_B^2}$。

假设每个监管合作水平都有唯一最优解和一个内解，监管者给予金融机构利润函数、金融稳定函数的权重分别为 λ 和 1 − λ。

1. $\lambda_A = \lambda_B$ 对称时的收益情况

（1）在各国独立监管情况下（$K_A \neq K_B$），每个监管者的监管总效用函数为：

$$\underset{k}{\text{Max}} U_A(K_A, K_B) = \lambda P_A(K_A, K_B) + (1-\lambda) F_A(K_A, K_B) \tag{1}$$

对其最大化问题求解，其一阶导数为 0 时取极值，方程（1）的一阶条件集为：

$$\begin{cases} \lambda \frac{\partial P_A(K_A, K_B)}{\partial K_A} + (1-\lambda) \frac{\partial F_A(K_A, K_B)}{\partial K_A} = 0 \\ \lambda \frac{\partial P_B(K_A, K_B)}{\partial K_B} + (1-\lambda) \frac{\partial F_B(K_A, K_B)}{\partial K_B} = 0 \end{cases} \tag{2}$$

(K_A^*, K_B^*) 是同时满足两个方程的最大化的解。在 $\lambda_A = \lambda_B$ 对称时，两国金融机构利润函数和金融稳定函数的结构是一样的；当 $K_A^* = K_B^*$ 时，存在一个均衡解。

（2）在两国存在统一监管情况下（$K = K_A = K_B$）的监管总效用函数为：

$$\underset{K}{\text{Max}} U(K_A, K_B) = \lambda [P_A(K_A, K_B) + P_B(K_A, K_B)] + (1-\lambda)[F_A(K_A, K_B) + F_B(K_A, K_B)] \tag{3}$$

方程（3）的一阶条件为：

$$\lambda \left(\frac{\partial P(K_A, K_B)}{\partial K_A} + \frac{\partial P(K_A, K_B)}{\partial K_B} \right) + (1-\lambda) \left(\frac{\partial F(K_A, K_B)}{\partial K_A} + \frac{\partial F(K_A, K_B)}{\partial K_B} \right) = 0 \tag{4}$$

这就产生一个金融监管国际合作水平 K^*。将各国独立监管者之间的纳什博弈解（K_A^*,

K_B^*)代入统一监管者的一阶方程(4)中,整理后得到:

$$\left[\lambda\frac{\partial P(K_A^*, K_B^*)}{\partial K_A}+(1-\lambda)\left(\frac{\partial F(K_A^*, K_B^*)}{\partial K_A}\right)\right]+\left[\lambda\frac{\partial P(K_A^*, K_B^*)}{\partial K_B}+(1-\lambda)\frac{\partial F(K_A^*, K_B^*)}{\partial K_B}\right]=0 \tag{5}$$

其中,$\left[\lambda\frac{\partial P(K_A^*, K_B^*)}{\partial K_A}+(1-\lambda)\frac{\partial F(K_A^*, K_B^*)}{\partial K_A}\right]=0$,等同于独立监管者的一阶条件;且 $\lambda\frac{\partial P(K_A^*, K_B^*)}{\partial K_B}>0$、$(1-\lambda)\frac{\partial F(K_A^*, K_B^*)}{\partial K_B}>0$。因为 P 和 F 是凹性的,为了满足方程(4),必须有 $K^*>K_A, K_B$。这一结果表明,相对于统一监管者而言,竞争性的监管者将会放松监管,降低标准监管,产生监管套利独立监管者金融监管国际合作水平低于统一监管者,即 $U_A(K_A^*, K_B^*)<U_A(K^*, K^*)$。

在两国对称($\lambda_A=\lambda_B$)的条件下,进行金融监管国际合作后的整体收益及两国各自的收益都会大于合作前的收益,两国选择合作。达成金融监管国际合作的条件取决于国家间的相关度、合作诚意、金融体制、监管制度、金融结构和政策决策机制等影响因素。如果区域范围内国家间的影响因素相近,合作诚意高,合作后双方能够从中获益,那么区域金融监管合作的水平高,就会在一定程度上消除监管套利。

2. $\lambda_A \neq \lambda_B$ 不对称时的收益情况

设 $\theta=\frac{\lambda_A-\lambda_B}{2}$,存在 θ^*,当 $\theta>\theta^*$ 时,$U_A(K_A^*, K_B^*)>U_A(K^*, K^*)$,两国会选择不合作。当两国不对称($\lambda_A \neq \lambda_B$)、监管差异达到一定程度时,不合作是最优选择。如果两国在金融体制、监管制度、金融结构等方面存在较大差异,合作所造成的损失大于合作所带来的收益时,就会缺乏合作动力,难以达成国际合作。同时可以论证,在金融一体化程度不断扩大时,即使 $\theta>\theta^*$,也存在 $U_A(K_A^*, K_B^*)>U_A(K^*, K^*)$ 的可能,存在较大差异的国家也会产生合作的动力。金融自由化的扩大和金融一体化的加强使国际合作成为最优解,将有效缓解和改善金融监管国际合作供需失衡状况。

三、金融监管国际合作不同状态下的监管套利分析

金融监管制度均衡是指金融监管制度结构中的各种金融监管主体均不具有改变现状的动机或能力,制度从总体上看处于边际收益等于边际成本的均势状态。金融监管边界是指金融监管的力量所能达到的最大范围。在金融监管制度的发展过程中,制度非均衡是常态,各国金融监管一直遵循着"监管—放松监管—再监管"的轨迹发展。要实现金融监管国际合作的稳定性、效率性和公平性,就需要基于制度的成本和收益,从金融监管制度的供给和需求两方面分析金融监管国际合作制度演进和金融监管强度均衡边界有竞争力的金融监管国际合作机制。

在开放经济下，金融监管的需求划分为国内监管需求和跨国监管需求，安全、效率和公平是其共同的需求动机。设 K 为金融监管国际合作的程度，F 为金融监管的净收益；跨国金融监管的需求强度边界线为 D_f，国内金融监管的需求强度边界线为 D_d，其强度 K 与监管的净收益 F 负相关（见图 1），则开放经济下的金融监管的总需求强度边界线为 $\sum D = D_d + D_f$。

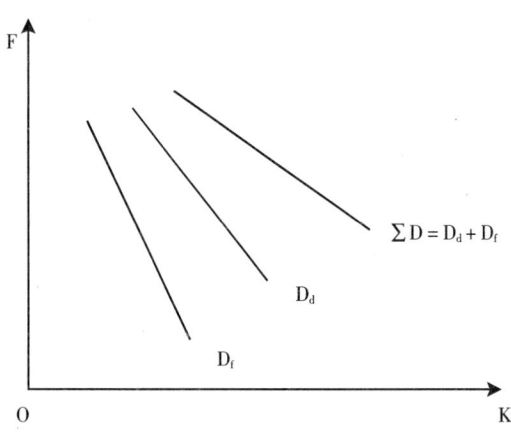

图 1　开放经济下的金融监管需求强度边界线

下面从三种不同状态分析金融监管国际合作制度非均衡演进与监管套利。

（一）缺乏国际统一监管机构和缺乏跨国监管合作的状态下的监管套利

根据前面金融监管国际合作博弈模型分析，设 A 国的国内监管供给强度边界线为 S_A，B 国的国内监管供给强度边界线为 S_B，各国监管当局在各自封闭的国境内开展金融监管，只负责国内监管而忽略跨国监管，金融监管总供给强度边界线 $S_1 = \sum S_n$（n 代表国家数量，n = 1，2，3，…）（见图 2）。设国内监管总供给强度边界线为 S_d，则 $S_1 = \sum S_n = S_d$，其强度均衡边界如图 3 所示。K_A 是该状态下的均衡边界点，由于监管供给强度边界只能满足国内监管的需求，无法满足对跨国监管的需求，各国金融监管机构只能获得各自国内监管需求者支付的净收益 F_1，而（$F_2 - F_1$）的差价因缺乏跨国合作体制支持而无人支付，产生监管强度均衡缺口 $A_B = K_B - K_A$。监管强度均衡缺口的存在和不断扩大，各国监管者之间的监管竞争和监管容忍加剧监管套利蔓延，容易导致监管套利的产生，并可能引发跨国金融风险。这种状态下的金融监管制度是缺乏国际合作的国家单独监管，此时一国的监管制度处于非均衡状态。因此，在金融自由化与金融一体化下，金融监管国际合作是防范金融危机传染性、减少监管套利消极影响的客观要求和必然结果。

随着金融自由化、经济全球化进程的加快，加强金融监管国际合作的需求日趋强烈，全球化的金融市场迫切需要全球化的金融监管合作，国际监管合作是监管改革的主线，尽管各国在合作中的立场和诉求有所差异，但是次贷危机以来的历次 G20 峰会及国际论坛，

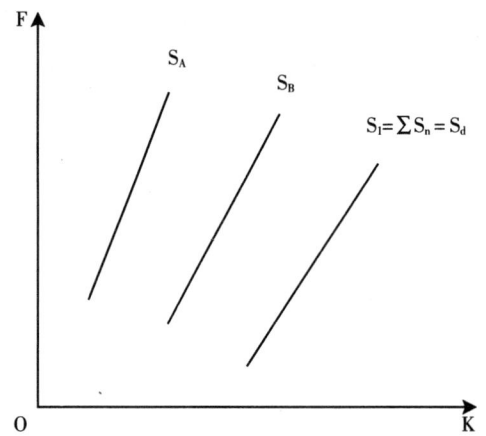

图 2　缺乏国际统一监管机构和缺乏跨国监管合作的状态下的金融监管供给强度边界线

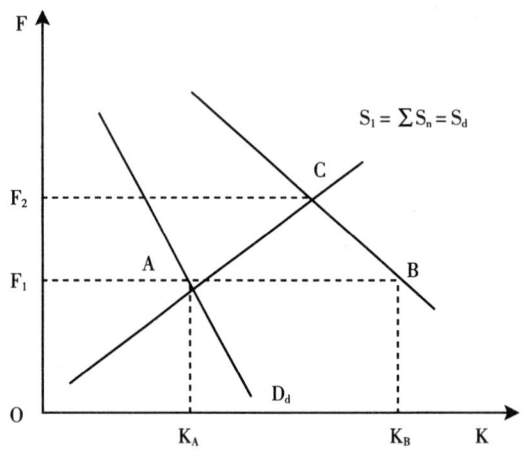

图 3　缺乏国际统一监管机构和缺乏跨国监管合作的状态下的金融监管强度均衡边界

各方都聚焦国际金融监管，并对金融监管缺失是导致危机产生的重要原因达成了一定共识，倡导加强国际合作和提升国际金融监管水平。但是，由于发达国家与发展中国家的监管差异悬殊，暂时难以推行世界范围内金融监管的统一标准。

（二）存在国际统一监管机构的状态下的监管套利

各国除负责本国国内监管外，还存在一个类似于跨国金融监管的机构负责跨国监管。设跨国监管的供给强度边界线为 S_f，各国的国内监管供给强度边界线即 $S_d = S_1 = \sum S_n$，国际金融监管的供给强度边界线 $S_2 = S_f + S_d$，它能同时满足国内监管与跨国监管需求。当 F 为一定时，$K(S_2) > K(S_1)$，K^* 是其监管强度均衡值，不存在均衡缺口（见图4、图5）。

由于存在国际统一监管机构，其均衡监管净收益 F^* 超过国内应付的 F_d 部分，能够通过国际统一监管机构的权威性，以政府间契约的方式分摊给各国政府，从监管需求者缴纳的税收中解决，从而从根本上消除了由于监管制度差异和监管竞争导致的监管套利。这是

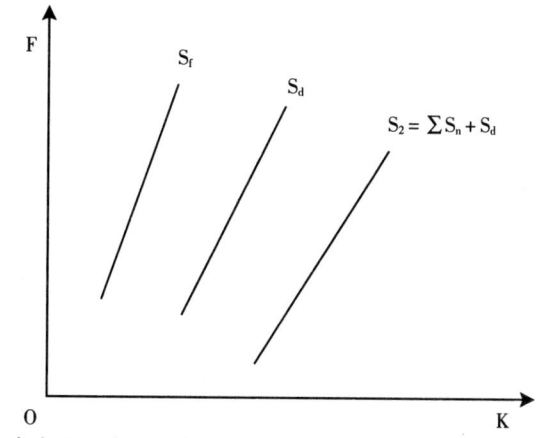

图 4　存在国际统一监管机构的状态下的金融监管供给强度边界线

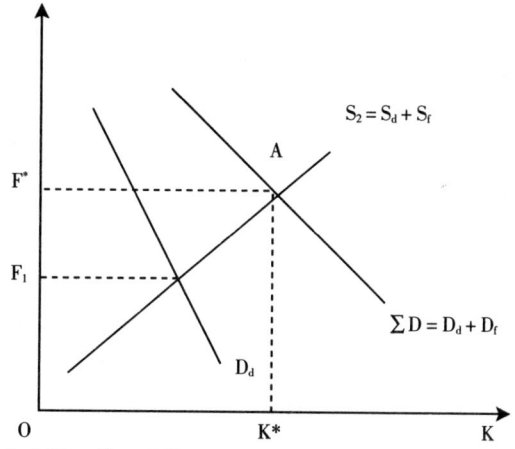

图 5　存在国际统一监管机构的状态下的金融监管均衡强度边界

金融监管国际合作未来的发展趋势和发展目标。

金融监管客体的全球化和金融监管主体的区域化之间的矛盾日益突出，监管主体和监管制度的差异必然导致监管套利。在缺乏有力的全球性监管组织的情况下，必须要有世界各国的合作并保持政策的一致性。次贷危机后，巴塞尔银行监管委员会对新资本协议进行了修改，就东道国与母国金融监管当局对跨国银行的监管责任作了分工，同时强调监管当局间要加强合作与信息交流，避免出现监管真空，提高金融监管工作的有效性。国际货币基金组织呼吁构建一个新的政府间全球金融监管体系，拓宽金融监管的范围，建议各国政府采用"适用于各国的具有约束力的行为准则"，以加强对金融危机处理的国际合作与协调。为了促进各国监管法规的一致性，FSB 颁布《加强遵守国际标准的框架》，通过建立最低全球标准的方式，要求各国根据各国情况提供标准。

(三）只存在国际金融监管合作状态下的监管套利

在这种状态下，跨国金融监管主要通过各国监管当局的合作来提供，受"搭便车"和各国的制度差异和利益差异等因素的影响，其监管供给强度比存在国际统一监管要低，但是比没有合作状态下的供给强度要大。用 S_3 代表此状态下的监管供给强度边界线，则 S_3 介于 S_1、S_2 之间，其均衡边界线如图6所示，其均衡边界值为 K_3，$K_1 < K_3 < K_2$。

只存在国际金融监管合作的状态下的监管国际合作是一种松散型合作，存在着"搭便车"和各国（地区）间的监管竞争问题。如图7所示，Q 为一国（地区）金融服务初始数量，P 为该国（地区）金融服务品初始价格，S_1' 为该国（地区）金融服务品初始供给曲线，D' 为金融服务品需求线。当一国（地区）监管制度政策过于严格时，金融机构或投资者为了逃避监管，就会遵循净制度负担的一价定律，利用各合作国家（地区）金融监管制度的差异、漏洞，将部分分支机构或业务撤至监管制度较宽松的国家（地区）进行监管套利，使其国家（地区）内金融业务供给由 S_1' 减少至 S_2'，金融服务品数量由 Q_1 减至 Q_2，价格由 P_1 升到 P_2，导致消费者剩余减少和社会福利损失。各国（地区）监管当局为了争取本国或地区利益，在竞争对手监管制度政策调整的同时，对本国（地区）的监管制度与政策做出相应的调整，在监管合作中倾向于竞相放松监管，通过监管竞争增加本国（地区）利益，出现图6中的 $K_3 < K_2$，为金融机构监管套利创造了条件和空间，这种状态最接近当今金融监管国际合作的现状。

目前金融监管国际合作机制的不均衡主要表现在：（1）金融监管国际合作制度供给不足，如对金融集团、金融衍生工具、资本市场、国际游资、证券业、保险业等监管的国际合作制度供给不足；（2）金融监管国际合作制度发达国家主导的需求与发展中国家的需求不适应，制度供给主要满足发达国家对金融监管国际合作机制的需求，而不能满足发展中国家的需求；（3）缺少统一的监管法规与规则，各国监管制度、政策和法规、监管理念存在差异，各国之间缺少金融信息交流和沟通协调，金融机构通过业务和机构在各国之间的转移实现监管套利，使自身的净监管负担最小化。

金融监管竞争导致国际范围内金融监管放松，如果监管放松过度，监管套利就会引发全球经济金融体系的系统性风险，产生金融危机。美国次贷危机爆发后，各国重新审视和改革自身的监管制度与监管国际合作机制的缺陷，推动各国监管当局之间协调其监管行为，又进一步推动了金融监管的国际合作。美国监管方案非常强调"监管的国际协调和一致性"，希望其制定的许多新的标准能够与海外国家的新政策相协调，以创立一个相容的监管架构，避免出现资本转移和套利。欧盟和英国的改革方案强调国际金融市场的监管合作，欧盟在泛欧监管体系框架内对各成员国的监管格局进行统一，建立了多层次、多形式的金融监管合作体系和金融监管合作组织，制定了统一的监管标准与规则，推动了各成员国监管机构之间的合作。英国改革方案提出了通过健全金融稳定委员会、扩大金融稳定评估计划和推动制定国际标准与措施加强监管国际合作的架构，并与美国共同建立一个联合工作组，在应对金融危机合作方面达成协议。各国金融监管改革的目的主要在于弥补监管

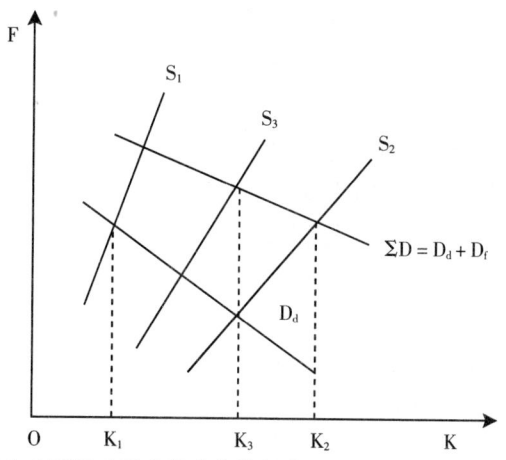

图 6　只存在国际金融监管合作的状态下的金融监管均衡强度边界

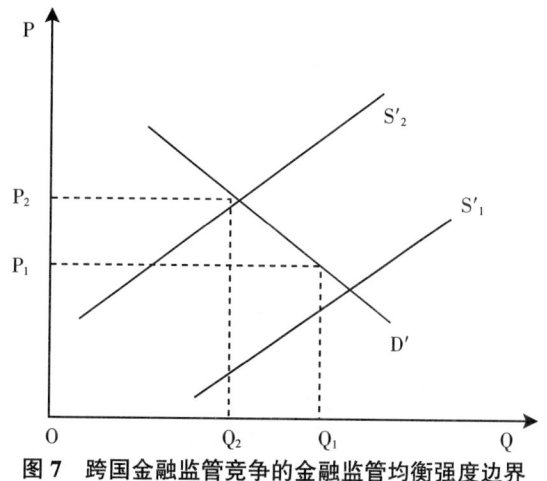

图 7　跨国金融监管竞争的金融监管均衡强度边界

漏洞，纠正由于监管竞争放松监管、金融创新过度而导致的金融市场与监管主体之间的失衡状态，缩小监管套利范围；通过统一监管标准和规则，提高金融监管国际合作与各国国内监管水平，防范监管套利带来的金融风险。随着各国金融监管机构有序竞争的深入，净监管负担过高或过低的国家将分别做出相应的调整，各国的净监管负担将朝着统一的、可持续的水平变动。从英美、欧盟监管改革和合作中可以看到，金融监管的区域与国际合作正在成为新的国际联盟的纽带，金融监管逐渐成为国家新的核心竞争力。

四、结论与政策建议

金融监管套利是各国监管制度差异、监管竞争、金融创新和金融监管国际合作机制不完善并存状态下的必然产物。监管套利作为一种经济现象，一直存在于金融监管之中。监管套利的前提是存在监管差异，由于缺乏国际统一、协调的金融监管体系、法规和准则，各国之间在金融体制、监管制度和金融市场结构等方面存在监管差异，监管差异的存在将会导致监管套利。监管套利在推动金融自由化、金融创新、金融制度一体化和提高金融制度效率方面起到了积极作用，但同时也增加了金融市场的波动性和脆弱性，削弱了货币政策与金融监管的有效性，甚至可能引发金融危机。竞争性监管套利可能导致监管制度供给不足产生过度放松而出现监管真空，形成系统性风险；非竞争性监管套利可能导致监管制度过剩而造成管制过度，降低金融效率。监管竞争、金融创新、监管套利共同推动了各种监管国际一体化组织的产生和发展，监管套利的存在对各国宏观审慎金融管理提出了更高的要求，通过金融监管制度改革建立国际统一的监管规则受到各国监管者的普遍重视。

金融自由化是金融监管国际合作机制建立的基础条件，金融监管国际合作是解决监管失灵和监管套利最有力、最现实的方法，通过多边合作、区域合作和全球合作提高国际合作的有效性。有效的国际监管合作机制能够推进金融的国际化、一体化进程，提高全球金融监管的安全性、有效性和稳定性，各国监管者要克服监管的本位主义、监管竞次与监管宽容，通过共同合作来消除监管套利。如果国与国、地区与地区之间选择和采取维护型的监管制度竞争，缺少统一的具有普遍约束力的制度规范保障，必然不利于世界经济全球化的发展潮流。

（一）构建具有层次性、区域性的金融监管合作机制

通过建立由两国双边合作、地区多边合作机制，减少监管制度差异，防止因竞争性监管套利而出现过度放松监管。后金融危机时代，国际金融监管改革能否建立一个有效的金融监管合作体系，需要主要大国之间的相互配合与努力，在强有力的国家监管基础上开展一定程度的国际合作，比试图建立一个全球性的监管框架更有助于全球金融稳定与繁荣。

（二）加强各国协作并保持政策的一致性

加强各国金融监管当局之间的信息交流和信息共享，建立国家间的谈判、金融机构母国和东道国的监管协调和信息沟通机制，为开放程度、金融体制、监管制度、监管水平、货币政策、金融市场结构等方面存在差异的国与国之间提供一个沟通协调和谈判磋商的平台；健全和完善国际合作监管的统一规范和标准，制定国际统一的会计准则、监管规则、信息披露及共享原则，减少和消除因监管制度、准则差异而产生的监管套利，推进金融监管国际合作的进程。

（三）拓宽金融监管国际合作的参与主体范围和市场领域

金融监管国际合作在制度设计、合作组织建立、监管协调、信息交流与共享、规则制定方面要具有前瞻性。在合作主体方面，在目前发达国家居于主导地位的情况下，还要考虑发展中国家的国内金融经济发展现状与监管需求，将新兴市场国家和发展中国家纳入国

际合作体系。发展中国家要在进行金融监管改革时，提高自身国内监管水平和国际合作能力，防止监管套利。发展中国家要在国际金融监管规则或标准建立的博弈过程中进行竞争，提高自身的谈判能力、影响力和适应能力，增强发展中国家参与国际监管规则、标准制定实施的话语权；在监管合作内容方面，从单一的跨国银行监管合作拓展到加强对金融衍生工具、离岸中心和对冲基金等金融工具和市场的监管合作；在合作方式方面，既有国际合作统一的监管组织和协调机构，又要有多边国家参与合作的区域监管组织，实现国家统一监管组织与区域合作监管组织的协调与合作。

（四）中国应对金融监管国际合作变革发展的对策

1. 积极参与国际多边与区域金融监管合作

中国作为发展中国家的主要大国之一和重要代表，积极参与国际金融监管改革和监管合作框架协议、监管规则、标准的制定，推动双边与多边国家之间协调机制的建立，与多方谈判磋商，协调解决国内监管与国际监管的冲突与差异，提高自身在国际金融监管合作中的主导地位和竞争力。

2. 改善国内金融监管与金融监管国际合作的制度环境

通过完善国内金融监管制度和监管主体的协调统一，改善国内金融监管制度存在的金融创新与市场约束等市场监管制度供给不足和市场准入、业务运营及市场退出等行政监管制度供给过剩的问题，适应金融创新的需要，引入功能性监管，建立需求导向型制度供给模式。在国内金融监管协调、合作、统一和金融监管国际合作方面，不仅要考虑国内金融市场发展的需要，还要与国际金融市场接轨，既要有制度供给的适当超前性，也要满足市场监管的制度需求，逐步实现国内金融监管制度与国际金融监管规则准则接轨。

3. 加强宏观审慎管理与微观审慎监管的协调

构建宏观审慎管理框架，关注金融创新条件下包括银行、证券、保险在内的整个金融体系稳定的复杂性，强化对跨行业交叉金融产品的系统性风险监管，运用逆周期审慎监管的相关手段和去杠杆率的方法调控风险，防止出现金融监管"真空"，营造公平的市场环境，消除金融机构的外部性不利影响，减少监管套利，实现金融监管支持创新与防范风险的协调、加强监管与经济发展的协调、金融监管与货币政策的协调。

4. 完善国内金融监管协调机制

建立中央银行、金融监管机构协调与合作的制度性框架和宏观层面的协调机制，完善人民银行、银监会、证监会、保监会"监管联席会议"制度，建立金融监管信息共享机制，实现金融监管主体的协调与合作；通过对金融机构外部风险监管与内部风险控制的有机结合，实施全面的风险管理；适应混业经营的发展趋势，逐步从分业监管向统一监管、从机构监管向功能性监管和从行政监管向市场监管转变，减少和消除金融监管套利。

参考文献

[1] 陈启清. 监管竞争和监管合作：争论及启示 [J]. 经济理论与经济管理，2008（3）：19-23.

[2] 段国选. 政府金融监管的边界——论影子银行体系的瓦解 [N]. 金融时报, 2009-04-27.

[3] 董红苗. 制度套利: 金融套利的又一种形式 [J]. 浙江金融, 2003 (11): 32-34.

[4] 李兵. 银行监管边界问题研究 [M]. 北京: 中国金融出版社, 2005.

[5] 李成, 刘相友, 刘毅. 基于供求理论的金融监管强度边界及制度均衡解析 [J]. 当代经济科学, 2009 (6): 74-79.

[6] 李成, 姚洁强. 基于国家利益的非均衡金融监管国际合作解析 [J]. 上海金融, 2008 (4): 51-55.

[7] 李成, 张金城. 供给拉动和需求推动的金融监管制度改进 [J]. 上海金融, 2010 (6): 5-11.

[8] 李成, 张炜. 基于进化博弈理论的金融监管合作均衡分析 [J]. 湘潭大学学报 (哲学社会科学版), 2010 (4): 11-17.

[9] 廖凡. 竞争、冲突与协调——金融混业监管模式的选择 [J]. 北京大学学报 (哲学社会科学版), 2008 (3): 109-115.

[10] 林俊国. 金融监管的国际合作机制 [M]. 北京: 中国金融出版社, 2007.

[11] 李健男. 论后金融危机时代金融监管国际合作的组织机制 [J]. 现代法学, 2010 (4): 138-147.

[12] 时辰宙. 监管套利: 现代金融监管体系的挑战 [J]. 新金融, 2009 (7): 11-15.

[13] 沈庆劼. 监管套利: 中国金融套利的主要模式 [J]. 人文杂志, 2010 (5): 80-85.

[14] 宋永明. 监管资本套利和国际金融危机——对2007~2009年国际金融危机成因的分析 [J]. 金融研究, 2009 (12): 81-90.

[15] 王红贵. 商业银行监管套利及对策研究 [J]. 武汉金融, 2010 (9): 45-46.

[16] 徐宝林, 刘百花. 监管资本套利动因及对银行的影响分析 [J]. 中国金融, 2006 (5): 43-44.

[17] 肖崎. 商业银行监管资本套利与资本有效配置 [J]. 新金融, 2006 (4): 35-38.

[18] 张玉喜. 商业银行资产证券化中的监管资本套利研究 [J]. 当代财经, 2008 (4): 58-62.

[19] Dale D. Murphy. Inter jurisdictional Competition and Regulatory Advantage [J]. Journal of International Economic Law, 2005 (4): 891-920.

[20] Frank Partony. Financial Derivative and the Costs of Regulatory [J]. The Journal of Corporation Laws, 1997 (22): 604-607.

[21] Gastion C. M. and Walhof P. Regulatory Arbitrage: Between the Art of Exploiting Loopholes and the Spirit of Innovation [J]. Deactuaris, 2007 (9): 11-13.

[22] Giovanni Dell'Ariccia, Robert Marquez. Competition among Regulators and Credit Market Integration [R]. IMF Working Paper, 2003: 1-73.

[23] Hadjiemmanuil C. Institutional Structure of Financial Regulation: A Trends Towards Megaregulators [R]. Paper Presented at the Conference on the Future of Financial Regulation in Taiwan, Taipei, 2001-07-06.

[24] Licht, Amir N. Regulatory Arbitrage for Real: International Securities Regulation in a World of Interacting Securities Markets [J]. Virginia Journal of International Law 563, Summer 1998 (38). Available at SSRN: http://ssrn.com/abstract=45823.

[25] Taylor M. Dealing with Regulatory Arbitrage Aligning Financial Regulatory Architecture with Country Needs: Lessons from International Experience [R]. Paper Presented at Financial Sector Conference, 2004-06-05.

Financial Regulatory Arbitrage under the Imbalance of International Cooperation in Financial Supervision

Zhang Jincheng Li Cheng

Abstract: Differences between and among the financial regulatory systems, regulatory competition and financial innovation caused the imbalance of international cooperation in financial supervision, thus generating financial regulatory arbitrage. Regulatory arbitrage is apt to cause negative externalities of the financial system, leading to financial risks continuing to accumulate until the outbreak of the financial crisis. The prevalence of financial regulatory arbitrage exposed the loopholes in the financial regulatory system, and called for the harmonization of domestic financial regulation and international cooperation. From the perspective of the imbalance of international cooperation in financial supervision, the paper used the model of the law of one net regulatory burden and game of international cooperation in financial supervision and adopted the framework consisting of cost and benefit analysis as well as the supply and demand balance to discuss the regulatory arbitrage under different conditions of international cooperation in financial supervision. The paper proposed to build a multi-hierarchy regional cooperation in financial supervision mechanism and develop policies to strengthen international coordination so as to maintain the consistency and broaden the participation and scope of international cooperation in financial supervision, thus easing the regulatory competition, reducing and even eliminating policy recommendations for regulatory arbitrage.

Key Words: Financial Supervision; International Cooperation; Imbalanced Regulation System; Regulatory Arbitrage

金融发展能减少城乡收入差距吗?
——来自中国的证据*

叶志强　陈习定　张顺明[①]

【内容摘要】 已有的实证分析普遍认为金融发展有利于经济增长并减少城乡收入差距。本文利用中国1978~2006年各省的面板数据予以检验。实证结果表明,金融发展显著地扩大了城乡收入差距;并和农村居民收入增长显著负相关,金融发展和城市居民收入增长之间不存在显著相关关系;最后,金融发展和经济增长不相关。

【关键词】 金融发展;城乡收入差距;经济增长

一、引言

金融作为经济增长过程中最重要的变量之一,[②] 金融发展能否减少收入不平等一直是经济学家和决策者感兴趣的主题。大量的文献认为金融发展对经济增长具有显著的正向作用(Goldsmith,1969;Shaw,1969;Mackinnon,1973;King 和 Levine,1993;Levine 和 Zervos,1998;Rajan 和 Zingales,1998;Levine、Loayza 和 Beck,2000;Levine,1997,2005),但研究者并不确定金融发展能否使所有人均等受益。

从理论的角度来看,关于金融发展对收入不平等的影响,经济学家提供的预测并不一致。从金融发展的广度出发,金融发展使更多人获得金融方面的服务,这将增加低收入者的经济机会并减少代际间收入不平等(Becker 和 Tomes,1979,1986;Galor 和 Zeira,

---

* 本文得到了国家杰出青年基金(项目批准号:70825003)和国家社会科学基金重点项目(项目批准号:07AJ-L002)的资助。感谢匿名审稿人为本文提出的宝贵意见。当然,文责自负。

① 叶志强,博士研究生,就读于厦门大学经济学院,E-mail:xxxy2008xyyy@126.com;陈习定,博士研究生,就读于厦门大学经济学院;张顺明,教授,任教于中国人民大学财政金融学院。

② 根据 Levine(1997),金融系统在降低信息成本、动员储蓄、分散风险、项目甄别、促进资金流动、加强公司监管和便利交易等方面均起着积极的作用。

1993；Banerjee 和 Newman，1993；Aghion 和 Bolton，1997）。从金融发展的深度出发，金融发展意味着为那些已使用金融服务的客户（通常是高收入者）提供更为周全的服务，显然这更有利于高收入者收入的增长并因此扩大了居民收入差距（Greenwood 和 Jovanovic，1990；Townsend 和 Ueda，2006）。

从实证的角度来看，已有的实证分析普遍认为金融发展有利于减少收入不平等。从 1977 年到 1990 年，印度政府对商业银行的许可证规则[①]促使大量商业银行支行在农村的开设。Burgess 和 Pande（2005）发现印度政府的干预政策促使城乡收入差距大幅度下降并降低了印度农村的贫困水平。Clarke、Xu 和 Zou（2006）通过跨国数据研究了金融发展和收入不平等之间的关系，发现金融发展有利于基尼系数的下降。Beck、Demirgüç-Kunt 和 Levine（2007）强调了金融发展对低收入者的意义，利用跨国数据和动态面板回归方法，发现金融发展不但降低了基尼系数而且还减少了日均生活费低于一美元的人口的比率。从 20 世纪 70 年代中期开始美国各州开始放松对商业银行的管制，这促进了金融中介的发展。Beck、Levine 和 Levkov（2009）检验了在此背景下金融发展对收入不平等的影响。他们发现当一个州放松商业银行的地区限制后，该州基尼系数显著下降。与此同时，富裕家庭的收入并没有减少。

在我国，城乡收入差距是收入不平等最重要的表现形式。关于中国金融发展与城乡收入差距之间关系的文献相对较少。Yang（1999）认为中国政府实行城市倾向（Urban-biased）经济政策使得大量新增贷款流向国有企业，这促使城市工人工资急剧上涨并因此导致城乡居民差距增大。章奇、刘明兴、陶然、Chen（2004）利用 1978~1998 年各省的面板数据发现金融中介发展显著拉大了城乡收入差距，并且金融中介发展对城乡收入差距的作用不依赖于经济结构的特征。彭建刚和李关政（2006）的实证研究认为 1990 年到 2004 年期间我国金融发展与城乡二元经济结构的转换有显著的影响，其中贷款相关比率上升对城乡二元经济结构转换起着负向作用；而金融结构比率的上升对城乡二元经济结构转换起到了积极的促进作用。不同于章奇、刘明兴、陶然、Chen（2004），我们将数据扩展到了 2006 年；同时为了减少商业周期波动和高频数据对估计结果的影响，我们按文献通用的做法对变量每四年取值；更重要的是，本文首次检验了金融发展影响城乡收入差距的机制。我们发现金融发展显著地减少了农村居民收入的增长并因此增大了农村居民和城市居民之间的收入差距。同时我们还发现金融发展和经济增长不相关。

---

① 从 1977 年到 1990 年，印度中央储备银行强制商业银行必须先在没有开设支行的地区开设四家支行后才可以在已开设支行的地区开设一家新的支行。

二、关于中国金融发展和城乡收入差距的典型事实

基于数据可获得性和通用的做法，本文以银行信贷占 GDP 的比重来表示金融发展。《新中国五十年统计资料汇编》和《中国统计年鉴》提供了 1978~2006 年各省份的银行信贷额数据。[①] 从全国来看，银行信贷占 GDP 的比重从 1978 年的 0.52 急剧上升到 2006 年的 1.72。

银行信贷占 GDP 的比重并不能反映金融发展的全貌，与其他国家相比，[②] 中国金融中介有着其独特的结构特点。

首先，中国的金融资源高度集中在城市，农村金融抑制现象严重。由于国家长期实施具有城市倾向的经济发展政策，虽然中国农村人口占中国总人口的绝大多数，[③] 但农业贷款占总贷款的比重从来没有超过 15%，2006 年更是下降到 3.6%。需要指出的是，即使是农业贷款业务也基本上与农户无直接关系，而主要是与国有农业经营机构和乡镇企业开展业务往来。这一部分贷款主要集中在大型基础设施、国债配套资金和生态建设的贷款等大型项目上。再加上近年来基于成本的考虑，[④] 以利润为考核指标的国有商业银行纷纷从农村地区战略性撤退，目前农村金融处于几乎完全贫血状态（章奇、刘明兴、陶然、Chen，2004）。

其次，以四大国有商业银行为首的中国金融机构在金融市场高度垄断。截至 2006 年年底，四大国有商业银行的资产占国内银行业金融机构全部资产的比率为 55.15%、所获存款占国内同期银行业金融机构存款总额的比例为 54.59%、所发放的贷款占国内同期金融机构贷款总额的比例为 51.25%。[⑤] 金融机构的高度垄断会降低金融系统的效率。根据 Levine、Levkov 和 Rubinstein（2009），如果银行具有较强的垄断势力，银行会不愿去做需要花费成本的项目甄别。因此虽然新兴公司有营利性更强的项目，银行也宁愿把资金贷给那些与它有裙带关系的客户（如国有企业），因为这已经能确保它获得足够且风险较低的利润。但这显然会降低金融体系的效率，并不利于经济发展。

最后，中国的金融体系高度国有化。根据 La Porta、Lopez-de-Silanes 和 Shleifer（LLS，2002）的研究，1995 年中国政府拥有前十大商业银行股份的 99.45%（1970 年为 100%），在他们样本所包含的 92 个国家中这个比例是最高的。

---

① 如无特别说明，所有数据均来源于《新中国五十年统计资料汇编》和历年《中国统计年鉴》。
② 详细的比较可以参照 Allen、Qian 和 Qian（2005）。
③ 随着城镇化进程的加快，中国农村人口占中国总人口的比重有所下降，但最低时（2006 年）也有 56%。
④ 由于农业活动的分散性和高风险性，农户和金融机构之间的信息不对称更为明显，因此管理小额的农业贷款的成本相对较高（Burgess 和 Pande，2005）。
⑤ 数据来源于 2007 年《中国金融年鉴》。

金融体系的高度国有化也可能会造成金融体系和总体经济的无效率。关于金融体系的国有化和金融体系的效率之间的关系存在着两种截然不同的观点（LLS，2002）。持"发展论"（development）观点的代表性人物 Gerschenkron（1962）认为，在一些国家（特别是像俄罗斯这样的落后国家）私人银行体系很难在经济发展过程中扮演重要的角色。因此在经济落后的国家，政府介入金融体系会同时促进金融中介发展和经济发展。Lewis（1950）和 Myrdal（1968）也认为金融体系的国有化有利于国家掌控金融并促进经济发展。持"政治论"（political）观点的代表性人物 Shleifer 和 Vislany（1994）则认为政府介入金融体系会促使金融中介服务于政府的政治目标，这会造成经济上的无效率。例如，政府通过控制企业和银行为支持者提供就业机会、补助以及其他好处，而支持者则以选票、政治献金和贿赂的形式回报政府（Komai，1979）。LLS（2002）通过跨国数据检验了金融体系国有化程度和经济效率之间的关系，结果发现国有化程度越高的金融体系意味着更低的人均收入、效率更低的金融中介、效率更低的政府部门和更差的产权保护体系。金融体系的高度国有化在一定程度上解释了中国金融体系效率极低的事实。① 自 1978 年以来，中国人均收入得到了快速增长，但城市人均收入的增长速度远远超过了农村人均收入的增长速度并因此导致城乡收入差距的不断扩大。从全国来看，1978 年，城乡居民收入②比率为 2.56∶1，绝对收入差距为 209 元；2006 年，城乡居民收入比率为 3.28∶1，同时绝对收入差距已高达 8172 元。近年来城乡居民收入差距还有不断扩大的趋势，这可能是影响中国未来经济增长的最大威胁之一（World Bank，1997，2003）。从横截面来看，各省城乡收入差距展示了较大的差异性，城乡收入差距随人均收入水平上升而下降，③ 这意味着我们在讨论金融发展对城乡收入差距的影响时必须控制收入水平的影响。

三、金融发展与城乡收入差距的实证分析

（一）模型、样本和回归方法

参照 Clarke、Xu 和 Zou（2006）及 Beck、Demirgüc—Kunt 和 Levine（2007）等研究金融发展与城乡收入差距关系的文献，我们的回归模型如下：

$$\text{Gap}_{i,t} = \beta_1 \text{Gap}_{i,t-1} + \beta_2 \text{FD}_{i,t} + \beta_3 \text{PerGDP}_{i,t} + \beta_4 X_{i,t} + \alpha_i + \eta_t + \varepsilon_{i,t} \tag{1}$$

---

① Lardy（1998）认为如果使用国际通用标准，20 世纪 90 年代中期的中国所有的国有银行的净资产应该为负值。作为中国农村地区最主要的金融机构，2002 年中国农村信用社资本充足率为-8.5%，同时农村信用社的不良贷款率高达 36.2%。Allen、Qian 和 Qian（2005）也认为中国的金融体系"庞大却缺乏效率"。
② 剔除价格因素后的城市居民人均可支配收入和农村居民人均纯收入之比。
③ 二者之间的简单相关系数为-0.16，在 1%的水平下显著。

式中，i 代表各省份[①]，t 代表时期[②]，$Gap_{i,t}$ 为省份 i 在 t 期城乡收入差距，$FD_{i,t}$、$PerGDP_{i,t}$ 和 $X_{i,t}$ 分别为省份 i 在 t 期金融中介发展、人均 GDP 和其他控制变量。α_i 为地区哑变量，代表不随时间变化的地区固定效应；η_t 为时期哑变量，代表不随地区变化的时间固定效应，用来捕捉特定时期对城乡收入差距的影响。ε 为随机扰动项。表 1 给出了基础样本各主要变量的定义和统计性质。

表 1　主要变量的定义和统计性质（基础样本）

variable	definition	obs	mean	std. dev.	min	max
PerGDP	ln（人均实际 GDP），基于 1978 年价格	224	7.07	0.98	5.15	10.01
Perincome-urban	ln（城镇人均实际收入），基于 1978 年价格	224	6.69	0.63	5.34	8.31
Perincome-rural	ln（农村人均实际收入），基于 1978 年价格	224	5.92	0.66	4.61	7.56
Gap	ln（城镇人均实际收入/农村人均实际收入）	223	0.77	0.24	−0.02	1.47
FD	ln（银行信贷/GDP）	224	−0.31	0.69	−9.21	0.83
human capital	ln（高校在校学生人数/总人口）	224	3.27	1.03	1.35	5.88
openess	ln（1+进出口贸易总额/GDP）	224	−5.44	3.83	−9.21	0.63
nonsoe	ln（非国有企业工人/工人总数）	224	−1.74	0.55	−2.91	−0.56
saving rate	ln（资本形成总额/GDP）	221	−0.91	0.26	−1.73	−0.29

注：数据来源于《新中国五十年统计资料汇编》和《中国统计年鉴》。样本从 1978~2006 年每四年取值。

本文使用三种方法对模型进行估计：混合估计（Pooled OLS）、固定效应估计（Fixed-effects OLS）和系统 GMM 估计（system GMM）。由于没控制地区固定效应，混合估计通常会高估因变量滞后项的系数。固定效应估计虽然有控制地区固定效应，但由于时期比较少，因此固定效应估计会低估滞后项的系数。[③] 只有通过系统 GMM 估计才能得到一致且无偏的估计值。系统 GMM 估计依靠两个检验来验证其适用性。第一个为 Harisen 检验，这是用来检验在过度识别的情况下工具变量是否准确，其原假设为工具变量是正确的。第二个为序列相关检验，我们会检验差分后的误差项是否为二阶序列相关。

（二）主要结果和稳健性检验

表 2 给出了对式（1）的回归结果。本文的标准差均聚集在省级行政单位上（Wooldridge，2002）。表 2 的前三列分别给出了利用混合估计、固定效应估计和系统 GMM 估计的结果。除了城乡收入差距滞后项和金融发展，自变量还包括人均收入水平和时间固

[①] 样本包含 28 个省级行政单位。剔除西藏、香港、澳门、台湾，重庆和海南分别并入四川和广东。
[②] 本文样本的时间区间从 1978~2006 年。为充分挖掘面板数据的信息，我们对 1978~2006 年每四年取值，这样每个地区就可以获得 8 个观察值（分别为 1978 年、1982 年、1986 年、1990 年、1994 年、1998 年、2002 年和 2006 年）。如果 t 代表 2006 年，那么 t-1 代表 2002 年。各变量的基准价格为 1978 年价格。
[③] 根据蒙特卡洛模拟，在固定效应估计中，滞后项系数的偏误会比较明显并随滞后期增加而变大。但方程右边其他解释变量的偏误是很小的。例如，根据 Judson and Owen（1996），当滞后期 t=5 时，滞后因变量系数的偏误会超过 50%，而其他回归系数的偏误只有 3%。因此本文重点关注因变量滞后 4 期和滞后 1 期的固定效应回归。

定效应。固定效应估计方程和系统GMM估计方程还包括地区固定效应。同我们所期望的一样，第（3）列城乡收入差距的滞后项的系数（0.633）恰好介于混合回归滞后项的系数［0.680，第（1）列］和固定效应回归滞后项的系数［0.375，第（2）列］之间。AR（2）检验[1]和Hansen J检验报告在第（3）列的底部，检验结果表明使用系统GMM估计方法是合适的，所以我们重点来分析第（3）列。Sargan检验结果都大于0.1，这表明不存在内生性问题。城乡收入差距滞后项高度显著表明城乡收入差距具有持续性。人均收入显著为负表明经济增长有利于城乡收入差距的减少。金融发展同样显著表明金融发展和城乡收入差距之间存在着正相关关系，即金融发展加剧了中国的城乡收入差距。

除了统计上的显著性，金融发展对城乡收入差距的影响在定量分析上也相当可观。在第（3）列中，金融发展对城乡收入差距的回归系数为0.031，这意味着金融发展（即银行信贷占GDP的比重）每上升一个百分点，城乡收入差距将上升约0.031个百分点。用标准化系数[2]会更直接地给出金融发展对城乡收入差距的影响的规模，我们很容易得到金融发展的标准化系数为9%，也就是说金融发展的变化解释了城乡收入差距变化的90%。如果考虑金融发展对城乡收入差距的累积效应，这个数值会更大。由于回归方程右边的城乡收入差距滞后项随着时间不断增加，城乡收入差距就会增加得更快。因为城乡收入差距滞后项的系数是0.633，所以金融发展对城乡收入差距的累积效应为0.031/(1−0.633)≈0.08。因此，标准化系数上升到23%，这意味着金融发展的变化解释了城乡收入差距变化的23%，很显然这是一个具有相当规模的数字。

通过一系列敏感性检验，我们发现金融发展和城乡收入的正相关关系是稳健的。首先，考虑到物质资本和人力资本对城乡收入差距的作用（Aghion、Caroli和Garcia-Penalosa, 1999），我们在第（4）列增加了控制变量储蓄率和人力资本积累，发现金融发展仍然与城乡收入差距显著正相关。其次，从1978年起开始实行的改革开放政策必然会对经济结构和城乡收入分配造成巨大影响，因此我们在第（5）列加上私营化程度指标和对外开放程度这两个控制变量分别反映国有企业改革和对外开放，金融发展水平依然与城乡收入显著正相关。然后，虽然我们的基础样本包括28个省、自治区和直辖市，但其中三个直辖市（北京、上海和天津）的城市化程度要远远高出其他省级行政单位，因此在分析城乡收入差距的时候这三个直辖市的数据就有可能成为异常值（Outlier）。我们从基础样本中剔除掉三个直辖市后重新进行回归［第（6）列］，同样证实了金融发展与城乡收入差距显著正相关的关系。第（7）列利用年度数据来检验金融发展和城乡收入之间的关系。根据Wooldridge（2002）大样本固定效应估计值符合一致性的要求，年度数据有效地扩大了样本的数量，因此使用固定效应回归来估计年度数据是合适的。结果显示金融发展还是和城

---

[1] 通过对各变量取四年均值再进行回归，各栏回归结果与表2的结果十分接近。正如Acemoglu Johnson、Robinson和Yared（2008）指出的一样，AR（2）检验表明各变量取均值会给误差项带来额外的序列相关，因此本文采用每四年数据。

[2] 标准化系数的定义为自变量标准差和自变量回归系数的乘积与因变量标准差的比值。标准化系数较一般回归系数更有说服力（Wooldridge, 2002）。

表 2　金融发展与城乡收入差距

	每四年数据						每年数据	每十年数据
	Pooled OLS (1)	FE OLS (2)	SYS GMM (3)	SYS GMM (4)	SYS GMM (5)	SYS GMM (6)	FE OLS (7)	FE OLS (8)
	因变量为城乡收入差距							
Gap (t−1)	0.680*** (0.046)	0.375*** (0.049)	0.633*** (0.094)	0.594*** (0.105)	0.597*** (0.146)	0.480*** (0.113)	0.722*** (0.029)	−0.009 (0.058)
FD	0.031*** (0.004)	0.037*** (0.005)	0.031*** (0.007)	0.032*** (0.008)	0.035*** (0.009)	0.037*** (0.009)	0.014*** (0.004)	0.054*** (0.004)
PerGDP	−0.080*** (0.019)	0.058 (0.065)	−0.086** (0.039)	−0.074 (0.067)	−0.127* (0.065)	−0.187 (0.113)	−0.013 (0.044)	0.060 (0.181)
Saving rate				0.018 (0.082)	0.086 0.095	0.117 (0.127)	−0.018 (0.016)	−0.226 (0.082)
Human capital				−0.032 (0.052)	0.014 (0.051)	−0.013 (0.080)	−0.022 (0.036)	−0.294** (0.135)
openess					0.039** (0.019)	0.055 (0.045)	0.011 (0.007)	0.042 (0.032)
nonsoe					−0.048 (0.037)	−0.059 (0.056)	0.039 (0.086)	−0.436* (0.230)
Sargan test			0.26	0.73	0.58	0.23		
Hansen J test			0.19	0.35	0.32	0.37		
AR (2) test			0.62	0.58	0.59	0.67		
Obs	194	194	194	194	192	171	766	83
provinces	28	28	28	28	28	25	28	28
R-squared	0.81	0.54					0.92	0.30

注：数据来源于《新中国五十年统计资料汇编》和《中国统计年鉴》。括号内为各统计量的标准差。***、** 和 * 分别表示在1%、5%和10%的水平显著。所有的回归方程均包含时间哑变量。第（1）列到第（6）列各变量每四年取值，即为1978年、1982年、1986年、1990年、1994年、1998年、2002年和2006年的观测值，前五列为基础样本，第（6）列剔除了北京、上海和天津三个直辖市。第（7）列为每年取值。第（8）列为每10年取值，即取1978年、1988年、1998年和2006年的观测值。

乡收入差距显著正相关。最后我们利用低频数据（每十年取值）重新检验金融发展与城乡收入之间的关系［第（8）列］。如前文所言，此时滞后因变量系数开始变得不显著，因此在解释时需要倍加小心。我们发现金融发展变量仍与城乡收入差距显著正相关。

此外还有两点提高了回归结果的可信度。首先，我们同时用城市人均消费和农村人均消费的比率来替代基础样本中的城乡收入差距指标，发现金融发展和城乡收入差距之间显著正相关的关系依然成立。其次，除了混合回归，所有的回归方程均包含了地区固定效应哑变量，因此即使考虑到各省特有的、不随时间变化的但有可能影响城乡收入差距的因素（如民族构成、宗教信仰、地理特征以及其他一些不可观测的特征），我们的回归结果依然是稳健的。

(三) 金融发展对城乡收入差距的作用与经济发展水平的关系

在表 2 所有的回归方程中，人均收入作为控制变量后，得到金融中介发展对城乡收入差距的正向作用是显著的。我们提出这样一个问题：金融发展对城乡收入差距的正向作用是否依赖于经济发展水平。为此我们做了进一步的分析，我们把样本期间分成低经济发展水平（1978~1990 年）和高经济发展水平（1991~2006 年）两个时间样本，如果这里我们按照前面分析那样每四年取值，得到每组至多只能取四个数据，不满足动态面板回归的样本至少 5 个的要求。因此我们在这里是按照每年取值，同归方程仍采用方程式（1），回归方法固定效应估计（Fixed-Effects OLS）。① 回归结果如表 3 所示。由表 3 可以看到，两个回归方程中自变量 FD 的系数为正，且显著性水平均在 10% 以下。即不论处于高经济发展水平还是处于低经济发展水平，金融中介发展对城乡收入差距的正向作用是显著的。

表 3 金融发展与城乡收入差距

	每年数据（1978~1990)		每年数据（1991~2006)	
	FE	OLS	FE	OLS
	因变量为城乡收入差距			
Gap (t–1)	0.790***		0.872***	
	(0.028)		(0.021)	
FD	0.050*		0.007*	
	(0.027)		(0.004)	
PerGDP	−0.026		−0.061***	
	(0.020)		(0.014)	
Saving rate	0.108***		0.055***	
	(0.025)		(0.020)	
Human capital	0.032		0.003	
	(0.022)		(0.009)	
openess	0.420***		0.024***	
	(0.113)		(0.006)	
nonsoe	0.257***		0.014	
	(0.050)		(0.027)	
Obs	318		420	
provinces	28		28	
R-squared	0.82		0.91	

注：数据来源于《新中国五十年统计资料汇编》和《中国统计年鉴》。括号内为各统计量的标准差。***、** 和 * 分别表示在 1%、5% 和 10% 的水平显著。回归方程中包含时间哑变量。

---

① 采用固定效应估计的回归方法是为了比较表 2 中的模型 (7)。

表 4　金融发展与城乡收入差距（去掉人均收入这个控制变量）

	每四年数据						每年数据	每十年数据
	Pooled OLS (1)	FE OLS (2)	SYS GMM (3)	SYS GMM (4)	SYS GMM (5)	SYS GMM (6)	FE OLS (7)	FE OLS (8)
	因变量为城乡收入差距							
Gap (t−1)	0.811*** (0.040)	0.367*** (0.050)	0.730*** (0.057)	0.651*** (0.081)	0.638*** (0.140)	0.570*** (0.110)	0.722*** (0.029)	−0.018 (0.064)
FD	0.023*** (0.007)	0.038*** (0.005)	0.021** (0.011)	0.036*** (0.010)	0.032** (0.011)	0.032** (0.012)	0.015*** (0.004)	0.055*** (0.003)
Saving rate				0.022 (0.093)	0.038 (0.094)	0.087 (0.132)	−0.019 (0.017)	−0.211 (0.067)
Human capital				−0.079** (0.040)	−0.057 (0.052)	−0.067 (0.111)	−0.028 (0.026)	−0.279** (0.107)
openess					−0.004** (0.018)	−0.003 (0.033)	0.010** (0.005)	0.049** (0.018)
nonsoe					−0.040 (0.052)	−0.064 (0.079)	0.043 (0.090)	−0.439* (0.236)
Sargan test			0.17	0.52	0.55	0.31		
Hansen J test			0.43	0.18	0.28	0.37		
AR (2) test			0.58	0.57	0.46	0.61		
Obs	194	194	194	192	192	171	766	83
provinces	28	28	28	28	28	25	28	28
R-squared	0.79	0.54					0.91	0.39

注：数据来源于《新中国五十年统计资料汇编》和《中国统计年鉴》。括号内为各统计量的标准差。***、**和*分别表示在1%、5%和10%的水平显著。所有的回归方程均包含时间哑变量。第（1）列到第（6）列各变量每四年取值，即为1978年、1982年、1986年、1990年、1994年、1998年、2002年年和2006年的观测值，前五列为基础样本，第（6）列剔除了北京、上海和天津三个直辖市。第（7）列为每年取值。第（8）列为每10年取值，即取1978年、1988年、1998年和2006年的观测值。

另外，我们去掉人均收入这个控制变量做稳健性检验。回归方程是方程式（1）中的控制变量中没有包含人均GDP，其余都相同，我们重新做回归，结果如表4所示。从表4中我们可以看出，自变量FD的系数为正，且显著性水平均在5%以下。这说明，当我们去掉人均收入这个控制变量时，结果仍然是显著的。比较表2和表4，当加入与不加入人均收入这个控制变量，自变量FD的系数为正且显著。所以，我们可以进一步表明金融中介发展对城乡收入差距的正向作用是不依赖于经济发展水平的。

总之，同Clarke、Xu和Zou（2006）及Beck、Demirgtuc-Kunt和Levine（2007）的跨国分析结果恰好相反，本文的回归结果表明金融发展不但没有减少城乡收入差距，反而加剧了中国城乡居民收入差距。我们通过扩展样本的时间长度补充了章奇、刘明兴、陶然、Chen（2004）的研究。Greenwood和Jovanovic（1990）认为在经济发展水平较低时金融中介的发展会扩大收入不平等，而在经济发展水平较高时金融中介的发展会缩小收入不平等。我们的实证结果却表明在样本期间内金融中介对城乡收入差距的正向作用并不依赖于经济发展的水平。必须指出的是，对 Greenwood 和 Jovanovic 理论模型的检验可能需要较长的时间区间，而由于数据的可获得性，我们的样本区间只有 29 年，随着样本区间的扩大进一步地扩展研究是必要的。

四、金融发展影响城乡收入差距的机制分析

通过前面的分析，我们发现金融发展会扩大城市居民和农村居民收入的比率，但我们并不确定金融发展影响城乡收入差距的机制。如果要准确把握其影响机制，我们必须检验金融发展与居民收入增长之间的关系。① 大量的跨国实证文献均认为金融发展对经济增长具有显著的正向作用（King 和 Levine，1993；Levine、Loayza 和 Beck，2000）。关于中国金融发展和经济增长关系的文献相对较少，Liang 和 Teng（2006）利用中国 1952~2001 年的时间序列数据和多变量 VAR 框架检验了金融发展和经济增长之间的关系。他们的实证结果证伪了金融发展是经济增长的原因。Allen、Qian 和 Qian（2005）认为金融发展并没有促进中国经济的增长。他们把中国的企业分成三个部分，即国有企业、上市公司和私有企业，其中国有企业和上市公司（绝大多数都是国有控股公司）很容易获得国有金融系统的融资。他们发现由于糟糕的法律制度以及国有企业的无效率，国有企业和上市公司增长速度十分缓慢甚至为负值；虽然缺少国有金融系统的融资，但依靠其他的融资渠道〔例如信誉（Reputation）和关系（Relationships）〕中国私有企业的发展速度远远超过国有企业和上市公司的发展速度并推动了中国经济的快速增长。

（一）基本模型和回归结果

为了控制地区固定效应和时间固定效应以及解释变量可能的内生性问题，我们沿用 Levine、Loayza 和 Beck（2000）的模型和系统 GMM 估计金融发展对经济增长的影响。基本模型如下：

$$\ln y_{i,t} = \beta_1 \ln y_{i,t-1} + \beta_2 FD_{i,t} + \beta_3 X_{i,t} + \alpha_i + \eta_t + \varepsilon_{i,t} \tag{2}$$

同方程（1）一样，i 代表各省份，t 代表时期，$\ln y_{i,t}$ 为省份 i 在 t 期收入（城市人均收入、农村人均收入或者人均 GDP），$FD_{i,t}$ 和 $X_{i,t}$ 分别为省份 i 在 t 期金融中介发展和其他控制变量。α_i 为地区哑变量；η_t 为时期哑变量；ε 为随机扰动项。

表 5 给出了金融发展与经济增长的回归结果。前三列给出了金融发展与农村人均收入

---

① 以下各种情况都会引起城乡居民收入比率增大。例如，金融发展有利于居民收入增长，但更有利于城市居民收入增长；金融发展不利于城市居民收入增长，也更不利于农村居民收入增长；金融发展有利于城市居民收入增长且不利于农村居民收入增长等。

的回归结果。在控制了农村人均收入的滞后项、储蓄率、人力资本、对外开放程度和私营化程度后,我们发现金融发展对农村人均收入增长起着显著的消极作用[第(1)列]。AR(2)检验和Hansen J检验表明使用系统GMM估计方法是合适的。Sargan检验结果都大于0.1,这表明不存在内生性问题。剔除掉三个直辖市后,我们发现金融发展依然对农村人均收入增长起着显著的阻碍作用[第(2)列]。第(3)列利用年度数据进行回归,结果仍表明金融发展不利于农村居民收入的增长。标准化系数[-6.7%,第(1)列,考虑累计效应]表明金融发展对农民收入的增长起着相当规模的副作用。

第(4)列到第(6)列给出了金融发展与城市人均收入的回归结果。颇令人意外的是,虽然中国的金融资源高度集中在城市,但金融发展与城市人均收入并无显著的相关关系[第(4)列]。在剔除掉三个直辖市后,金融发展对城市人均收入的影响依然不显著[第(5)列]。最后,我们使用年度数据和固定效应回归,结果表明金融发展仍与城市人均收入增长不相关[第(6)列]。

第(7)列到第(9)列给出了金融发展与人均GDP的回归结果。大量的跨国实证文献表明,金融发展对经济增长具有显著的正向作用(King和Levine,1993;Levine和Zervos,1998;Levine、Loayza和Beck,2000)。表5却显示在控制了人均GDP的滞后项、储蓄率、人力资本、对外开放程度和私营化程度后,金融发展和经济增长不相关,无论是使用每四年数据还是年度数据,无论是否包含三个直辖市,无论是使用固定效应估计方法还是系统GMM估计方法。

(二) 进一步的分析

金融发展和农民收入的负相关关系与金融资源配置低效率的事实是一致的。金融资源主要配置在城市阻止了农村居民获得融资的可能性,而农村所分配到的极稀少的金融资源也被地方官员引向那些收益率不高甚至为负的项目,①这进一步加剧了农民的金融抑制状况并因此减少了农民经济机会和收入的增加。

根据Greenwood和Jovanovic(1990),金融资源高度集中在城市显然有利于城市工人收入增长,我们的实证结果却表明金融发展和城市居民收入不相关。正如Gerschenkron(1962)所言,在现代化的起步阶段,高度垄断的国有银行能集中资金投资一些公共产品(如铁路、机场和通信设施等),这些公共产品有效地降低了城市居民的交易成本并增加他们的经济机会和收入。但正是由于高度垄断和高度国有造成了金融系统的低效率,此前金融发展对城市居民的积极影响很容易被低效率所带来的消极影响所抵消,这也许就是金融发展与城市居民收入不相关的原因。

---

① 在中国的政治体制下,政府官员的晋升竞争非常激烈,为了能在晋升考核中获得有利位置(通常是以GDP增长率为核心考核指标),地方官员经常不顾当地的自然条件和比较优势,强行在农村中上马各种工业企业,这造成了大量的重复建设并积累了大量的不良债务。

表 5　金融发展与经济增长

	因变量为农村人均收入			因变量为城市人均收入			因变量为人均GDP		
	每四年取值		每年取值	每四年取值		每年取值	每四年取值		每年取值
	SYS GMM (1)	SYS GMM (2)	FE OLS (3)	SYS GMM (4)	SYS GMM (5)	FE OLS (6)	SYS GMM (7)	SYS GMM (8)	FE OLS (9)
rural income percap (t−1)	0.689*** (0.235)	0.642*** (0.176)	0.691*** (0.035)						
urban income percap (t−1)				0.643*** (0.124)	0.538*** (0.145)	0.691*** (0.067)			
GDP percap (t−1)							0.881*** (0.087)	0.953*** (0.121)	0.751*** (0.146)
FD	−0.022** (0.011)	−0.025*** (0.013)	−0.009** (0.002)	0.009 (0.007)	0.004 (0.011)	0.006 (0.004)	−0.001 (0.011)	−0.001 (0.011)	0.002 (0.002)
Sargan test	0.48	0.85		0.52	0.25		0.36	0.26	
Hansen J test	0.47	0.78		0.46	0.35		0.41	0.38	
AR (2) test	0.61	0.51		0.20	0.21		0.89	0.90	
observations	194	173	768	194		772	194		772
Provinces	28	25	28	28		28	28		28
R-squared			0.96			0.98			0.99

注：数据来源于《新中国五十年统计资料汇编》和《中国统计年鉴》。括号内为各统计量的标准差。***、** 和 * 分别代表在1%、5%和10%的水平显著。所有的回归方程均包含时间哑变量。第（3）列、第（6）列和第（9）列各变量为每年取值。其余各列变量每四年取值，即为1978、1982、1986、1990、1994、1998、2002 和 2006 的观测值。第（2）列、第（5）列和第（8）列剔除了北京、上海和天津三个直辖市。前三列的因变量为农村人均收入，第（4）列到第（6）列的因变量为城市人均收入，第（7）列到第（9）列的因变量为人均GDP。各列还包含的解释变量为储蓄率、人力资本、对外开放程度和私营化程度。

五、结　论

实证结果表明中国的金融发展显著地扩大了城乡收入差距，还表明金融发展和农村居民收入增长显著负相关，金融发展和城市居民收入增长之间不存在显著相关关系，这正是金融发展扩大城乡收入差距的机制。最后，我们发现金融发展和经济增长不相关。使用不同的回归方法、变换样本以及增加一系列的控制变量并不影响实证结果的稳健性。

我们的实证结果和金融中介在中国发展的基本事实是一致的。首先，金融资源在农村地区的稀缺性和金融资源在农村的低效率阻碍了农民收入的增长。其次，虽然金融资源高度聚集在城市地区，但由于金融系统的高度垄断和高度国有，金融发展并没有促进城市居民收入的增长。金融系统的高度垄断使银行丧失了项目甄别的动力，而高度国有则容易使银行不得不服从于政府政策上的需要，由此带来的低效率以及对城市居民收入的消极作用是明显的。

本文的政策含义显而易见。首先，正如印度政府做的那样，政府采取强制措施让金融资源更公平地流向农村，这将有利于促进农村居民收入增长、缩小城乡收入差距并进而促进经济增长（Persson 和 Tabellini，1994；Aghion、Caroli 和 Garcia-Penalosa，1999）。其次，政府可以考虑适度放松对金融行业的管制，在金融市场引入竞争机制并增加私人资本在金融行业中的比重，这将有效地增加金融系统的活力并提高其效率。

参考文献

［1］彭建刚、李关政：《我国金融发展与二元经济结构内在关系实证分析》，《金融研究》，2006年第4期。

［2］章奇、刘明兴、陶然、Vincent Chen：《中国的金融中介增长与城乡收入差距》，北京大学中国经济研究中心（CCER）工作论文，2003年版。

［3］Acemoglu, Dawn, Simon Johnson, James A. Robinson and Pierre Yared, 2008, "Income and Democracy," American Economic Review, 98 (3): 808–840.

［4］Aghion, Philippe and Patrick Bolton, 1997, "A theory of trickle-down growth and development," Review of Economic Studies, 64 (2): 151–172.

［5］Aghion, Philippe, Eve Caroli and Cecilia Garcia-Penalosa, 1999, "Inequality and economic growth: the perspective of the new growth theories," Journal of Economic: Litemture, 37 (4): 1615–1660.

［6］Allen, Franklin, Jun Qian and Meijun Qian, 2005, "Law, finance, and economic growth in China," Journal of Financial Economics, 77: 57–116.

［7］Banerjee, Abhijit V., and Andrew F. Newman, 1993, "Occupational choice and the process of development," Journal of Political Economy, 101 (2): 274–298.

［8］Beck, Thorsten, Asli Demirgilq-Kunt and Ross Levine, 2007, "Finance, inequality and the poor," Journal of Economic Growth, 12 (1): 27–49.

［9］Beck, Thomten, Ross Levine and Alexey Levkov, 2009, "Big bad banks? The impact of U.S.branch deregulation on income distribution," NBER Working Paper, No.13299.

［10］Becker, Gary S., and Nigel Tomes, 1979, "An equilibrium theory of the distribution of income and intergenerational mobility," Journal of Political Economy, 87 (6): 1153–1189.

［11］Becker, Gary S., and Nigel Tomes, 1986, "Human capital and the rise and fall of families," Journal of Labor Economy, 4 (1): 1–39.

［12］Burgess, Robin, and Rohini Pande, 2005, "Can rural banks reduce poverty? Evidence from the Indian Social Banking Experiment," American Economic Review, 95 (2): 780–795.

［13］Clarke, George R.G., Lixin Colin Xu and Heng-fu Zou, 2006, "Finance and income inequality: What do the data tell us?" Southern economic journal, 72 (3): 578–596.

［14］Galor, Oded and Joseph Zeira, 1993, "Income Distribution and Macroeconomics," Review of Economic Studies, 60 (1): 35–52.

［15］Gersehenkron, Alexander, 1962, Economic Backwardness in Historical Perspective, Harvard University Press, Cambridge.MA.

［16］Goldsmith R.W., 1969, Financial Structure and Economic Development, New Haven, Yale University Press.

[17] Greenwood, Jeremy, and Boyan Jovanovic, 1990, "Financial Development, Growth, and the Distribution of Income," Journal of Political Economy, 98 (5): 1076-1107.

[18] Judson, Ruth and Owen, Ann L., 1996, "Estimating Dynamic Panel Data Models: A Practical Guide for Macroeconomists," Working paper, Federal Reserve Board of Governors.

[19] King, Robert G. and Ross Levine, 1993, "Finance and Growth: Schumpeter Might Be Right", Quarterly Journal of Economies, 108 (7): 17-38.

[20] Komai J., 1979, "Resource—constrained versus demand-constrained systems," Econometrica, 47: 801-819.

[21] La Porta, Rafael, Florencio Lopez-de-Silanes and Andrel Shleifer, 2002, "Government ownership of banks," Journal of Finance, 57: 265-302.

[22] Lardy, Nicholas R., 1998, China's Unfinished Economic Revolution, Brookings Institution Press, Washington, DC.

[23] Levine, Ross, 1997, "Financial Development and Economic Growth: Views and Agenda," Journal of Economic Literature, 688-726.

[24] Levine, Ross, 2005, "Finance and Growth: Theory and Evidence," In Handbook of Economic Growth, Eds.Philippe Aghion and Steven Durlauf.Amsterdam: North-Holland Elsevier Publishers.

[25] Levine, Ross, Norman Loayza and Thorsten Beck, 2000, "Financial Intermediation and Growth: Causality and Causes," Journal of Monetary Economics, 46: 31-77.

[26] Levine, Ross, Alexey Levkov and Yona Rubinstein, 2009, "Racial Discrimination and Competition," NBER Working Paper, No.14273.

[27] Levine, Ross and Sara Zervos, 1998, "Stock markets, banks, and economic growth," American Economic Review, 88: 537-558.

[28] Lewis, W.Arthur, 1950, The Principles of Economic Planning, G.Allen and Unwin, London.

[29] Liang, Qi and Jian-Zhou Teng, 2006, "Financial development and economic growth: Evidence from China," China Economic Keview, 17 (4): 395-411.

[30] MacKinnon, Ronald I., 1973, Money and Capital in Economic Development, Brookings institution, Washington DC.

[31] Myrdal, Gunnar, 1968, Asian Drama, Pantheon, New York.

[32] Persson, Torsten and Guido TabeLlini, 1994, "Is inequality harmful for growth?" American Economic Review, 84: 600-621.

[33] Rajan, Raghuram G.and Lujgi Zingales, 1998, "Financial dependence and growth", American Economic Review, 88: 559-586.

[34] Shaw, Edward, 1969, Financial Deeping in Economic Development, Oxford University Press, Oxford.

[35] Shleifer, Andrei and Robea W. Vishny, 1994, "Politicians and firms," Quarterly Journal of Economics, 109: 995-1025.

[36] Townsend, Robert M.and Kenichi Ueda, 2006, "Financial deepening, inequality and growth: a model based quantitative evaluation," Review of Economic Studies, 73 (1): 251-293.

[37] Yang, Dennis Tao, 1999, "Urban—Biased Policies and Rising Income Inequality in China," American Economic Review Papem and Proceedings, May, 306-310.

[38] Wooldridge, Jeffery M., 2002, Econometric Analysis of Cross Section and Panel Data.Cambridge, MA: MIT Press.

[39] World Bank, 1997, Sharing Rising Incomes Disparities in China, Washington D.C.

[40] World Bank, 2003, China: Promoting Growth with Equity, Country Economic Memorandum, Poverty Reduction and Economic Management Unit, East Asia and Pacific Region, Repart No.24169CHA.

Does Financial Development Narrows Urban and Rural Income Gap?
——Evidence from China

Ye Zhiqiang Chen Xiding Zhang Shunming

Abstract: Existing literatures generally show that financial development boosts economic growth and narrows urban-rural income gap.Using the panel dataset of China from 1978 to 2006. the paper examines the impact of financial development on income distribution.The empirical results are as fo Bows. First. financial development significantly boosts urban-rural income gap. Second, financial development reduces the income of rural residents and there is no significant correlation between financial development and income growth of urban residents, which is the reason why financial development boosts urban-rural income gap. And finally, financial development and economic growth are not correlated.

Key Words: Financial Development; Urban-rural Income Gap; Economic Growth

金融政策对金融危机的响应
——宏观审慎政策框架的形成背景、内在逻辑和主要内容

周小川

【内容摘要】 宏观审慎政策框架是一个动态发展的框架,其主要目标是维护金融稳定、防范系统性金融风险,其主要特征是建立更强的、体现逆周期性的政策体系,其主要内容包括:对银行的资本要求、流动性要求、杠杆率要求、拨备规则,对系统重要性机构的特别要求、会计标准、衍生产品交易的集中清算,等等。本文沿着宏观审慎政策框架形成的背景、内在逻辑关系及主要内容的主线,对金融政策对本次金融危机的各种响应进行梳理,旨在明确逆周期的宏观审慎政策的内涵及意义。

【关键词】 金融危机;宏观审慎

引言

金融危机发生后,从理论、实践到政策制定等方面都发生了很大变化,部分政策响应已经形成,还有一部分正在讨论、酝酿中。我曾将金融方面对危机的响应分为五个方面:一是宏观政策的响应;二是微观政策的响应;三是市场和金融产品的响应;四是危机应对和成本分摊,其中包括预防危机的一些制度性措施;五是国际金融组织体系的改革,例如,国际货币基金组织和世界银行有关份额和治理结构方面的改革。最近,宏观审慎政策框架成为重要的研究和讨论议题,这个政策框架内容丰富,涵盖很多政策,包括上述的五个方面中的一部分内容。从 2009 年 4 月召开二十国集团 (G20)[①] 伦敦峰会以来,历次

[①] G20 成立于 1999 年 9 月,由八国集团、11 个重要新兴工业国家以及欧盟组成,其目的是防止类似亚洲金融风暴的重演,让有关国家就国际经济、货币政策举行非正式对话,以利于国际金融和货币体系的稳定。最初,G20 是财政部长和央行行长会议,但金融危机的爆发使其上升为领导人峰会,即 G20 峰会。从 2008 年 11 月在华盛顿首次召开以来,先后于 2009 年 4 月在伦敦、2009 年 9 月在匹兹堡、2010 年 6 月在多伦多以及 2010 年 11 月在首尔共开了 5 次峰会,并成为应对国际金融危机和国际治理改革的一个重要平台。

G20峰会都将宏观审慎政策框架列入公报文件。从国内来看，党的十七届五中全会明确提出要"构建逆周期的金融宏观审慎管理制度框架"，在2010年12月召开的中央经济工作会议上，胡锦涛总书记和温家宝总理的讲话也涉及这方面的内容。

一、宏观审慎概念的形成背景

宏观审慎政策框架形成于2008年国际金融危机深化以后。对本次国际金融危机爆发原因的一种解释是金融系统的顺周期性或逆周期性，即借用工程学理论，用系统的正反馈特性来说明金融运行的周期性自我增强或自我减弱。例如，危机前形成的躁动型资产泡沫，市场价格走高和乐观情绪相互推动；而在危机中，由于某种原因导致资产价格下跌，所有投资人都在恐慌情绪下抛售，导致资产价格持续暴跌并进一步加剧危机，这都体现了典型的顺周期性。因此，应对危机的出发点是减少顺周期性，增加逆周期性。监管不足是危机的原因之一，加强监管与顺周期有关，需要针对金融系统存在的顺周期问题提出具体的加强监管方向。金融危机显示，一些标准定的不对或标准定低了，标准问题也与系统的周期性有关，一些标准（特别是会计准则）的某些规定以及评级公司的滞后评级，往往增强了顺周期性。

对金融危机爆发原因的另一种解释涉及系统重要性金融机构的作用。系统重要性金融机构（Systemically Important Financial Institutions，SIFIs）指的是"大而不能倒"（Too Big To Fail）的金融机构。金融稳定理事会（FSB）将SIFIs划为两个档次：全球系统重要性金融机构（G-SIFIs）和国内系统重要性金融机构（D-SIFIs）。对系统重要性机构，监管应该更严，审慎性标准的要求应更高，如果出了问题处理也应该更坚决。这是因为，一旦这类机构出现倒闭清盘，可能牵涉到很多机构。此外还有道德风险问题，即越是具有系统重要性，越不敢让它倒闭。如果SIFIs倒闭，成本巨大，就要考虑风险传递和成本如何分担的问题。例如，是否应该把一部分债权人拉进来承担风险（Bail-in），或者是否应该设立资本缓冲以提前准备，是否通过征收金融税或金融交易税来筹措资金应对可能发生的危机应对成本，等等。大多数SIFIs的关联性很强，包括跨境关联性，出现危机涉及跨境处理问题。例如，雷曼兄弟在伦敦有非常大的业务；冰岛几家银行在境外有分支机构，出现问题除对冰岛这个小国产生巨大影响外，还把其他一些欧洲国家牵连进去承担损失；富通集团也涉及其他国家的投资者，包括我国的平安保险集团。这些金融机构清盘时，还涉及多个国家的股权人、债权人能不能得到平等对待的问题。

2009年初，国际清算银行（BIS）提出用宏观审慎性的概念来概括导致危机中"大而不能倒"、顺周期性、监管不足、标准不高等问题。这个概念后来慢慢为大家接受，并逐步被G20及其他国际组织采用。在G20匹兹堡峰会上，最终形成的会议文件及其附件中开始正式引用了"宏观审慎管理"和"宏观审慎政策"的提法。在G20首尔峰会上，进一步形成了宏观审慎管理的基础性框架，包括最主要的监管以及宏观政策方面的内容，并已经得到了G20峰会的批准，要求G20各成员国落实执行。中国作为G20的重要成员，也存在着如何较好地执行这一政策的问题。在党的十七届五中全会形成的决议文件中，已明确提出要"构建逆周期的金融宏观审慎管理制度框架"，2010年12月召开的中央经济工作会议上也提出了这一要求，将这一新概念、新提法引入中央全会文件，这在很大程度上和G20形成的共识有关。中国是G20重要的成员国，发挥着重要的核心作用，对于G20形成的共识，我们要在具体实践中落实和推进。

二、宏观审慎政策框架的起因和内在逻辑

宏观审慎政策框架虽然包罗多项内容，但并不是简单的政策堆积，而是有一系列的理论背景和内在逻辑。实际上，审慎性概念早已存在，如审慎性会计、审慎性监管原则等。强调宏观审慎性的逻辑是：微观审慎性的总和不等于宏观审慎性。微观审慎体现为每个金融机构都应保持自身的健康性，并通过监管来督促微观主体的健康性。但即便如此，健康的微观主体加总并不能充分保证宏观整体是健康的。举个例子，如果一个连队每一个士兵身体状况通过体检测试出各项指标都合格，可以说每个士兵的身体都是健康的，都是符合作战要求的，但作为总和的连队整体健康素质是否过关，恐怕还不好说。为什么微观金融机构健康的总和不等于宏观整体健康？我们可以从理论上探讨和解释。

（一）危机的传染性

经济学一直不乏对传染性的研究，现在有人在做危机的传染性模型。对于传染性，亚洲国家在亚洲金融风暴中也直接感受到了危机在各个国家传染的过程。1997年上半年，危机最早发生在泰国，随后是马来西亚、菲律宾、印度尼西亚，然后到韩国、香港，并很大程度上影响了中国经济。

不同金融机构资产负债表是高度关联的，一旦一家出现问题，就很容易相互传染。正如连队中突然有士兵得了传染性疾病，如果不及时防止其传染，就可能导致整个连队出现问题。在金融体系中，这种传染性主要体现在各金融机构的资产负债表的关联度上。金融机构是为实体经济服务的，商业银行的负债通常是企业和居民的存款，资产则是发放的贷款。但金融机构间存在大量的同业往来，金融机构之间的业务占很大的比例，不仅银行如此，保险公司和其他金融机构都不同程度存在这一现象。随着分工的细化和融资渠道的多样化，这一趋势将越来越明显。

（二）标准问题

在体检时，是否各项指标合格就表明身体一定健康呢？恐怕还需要进一步探讨。人类

知识是一个不断演进的过程，随着医学的不断进步，很可能发现某个指标定低了、定错了，或者还有某种很重要的指标没有包括进去。对金融系统的健康情况的判断也是如此，衡量指标本身可能存在问题，需要进一步加以完善。金融危机爆发后，金融机构健康性的衡量指标正面临审议和变更。

（1）资本要求，即银行的风险加权资产和资本的比例关系。相关规定最初是1988年的巴塞尔资本协议（巴塞尔协议Ⅰ），后来发展到巴塞尔协议Ⅱ。实际上，资本要求涉及对不同的资产如何进行风险加权，涉及标准衡量的问题，存在不少争议。巴塞尔协议要求资本在风险加权资产中占8%，其中一级资本要占一半，其余的可以是二级资本；巴塞尔协议Ⅱ进一步考虑了操作风险等因素，对资本的要求大致增加了2个百分点。现在的宏观审慎性管理框架进一步提高了这个标准，并提出了资本的质量问题，即巴塞尔协议班。如何衡量资本的质量？简单说就是资本能够吸收损失的能力。资本包括普通股，还有优先股、附属债（Subordinate Debt）、长期债等其他种类，不同种类的资本吸收损失的能力也各不相同，最能吸收损失的是普通股，其他资本吸收损失的能力在不同程度上有所减弱，有的甚至很弱。用过去的标准看，金融危机中出问题的一些机构资本充足率并不低，但其中相当一部分并不能吸收损失，或者吸收损失的能力很弱。提高资本质量就要强调提高普通股的占比，对吸收损失能力弱的资本在计量上打折扣，对不能吸收损失的资本则予以扣除。

（2）流动性、杠杆率和拨备要求。对应一定的资本水平，金融机构的负债管理涉及如何把握流动性、杠杆率的问题。在巴塞尔协议Ⅰ出台之前，某些国家银行业监管规则中曾经非常强调流动性管理，但后来有所减弱。雷曼兄弟事件说明，即使资本充足的机构也可能出现流动性问题，特别是在高杠杆率且过分依靠债务工具，尤其是批发性融资的情况下，往往首先出现流动性问题。此外，针对风险资产可能引致损失的概率要提前准备，这就是拨备。拨备包括前瞻性拨备、动态拨备等，主要是考虑经济周期的变化。经济景气周期上升阶段，可以多计提拨备，以便于在景气周期下降阶段可以消耗这些拨备，这也是逆周期调节的体现之一。资本也是这样，金融机构在景气周期上升阶段应多积累些资本，以应对景气周期下降时的资本消耗。

（3）会计准则。危机前，人们就对会计准则存在两大标准不满意，尤其对金融工具的计量和减记的规则等问题。危机爆发后，最早受到质疑的是盯市（Mark-to-Market）的公允会计原则的应用范围。在雷曼兄弟破产时，一些金融产品价格呈自由落体式下跌，甚至已经没有交易了，按盯市原则会使资产负债表呈现出惊人的减记，当时的资产减值让大多数金融机构都难以承受，导致顺周期性的信用收缩，因此人们自然对这一会计原则产生了质疑。为此，G20要求国际会计准则委员会和美国财务会计准则委员会进行深入研究，并把这两大会计准则趋同合一。目前看，分歧仍很大，趋同有一定的难度，很多美国人倾向于更广泛地使用盯市的公允会计原则，并扩大至对银行贷款的计量；另外一些国家则要求限制其适用范围。

总体看，标准问题非常重要，类似于体检用什么尺度来衡量。如果说某人体重超标，就不能只看他有多少公斤,还得看他的身高,否则就不能客观、有效地衡量。

(三) 集体失误

有效市场假设理论相信市场本身是功能完善的,投资者是理性的,市场价格能够充分反映一切可以获得的信息,因此由市场供求关系得出正确的价格,金融市场是有效市场。这一经济学理论在现实中受到挑战,人们怀疑市场并不总是完美的,投资者也不那么理性,羊群效应、动物精神、非理性躁动、恐慌等会有所表现。特别在金融危机时,有效市场假设似乎出了故障,需要研究集体失误问题。

集体失误究竟是微观现象还是宏观现象?对此有不同的解释。以美国次贷危机为例,宏观上的解释是,2000年美国纳斯达克泡沫破灭后,有几年美联储实行低利率政策,导致泡沫积累并最终破灭。微观的解释侧重于对微观行为的分析,如由于对形势的乐观,金融机构相互竞争降低信贷标准,放松对客户还款能力的审查,甚至发放零首付和初始利率为零的房贷,推动了房价持续上升,并通过再融资功能,进一步导致买房者的负债扩张和消费膨胀,加上监管未及时跟进,最后引发泡沫。再如,对金融机构过度使用发起—配售模式的分析,抵押贷款机构发放房贷后,很快通过资产证券化工具打包出售,一旦风险资产出现问题,这些机构已经脱身,不再承担责任。在市场竞争中,某些单个市场主体的行为演变成集体行动,最后体现为宏观上的偏差,演变为危机的爆发。

实际上,宏观和微观因素很可能发挥着相辅相成的作用,理论上可以有多方面的研究。其中,一个重要方面是金融行为学的视角,这也是这次危机中广受关注的一个课题。在有效市场假设下,价格反映了全部市场信息,即金融体系以及实体经济的全部信息,因此金融机构的行为并不重要。这使得很多涉及宏观政策和金融稳定的分析模型中,都没有考虑金融机构及其行为,但实际情况要复杂得多。

(1)"羊群效应"。简单说,羊群效应即"从众效应",是指人们的思想或行为经常受到多数人影响,从而出现的从众现象。人们会追随大众所同意的东西,自己则较少考虑或作出独立的判断。从金融市场看,由于信息处理上的困难,投资者面对市场的不确定性往往是通过观察周围人群或业界领头人的行为而提取信息、作出判断,在这种行为的不断传递中,许多人的行为将大致相同且彼此强化,从而产生从众性狂热或恐慌。"羊群效应"与信息传导和计算复杂性有关,呈现为一种非线性特征。

(2)"动物精神"。"动物精神"最早由凯恩斯提出,认为投资的冲动要靠"动物精神",即靠自然本能的驱动。人的情绪和心理有着广泛的影响,投资行为不能用理论或理性选择去解释,因为经济前景难以捉摸。后来,诺贝尔经济学奖得主乔治·阿克洛夫(Akerlof)和罗伯特·希勒(Shiller)提出将心理作用和金融行为相结合,进一步发展了动物精神的概念,其中包括对"躁动和恐慌"的行为研究。动物精神鼓励人们承担风险、推动创新,但也易导致"羊群效应",即便是在稳定的宏观经济条件下,也可能出现非理性躁动的集体性行为,导致泡沫产生。一旦市场出现问题,又可能出现恐慌情绪。这样,即使一些机构原本看来健康,如摩根士丹利、高盛在2008年9月时,流动性很充足,一旦恐慌蔓延，很快就把流动性消耗殆尽，陷入危境。由此可见，我们可以从行为金融学角度研究投资顺周期行为产生的原因。

（3）信息理论和计算的复杂性。现代社会中，我们面临巨量信息，搜集和整理信息的能力受到很大挑战，金融业也是如此。从信息科学的角度讲，存在海量信息的获取、吸收和消化的耗时和成本问题，于是有大量的市场参与者存在依赖心理，更加依靠评级公司、权威研究机构、投资顾问，以至于过去的投资决策和风险管理一般都要求依据主要评级机构给出的评级，甚至有的中央银行和监管部门也大量使用国际性评级机构的评级作为其衡量和评判风险程度的基准。但是，这些评级公司、研究机构面临同样的信息处理问题，也存在顺周期性和"搭便车"问题。一方面，评级业务本身有顺周期性。在经济景气上升期，评级往往越来越好，导致投资者未看到风险，加大投资力度；而一旦景气发生逆转，特别是危机出现时，评级变化可能非常快，从3A级就一下子跌到C级，导致市场恐慌。这表明，评级公司消化市场信息的能力是有限的，同时也存在顺周期性。在2010年的欧洲主权债务危机中，欧洲一些小国就抱怨评级公司事先没有看出问题，在发生危机和融资困难时，还将其评级一降再降，落井下石。另一方面，过度依赖评级会影响判断的独立性。金融从业人员和投资者可以搭外部评级的顺风车，只要金融产品满足了评级标准，就不再自行判断其风险，长此以往，造成金融业过度依赖外部评级，投资行为趋同，更易出现集体失误。我们既可以从金融部门结构来看这个问题，也可以从信息理论来研究其中更深层次的原因。

另一个相关理论是计算的复杂性（Computing Complexity）。该理论源于特定数学模型维数增大时求解的可计算性问题，指在特定的算法（Algorithm）下，当信息量增加或方程组数量增加时，计算量的增加可能是算术型增长，也可能是几何型增长。在几何型增长的情况下，维数问题会使计算能力的需求或计算所需时间呈指数型上升，从而超过任何巨型计算机的能力。这一理论在选择计划经济还是市场经济的争论中曾被用过。假定一国中央计划部门能有效收集所有重要的有关供给和需求的信息，再假定该部门拥有大型计算机对优化资源配置进行大规模优化求解计算，则计划经济的供求匹配和优化效能不亚于市场经济。但实际上，无法在脱离价格的基础上收集和消化全部信息，用于优化配置的数学规划模型的算法也呈现出随维数而几何型增长的特性，因此无法实现这样的巨型计算任务。从金融市场投资和价格形成的过程看，哪怕是小范围局部的投资也会带来维数和计算的复杂性问题，演变成信息及其加工计算的成本问题。于是，出现若干寻求出路的尝试，如简化计算（趋势型交易、程序交易）、依赖专业机构（评级公司、基金经理等）和自含对冲的指数型交易，等等。但这些方法又往往在不同程度上导致羊群效应、集体失误和顺周期性等问题。

信息处理的耗时和费力还导致了所谓的程序交易（Program Trading）。早在纳斯达克泡沫破灭前，大量的股票市场投资者就靠计算机根据趋势进行程序交易。程序交易的模型基本一致，加工信息的来源也大同小异。而且有研究人员试图证明技术分析能够解决一切问题，如果关注公司基本面，则会导致极大的计算复杂性，人们干脆忽略有关公司的大量信息，主要进行技术交易。结果，造成投资行为高度一致，"羊群效应"非常明显。纳斯达克泡沫就是程序交易的深刻教训。此后，投资界就呼吁不要太迷信技术分析和程序交易，应着眼于信息的收集和基本面的研究，注重长期投资。

信息问题还与有效市场假设有关。有效市场假设认为金融市场里面的价格反映了全部的信息，而价格是由所有的买者和卖者根据他们获得的信息进行判断而形成的。但是，如果投资人获取信息和计算的能力有限甚至出现错误的话，信息本身就存在问题，价格所反映的信息也必然不充分甚至有错，价格形成的有效性就存在问题。可见，信息问题和计算的复杂性涉及经济学一些根本的假设和推理过程。

（4）激励机制。激励机制反映出的主要问题是对风险与收益的激励不一致。金融危机爆发后，很多人对金融机构管理层工资奖金过高表示强烈不满，现行激励机制鼓励交易者冒比较大的风险，其责任和收益不对称。在这种激励机制下，金融机构自我炮制了一些只在金融体系内部自我循环并增长的产品，脱离了为实体经济服务的宗旨，也推进了金融机构的交易部门快速发展，交易者获利丰厚。当景气周期处于上升阶段时，收益随交易量上升，一旦出现危机，却要由全社会来承担损失。当然，大部分金融机构根据绩效发放工资奖金时已考虑了拨备和风险，但由于其风险衡量主要参考评级而存在偏差，评级的顺周期也导致金融机构工资奖金发放出现顺周期性。此外，在绩效考核中大量应用公允会计原则，而后者本身具有顺周期性。这样，交易人员在市场好的时候获得高额的工资奖金，而在市场下跌时却难以承担责任。如果对交易员的激励有问题，则必然出现对金融机构高管的激励失当，高管会为获得高薪而使经营行为更加冒险激进，从而引起集体失误。

归结起来，宏观审慎政策框架的出台有一系列的理论背景和内在逻辑，其中包含很多有研究价值的课题。

三、宏观审慎政策框架的资本要求

（一）资本要求

宏观审慎政策框架是一个新概念，但其很多内容其实我们并不陌生，只不过在危机之后，人们把一些应对危机的改进政策加以归纳，也形成了一些新的提法，并放在"宏观审慎政策"的框架里，成为各国理论和政策界的共识。宏观审慎政策框架是一个动态发展的框架，其主要目标是维护金融稳定、防范系统性金融风险，其主要特征是建立更强的、体现逆周期性的政策体系，主要内容包括：对银行的资本要求、流动性要求、杠杆率要求、拨备规则，对系统重要性机构的特别要求、会计标准、衍生产品交易的集中清算，等等。危机爆发后，人们首先看到的是资本要求中的缺陷，当然在流动性、杠杆率和拨备率方面也都有不足。从目前进展看，最主要是在资本要求和流动性要求方面已取得进展，其中资本要求的内容比较突出。

2008年金融危机表明，如果资本充足率低，资本质量差，抗风险与吸收损失的能力就会不足，因此需要进一步提高资本充足率，提高资本质量。过去，商业银行的资本由核心资本和附属资本构成。核心资本包括实收资本、资本公积金、盈余公积金和未分配利润，附属资本包括可计入的贷款准备金、附属债券、混合类资本债、可转债等。这次危机暴露了附属资本吸收损失能力不足的问题，需要扩大核心资本的比重，提高普通股在总资本中的占比。在条件允许的情况下，减少分红，督促银行通过留存利润建立资本缓冲。经济景气时，金融机构应该积累部分利润，用于应对经济差的时候可能导致的资本不足；在经济严重下滑时，允许银行在达到一定条件后释放资本缓冲，满足经济下行周期的信贷需求，防止信贷过度紧缩。还有就是交叉持股和交叉持债问题，银行交叉持有的其他银行附属债应从附属资本中扣除。具体看，G20审议批准的巴塞尔协议Ⅱ新资本要求分为以下五个层次：

（1）最低资本要求。最低标准仍为8%，但其中普通股充足率最低要求从2%提高到4.5%，一级资本充足率最低要求（包括普通股和其他满足一级资本定义的金融工具）由4%提高到6%。

（2）资本留存缓冲。在最低资本要求基础上，银行应保留2.5%的普通股资本留存缓冲（Capital Conservation Buffer），使普通股资本加上留存资本缓冲后达到7%，以更好地应对经济和金融冲击。

（3）逆周期资本缓冲。各国可依据自身情况要求银行增加0%~2.5%的逆周期资本缓冲（由普通股或其他能充分吸收损失的资本构成）。主要是根据信用（贷）与GDP比重偏离其趋势值的程度进行测算。逆周期资本缓冲主要在信贷急剧扩张可能引发系统性风险时使用，以保护银行体系免受信贷激增所带来的冲击。在实际操作中，可将逆周期资本缓冲作为资本留存缓冲的延伸。巴塞尔协议Ⅰ专门提出，信贷过度增长的国家应加快执行资本留存缓冲和逆周期资本缓冲要求，可根据情况设置更短的过渡期。

（4）系统重要性金融机构额外资本要求。SIFIs应在上述最低资本要求的基础上具备更强的吸收损失能力，方式之一是增加额外资本要求。这样，可以使系统重要性金融机构更多地积累资本，增强应对系统性金融风险和危机的能力，防止道德风险。

（5）应急资本机制。为增强系统重要性银行损失吸收能力，还可采取应急资本和自救债券（Bail in Debt）等措施。应急资本要求银行在无法持续经营时，普通股之外的资本都应具有冲销或转化为普通股的能力。在银行陷入经营困境或无法持续经营时，自救债券可部分或全部按事先约定条款自动削债或直接转换为普通股，以减少银行的债务负担或增强资本实力，帮助其恢复正常经营。

按照银行的部分债权人在危机时也应承担一定损失的思路，应急资本机制的核心是应急可转债（Cocos）的安排。当银行资本低于某一最低要求的时候，要求Cocos强制性转为普通股。过去，一些债务工具也可以作为二级资本，但这些工具在发生危机时吸收损失的能力较差。而应急可转债合约规定，在债券有效期内，当标的银行资本充足率低于一个预先设定的水平时,债券必须转为普通股,从而应急性地提高资本水平。可想而知,在其他条件相同情况下,这类债券价格更低、潜在收益更大,但由于这种债券在必要时将转换为股权,因此投资者要承担的风险也相应增大。这种做法还有另外一层含义:在这次应对金融危机过程中,很多国家实际上是用纳税人的钱救助那些濒临破产的银行,在政治上引起了很大的争议,而且这些机构发放的薪酬还曾经特别高,尤其是高管层更高,导致公众普遍不满。今后要求通过Cocos建立应急资本补充制度,意味着这类债权人也有可能参与分担损失,可以进一步提高资本缓冲能力,避免纳税人出钱来救助。按照美国人在这方面的用词,原先是用纳税人的钱把出了问题的机构给捞出来,称为Bail out,而借助于Cocos则意味着如果这个机构出了问题,可以把这类债券持有人拉进来共同承担自救,称为Bail in。

结合我国的实际情况来看,商业银行经过这几年的财务重组和一系列系统性改革,资本实力明显增强。但是,由于我国金融机构债券市场发展不足,尤其是一些层次不同的债金融政策对金融危机的响应债务工具还缺乏法律法规的支持,债务工具型的资本在我国银行业金融机构中相对较少。

2003年开始,我国借鉴国外经验,允许商业银行在一级资本之外发行附属债(Subordinatedebt),那时国内一些人将其译为"次级债",以至于在这次危机中,很多人将它与次贷危机的"次级贷"混淆在一起。总体看,中国的银行资本主要是普通股,吸收损失的能力比较强。同时,由于商业银行盈利状况非常好,进一步保留利润增强资本的能力应该不错,因此,我国在原有的基础上应有条件尽快向要求比较高的巴塞尔协议Ⅲ靠拢。

(二) 与资本要求相关的几个重要问题

与资本要求相关,还有几个重要问题。一是SIFIs的划分。从全球范围看,究竟应该如何划分G-SIFIs呢?目前的主流看法是全球大致划出60家。最大的几十家金融机构比较明确,但是到了排名在60家附近的时候,有的金融机构愿意归入,有的不愿意。这里面可能有两种心理:一方面,如果被划入G-SIFIs,表明它在全球的重要地位;另一方面资本要求更高、监管更严,相比之下它的资本回报率就可能偏低,为预防将来可能出现的跨境清盘也需要更多准备。所以,这条线将很难划。从国内情况看,我国银行向新的较高标准靠拢也必然涉及G-SIFIs的划分问题。按总市值看,工行、农行、中行、建行等几大银行都在全球前十名之内,也是海外上市公司,但是国际业务还相对有限,是否界定为G-SIFIs还要进一步研究。

D-SIFIs的界定也存在类似的问题。临界点左边和右边附近的机构都会有想法,有的想进去,有的想出来。在讨论划分标准怎么确定时,可以采用一种相对系数的方法。从规模看,工、农、中、建、交肯定是系统重要性银行,其他稍小于交行的银行是否属于系统重要性金融机构呢?可以把交行作为一个临界点,交行以上肯定是系统重要性银行,对规模比交行小的银行,可以将这家银行资产与交行资产的比例作为D-SIFIs系数,并以此计算该银行需要保持的资本要求和其他审慎要求。当这个系数小到一定程度,可以忽略不计,视同为零,这样处理上就简单一点。

二是对周期的判断问题。2008年金融危机源于发达国家，发达国家受的冲击也比新兴市场国家严重，因此曾有人提出了"脱钩论"，即新兴市场国家与发达国家在本次危机的周期性上开始不一致了。对此，新兴市场国家的反应是不愿意接受"脱钩论"。2010年以来，特别是下半年以来，发达国家与新兴市场经济体的宏观经济周期确实出现了较明显的差异。新兴市场大国，主要是金砖四国、印尼、土耳其、阿根廷、南非等国经济复苏明显，经济增长较快，多数已在5%~10%，CPI同比则大多已超过5%。而发达国家即使执行量化宽松政策后，复苏仍不够强劲或不够稳定，物价仍维持低位。所以从这个角度看，新兴市场国家与发达国家，特别是与美国和欧洲国家目前的确不在一个景气相位。从全球范围看，我国经济率先复苏，但外部条件对我们的复苏产生了重要影响，所以我们并不是特别有把握说经济是否已经走上常态。2010年的GDP增长在10%左右，同时伴随着资产价格和CPI上升，从这些迹象来看，我们在宏观上要审慎一点，逆周期就是要对"过度扩张"进行逆向调节。而国际上有一些国家的GDP还在负增长，对它们来说逆周期应该是另外一个方向。因此，逆周期调节对不同的国家来说方向是不一样的。如果宏观审慎管理要体现逆周期性，那么，新兴市场国家现在就应该建立逆周期资本缓冲，执行更高的资本充足率标准。

三是激励机制问题。要建立宏观审慎管理，还需要运用激励机制，使得那些能尽力达到审慎标准的机构得到鼓励，反之则受到制约。有时我们也说正向激励，其实激励搞对了都是正向的，但由于政策作用的复杂性，有时是反直觉性，常会有适得其反的效果，这就成了负向激励。目前我们有一些行政性的激励手段，如营业许可、网点扩充许可等，但还不够，即使如吊销牌照的处罚也属于临界措施，仍然还需要结合国情寻找更多的一些激励手段，推动金融机构走向更高审慎标准。例如，我国2004年开始运用的差别准备金调节，原意就包括针对上一轮财务重组进度不一的机构适用不同的资本充足率，也有调节个体信贷扩张速度过快的作用，比较适合作为这方面的激励机制。还有其他政策可用来扩大这一激励的工具和效果，需要进一步研究。

总体看，资本要求的变化是为了建立明确的约束机制，预防金融风险和危机，增强损失吸收能力，降低社会损失的可能性。G20首尔峰会正式批准了这个协议。当然，各国执行新资本监管要求的进度不同，有些欧洲国家要求走得慢一些。但包括中国在内的一些新兴经济体已出现不同的景气状态，在条件允许的情况下，会要求走得快一些。当然，具体怎么推进还需要进一步研究，同时进一步加强宏观判断。我国在2010年中央经济工作会议提出，要从适度宽松货币政策转为稳健的货币政策，把稳定价格总水平放在更加突出的位置。同时提出，要健全宏观审慎政策框架，提高货币政策的有效性，进一步明确了建立逆周期的宏观审慎管理方向。

四、宏观审慎政策框架中的其他内容

（一）流动性

宏观审慎性管理框架在流动性、拨备、杠杆率方面也取得了一定的进展。总体看，宏观审慎政策框架对流动性要求作出了相对比较简单的规定：巴塞尔协议Ⅲ引入了最低流动性标准，以推动银行改进流动性风险管理，提高银行防范流动性风险的能力。在考虑资金的可获得性和需求的基础上，巴塞尔银行监管委员会采取慎重的办法来确定流动性标准，设计了流动性覆盖比率和净稳定融资比率作为流动性的国际标准。流动性覆盖比率（LCR）主要用来衡量银行短期流动性水平，其核心是测算各项负债的净现金流出与各项资产的净现金流入之间的差额，要求银行拥有更充足的高质量流动性资产以应对短期内可能出现的资金流压力。净稳定融资比率（NSFR）是LCR的补充，其目的是测算银行负债和权益类业务提供的资金是否能满足资产类业务的长期资金需要，用以解决更长期的流动性错配问题，它覆盖了整个资产负债表，鼓励银行使用更加稳定、持久和结构化的资金来源。

（二）杠杆率

杠杆率是银行一级资本占其表内资产、表外风险敞口和衍生品总风险暴露的比率。巴塞尔银行监管委员会引入了全球一致的杠杆率要求，作为资本充足率要求的补充。使用补充性杠杆率要求，有助于控制金融体系中杠杆率过高问题。同时，杠杆率指标所要求的银行风险暴露不经风险调整，将其纳入巴塞尔协议Ⅰ第一支柱，可以弥补内部评级法下风险权重的顺周期问题，有助于形成更有效的资本约束。巴塞尔银行监管委员会管理层建议将杠杆率最低标准初步定为3%。对于参与资本市场业务（特别是表外和衍生产品）较多的全球性银行而言，上述标准较传统杠杆率更为审慎。采用新的资本定义和将表外项目纳入杠杆率的计算是重要举措。

（三）拨备

对拨备的规则还未正式出台，但围绕动态拨备、前瞻性拨备已经有大量的国际经验交流，并明确了原则上应采取"向前看"的预期损失型拨备制度。2009年11月，国际会计准则理事会（IASB）发布关于金融资产减值准备计算方法的征求意见稿，要求会计主体研究和预测金融资产在整个生命周期内的信贷损失，通过运用有效利率方法计算未来损失的净现值，据此在整个贷款周期内建立拨备。美国财务会计准则理事会（FASB）要求每个期末估计未来预期不可收回的现金流，将其现值计入减值损失，这被称为"短期预期损失方法"。2010年5月，FASB发布征求意见稿，要求公司通过运用未来预期现金流现值来计量金融资产的减值，但是有抵押品的资产减值则通过抵押品的公允价值来计量。

（四）评级

国际社会已经就评级公司的改革问题达成了初步意见，即"要减少对评级公司的依赖"，具体包括：①减少监管标准和法律法规对信用评级机构（CRA）评级的依赖；②减少市场对CRA评级的依赖；③央行应对在公开市场操作中获取的证券资产作出自己的信用判断，银行不能机械地依赖CRA评级来评估资产的信用状况，投资经理和机构投资者在评估资产的信用时不能机械依靠CRA评级；④市场参与者和中央对手方不应把对手方或抵押品资产的CRA评级变化作为自动触发器，大幅、任意地要求调整衍生品和证券融资交易的保证协议中的抵押品；⑤证券发行人应全面、及时披露有关信息，使投资者能独立作出投资判断并评估证券的信用风险。目前，发达国家主要通过进一步完善信用评级行业立法对信用评级机构实施监管，立法内容主要集中在资质认可、评级执业行为规范、利益冲突监管、信息披露和保密要求等方面。

（五）银行业务模式

对银行业盈利模式的要求有两个方面。一是在发起配售模式中，银行要把证券化产品保留一部分在自己的资产负债表上，从而表明能够承担一定的风险。二是提高对交易账户的资本要求。在西方的大银行中，交易部门创造的利润非常大，但风险也大。过去对交易账户的资本要求非常少，现在提高了这个标准。

（六）衍生品交易与集中清算

担保债务凭证（CDO）和信用违约互换（CDS）这些衍生产品的交易基本上脱离了监管，一旦出了问题，清算很复杂。目前的改进措施有两种：一是建立中央对手方（CCP），所有的交易都跟中央对手方进行，对所有的交易进行记录。二是要有集中的清算系统。当前各国普遍意识到，当场外衍生品市场发展到一定规模以至于能够深刻影响整个金融市场时，有必要通过建立中央清算机制来整合所有未平仓交易及风险敞口信息。这一机制可分为三种不同层次：对交易进行登记的机制（中央登记）、通过清算机构作为中央对手方对交易进行清算的机制（不集中交易，仅集中清算）以及交易所机制（集中交易并集中清算）。目前，G20场外衍生品改革目标中的"中央清算"是指"清算机构作为中央对手方对交易进行清算"，即上述第二个层次，清算机构即成为中央清算对手方。这种中央对手方清算模式在有效防止违约的条件下，能够大大减少交易的对手方风险。但同时也应该认识到，场外衍生品交易纳入交易所及其清算通过中央交易对手方清算平台进行，并不是降低衍生品交易对手风险的唯一方式，关键在于提升场外衍生产品透明度，降低包括交易对手风险在内的全部交易风险。在场外衍生品交易规则制定过程中还应充分考虑各国国情，由各国金融管理当局自由裁量。

在建立 CCP 方面，美国要求大部分标准化的金融衍生品通过交易所交易并通过清算所清算，美国证券交易委员会（SEC）正在推进通过中央对手方对客户的 CDS 交易进行清算。日本于 2010 年 5 月通过《金融商品交易法修正案》，对场外衍生品交易采取集中清算以及交易信息的保存和报告制度。2010 年 1 月 21 日，日本金融厅公布了《金融与资本市场机构框架发展》，要求一些场外衍生品交易必须通过中央对手方清算，并提高场外衍生品交易的透明度。英国赞同提高场外衍生品标准化的动议，但不认同需要通过中央对手方进行交易。我国在市场建立之初就建立了集中清算制，目前在扩展集中清算方式，并于 2009 年 11 月成立了上海清算所，将逐步推出场外衍生品中央清算对手方服务。

（七）会计准则

会计准则中，公允价值法的顺周期性是焦点，美国的财务会计准则委员会（FASB）和以欧洲为主的国际会计准则委员会（IASB）仍难以取得共识。很多人反对在危机时还固守公允会计制度，但是美国的投行等业界却认为盯市公允会计准则更容易尽早发现问题。IASB 建议以混合模式计量金融工具，即一种以公允价值计量，一种以摊余成本计量。FASB 与 IASB 的方法有根本性的不同，FASB 要求所有金融工具均以公允价值计量，其中包括银行贷款也要用公允价值衡量，但在具体处理上分为两类，即以公允价值计量且其变动计入"其他综合收益"或以公允价值计量且其变动计入一般损益。FASB 还建议在以公允价值计量金融工具的同时，在财务报表中列示其摊余成本，以此作为与 IASB 建议趋同的折中处理。虽然 IASB 与 FASB 在这方面的分歧很难调和，但由于 FASB 的机构正面临变革，其建议的影响力可能降低。目前，中国的会计准则正逐渐向 IASB 全面趋同，全面接受国际财务报告准则（IFRS）。

会计准则领域有很多问题需要处理，有一些是新问题，如金融衍生产品的会计处理问题，金融机构高管激励的期权会计处理问题等。如果处理不当，就会导致当期和远期的利益安排出现偏差。还有一些老问题，最主要的是金融工具计量和减记问题。如果公允会计原则应用范围不一样，自然会导致对损失减记的看法不一样。这里涉及有效市场假设问题。如果认为盯市公允价格合适，也就同时认为价格反映了全部信息，是比别的判断更好的准则，即便是在泡沫成长期或者是恐慌期仍然是有效的。另一种看法认为，泡沫和恐慌发生时的极点值应该扣除，但扣除以后怎么办？有什么东西可以替代？对这些问题仍有争议，有待进一步研究解答。总体看，会计问题技术性很强，争议也比较大，所以进展可能会稍微慢一点，初步计划于 2011 年底推出初步收敛意见。

（八）影子银行

"影子银行"是指行使商业银行功能但却基本不受监管或仅受较少监管的非银行金融机构，比如对冲基金、私募股权基金、特殊目的实体公司（SPV）等。在发达金融市场，影子银行的规模甚至已经超过了传统商业银行。但影子银行游离在监管之外，杠杆率水平和流动性风险都很高，信息也很不透明。同时，影子银行与传统商业银行业务盘根错节，又多通过跨境投资在全球范围配置资产，很容易引发系统性风险。因此，影子银行带来市场繁荣的同时，风险隐患也日渐显现，并最终成为金融危机的重要推手。

部分"影子银行"可能会像商业银行一样具有货币创造的功能，并参与货币乘数的放大过程，为此还要引起中央银行货币政策的关注，并考虑新情况下货币政策传导机制的变化。

金融危机以后，国际组织和各国政府都加强了对影子银行的监管。一方面是将监管边界扩展至私募股权基金、对冲基金等影子银行，把这些机构"管起来"。同时，加强对影子银行的资本要求和信息披露，规范交易活动。另一方面，针对影子银行与传统银行间存在交叉感染风险的问题，做到有效隔离风险。例如美国通过"沃尔克规则"，限制商业银行运用自有资金进行自营交易，将商业银行投资对冲基金和私募股权基金的规模限制在基金资本和银行一级资本的3%以内。此外，还试图构建覆盖面更广的风险处置和清算安排，以有序处置影子银行可能出现的风险。

在我国，影子银行的构成与发达市场国家存在较大区别，对冲基金和SPV尚未发展，主要是近几年发展起来的私募股权基金、私募投资基金，以及开展银信理财合作的投资公司、民间借贷机构等，规模较小，产品结构也相对简单，风险尚没有凸显。但应吸取危机教训，及时采取措施，加强对影子银行风险的监测、评估，逐步纳入监管框架。

以上主要介绍了危机以来有关宏观审慎政策框架的形成背景、内在逻辑、相关理论解释和主要内容。应该说，宏观审慎政策框架内容十分丰富，还有很多问题没有深入展开分析，同时也是未来的研究任务。

参考文献

[1] Jaime Caruana, 2009, "The international policy response to financial crises: making the macroprudential approach operational", Panel remarks, Jackson Hole, 21-22 August.

[2] Crockett A., 2000, "Marrying the micro-and macro-prudential dimensions of financial stability", speech at the 11 th Inter-national Conference of Banking Supervisors, Base1, 21 September.

[3] G20, 2009, "Leaders' statement", the Pittsburgh Summit, 2009-9-25.

[4] G20, 2010, " The G20 Seoul Summit Declaration", the Seoul Summit, 12 November, 2010.

[5] Graciela L Kaminsky&Carmen M. Reinhart&Carlos A. Vegh, 2003, "The Unholy Trinity of Financial Contagion," Journal of Economic Perspectives, American Economic Association, Vol. 17（4）：51-74, Fall.

[6] Prakash Kannan and Fritzi Ktjhler-Geib, 2009, "The Uncertainty Channel of Contagion", IMF Working Papers 09/219, International Monetary Fund.

[7] Angeletos G.-M., and I. Weming, 2006, "Crises and Prices: Information Aggregation, Multiplicity, and Volatility," American Economic Review, 96（5）：1720-1736.

[8] Fama, Eugene F., 1970, "Efficient Capital Markets: A Review of Theory and Empirical Work," Journal of Finance, American Finance Association, Vol. 25（2）, pages 383-417, May.

[9] Shiller, Robert J., 1995, "Conversation, Information, and Herd Behavior," American Economic

Review, American Economic Association, Vol. 85(2) May: 181-195.

[10] George A. Akerlof&Robert J. Shiller, 2009, "Animal Spirits", Princeton University Press.

Financial Policy in Respond to Financial Crisis
——Prudential macroeconomic policy framework

Zhou Xiaochuan

Abstract: Prudential macroeconomic policy framework is a dynamic framework aiming of maintaining financial stability and managing systemic financial risk, as well as establishing stronger counter-cyclical policy system. It consists of the requirements on the bank's capital adequacy ratio, liquidity, and leverage ratio as well as provision rules, special requirements for the systemically important institutions, accounting standards, centralized clearing of derivatives, and so on. This paper analyzes on the background, the logic and the main contents of prudential macroeconomic policy framework. While sorting out the various responses of financial policies to the global financial crisis, the paper intends to explicate the meaning and significance of counter-cyclical macro-prudential policy.

Key Words: Financial Crisis; Macro-prudential

金融集聚对区域经济增长溢出作用的空间计量分析

李林　丁艺　刘志华[①]

【内容摘要】 考虑到我国金融集聚的空间地理特征，论文运用前沿的计量经济方法——空间计量分析方法对金融集聚与区域经济增长的空间效应进行了分析。通过计算中国金融业的 Moran'I 指数确定中国金融集聚存在空间相关性，并刻画了 2005 年与 2009 年中国金融集聚的 Moran'I 指数散点图，得出中国各省金融集聚地理空间相关模式，在此基础上，论文通过建立 SLM、SEM 和 SDM 空间计量模型检验了金融集聚对区域经济增长的空间溢出效应。

【关键词】 金融集聚；金融辐射；区域经济；空间相关性

一、引言

从 20 世纪 80 年代开始，随着全球经济一体化和金融业的迅速发展，国际金融资源在区域间流动加速，金融业呈现出金融企业重组并购趋势，这也引起了金融活动和金融机构在某一中心城市高度集聚的现象。越来越多的金融机构开始采用企业间协调的方式来组织交易和生产，金融集聚是从金融控股公司集聚的兴起，发展到今天不同类型的金融机构的空间集聚，金融集群已经成为现代金融产业组织的基本形式。目前，全球范围内形成了以纽约、伦敦和东京为代表的三大国际金融中心，我国也形成了像北京的金融街、上海的浦东金融区等金融高度集中的区域，从我国的实际情况看，不同地区金融发展存在不平衡现象，而这种分布形成与金融集聚存在紧密相关性。从 1992 年中共十四大将建设上海国际金融中心正式确立为国家层面战略以来，国内便拉开了建设金融中心的序

[①] 李林，管理学博士，湖南大学工商管理学院教授。丁艺，管理学博士，湖南大学工商管理学院博士生。刘志华，管理学博士，湖南大学工商管理学院博士生。

幕，中国加入 WTO 以后，北京、上海、深圳、成都、天津、重庆、武汉、济南、广州等城市相继提出建设金融中心的设想，并逐步成为近几年国内主要经济城市开展竞争的一个突出现象。

目前区域经济的发展越来越受到重视，各国都希望能利用地区辐射效应带动周边区域地区的发展，从而使整个经济朝均衡的、稳定的方向健康持续发展。国际金融中心在形成之前都经历了金融资源的整合、集聚，国际金融中心的经验，包括发展的路径、模式对于我国金融集群的发展有很高的借鉴价值。但国内外学者缺乏专门针对金融产业特性的集聚理论进行深入系统的探讨，而主要是分析影响集聚形成的主要因素与条件，而且针对这些方面的研究也比较分散，缺乏系统的理论模型。传统的金融发展理论忽视金融的地理差异特征，无法从根本上解释金融区域化现象，金融发展理论突出金融的技术"工具"定位，大部分的研究是以货币和市场作为金融研究的主要对象和出发点，建立一套比较系统的金融市场理论体系，而区域地理特征在研究过程中却往往被忽略，这种忽视和脱离"地域特征"的研究使得许多研究成果缺乏实际应用价值。所以，论文在实证研究中引入前沿的计量分析方法——空间计量方法对金融集聚与区域经济增长进行研究。

二、文献综述

当学者从区域层面去研究金融集聚问题时，一些研究者开始从空间和地理视角来考察金融集聚问题，这也是近年来兴起的金融地理学的主要研究方向。金融地理学源于 20 世纪 50 年代，80 年代后开始迅速得到应用，目前已成为经济地理学的重要分支。国际上不少学者进行了许多有影响的研究，新经济地理学家克鲁格曼（1999）在《空间经济：城市、区域与国际贸易》一书中系统地论述了产业集群和聚集经济的形成原因，并用经济学的方法系统全面地解释和分析了产业集群现象，其理论对于金融地理学的发展方向产生了巨大的影响。近年来，金融地理学家们也从多个方面对金融集聚问题进行了探讨，金融地理学主要从金融信息流动的角度对金融集聚的生成动因进行多角度的研究。Porteous 运用一系列的工具去解释区域金融中心的发展过程，比如以"路径依赖"说明为什么某一机构能长久地在一个区域内保持竞争优势；而"不对称信息理论"和"信息腹地论"能很好地解释为什么"路径依赖"优势会被改变或者削弱。金融地理学者 Gehrig（2000）利用市场摩擦理论进行了大量的实证研究，证明了一个区域金融活动在地理上的集聚与相邻区域内金融活动在地理上的分散趋势并存。Davis（1990）则通过对金融服务业进行实证调研后发现，在金融集聚地区，各个层次的金融服务机构都愿意集聚发展，其中还包括一些金融辅助性行业，如会计业、保险精算、风险评估、法律咨询等行业。Risto（2001）则从金融资源的流动性角度来分析金融集聚现象，研究认为自由兑换的货币和一个在金融市场中占主导地位国家的债券可视为商品，应该可以进行交易，但是这种商品交易可能性发生在金融中心的概率比较大。Zhao（2003）则运用信息腹地理论来分析中国金融问题，他认为金融信息应该分为标准化信息和非标准化信息，但是准确把握非标准化信息的真正价值是比较有难度的，而且这种信息一般是不对称信息，所以金融机构为了获取这类信息就必须尽量接近信息来源，一般就是金融集聚中心；研究还指出，信息外部性和不对称信息不仅是决定金融中心形成的重要因素，也是影响地区差异和全球经济层次的重要影响因素。标准化信息与非标准化信息的另一种表述为编码知识（Codified Knowledge）和默示知识（Tacit Knowledge），金融地理学家借用r这一概念，指出默示知识的流动更加需要从业者进行面对面地交流（Face to Face Contact）才能取得，所以，金融发展不可能完全摆脱地理空间差异因素的约束。

从国内研究来看，连建辉（2005）、陈琦（2005）、刘军和黄解宇（2007）、陈文锋和平瑛（2008）、林江鹏和黄永明（2008）也得到一些比较有意义的结论。

三、中国金融集聚发展的空间相关性分析

空间计量经济学的概念最早由Paelinck提出，后经Anselin等学者的努力得到发展，并逐步形成了空间计量经济学的框架体系。基于主流经济学理论的研究一般假设地理空间的均质性特征，地区之间的经济活动是没有相互影响。在这种假设下进行的经济研究由于忽略了空间因素而与经济现实是不相符的，因为自然资源、劳动、资本和技术知识等要素在现实经济系统中是非均衡分布的，不同地理单元之间的空间距离会影响区域间的贸易，所以，在研究区域经济问题时必须考虑地理空间效应，空间统计与空间计量经济方法的产生和发展正使传统的时间经济学向空间经济学转变。

空间经济计量方法对空间数据的分析方法不同于以往主流经济学中所运用的时间序列数据，空间数据具有空间效应，空间相关性和空间异质性共同体现了空间数据的重要性质。空间相关性是指不同位置的观测值在空间上不是独立存在的，而是呈现出某种非随机的空间模式。如果相邻区域的观测值分布具有相似性则说明观测值存在正的空间自相关，如果不具有相似性则说明观测值之间存在负的空间自相关，还有一种可能就是不存在空间相关性。空间异质性指的是经济行为和经济关系在空间上不稳定，在模型中表现为变量和模型参数会随着区位变化而变化，一般来说，空间数据同时存在空间相关性和空间异质性，空间数据的空间效应使得我们不能再采用传统的时间序列或者截面数据分析方法进行研究，而空间统计与空间计量经济方法的产生和发展则为空间数据的分析提供了合适的分析工具。

空间计量学者在研究经济聚集问题时，一般都是以空间依赖或空间相关理论为基础。空间经济学理论认为一般与地理位置相关的空间数据都具有空间自相关的特性，也就是一个区域里的一种经济活动一般都与邻近区域的这一经济活动有着密切关系。为了验证我国

金融产业的空间聚集特征不是随机发生的，而是具有一定的空间分布特征，本文运用空间统计学技术对金融集聚进行了空间自相关检验，其中包括全局空间相关性检验和局域空间相关性检验。在空间统计学中，有两种方法能分析经济活动是否具有全局空间相关性，一个是Moran's I指数，另一个是G统计量。Moran's I指数和G统计量计算方法相似，两者之间存在负相关关系，其中Moran's I更为常用，本文使用Moran指数，Moran's I指数反映的是空间邻接或空间邻近的区域单元属性值的相关程度。

（一）基于Moran's I的金融集聚的全局空间自相关检验

计算Moran's I指数前，首先要构建各省区的空间权重矩阵W，元素w_{ij}构造原则为：

$$w = \begin{cases} 1, & \text{当i省份和j省份相邻} \\ 0, & \text{当i省份和j省份不相邻} \end{cases} \quad (1)$$

Moran's I指数的计算公式如下：

$$I = \frac{n\sum_{i=1}^{n}\sum_{j=1}^{n}w_{ij}(x_i-\bar{x})(x_j-\bar{x})}{\sum_{i=1}^{n}\sum_{j=1}^{n}w_{ij}\sum_{i=1}^{n}(x_i-\bar{x})^2} = \frac{n\sum_{i=1}^{n}\sum_{i\neq j}^{n}w_{ij}(x_i-\bar{x})(x_j-\bar{x})}{S^2\sum_{i=1}^{n}\sum_{i\neq j}^{n}w_{ij}} \quad (2)$$

上式中X_i是观测值，$S^2 = \frac{1}{2}\sum_{i}(x_i-\bar{x})^2$，$\bar{x} = \frac{1}{n}\sum_{i=1}^{n}x_i$。

Moran's I的取值在-1至1之间，如果Moran's I < 0表示空间负相关，表示不同的属性值趋向于聚集在一个区域；I = 0表示不相关；Moran's I > 0表示正相关，表示在地理空间分布中相似的属性值趋向于聚集在一个区域。对于Moran's I指数，可以用标准化统计量z来检验n个区域是否存在空间自相关，当z值为正且显著时，表明存在正的空间自相关关系，也就是说相似特征的观测值趋于空间聚集；当z值为负且显著时，表明存在负的空间自相关，相似特征的观测值趋于分散分布；当z值为零时则表明观测值不存在空间相关性。

表1　金融集聚Moran's I的指数统计

银行业	Moran's I	显著度	证券业	Moran's I	显著度	保险业	Moran's I	显著度
2005	-0.0092	0.638	2005	-0.0049	0.673	2005	0.3094	0.007
2006	-0.0033	0.626	2006	-0.0034	0.714	2006	0.2843	0.006
2007	0.0027	0.365	2007	0.011	0.256	2007	0.1976	0.047
2008	0.0106	0.320	2008	-0.0342	0.598	2008	0.1589	0.073
2009	0.0230	0.273	2009	-0.0216	0.73	2009	0.1316	0.095

表1金融集聚Moran's I指数统计表明我国金融发展存在一定的空间相关性，说明金融发展的地域分化现象并不是随机产生的，而是由正向空间相关造成的，金融发展的空间聚集在全局上表现出空间依赖特征。从2005年到2009年的Moran's I指数变化来看，银

行业集聚的空间相关性呈现上升趋势,而证券业的空间正相关性不是很明显,这和我国证券业发展还处于相对初级阶段的现状是相符的,而保险集聚的空间相关性最明显,但其 Moran's I 指数呈现下降趋势,说明我国保险业的发展趋向于均衡发展。

(二) 基于 Moran's I 散点图的局域空间相关性检验

为了进一步揭示各省际区域属于金融集聚的高水平区域还是低水平区域,可进行局部空间相关性分析。Moran's I 散点图法是局部空间相关性分析的主要方法。空间联系局域指标是衡量观测单元属性和其周边单元的相近(正相关)或差异(负相关)程度的指标,Moran's I 散点图以 (x, Wx) 为坐标点,对 x 和空间滞后因子 Wx 数据的线性联系用可视化的二维图表示,因为 Wx 是经过标准化处理的,所以 Wx 表示了对邻近省份观测值的加权平均。通过绘制的空间相关系数的 Moran's I 指数散点图可将各省份的金融集聚行为划分为四个象限的集聚模式,分别识别一个省份及其与邻近省份的空间相关性:如果分布在第一象限,表示金融集聚水平高的省份被高集聚水平的其他省份所包围(HH);如果分布在第二象限,表示金融集聚水平低的省份被高集聚水平的其他省份所包围(LH);如果分布在第三象限,表示金融集聚水平低的省份被低集聚水平的其他省份所包围(LL);如果分布在第四象限,表示金融集聚水平高的省份被低集聚水平的其他省份所包围(HL)。第一、第三象限正的空间自相关关系表示相似观测值之间的空间相关性,而第二、第四象限负的空间自相关关系表示不同观测值之间的空间相关性,如果观测值均匀地分布在四个象限,则表明各省份之间不存在空间自相关性。

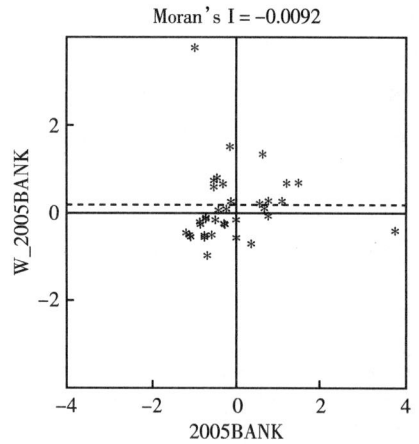

图 1　2005 年银行业集聚的 Moran's I 散点图

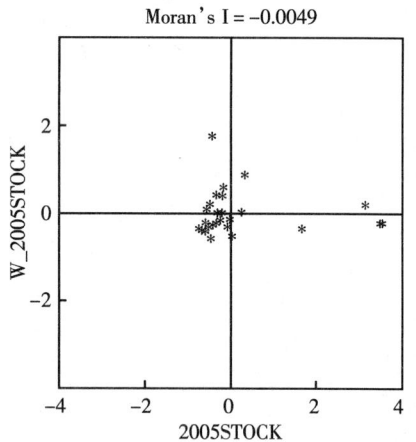

图 2　2005 年证券业集聚的 Moran's I 散点图

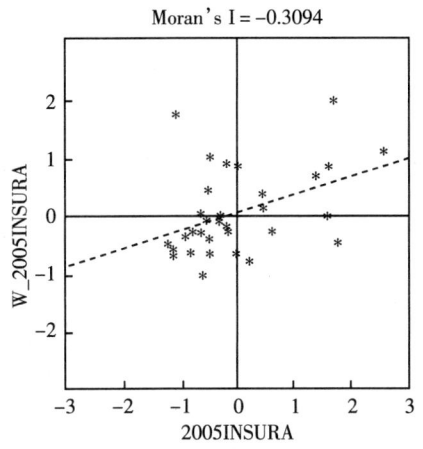

图3　2005年保险业集聚的Moran's I散点图

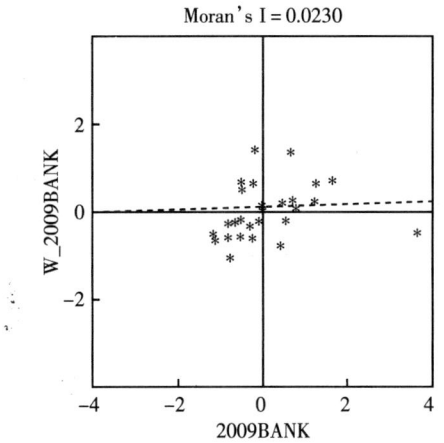

图4　2009年银行业集聚的Moran's I散点图

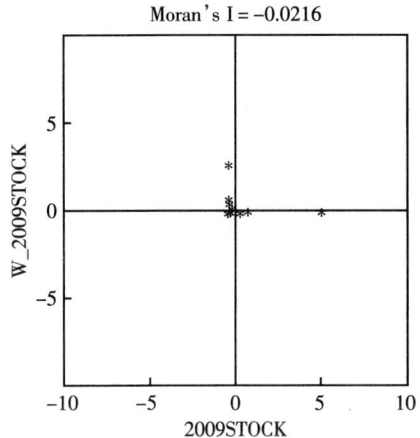

图5　2009年证券业集聚的Moran's I散点图

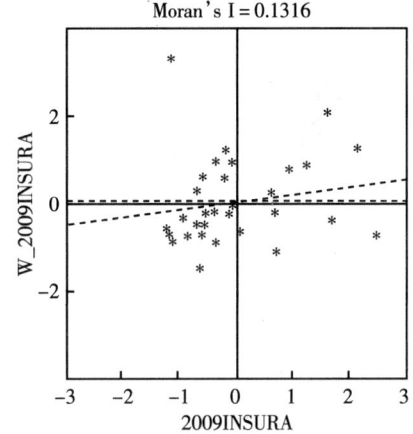

图6　2009年保险业集聚的Moran's I散点图

为了比较分析中国金融集聚空间相关性的变化，本文分别画出了2005年与2009年中国金融集聚的Moran's I指数散点图。

表2　2009年省际区域金融集聚的空间相关模式

省　份	银行	证券	保险	省　份	银行	证券	保险
北　京	HH	HL	HL	湖　北	LL	LL	LL
天　津	LH	LH	LH	湖　南	LH	LL	LL
河　北	HH	LH	LH	广　东	HL	HL	HL
山　西	LH	LL	LH	广　西	LL	LL	LH
内蒙古	LL	LL	LL	海　南	LH	LH	LH
辽　宁	HL	LL	HL	重　庆	LL	LL	LL
吉　林	LL	LL	LL	四　川	HL	LL	HL
黑龙江	LL	LL	LL	贵　州	LL	LL	LL
上　海	HH	HL	HH	云　南	LL	LL	LL

续表

省份	银行	证券	保险	省份	银行	证券	保险
江苏	HH	LH	HH	西藏	LL	LL	LL
浙江	HH	LH	HH	陕西	LL	LL	LL
安徽	LH	LL	LH	甘肃	LL	LL	LL
福建	LH	LH	LH	青海	LL	LL	LL
江西	LH	LL	LH	宁夏	LL	LL	LL
山东	HH	LL	HH	新疆	LL	LL	LL
河南	HH	LL	HH				

从图1到图6的Moran's I指数图可以看出中国金融集聚存在一定的空间相关性，而且2009年的空间正相关性要强于2005年，说明在我国的金融集聚的空间辐射作用呈现上升（HH），45.1%位于第三象限（LL）。此外，Moran's I散点图能帮助识别空间的不稳定性和非典型区域，即区域有悖于正的空间相关性的普遍模式，表2分别给出了2009年银行、证券保险集聚各省际区域的空间相关模式。从分析结果可以得出，无论是银行业、证券业还是保险业，金融集聚区主要是环渤海地区、长三角地区和珠三角地区，同时还是存在一些非典型区域，比如北京，2009年的Moran's I散点图中证券业和保险业位于第四象限（HL），说明北京作为我国的金融中心，其主要功能主要体现在全国的总部效应，而对其周边山西、内蒙古、河北等省份的辐射作用相对比较小；Moran's I散点图中广东的银行业、证券业和保险业都处在第四象限，表明广东虽然是我国南部金融集聚程度最高的省份，其有深圳和广州这样金融中心，但其对周边湖南、广西、江西等省份的金融辐射作用比较小，与珠三角地区的金融发展存在比较大的差异。

四、中国金融集聚发展的地理溢出程度的空间计量分析

（一）空间计量理论模型

通过空间自相关分析已经证明了中国金融集聚存在显著的空间相关性，故采用空间计量模型对金融集聚与区域经济增长之间的关系进行研究。空间依存性是区域经济研究的重点内容，空间依存性可以理解为Tobler（1979）地理第一定理：地理物体是相互关联的，空间接近的地物间关联程度会比较高。依据空间计量经济学，空间依存性可以设置成两种形式基本的模型结构，即空间滞后模型（Spatial Lag Model，SLM）和空间误差模型（Spatial Error Model，SEM）。

1. 空间滞后模型

空间滞后模型（SLM）主要探讨各变量在一个地区是否有溢出效应，其表达式为：

空间自回归模型（SAR）：$y = \rho Wy + X\beta + \varepsilon$ \hfill (3)

式中，y 是 n×1 列的决策变量观察值向量；w 是 n×n 的空间权数矩阵，n 个机构或地区之间相互关系网络结构的一个矩阵，W 为空间一阶滞后因变量；ρ 是空间自回归参数，其取值在 –1 到 1 之间，表明相邻区域之间的影响程度；X 是 k 个外生变量观察值的 n×k 阶矩阵；β 是 k×1 阶回归系数向量；ε 是随机误差序列向量。

2. 空间误差模型

另一种是空间误差模型，模型假设企业或区域间的相互联系通过误差项来体现。当企业或地区之间的相互作用因为所在的相对地理空间不同而存在差异时则采用这种模型。空间误差构成（SEA）基本模型为：

$$y = X\beta + \varepsilon \tag{4}$$

$$\varepsilon = \lambda W\psi + \xi \tag{5}$$

式中，y 是 n×1 列溢出成分误差，ε 是 n×1 列的区域内随机扰动项；假定 ψ 和 ξ 是服从独立同分布且互不相关；λ 是空间自相关系数，λ 的取值在 –1 至 1 之间，表明一个区域变量变化对相邻区域的溢出程度；可见，式（4）和式（5）组成的空间误差模型其本质就是在线形模型的误差结构中加入了一个区域间溢出因素。

空间自回归模型由于自变量的内生性，OLS 估计会导致有偏和不一致，所以需要通过工具变量法、极大似然法或广义最小二乘法估计等其他方法来进行估计。判断地区间的空间相关存在与否，一般通过包括 Moran's I 检验、最大似然 LM-EITOI 检验及最大似然 LM-Lag 检验进行检验（Anselin，1988）。

3. 杜宾空间计量模型

式（6）是 Anselin（1988）根据 Durbin 的残差自相关时间序列模型推理得出的杜宾空间计量模型：

$$(I_n - \rho W)y = (I_n - \rho W)X\beta + \varepsilon \tag{6}$$

$$y = \rho Wy + X\beta - \rho WX\beta + \varepsilon \tag{7}$$

上式也可以用式（8）表示：$y = X\beta + (I_n - \rho W)^{-1}\varepsilon$ \hfill (8)

杜宾空间计量模型（Spatial Durbin Model，SDM）可以用式（9）表示，其中 y 是 n×1 列的因变量观察值向量，x 是 k 个解释变量观察值的 n×k 阶矩阵；β_1 是 k×1 阶回归系数向量；w 为空间滞后因变量；ρ 是空间滞后自回归参数，空间矩阵 WX 是模型中加入了一个空间滞后解释变量，β_2 是其回归系数向量，该变量表示邻近区域变量对因变量的影响。

$$y = \rho Wy + X\beta_1 + WX\beta_2 + \varepsilon \tag{9}$$

4. 空间自相关检验及 SLM、SEM 的选择

判断地区经济增长行为的空间相关性是否存在，除了使用包括 Moran's I 检验外，还可以使用两个拉格朗日乘数（Ligrange Multiplier）形式 LMERR、LMIJAG 和稳健（Robust）的 R-LMERR、R-LMLAC 等来进行推断在空间滞后模型和空间误差模型中是否存在空间相关性。Anselin（1995）提出了如下判别准则：如果在空间相关性的检验中发现，LM-LAG 比 LMERR 在统计上更加显著，且 R-LMLAC 显著而 R-LMERR 不显著，则可以断定适合的模型是空间滞后模型；相反，如果 LMERR 比 LMIJAG 在统计上更加显著，且 R-

LMERR 显著而 R-LMLAC 不显著，则可以判定空间误差模型是比较适合的模型。除了拟合优度 R^2 检验以外，常用的判别准则还有自然对数似然函数值（LogL）、似然比率（LR）、赤池信息准则（AIC）、施瓦茨准则（SC），对数似然值越大，AIC 和 SC 值越小，模型拟合效果越好。

(二) 变量选取及数据来源

本文选取 LnCDP 作为被解释变量，选取银行业发展指标（LnBank）、证券业发展指标（LnStock）、保险业发展指标（LnInsure）作为解释变量，其中 Ln 表示经过对数处理的变量，其中 LnBank 表示银行存款余额，LnStock 表示 A 股发行总股本，LnInsure 表示保费收入，本文采用的是 2009 年的省际截面数据，数据来源于《中国金融统计年鉴》(2010)。

依据空间计量经济学，空间效应可以表现为空间自回归模型（Spatial Autoregressive Model, SAR）和空间误差模型（Spatal Error Model, SEM）两种基本形式。在空间自回归模型中，变量的空间相关关系由因变量的空间滞后项来反映，用于考察金融集聚与经济增长的空间自回归模型为：

$$\text{LnGDP} = \alpha + \beta_1 \text{LnBank} + \beta_2 \text{LnStock} + \beta_3 \text{LnInsure} + \rho W\_\text{LnGDP} + \varepsilon \tag{10}$$

式中，W 为 n×n 阶空间权重矩阵，W 中的元素 w_{ij} 定义了空间邻接关系，如果地理单元 i 与 j 邻接，w_{ij} 取 1，反之则取 0。从行政区划上看，很多省份之间没有共同边界，并不直接相邻，我们在 MATLAB 中利用以经纬度表示的各城市地理重心坐标，按照三角剖分法（Delaunay Routine）构建空间权重矩阵。w_LnGDP 为空间滞后因变量。ρ 为空间自回归系数，其估计值反映了空间相关性的方向和大小。

当空间相关通过被模型解释变量忽略了的变量传递时，可以假设空间相关通过误差过程产生。检验金融集聚与经济增长的空间误差回归模型如下：

$$\text{LnGDP} = \alpha + \beta_1 \text{LnBank} + \beta_2 \text{LnStock} + \beta_3 \text{LnInsure} + \lambda \text{LnW}\_\mu + \varepsilon \tag{11}$$

式中，λ 为空间误差自相关系数，表示了回归残差之间空间相关的强度，W_μ 为空间滞后误差项。

为了检验金融集聚对周边地区的溢出效应，本文运用 SDM 模型引入金融集聚的空间变量，分别用 LnW_Bank、LnW_Stock 和 Lnw_Insure 表示银行业、证券业和保险业的空间变量，模型表达式为：

$$\text{LnGDP} = \alpha + \beta_1 \text{LnBank} + \beta_2 \text{LnStock} + \beta_3 \text{LnInsure} + \beta_4 \text{LnW}\_\text{Bank} + \beta_5 \text{LnW}\_\text{Stock} +$$
$$\beta_6 \text{LnW}\_\text{Insure}\lambda + \text{LnW}\_\mu + \varepsilon \tag{12}$$

由于空间效应的存在，对于上述三种模型如果仍然采用普通最小二乘法（OLS）进行估计，会导致系数估计值有偏或者无效。根据 Anselin（1988）的建议，本文采用极大似然法估计 SLM、SEM 和 SDM 模型的参数。

(三) 空间计量模型检验结果分析

利用极大似然法分别对包含了空间滞后项和空间误差项的 SAR 和 SEM 模型回归的结

果显示，空间系数 ρ 和 λ 都在统计上高度显著，进一步证实了空间相关性的存在。因为 SEM 模型的 LogL 值（4.0592）要大于 SLM 模型的 LogL 值（3.9476），所以认为 SEM 模型更好地拟合了空间效应。SEM 中空间误差自相关系数 λ 的估计系数为 0.145，且在统计上高度显著，说明地区间经济增长的空间效应明显，一个地区的经济增长与周边地区的社会经济发展状况密切相关，周边地区社会经济发展对提高本地区的经济增长有正面的影响。

通过分析 SDM 模型结果发现，模型的拟合优度为 0.74，是三个模型中最高的，而且各变量系数的显著性都比较高，说明模型引入金融发展的空间变量是合理的。银行业、证券业和保险业的系数为正，而且 W_LnBank、W_LnStock 和 W_LnInsure 的系数也为正，这说明我国的金融集聚通过地理空间机制对中国经济增长发挥作用，金融业的发展对周边地区经济增长的存在溢出效应，从其系数来看，银行业依然是溢出效应最为明显的因素，其系数为 0.25736，证券业的溢出效应最小，这和我国金融发展的实际情况是相符合的，目前我经济社会发展的金融资源调配主要还是通过银行来实现，证券业和保险业的经济杠杆作用还没有充分发挥，其对周边区域经济增长的溢出效应不是很明显。

表 3　金融集聚与区域经济增长的 SLM、SEM、SDM 估计结果

	SLM			SEM			SDM		
	回归系数	标准差	P 值	回归系数	标准差	P 值	回归系数	标准差	P 值
C	4.94986	3.80026	0.00014	5.73248	4.55096	0.00000	6.33037	5.17344	0.00000
BANK	0.17342	0.67799	0.49777	0.09781	0.44736	0.65461	0.14587	0.57697	0.56395
STOCK	0.31985	3.84382	0.00012	0.28053	3.76731	0.00016	0.31081	4.19386	0.00002
INSURE	−0.17170	−0.75314	0.45136	−0.11455	−0.56877	0.56950	0.11159	0.50168	0.61588
W_BANK							0.25736	2.83597	0.00456
W_STOCK							0.06532	1.40971	0.15862
W_INSURE							0.18307	2.62625	0.00863
ρ/λ	−0.00660	−1.78508	0.07424	0.14500	5.69981	0.00000	0.0229	0.0428	0.0000
R^2	0.6542			0.6955			0.7408		
LogL	3.9476			4.0529			8.2207		

五、结论及政策建议

通过对我国金融集聚的空间计量分析，发现我国金融集聚呈现出一定的空间相关性，但是金融集聚的空间辐射能力有限，而且空间相关性主要体现在银行业集聚，我国的行政体制很大程度上制约了金融集聚的辐射作用的发挥，应该加强区域间金融合作，发挥金融集聚区辐射作用。

区域间金融的合作要消除由于行政区划导致的地区割据局面,要真正形成区域经济的一体化局面。一是中央政府应对形成地区割据局面的相关规章制度、政策和法规进行大力调整与修改,从制度层面解决地区割据局面。二是各地方政府之间加强交流合作,出台一些双边或多边协议,通过市场化机制和利益补偿机制达成双赢格局。只有体制障碍消除后,市场力量才能推动区域经济的分工和合作,加快区域金融资源流动,推动区域金融中心的形成。

参考文献

［1］保罗·克鲁格曼:《城市、区域与国际贸易》,中国人民大学出版社,2005年版。

［2］连建辉、孙焕民、钟惠渡:《金融企业集群:经济性质、效率边界与竞争优》,《金融研究》,2005年第6期,第72-82页。

［3］陈琦:《金融稳定对金融衍生品的诉求及国际经验分析》,《新金融》,2005年第1期,第34-37页。

［4］划军、黄解宇、曹利军:《金融集聚影响宴体经济机制研究》,《管理世界》,2007年第4期,第152-153页。

［5］陈文锋、平瑛:《上海金融产业集聚与经济增长的关系》,《统计与决策》,2008年第20期,第93-95页。

［6］林江鹏、黄永明:《金融产业集聚与区域经济发展》,《金融理论与实践》,2007年第6期,第49-54页。

［7］Porteous D.J. The Geography of Finance: Spatial Dimensions of Intermediary Behaviour", Aveburj, Alde~shot.

［8］Gehrig T. Cities and the Geography of Financial Centers", Cambridge University Press.

［9］Davis E.P. International Financial centers-An industrial analysis", Discussion Paper, Bank of England, 1990.

［10］Risto L.P. Financial Geography-a Banker's View", Routledge Press, 2003.

［11］Zhao X.B. Spatial Restructuring of Financial Centers in Mainland China and Hong Kong: Geography of Finance Perspective", Urban Affairs Review, 2003(4): 535-571.

［12］Tobler W. Cellular Geography", S. Gale&G Olsson eds, Philosophy in Geography Dordreeht. Reidel, Holland, 1979: 379-386.

［13］Johansen S. Statistical Analysis of Cointegration Vectors", Journal of Economic Dynamics and Control, 1988(12): 231-254.

Spatial Effect from Financial Agglomeration to Regional Economic Growth

Li Lin Ding Yi Liu Zhihua

Abstract: Because of spatial geographical characteristics of China's financial concentration, the paper analyzes the spatial effect from financial agglomeration to regional economic growth by using the space econornetric method. It is proved that the existence of spatial correlation by calculating the Moran'I index of China's financial concentration The paper draws the Moran's I scatter diagram of 2005 and 2009 and obtained the Space-related model of China's province. On this basis, the authors test the space spillover effects from financial agglomeration to regional economic growth through the establishment of SLM, SEM, and SDM space measurement model.

Key Words: Finance Agglomeration; Finance Concentration; Regional Economy; Spatial Correlation

投资者情绪、管理者乐观主义与企业投资行为*

花贵如 刘志远 许骞①

【内容摘要】 文章将投资者与企业管理者的有限理性纳入同一框架，从行为公司财务的视角，提出并证实了投资者情绪影响企业投资行为的"管理者乐观主义的中介效应渠道"。这丰富了投资者情绪影响企业投资行为的作用机理的相关文献，有助于我们从微观企业的视角反思2008年以来的"金融海啸"对实体经济的传导机制。文章将两大主体的有限理性纳入同一框架的分析范式，对拓展与整合行为公司财务理论的研究路径也具有重要的参考价值。

【关键词】 投资者情绪；管理者乐观主义；企业投资行为

一、引言

经济史实②和理论逻辑都已经证明，资本市场上投资者高涨或低迷的情绪会导致股票价格系统性地偏离其基本价值，并且不限于此，投资者情绪还会对企业实体投资行为产生重大影响（Keynes，1936；Baker等，2003；Polk和Sapienza，2009）。作为一个新兴加转轨的中国资本市场，投资者热衷于炒作题材和想象空间，不少上市公司基于投资者情绪配置资本，导致长期价值遭到毁损，1999年的网络热、2001年的生物技术热等现象便是很

---

* 基金项目：本文是国家自然科学基金面上项目《制度环境、投资者情绪与企业投资行为》（批准号：71072099）的阶段性成果。同时，本文受到华东理工大学选拔培养优秀青年教师科研专项基金的资助。感谢香港中文大学会计学院Zhang、Yinglei、Yang、Y.George老师的建议和帮助。感谢第五届"五校"青年会计学者学术论坛中与会学者的评论和建议。特别感谢匿名审稿人的建设性意见，当然作者文责自负。

① 花贵如，管理学博士，讲师，华东理工大学商学院会计学系，E-mail：achgr2000@yahoo.com.cn；刘志远，经济学博士，教授，南开大学商学院会计学系；许骞，博士研究生，就读于南开大学商学院会计系。

② 例如，20世纪80~90年代的日本泡沫经济崩溃给经济带来的惨重代价、90年代墨西哥金融危机对实体经济造成的损害以及2008年以来的席卷全球的"金融海啸"逐渐向实体经济蔓延等经济史实。

好的例证（杜丽虹、朱武祥，2003）。特别是 2008 年以来，席卷全球的金融海啸进一步加剧了投资者情绪的波动性，凸显了其对实体经济影响的重要性。这种现实状况一方面为投资者情绪与企业投资行为的研究创造了难得的研究契机，另一方面也说明，在中国资本市场背景下，探讨投资者情绪影响企业投资行为的问题具有更为突出的理论价值和现实意义。

然而，投资者情绪究竟如何影响企业的实体投资行为呢？现有文献基于投资者非理性而管理者理性的基础假设，将企业的投资行为视为管理者对证券市场错误定价的理性反应，并且逐渐形成了投资者情绪影响企业投资行为的"股权融资渠道"（Baker 等，2003）和"理性迎合渠道"（Polk 和 Sapienza，2009）。但是，正如 Shleifer（2003）、Baker 等（2006）文献所展望的，实际上，投资者和企业管理者的有限理性经常是共存的，将这两大主体的有限理性纳入同一框架进行考察是行为公司财务无法回避的问题，也是未来研究的重要方向。

延续上述文献的分析逻辑及研究展望，为了接近更加真实的资本市场，本文更为彻底地抛弃"完全理性假说"，将管理者乐观主义嵌入投资者情绪与企业投资行为的关系中，试图回答如下问题：投资者非理性影响管理者非理性及其后续的决策行为吗？更具体地说，高涨或低落的投资者情绪是否通过"塑造"（Shape）管理者乐观或悲观情绪，进而影响企业投资决策呢？本文借鉴社会心理学的社会影响理论、认知失调理论和情绪泛化假说，基于投资者和企业管理者均为有限理性的基础假设，通过中国资本市场的经验数据，对投资者情绪是否以及如何影响企业投资行为的问题进行研究。理论分析和实证研究发现，投资者情绪对企业投资行为具有正向影响，确实是驱使企业投资行为的动力；管理者乐观主义是时变的，投资者情绪对管理者乐观主义具有塑造作用；在投资者情绪影响企业投资行为的过程中，至少部分通过管理者乐观主义的中介渠道发挥作用。

本文的贡献主要体现在以下三个方面：第一，将社会心理学的社会影响理论、认知失调理论和情绪泛化假说引入到投资者情绪与企业投资行为问题的研究中，提出了投资者情绪影响企业投资行为的第三条道路，即"管理者乐观主义的中介效应渠道"，并在中国资本市场上得到了经验数据的支持。这丰富了投资者情绪影响企业投资行为的作用机理的相关文献。第二，更为重要的是，现有的行为公司财务的研究文献沿着投资者与企业管理者有限理性的两条路径，分别独立展开研究与分析（Baker 等，2006）。本文尝试将这两大主体的有限理性纳入同一框架展开研究，该种分析范式对拓展与整合行为公司财务理论的研究路径具有一定的参考价值。第三，2008 年以来的金融海啸及其引致的实体经济危机已渐渐远去，然而，虚拟经济究竟如何影响实体经济，已成为"后金融危机时代"监管层关注的重大现实问题。因此，上述研究发现的现实意义在于，有助于我们从微观企业的视角反思金融危机对实体经济的传导机制。①

---

① 研究虚拟经济是否以及如何对实体经济产生影响的文献，大都是基于宏观角度探讨社会总量（例如，投资支出）与股票指数的关系（徐涛，2001）。有别于现有文献的分析视角，本文尝试从微观企业的视角研究虚拟经济影响实体经济的作用机理。

文章后续部分安排如下：第二部分为文献述评，第三部分是理论分析与假说提出，第四部分为研究设计，第五部分为检验结果与分析，第六部分为研究结论与启示。

二、文献述评

最近几年，行为公司财务力图将企业管理者和投资者的情绪等心理因素引入现代金融学的传统研究范畴中，在诸多公司金融的传统研究领域里提出了许多不同于传统公司金融理论的新观点、新见解和新理论，形成了一股新的研究思潮。延续行为公司财务一般的分析逻辑，情绪介入公司投资决策也沿着两条路径独立展开研究。一条路径着重强调投资者情绪，将投资决策视为企业管理者对于资本市场错误定价的理性反应；而另一条路径则忽略资本市场中投资者非理性，着重强调管理者乐观主义，研究管理者乐观主义对企业投资行为的影响（Baker 和 Wurgler，2006；刘志远、花贵如，2009）。

实际上，对投资者情绪可能影响企业投资行为问题的关注，至少可以追溯到 Keynes（1936）在其经典著作《通论》上精辟的论述："股票价格包含了非常重要的非理性因素，这将引起外部权益融资成本的变化，进而不可避免地影响企业投资行为。"Keynes（1936）的上述观点经过 Stein（1996）、Baker 等（2003）的发展，逐渐形成了投资者情绪影响企业投资行为的"股权融资渠道"（投资者情绪会影响企业的股权融资数量和成本，从而影响企业的投资行为）。在美国和中国等资本市场中，"股权融资渠道"先后得到经验数据的证实（Gilchrist 等，2005；刘端、陈收，2006）。而 Polk 和 Sapienza（2009）在理论上提出并采用美国资本市场数据得以证实的"理性迎合渠道"却认为，理性的企业管理者会利用投资安排去迎合投资者情绪，从而导致企业投资行为随投资者情绪而改变。

关于管理者乐观主义对企业投资行为的影响也是近年来学术界研究的热点之一。总体上，现有文献将乐观主义或过度自信视为管理者永恒不变的个体特质，研究发现，管理者乐观主义会导致投资—现金流敏感度以及企业投资行为的变化。Heaton（2002）采用数学建模的分析方法，研究发现，与其他企业相比，存管理者乐观主义的企业中投资—现金流敏感度更高，企业越是依赖权益融资，投资—现金流敏感度越高；Malmendier 和 Tate（2005）以及姜付秀等（2009）分别采用不同的替代变量衡量管理者乐观主义，在美国、中国台湾以及大陆等资本市场中，先后从不同视角证实了 Heaton（2002）的观点。

然而，现实资本市场中，乐观主义或过度自信不仅仅是管理者的个体特质，经常也是时变的（Nofsinger，2005；Hackbarth，2009）。这是因为外部情境可能引起个体发生"感知性扭曲"(Perceptionall Distortion)。例如，中国人民银行通过企业家问卷调查而编制的企业家信心指数表明，受国际金融危机的影响，2008 年第四季度企业家信心指数仅有 94.6，而就在同年的第一季度却达到 140.6。因此，本文所指的管理者乐观主义具有时变特征，涵盖了乐观和悲观两个方面。更为重要的是，投资者情绪与管理者乐观主义经常是同时存在的（Baker 等，2006）。沿着上述两条路径独立展开研究的思路，备受责难。由此，Shleifer（2003）和 Baker 等（2006）文献开始倡导将这两大主体的有限理性纳入同一框架进行考察，以期更加接近真实的世界，事实上，最近的研究确实也逐渐发生了方向性的变化，开始转向沿着上述两个主体均是有限理性的框架进行分析。例如，基于社会影响理论，Nofsinger（2005）分析指出，高涨和低落的投资者情绪将塑造管理者乐观与悲观情绪，并影响其后续的投资、融资及兼并等财务决策行为；Shefrin（2007）通过太阳微系统公司的案例研究也认为，该公司股价的惊人上涨（高涨的投资者情绪）激发了公司管理者的乐观情绪，并导致公司管理者没有能够及时削减投资支出，从而毁损了公司价值；Hirshleifer 和 Feoh（2008）所提出的资本市场中思想与行为传染的观点，也蕴含了投资者情绪塑造管理者乐观或悲观情绪并影响其后续决策行为的思想。然而，如何将这两大主体的有限理性纳入同一框架进行考察，特别地，投资者情绪为何以及如何通过管理者乐观主义的中介渠道影响企业投资行为？该方面理论和实证研究仍然非常薄弱，这正是本文试图回答的问题。

三、理论分析与假说提出

从社会心理学的社会影响理论来看，生活在社会环境中的每个人都会或多或少地被他人的情绪和行为所左右，并"泛化"到其后续的决策行为中（Festinger，1999；Zimbardo，2007）。然而，为什么存在上述的"社会影响"(Social Affect)？特别地，为什么企业管理者经常按照投资者情绪来修正自身的心理预期和主观判断，并对其投资行为作相应的调整呢？其作用机理又是怎样？从认知失调理论的角度，美国著名社会心理学家利昂·费斯汀格成功刻画了社会影响的成因和过程。下面，借鉴费斯汀格的分析范式，我们首先分析投资者情绪为何以及如何塑造管理者乐观主义；然后，结合社会心理学的情绪一致性效应、情绪泛化假说以及行为公司财务的现有研究成果，在深入分析管理者乐观主义如何影响企业投资行为的基础上，我们将给出投资者情绪影响企业投资行为的基本路径图，并提出投资者情绪影响企业投资行为的新途径——管理者乐观主义的部分中介渠道。

（一）投资者情绪塑造管理者乐观主义：原因与过程

认知这个术语，在认知失调理论中指的是有关环境、自我或一个人行为的任何知识、观点和信念。投资者情绪和管理者乐观主义分别是投资者与管理者对企业未来现金流量、风险等因素的主观信念（Subjeetive Beliefs）（Shefrin，2007；Hackbarth，2009）。因此，这两个概念属于认知失调理论的"认知"涵盖的范畴。站在企业管理者角度，投资者情绪代表了资本市场上的"他人"对自己企业的未来现金流量和风险的主观预期，而管理者乐观主义代表企业管理者对其所在企业的未来现金流量与风险的主观判断。

为了便于理论分析，仿效费斯汀格对"认知元素"的定义，我们首先界定以下两个重要的"认知元素"。其一，管理者对自己所在企业的预期收益和风险的主观信念。管理者乐观情绪将表现为，系统性高估预期收益或成功概率，低估成本或失败可能性的心理特征（Heaton，2002）；反之，则为管理者的悲观情绪。其二，管理者"知道了"投资者拥有的对其所在企业的预期收益和风险的信念。高涨的投资者情绪将表现为高估企业预期收益、低估相应的风险，进而股票价格向上偏离其基本价值；反之，低落的投资者情绪将表现为股票价格向下偏离其基本价值。企业管理者能感知（Perceive）上述外部投资者的悲观或乐观情绪。

上述两个"认知元素"都是对同一企业预期收益和风险的信念。因此，这一对"认知元素"是彼此关联的。根据费斯汀格的认知失调理论，如果两个认知元素是有关的，它们之间的关系将是协调的，抑或是失调的：其一，协调。如果管理者和投资者对企业预期收益和风险的主观信念相一致，那么，上述两个"认知元素"处于协调关系之中。其二，失调。如果管理者和投资者对企业预期收益和风险的主观信念之间发生分歧，并且这些分歧被管理者所知觉，那么，一定会使管理者产生认知失调。

更进一步地，如果上述一对"认知元素"处于协调关系之中，管理者乐观或悲观情绪实际上获得投资者情绪的"社会支持"，管理者将更加坚信自己对企业预期收益和风险的主观信念，即管理者乐观主义得以"强化"。

当上述一对"认知元素"出现失调时，由于失调本身就是一种激励因素，这便产生了减少或消除失调的压力（Festinger，1999）。根据认知失调理论，企业管理者在理论上有两种"减压"方式：一是改变自身情绪，二是扭转投资者情绪。然而，改变环境（投资者情绪）是建立在个体（企业管理者）对自身的环境（投资者情绪）有足够控制的基础之上（Festinger，1999）。由于投资者情绪是投资者总体错误在证券价格中的反映（Shefrin，2007），或者说是投资者对未来预期的系统性偏差（Shefrin，2007）。所以，相对来说，管理者很难控制投资者情绪，更多的是"分享"投资者对企业的主观预期（Mclean和Zhao，2009），并逐步形成或调整其对预期收益和风险的主观信念与判断。因此，在企业管理者和投资者的互动过程中，个体情绪（管理者乐观主义）更加容易受到社会情绪（投资者情绪）的影响。

管理者乐观主义更可能"跟随"（Follow）而不是"诱致"（Lead）投资者情绪（Nofsinger，2005），投资者情绪将会"流向"管理者，即创造了一个从投资者到企业管理者的"情绪涟漪效应"。现实的中国资本市场中，企业家信心指数随投资者情绪而改变，这也进一步印证了上述的理论分析。上述分析思路如图1所示。

因此，从认知失调理论的角度，借鉴费斯汀格刻画社会影响过程的分析范式，我们提出如下有待检验的研究假说：

H1：投资者情绪对管理者乐观主义具有显著的正向影响。

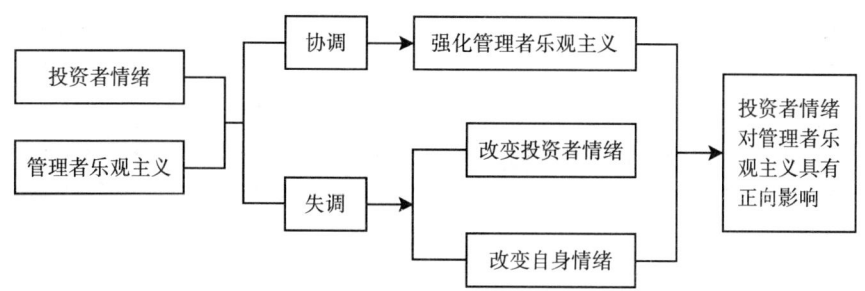

图 1 投资者情绪塑造管理者乐观主义

（二）投资者情绪影响企业投资行为：管理者乐观主义的部分中介渠道

情绪的变化，能给被影响者带来什么呢？这些内在的变化往往奠定了后来行为变化的基础，即"变化导致变化"（Zimbardo, 2007）。同样，投资者情绪不仅塑造管理者乐观主义，而且也将进一步影响管理者的投资行为（Nofsinger, 2005; Shefrin, 2007）。在这方面，社会心理学、行为公司财务学积累了大量的研究成果。

社会心理学理论中的情绪一致性效应、情绪泛化假说认为，人们会倾向做出与情绪状态一致的判断（认知性评估），乐观情绪会诱致个体对风险和回报做出乐观预测，即低估风险、高估回报；而悲观情绪将使个体对风险和回报做出悲观估计，即高估风险、低估回报。社会心理学的模型分析与实验研究进一步表明，决策过程中个体对情绪的依赖程度取决于决策自身的风险和不确定性程度，决策的风险和不确定性程度越大，情绪对决策的影响就越强（Johnson 和 Tversky, 1983; Forgas, 1995）。众所周知，包括企业投资在内的众多财务决策具有风险和不确定性特征，因此，管理者乐观或悲观情绪将是企业投资行为的重要影响因素（Nofsinger, 2005）。正如上述社会心理学的理论所述，高涨或低落的投资者情绪将诱发相同性质的管理者乐观或悲观情绪，而被诱发的管理者乐观或悲观情绪又将决定其对投资方案的认知性评价（包括预期回报和主观概率两个方面），这将直接影响企业是否进行投资以及投资的规模和水平。高涨的投资者情绪诱发乐观的管理者情绪，管理者将高估投资项目的回报，低估其风险，这将提高企业投资水平；反之，低落的投资者情绪将促使企业投资水平降低。行为公司财务的实证研究也提供了诸多的管理者乐观主义影响其投资决策的经验证据。例如，Malmendier 和 Tate（2005）、姜付秀等（2009）分别基于美国和中国资本市场的经验证据表明，乐观的管理者将高估公司投资决策的收益，低估相应的风险，并将促使企业提高投资水平。Nofsinger（2005）基于经济史实的分析以及 Shefrin（2007）的案例研究进一步认为，投资者情绪塑造管理者乐观主义，并导致企业管理者投资决策的变化。

基于投资者和企业管理者均为有限理性的基础假设，上述分析表明，投资者情绪可以通过塑造管理者乐观主义，影响企业投资行为，即在投资者情绪影响企业投资行为的过程中，管理者乐观主义具有"中介效应"（Mediating Effect）。然而，在中国资本市场特殊的背景下，延续投资者有限理性而管理者完全理性的基础假设，刘端、陈收（2006）以及吴世农、汪强（2007）等文献证实，通过"股权融资渠道"和"理性迎合渠道"，投资者情绪也可能影响企业投资行为。因此，依据Baron和Kenny（1986）以及温忠麟等（2004）对中介效应的定义，①在投资者情绪对企业投资行为影响的过程中，部分是通过"股权融资渠道"和"理性迎合渠道"发挥作用，而至少另一部分是通过"管理者乐观主义的中介渠道"而产生效用的。因此，管理者乐观主义扮演了部分中介效应的角色。

由此，结合上述理论推理与分析，我们提出如下有待检验的研究假说：

H2：在投资者情绪影响企业投资行为的过程中，至少一部分是通过管理者乐观主义的中介渠道而发挥作用。

四、研 究 设 计

（一）研究模型

上述理论分析表明，在投资者情绪、管理者乐观主义以及企业投资行为的关系中，投资者情绪为自变量，企业投资行为为因变量，管理者乐观主义为投资者情绪影响企业投资行为的中介变量。投资者情绪通过影响管理者乐观主义，继而对企业投资行为产生影响，因此，中介效应的路径是单向的，而非反向或循环的。借鉴Baron和Kenny（1986）以及温忠麟等（2004）提出的检验中介效应的程序，我们可以构造以下的递归（Recursive）模型，以检验管理者乐观主义的中介效应。

$$INV = \alpha_0 + \alpha_1 \times Sent\_IN + \sum Control + \sum Industry + \sum Year + u_1 \tag{1}$$

$$Sent\_MA = \alpha_0 + \alpha_1 \times Sent\_IN + \sum Control + \sum Industry + \sum Year + u_2 \tag{2}$$

$$INV = \alpha_0 + \alpha_1 \times Sent\_IN + \alpha_2 Sent\_MA + \sum Control + \sum Industry + \sum Year + u_3 \tag{3}$$

其中，模型（1）和模型（3）为线性回归，而模型（2）为二元逻辑回归，模型中各变量符号的含义如表1所示，α_0为截距，α_i为系数，u_i为残差。

由于上述模型为递归模型并且所有变量都是显变量，可以依次对模型（1）、模型（2）和模型（3）进行分别回归，来替代路径分析（温忠麟等，2004）。上述递归模型的检验程序和原理如下：首先对模型（1）进行回归分析，如果变量的系数α_1显著为正，意味着投资者情绪确实影响企业投资行为。然后再对模型（2）和模型（3）进行回归分析，如果α_1和α_2

---

① 在考虑自变量x对因变量Y的影响时，如果x通过变量M来影响Y，则我们称M为中介变量。如果x对Y的影响完全是通过中介变量M实现的，即M扮演了完全中介效应的角色；如果x对Y的影响只有一部分是通过中介变量M实现的，即M扮演了部分中介效应的角色。

都显著为正，这意味着投资者情绪对企业投资行为的影响至少一部分是由于管理者乐观主义的中介效应产生的。更进一步地，在模型（3）中，如果变量的系数 α_1 不显著，但 α_2 显著为正，这说明，在投资者情绪与企业投资行为的关系中，管理者乐观主义扮演了完全中介的作用，现有文献给出的"股权融资渠道"和"理性迎合渠道"失效。

（二）变量的定义

1. 测试变量

（1）投资者情绪。如何衡量投资者情绪是行为公司财务实证分析的难点所在。最近的一些行为公司财务研究开始使用动量指标作为投资者情绪的替代变量，检验投资者情绪对公司投资行为的影响。尽管利用早期的国内数据（2000年以前）对动量效应的实证研究结论并不一致，但样本在剔除1994年以前数据、包括2000年以后数据时，几乎所有实证研究都表明动量效应在半年内是显著存在的，而超过了半年会出现反转（吴世农和汪强，2007）。因此，借鉴吴世农和汪强（2007）以及花贵如等（2010）的研究设计，以半年期的动量指标计量投资者情绪，即上一期六个月的累积月度股票收益作为投资者情绪的替代性指标。其中，股票月度收益为考虑现金红利再投资的个股月回报率，我们也采用了不考虑现金红利再投资的个股月回报率进行了稳健性测试，实证结果没有显著差异。

（2）管理者乐观主义。与投资者情绪类似，管理者乐观主义也同样难以观察和界定，这也是进行这方面研究的难点。国内外主要有以下三种主流的度量方法。第一，基于 Malmendier 和 Tate（2005）的思路，以高管人员在任期内持股数量的变化作为衡量指标（例如，郝颖等，2005）。在国内，这是较早对管理者乐观主义进行了替代性计量的方法，但结合中国资本市场的制度背景，这种方法的适用性和有效性可能比较有限。① 第二，基于 Oliver（2005）的调查数据的研究方法，以企业景气指数衡量管理者乐观主义（例如，余明桂等，2006）。该方法具有一定的合理性，但该指数为季度数据，且反映企业家整体的情绪，没有体现个体的差异。第三，基于 Ben-Dayid 等（2006）的思路，以管理者盈余预测方面的偏差进行度量。自2002年开始，对盈余预测更为完善的强制性制度规定，也使这一度量方法具有数据来源的可行性。因此，该种方法在国内也得到了广泛的接受和认同（例如，王霞等，2008；姜付秀等，2009）。

由此，根据本文的研究目的和数据的可获得性，我们采用第三种方法测量管理者乐观主义。从中国上市公司盈利预测类型来看，主要有预盈、预亏、预降、预增和减亏等形式。借鉴姜付秀等（2009）的研究设计，如果实际的盈利水平低于预测的盈利水平，② 则

---

① 这是因为高管持有本公司股票大都存在限售期，无法表征高管对本公司盈利能力的乐观或悲观预期。此外，中国上市公司较少推行股票期权计划，这阻碍了该方法的应用。

② 实际盈利低于预测的类型主要有三种：第一，预盈，但实际预亏；第二，预增，但实际盈利下降；第三，预增，但增长幅度低于预测的幅度。反之，则为实际盈利高于预测。此外，有些预测信息披露时间在披露对象期间结束之后，实际上属于"预告"，而并不是"预测"，借鉴张翼、林小驰（2005）以及姜付秀等（2009）的研究设计，我们剔除了预告样本。

定义为乐观的管理者情绪;反之,则定义为悲观的管理者情绪。

(3)企业投资行为。关于企业投资行为的度量,主流财务文献的整体思路是一致的:采用投资—资本存量比例进行衡量,以消除规模因素带来的影响。其中,资本存量的衡量方法是一致的,都是采用期初总资产的数值,但对投资的计量却存在两种不同度量方法,一种方法是采用现金流量表中的"购建固定资产、无形资产和其他资产支付的现金",另一种方法则是采用资产负债表中的"固定资产、长期投资及在建工程的年度变化值"。但是,由于中国资本市场中利用资产减值操纵利润的例子比比皆是,相对而言,现金流量表的数据较难操纵。因此,第一种方法衡量更为准确。

由此,本文企业资本投资行为的度量数值等于"本年度购建固定资产、无形资产和其他资产支付的现金"除以期初总资产的账面价值的比例。此外,我们也考察了企业资本投资中最为核心和重要的固定资产投资行为。为了保持与资本投资行为度量的一致性,固定资产投资行为的度量数值等于本期固定资产投资额除以期初总资产的账面价值的比例。为了稳健起见,我们也用来自资产负债表的投资支出的变化值数据进行稳健性测试,结论与使用现金流量表的数据基本相同。

2. 控制变量

模型(1)和模型(3)中,参照 Baker 等(2003)、Dong 等(2007)、辛清泉(2007)等研究,我们选取的控制变量包括度量投资机会的主营务收入增长率(Grows)、期初和期末公司现金流量($Cash_0$、$Cash_1$)、资产负债率(Lev)以及公司规模(Size)等。此外,我们也加入了行业虚拟变量(Industry)和年度虚拟变量(Year)以控制年度效应和行业效应。

表1 变量定义

变量类型	变量名称	变量符号	定义
测试变量	资本投资	INV_C	期末购建固定资产、无形资产和其他长期资产支付的现金/期初总资产
	固定资产投资	INV_F	本期固定资产投资/期初总资产
	投资者情绪	Sent_IN	半年期动量指标,即上一期六个月累积月度股票收益
	管理者乐观主义	Sent_MA	如果实际的盈利水平低于预测的盈利水平,赋值为1(乐观的管理者情绪);如果实际的盈利水平高于预测的盈利水平,赋值为0(悲观的管理者情绪)
控制变量	主营业务收入增长率	Grows	主营业务收入增长额/主营业务收入期初额
	期末公司现金流量	$Cash_1$	期末经营活动净现金流量/期初总资产
	期初公司现金流量	$Cash_0$	期初经营活动净现金流量/上一期期初总资产
	资产负债率	Lev	期初总负债/期初总资产
	企业规模	Size	期初总资产的自然对数
	高管持股比例	Ggcg	高管持股数量/年末公司总股本
	独立董事规模	Ddsize	担任独立董事的人数
	性别	Gender	公司所有高层管理人员男女比例
	年龄	Age	公司所有高层管理人员年龄的平均值
	行业虚拟变量	Industry	参照证监会行业分类指南,共计11个行业虚拟变量
	年度虚拟变量	Year	控制不同时期宏观因素影响,共17个年度虚拟变量

模型（2）中，参照姜付秀等（2009）的研究设计，我们控制了如下一些变量：反映公司治理情况的高管持股比例（Ggcg）、独立董事规模（Ddsize），体现管理者个人特质变量的性别（Gender）和年龄（Age），以及资产负债率（Lev）和公司规模（Size）等。我们也加入了行业虚拟变量（Industry）和年度虚拟变量（Year）以控制年度效应和行业效应。本文中各变量的具体定义和计算如表1所示。

（三）数据来源与样本选取

文章以中国沪深股票市场2002~2008年所有A股上市公司为初始样本。之所以选择这一样本区间，主要是考虑到本文要使用盈余预测数据，而该数据是从2001年正式开始披露，2002年披露工作开始步入正轨，从数据的客观性和可获得性来看，选择2002年作为样本期间的初始年份比较合适。①

由于中国资本市场投资者情绪引致的股票价格波动剧烈，几乎所有实证研究都表明动量效应在半年内是显著存在的，而超过了半年或更长时间就会出现反转（吴世农和汪强，2007）。为了更好地刻画中国资本市场股票价格的上述波动特征，我们度量的投资者情绪为半年期指标。相应的，为了保持统计口径一致，文中所涉及的其他所有变量也均为半年期指标。②值得一提的是，在上述三个模型中，我们加入了17个半年度虚拟变量，以尽量控制季节性等"年度效应"问题。我们也对文章中所涉及的主要变量进行了时间序列的平稳性检验，结果发现，这些变量是平稳的，不存在季节性、有规律的波动。

文章中盈余预测的初始数据来源于Wind数据库，并经过手工处理而成。其他的数据主要来自于CSMAR和CCER数据库。我们首先剔除了金融行业的上市公司；其次我们剔除了相关数据缺失的公司；最后，为了稳健起见，我们也对主要连续变量极值进行了Winsorize处理，并进行了稳健性测试，结论没有实质性差异。

五、检验结果与分析

（一）描述性统计

从主要变量的描述性统计可以看出，资本投资的均值为0.0385，而固定资产投资均值为0.0376，说明中国上市公司的投资构成主要以固定资产投资为主，在资本投资的研究中应重点关注固定资产投资行为。

---

① 这与姜付秀等（2009）的样本期间相同。
② 类似地，为了更为精细地刻画投资者情绪，Bergman和Roychowdhury（2008）采用了季度指标度量投资者情绪，其回归模型中的其他变量也均为季度指标，以保持统计口径的一致。

投资者情绪均值为-0.0739，说明中国股市牛短熊长的现实，即熊市持续期远长于牛市持续期。这与中国股市的实际状况相符，也与吴世农、汪强（2007）采用动量指标计量投资者情绪的符号一致，从而部分地印证了采用动量指标衡量投资者情绪的有效性。相应地，管理者乐观主义的均值小于0.5，说明在中国资本市场中管理者的悲观情绪略占强势，这与总体低落的投资者情绪的趋势相一致，此外，管理者乐观主义与投资者情绪的相关系数显著为正值，这或许印证了投资者情绪塑造管理者乐观主义的假说。

特别地，从主要变量的相关系数可以看到，无论是资本投资还是固定资产投资，其与投资者情绪、管理者乐观主义都显著正相关，这可能意味着投资者情绪及其塑造的管理者乐观主义确实是驱使中国上市公司投资行为的动力。

（二）回归检验结果与分析

我们依次对模型（1）、模型（2）和模型（3）进行逐步回归，得到的实证检验结果如表2所示。

模型（1）报告了投资者情绪对企业投资行为的影响。按照其设计原理，投资者情绪与企业投资行为之间的关系由"α_1"来捕捉。从模型（1）的回归结果可以看出，在控制了期初与期末现金流量（$Cash_0$、$Cash_1$）、企业投资机构（Grows）、规模（Size）、负债水平（Lev）、行业和年度效应（Industry、Year）的影响之后，无论是用资本投资（INY_C）还是用固定资产投资（INV_F）来考量企业投资行为，α_1在1%水平上都显著为正。这说明投资者情绪确实对企业投资行为具有显著的正向影响，该结果还表明还可以进行下一步的中介效应检验。

表2 模型(1)~模型（3）的实证检验结果

变量	符号	模型（1）		模型（2）	模型（3）	
		INV_C	INV_F	Sent_MA	INV_C	INV_F
Constant	α_0	−0.0788*** (−2.68)	0.0180 (0.14)	−5.8198*** (14.29)	−0.0950*** (−3.21)	−0.0166 (−0.13)
Sent_IN	α_1	0.0096** (2.00)	0.0814*** (3.81)	0.9522*** (16.49)	0.0115** (2.38)	0.0855*** (3.97)
Sent_MA	α_2				0.0106*** (3.52)	0.0226* (1.69)
Grows	α_3	0.0001 (0.11)	0.0033 (0.57)		0.0002 (0.88)	0.0034 (0.59)
$Cash_1$	α_4	0.1055*** (6.77)	0.1822*** (2.64)		0.1074*** (6.92)	0.1862*** (2.7)
$Cash_0$	α_5	0.0305* (1.86)	−0.0312 (−0.43)		0.0345** (2.11)	−0.0228 (−0.31)
Size	α_6	0.0048*** (3.54)	0.0026 (0.43)	0.2416*** (12.37)	0.0052*** (3.89)	0.0036 (0.60)
Lev	α_7	−0.0007 (−0.69)	−0.0037 (−0.80)	0.0114 (0.11)	−0.0006 (−0.55)	−0.0034 (−0.73)

续表

变量	符号	模型（1）		模型（2）	模型（3）	
		INV_C	INV_F	Sent_MA	INV_C	INV_F
Ggcg	α_8			−0.2322 (0.06)		
Ddsize	α_9			−0.1303*** (2.77)		
Gender	α_{10}			0.87 (1.34)		
Age	α_{11}			0.0037 (0.09)		
Industry	α_{12-22}	控制	控制	控制	控制	控制
Year	α_{23-35}	控制	控制	控制	控制	控制
N		1152	1151	1155	1152	1151
Adj-R		0.1536	0.0184	—	0.1621	0.0468
Likelihood ratio				195.6098***		

注：模型（1）与模型（3）为线性回归，括号内为 T 统计值；模型（2）为逻辑回归，括号内为 Wald Chi-square 统计值；***、**、* 分别代表在 1%、5%、10%的水平上显著。

模型（2）报告了投资者情绪对管理者乐观主义的塑造作用。容易发现，在控制了公司规模（Siza）、负债水平（Lev）、管理者个人特质变量（Gender、Age）、公司治理特征（Ggcg、Ddsize）以及行业和年度效应（Industy、Year）的影响之后，投资者情绪的系数 α_1 显著为正，说明投资者情绪确实对管理者乐观主义有显著的正向影响。

更进一步地，结合模型（3）的实证结果，我们可以判别：在投资者情绪与企业投资行为的关系中。管理者乐观主义是否扮演了中介效应的角色。模型（3）的结果显示，无论是用资本投资（INY_C）还是用固定资产投资（INY_F）来考量企业投资行为，α_1 和 α_2 都显著为正，这意味着，投资者情绪对企业投资行为的影响中，至少一部分是由于管理者乐观主义的中介效应产生的，即管理者乐观主义扮演了部分中介效应的角色。

综上所述，一系列的回归结果支持 H1 和 H2。在中国资本市场中，高涨的投资者情绪将诱发乐观的管理者情绪，并将促使管理者高估投资项目的回报、低估其风险，从而提高企业投资水平；反之，低落的投资者情绪将促使企业投资水平降低。因此，投资者情绪确实是驱使企业投资行为的动力；在投资者情绪影响企业投资行为的过程中，至少部分通过管理者乐观主义的渠道而发挥作用，即管理者乐观主义扮演了部分中介效应的角色。

（三）稳健性分析

为检验上述结论的稳健性，我们执行了如下敏感性分析：①借鉴 Goyal 和 Yamada（2004）等的研究设计，本文采用分解 Tobin'Q 的方法对投资者情绪进行计量，以进一步检验上述结论的稳健性。①②借鉴 Oliver（2005）以及余明桂等（2006）的研究设计，以国家统计局网站公布的企业景气指数衡量管理者乐观主义。②③我们也对模型进行了 Hausman 内生性检验，检验结果进一步证实了个体情绪（管理者乐观主义）与决策更加容易受到社会情绪（投资者情绪）的影响（费斯汀格，1999；津巴多，2007；Nofsinger，2005），拒绝管理者乐观主义影响投资者情绪的假设。所有的敏感性分析结果与前文研究结论没有实质性差异。③因此，我们认为，前文的结论是比较稳健的。

六、研究结论与启示

延续 Shleifer（2003）、Baker 等（2006）文献的分析逻辑及研究展望，为了更加接近真实的资本市场，本文更为彻底地抛弃了"完全理性假说"，将管理者乐观主义嵌入投资者情绪与企业投资行为的关系中，考察其中介效应。在这一理论逻辑框架下，利用中国上市公司的经验数据，实证研究了投资者情绪、管理者乐观主义与企业投资行为之间的关系。本文发现，投资者情绪确实是驱使企业投资行为的动力；管理者乐观主义是时变的，投资者情绪对管理者乐观主义具有塑造作用；在投资者情绪影响企业投资行为的过程中，至少部分通过管理者乐观主义的渠道而发挥作用，即管理者乐观主义扮演了部分中介效应的角色。

上述发现表明，在现实的资本市场中，存在投资者情绪影响企业投资行为的"第三条道路"，即"管理者乐观主义的中介效应渠道"。这丰富了投资者情绪影响企业投资行为的作用机理的相关文献，也有助于我们从微观企业的视角反思 2008 年以来的"金融海啸"对区域经济的传导机制。上述研究发现的政策意义在于，为规避虚拟经济波动对实体经济的冲击，在投资者情绪的低落时期，应该通过合适的经济政策"提振管理者信心与情绪"；而在投资者情绪的高涨时期，抑制管理者高涨的情绪便显得尤为重要。此外，本文将投资者和管理者的有限理性纳入同一框架展开研究，该种分析范式对拓展与整合行为公司财务理论的研究路径具有一定的参考价值。

参考文献

[1] 安德瑞·史莱佛（Andrei Shleifer）：《并非有效的市场——行为金融学导论》，中国人民大学出版社，

---

① 该种方法的理论基础在于，Tobin'Q 不仅包含未来的投资机会，也包含投资者情绪引致的股票错误定价。因此，该方法将 Tobin'Q 对描述公司基本面的变量组（股东权益净利率、主营业务收入增长率、资产负债率、规模）进行回归，同时控制行业和年度效应，以拟合值作为反映投资机会的基本 Q 的度量，以残差作为投资者情绪的代理变量。

② 自 2001 年以来，国家统计局每季度披露一次企业景气指数，该指数的临界值为 100，区间范围为 0~200。如果企业景气指数大于 100，说明企业家对企业生产经营和对未来发展持乐观预期；如果企业景气指数小于 100，意味着企业家对企业生产经营状况和对未来发展持悲观预期。

③ 限于文章篇幅，相应表格未予列示。读者如有兴趣可向作者索取。

2003年第1版。

［2］杜丽虹、朱武祥：《股票市场投机、公司资本配置行为及资本配置绩效：万科与新黄浦置业比较》，《管理世界》，2003年第8期109-117页。

［3］赫什·舍夫林（Hersh Shefrin）：《行为公司金融——创造价值的决策》（郑晓蕾译），中国人民大学出版社，2007年第1版。

［4］姜付秀、张敏、陆正飞、陈才东：《管理者过度自信、企业扩张与财务困境》，《经济研究》，2009年第1期131-142页。

［5］津巴多（Zimbardo）：《态度改变与社会影响》，人民邮电出版社，2007年第1版。

［6］利昂·费斯汀格：《认知失调理论》，浙江教育出版社，1999年第1版。

［7］刘志远、花费如：《投资者情绪与企业投资行为研究述评及展望》、《外国经济与管理》，2009年第6期54-61页。

［8］花贵如、刘志远、许骞：《投资者情绪、企业投资行为与资源配置效率》、《会计研究》，2010年第11期41-48页。

［9］刘端、陈收：《中国市场管理者短视、投资者情绪与公司投资行为扭曲研究》，《中国管理科学》，2006年第2期16-23页。

［10］辛清泉、郑国坚、杨德明：《企业集团、政府控制与投资效率》，《金融研究》，2007年第10期123-142页。

［11］余明桂、夏新平、邹振松：《管理者过度自信与企业激进负债行为》，《管理世界》，2006年第8期104-112页。

［12］吴世农、汪强：《迎合投资者情绪？过度保守？还是两者并存？——关于公司投资行为的实证研究》，厦门大学管理学院工作论文，2007年版。

［13］温忠麟、张雷、侯杰泰、刘红云：《中介效应检验程序及其应用》，《心理学报》，2004年第5期614-620页。

［14］Baron R. M., and D. A. Kenny, 1986, "The moderator-mediator variahle distinction in social psychological research: Conceptual, strategic, and statistical considerations," Journal of Personality and Social Psychology, 51 (6): 1173-1182.

［15］Baker M., R. Ruback and J. Wurgler, 2006, "Behavioral Corporate Finance: A Survey," The Handbook of Corporate Finance: Empirical Corporate Finance. edited by Espen Eckbo. New York: Elsevier/North Holland.

［16］Baker M., J. Stein and J. Wurgler, 2003, "When Does the Market Matter? Stock Prices and Investment of Equity-dependent Fimes," Quarterly Journal of Economics, 118: 969-1006.

［17］David H. and S. H. Teoh, 2008, "Thought and behavior contagion in capital markets", University of Califomia, Working Paper.

［18］Forgas, Joseph P., 1995, "Mood and Judgment: The Affect Infusion Model (AIM)," Psychological cal Bulletin, 1: 39-66.

［19］Gilchrist S., C. Himmelberg, and G. Huherman, 2005, "Do Stock Price Bubbles Influence Corporate Investment?" Journal of Monetary Economics, 52: 805-827.

［20］Goyal Vidhan K. and T. Yamada, 2004, "Asset price shocks, financial constrains, and investment: Evidences from Japan," Journal of Business, 2004, 77 (1).

［21］Hackbarth D., 2009, "Delerminants of corporate borrowing: A behavioral perspeclive," Journal of

Corporate Finance, 15.

[22] Heaton J. B., 2002, "Managerial Optimism and Corporate Finance," Financial Management, 31: 3-45.

[23] Johnson E.J. and A. Tversky, 1983, "Affect, Generalization, and the Perception of Risk," Journal of Personality and Social Psychology, 45: 20-31.

[24] Keynes J. M., 1936, "The General Theory of Employment, Interest, and Money", London: Macmillan.

[25] Malmendier Ulrike and Tate Geoffrer, 2005, "CEO Overconfidence and Corporate Investment," Journal of Finance, 6: 2661-2700.

[26] McLean R. D. and Zhao M. 2009, "Investor Sentiment and Real Investment," Working Paper, University of Alberta.

[27] Nofsinger J. R., 2005, "Social Mood and Financial Economics," The Journal of Behavioral Finance, 6: 144-166.

[28] Oliver B. R., 2005, "The Impact of Management Confidence on Capital Structure", Working Paper Series in Finance no. 05-05, Australian National University.

[29] Polk C. and P. Sapienza, 2009, "The Stock Markel and Corporate Investment: A Test of Catering Theory," Review of Financial Studies, 22 (1): 187-217.

Investor Sentiment, Managerial Optimism and Corporate Investing Behaviour

Hua Guiru Liu Zhiyuan Xu Qian

Abstract: This paper incorporated limited rational investors and mangers into the same framework, proposed and had proved the "intermediate channel of managerial optimism" through which investor sentiment affects corporate investment from the perspective of behavioral corporate finance. This enriched literatures on the functioning mechanism of investor sentiment affecting corporate investment, helped us to understand the macro issues how the worldwide "Financial Tsunami" spread to the real economy from the micro-enterprise perspective, expanded the research paths of theories of behavioral corporate finance.

Key Words: Investor Sentiment; Managerial Optimism; Corporate Investment

金融学学科前沿研究报告

政治联系、过度投资与公司价值
——基于国有上市公司的经验证据*

杜兴强　曾泉　杜颖洁①

【内容摘要】 政治联系是中国资本市场国有上市公司中广泛存在的现象。本文手工搜集了国有上市公司2004~2008年期间关键高管的政治联系数据，采纳多维的政治联系度量方法，实证研究了关键高管的政治联系对国有上市公司的过度投资行为和公司价值的影响。本文研究结果表明，政治联系显著增加了国有上市公司过度投资的概率，且政治联系的强度越大、过度投资的概率越大；相对于中央政治联系，地方政治联系显著地增加了国有上市公司过度投资的概率。进一步，过度投资行为显著降低了国有上市公司的公司价值。

【关键词】 政治联系；过度投资；公司价值；TOBIN'Q

一、引言

政治联系（Political Connections）普遍存在于世界各国的上市公司之中（Faccio, 2006; Fisman, 2001）。Fan等（2007）、Boubakri等（2008）、Shleifer和Vishny（1998）都指出，公司政治联系是政府对公司持续干预的一种手段。在制度不健全、政治和经济改革不彻底、权力集中度较高、政治透明度较低、政府官员权力行使缺乏有效监督的情况下，政府官员手中的权力被寻租的情况就越盛行（Shleifer和Vishny, 1998）。Fan等（2007）、Li等（2008）、罗党论与甄丽明（2008）、王庆文和吴世农（2008）、吴文峰等（2008）、杜兴强等（2009, 2010）均揭示了政治联系在我国转轨经济阶段资本市场上市公

---

* 基金项目：国家自然科学基金项目（71072053）、福建省社会科学重点项目（2010A012）与中央高校基本科研业务费专项资金（2010221021）。

① 杜兴强，山西芮城人，厦门大学管理学院教授、博士生导师；曾泉，江西赣州人，厦门大学管理学院博士生；杜颖洁，江苏无锡人，厦门大学管理学院博士生。

司中的普遍存在性，并从不同层面探讨了政治联系对上市公司经济、财务、税收等相对宏观层面的影响。但是，政治联系对上市公司的过度投资行为的影响以及过度投资对公司价值的影响（控制政治联系对公司价值的可能影响之后），目前的文献则关注不足。

本文基于宏观经济背景分析政治联系对国有上市公司投资行为和公司价值的影响，将可以从微观甚至更为宏观的层面上评价国有企业的投资行为的经济后果。本文的研究发现，政治联系显著增加了国有上市公司过度投资的概率，且过度投资行为显著降低了国有上市公司的公司价值。本文可能的贡献在于：①本文对 Fisman（2001）、Fan 等（2007）、罗党论与甄丽明（2008）、吴文锋等（2008）、杜兴强等（2009）的政治联系度量方法进行了拓展，分别采纳虚拟变量法和赋值法、区分中央政治联系与地方政治联系，尝试全面度量政治联系因素。②在政治联系度量改进的基础上，参考 Chen 等（2011），为政治联系、过度投资与公司价值的研究提供了增量经验证据。具体阐述如下：Chen 等（2011）的研究，以 TOBIN'Q 作为投资机会的替代，引入政治联系因素作为政府干预的替代变量，将之视为一种契约摩擦（Contracting Friction）。研究发现政治联系显著降低了国有企业，尤其是地方国有企业的投资效率（国有上市公司的投资费用与投资机会的敏感性显著减弱），增加了地方国有企业过度投资的倾向。本文的研究侧重于分析政治联系这一非正式的制度因素对国有企业过度投资行为的影响。首先，本文直接根据 Bushman 等（2007）、Hung 等（2007）的研究，估计国有企业的期望投资水平，并判断国有企业是否存在过度投资；其次，本文分析了政治联系对过度投资的影响，发现了政治联系的确显著导致了国有企业的过度投资行为；最后，本文在控制政治联系对公司价值影响的基础上，重点分析过度投资对公司价值（TOBIN'Q）的影响。所以，本文区别于 Chen 等（2011）之处，主要在于：第一，Chen 等（2011）主要是分析"投资支出（费用）对投资机会的敏感性"来衡量投资效率，而本文则直接度量过度投资，分析政治联系对过度投资的影响，虽然研究结论与 Chen 等（2011）在国有企业层面上基本一致。第二，本文还进一步延伸研究了过度投资对公司价值的影响（控制了政治联系因素）。基于上述，本文相对于 Chen 等（2011）具有增量贡献。

本文内容安排如下：第二部分回顾了相关文献，进行理论分析并提出研究假设；第三部分是本文的研究设计，包括模型构建、变量定义和数据来源；第四部分是描述性统计与变量的相关性分析；第五部分是实证研究结果及分析；最后是结论和进一步的研究方向。

二、文献回顾、理论分析与研究假设

（一）政治联系及其度量：文献回顾

政治联系的度量，包括两类典型的方法：①以公司高管的政治联系作为公司政治联系的替代，包括虚拟变量法与赋值法；②以公司特征为基础的政治联系衡量方法（Adhikari 等，2006；Claessens 等，2008；Faccio 和 Parsley，2009）。由于第一种方法是目前文献特别是国内学者研究所采纳的主要方法，所以本文对政治联系度量的文献回顾以此为主。

虚拟变量法下，确定公司政治联系的基本原则是：如果公司的高管（有的文献还涵盖最终控制人等）曾经或现在仍在党委（含纪委）、政府、人大、政协常设机构、法院、检察院、人民银行（范围更广者还包括军队）任职，或曾经或现在担任党代表、人大代表和政协委员，则赋值为1，否则为0。虚拟变量法是相关文献最为普遍采纳的方法，典型的文献包括：Faccio（2006），Boubakri 等（2008），Faccio 和 Parsley（2009），Fan 等（2007），Li 等（2006，2008），Leuz 和 Oberholzer-Gee（2006），陈钊等（2008），吴文峰等（2008），杜兴强等（2009）。此外，杜兴强等（2009）将政治联系区分为政府官员类和代表委员类政治联系，发现了两者不同的经济后果。这是对虚拟变量法的拓展。亦有一些学者以公司高管中具有政治联系的高管占全部高管（或董事会人数）的比例，作为政治联系的替代。譬如罗党论与黄琼宇（2008）就采用该方法进行过相关研究。

赋值法对公司高管的不同政治身份级别赋予不同的分值，作为公司政治联系指标。相关文献包括 Fisman（2001），王庆文和吴世农（2008），邓建平和曾勇（2009），杜兴强等（2009）。

本文的研究，将综合运用政治联系度量的虚拟变量法、赋值法，并区分中央、地方两类政治联系，力争更为详细地分析政治联系对过度投资与公司价值的影响。

（二）政治联系、过度投资与公司价值：文献回顾

1. 政治联系与过度投资（投资效率）

过度投资问题，不同的学者曾从不同的视角进行过相应的分析。Richardson（2006）曾构建一个投资效率的模型，研究了过度投资与自由现金流（Free Eash Flow）之间的经验关系。罗进辉等（2008）从大股东治理视角分析了管理当局的过度投资行为，发现大股东持股比例与管理当局的过度投资行为之间的倒"Ⅳ"形关系。李维安与姜涛（2007）则从公司治理的视角，分析了公司治理与过度投资行为之间的关系，研究发现股东、董事会和利益相关者的治理可以有效地抑制上市公司的过度投资行为，但监事会与独立董事机制并未起到抑制公司治理的作用。魏明海、柳建华（2007）则分析了中国国有企业的分红、治理因素对过度投资的影响，发现中国国有企业的低分红政策导致了过度投资行为，但内外部公司治理行为会在一定程度上抑制国有企业的过度投资行为。唐雪松等（2007）的研究进一步发现，现金股利与举借债务，可以在一定程度上抑制过度投资行为。王彦超（2009）则发现超额现金持有的上市公司，在无融资约束的情况下，往往会出现过度投资。黄乾富、沈红波（2009）发现，上市公司的投资对于现金流具有高度敏感性，且债务比例与企业过度投资支出之间呈现显著的负相关关系；进一步，商业信用相对于银行借款更能够抑制过度投资行为；长期债务由于期限长、比例小，因而对企业过度投资行为的制衡作

用较弱。

但是，对于政治联系这一典型的现象及其对国有企业过度投资行为的影响，目前却关注不足。根据作者掌握的文献，主要有Chen等（2011），陈运森、朱松（2009）进行了相关的研究。Chen等（2011）以2001~2004年3767个中国上市公司观测值为样本，研究了政治联系与投资效率之间的关系。研究发现，政治联系的国有企业投资支出与投资机会敏感性显著更低，且政治联系的国有企业过度投资程度显著高于无政治联系的公司；对政治联系的民营上市公司，投资支出与投资机会敏感性更高，过度投资的行为并不普遍。陈运森和朱松（2009）的研究发现，政治联系提高了投资效率，降低了投资与现金流敏感度，企业和地方政府的关系对投资的作用要更强。

上述研究更为集中地关注政治联系对投资效率的影响，政治联系的度量则主要采取了虚拟变量法，而本文则在对政治联系的度量采取虚拟变量法和赋值法的基础上，进一步深入探讨政治联系与过度投资的经验关系。

2. 政治联系、过度投资与公司价值

目前文献多是直接分析政治联系与公司价值的关系，而同时将政治联系、过度投资与公司价值进行融合的研究文献相对不足（目前主要是Chen等（2011））。政治联系与公司价值的研究包括分析政治联系的短期市场反应（CAR）和长期市场价值（TOBIN'Q或BHAR）。

"政治联系的上市公司的短期市场反应"领域的研究，往往从上市公司或高管与特定的、关键的政治人物的私人关系界定为政治联系，分析关键政治人物的健康原因、丑闻、参选成功与否等因素对公司股价的短期影响（Fisman，2001；Faccio和Parsley，2009）。政治联系短期市场反应方面的研究，主要是设定政治人物或政治事件，然后分析围绕着人物或事件的短期累积的异常报酬率CAR（CumuLative Abnormal Return）。这一研究方法关键之处在于：①标志性的政治人物或事件；②相对干净的事件期。鉴于我国政治体制的特点和资本市场的制度背景，能够提供这一研究素材的并不多见，很难出现像美国、印度尼西亚、马来西亚等西方国家或东南亚国家那样与特定政治人物相联系的、典型的事件，从而给采纳事件研究带来一定的困难。

"政治联系公司与长期市场价值"领域的研究，往往通过计算公司的TOBIN'Q（或BHAR）来透析政治联系对公司价值的影响。Chen等（2011）的研究发现，政治联系的企业的过度投资程度显著高于没有政治联系的公司；进一步，过度投资水平越高，企业的超额价值越低。Chen等（2011）的研究，注意到了政府干预作为一种契约摩擦（Friction），会扭曲企业的投资行为，导致投资无效率。为了检验这一命题，Chen等（2011）的研究特色在于：第一，将TOBIN'Q作为投资机会的替代变量，对比国有企业（政府干预较强）和民营企业，分析两者在投资效率方面的差异，发现国有企业的投资效率显著更低。第二，将政治联系作为政府干预的替代变量，分析政治联系这一因素对国有企业和民营企业投资效率的影响，发现政治联系显著降低了国有企业的投资效率，对民营企业的投资效率影响不显著（尽管也会降低民营企业的投资效率）。此外，Chen等（2011）进一步发现政治联系对国有企业投资效率的降低主要体现在地方国有企业之中。

此外，罗党论和黄琼宇（2008）以TOBIN'Q和买入并持有超额收益（BHAR）度量企业价值，研究发现政治联系对民营企业价值有显著的正向影响，且政治联系强度越高，公司价值越大。吴文峰等（2008）以1999~2004年1046个最终控制人为个人的中国民营上市公司作为研究样本，研究发现高管具有政府背景总体上没有影响公司价值，当区分为不同的政府背景后，高管的地方政府背景对公司价值的正面影响要显著大于中央政府背景，且政府干预越严重，这种正面影响越强。雷光勇等（2009）研究发现，在法治水平较低的地区，上市公司的政治关联有助于提升其公司价值；而在法治水平较高的地区，政治关联对公司价值的影响则不显著。

国内目前分析政治联系对公司长期绩效影响的文献相对较少，原因在于中国资本市场普遍存在的资本市场效率问题、波动性大、换手率高等方面的典型特征，使得通过研究政治联系和市场价值（TOBIN'Q或BHAR）存在着诸多噪声干扰，难以克服。

本文的思路则是综合分析政治联系、过度投资与公司价值之间的关系，即首先分析政治联系对过度投资的影响，然后分析过度投资对公司价值的影响。

（三）理论分析与研究假设的提出

Qian和Weingast（1997）、Qian和Ronald（1998）、Jin等（2005）从政治体制角度，阐释了中国经济高速增长的奇迹，认为在中国的政治体制下，中央对地方官员的激励主要有二：财政分权和行政分权。财政分权是指中央下放财权给地方政府，并对地方政府实施财政包干，让地方政府拥有财政收入的"剩余索取权"。财政分权及"放权让利"、"抓大放小"（Seize the Big and Free the Small）等一系列与宏观政治经济改革相伴随的企业改革举措，使中国经济在一个阶段内保持了高速的增长。行政分权则是指改革开放以后，中央政府下放了诸多经济管理方面的权力给地方政府，使地方政府拥有越来越多的自主权和"剩余控制权"。

实际上，20世纪80年代中国改革开放以来，按照发展经济的总体思路，中央将既定的、发展经济的总目标，分解至各个不同的省份，明确或含蓄的对省级官员提出任期内的经济增长目标和要求。为了完成中央下达的任务，各个省份的官员必然会围绕经济增长这一关键目标而努力，来寻求近期或未来的政治晋升。进一步，考虑到中国的具体国情，一旦进入了政府官员这个序列，那往往就意味着典型的"锁定"效应（lock-in effect）。那么，留给地方官员（包括省长）的就只有一种努力方向——寻求政治晋升。但是，政府官员序列犹如金字塔，级别越高、资源越稀缺，为此注定了这是一条"逐级淘汰"的、竞争激烈的道路（周黎安，2007）。为此，省长欲获得政治晋升，不仅必须有出色的政绩即经济增长作为支持，而且还要确保经济增长优于、快于其他省份。

企业是社会的细胞，那么企业的业绩及其增长就成为当地经济增长的助推器。为了追求经济增长及与此相关的政治擢升机会，当地的政府官员往往需要逐级分解"任务"，乃至落实到具体的企业，特别是国有企业。应该指出，由于较弱的产权保护特征以及较为不发达的产品、要素和资本市场，使得政府在国有企业的发展中依然发挥着重要的作用，包括对国有企业董事长、总经理等关键高管的组织任命、资源分配、产业政策扶持、融资渠道（Chen等，2011）。实际上，各级政府往往正是通过对国有企业的董事长、总经理等关键高管的任命，确保了政府宏观的政治目标和社会目标的贯彻实施。那么，本文可以合乎逻辑的进一步推知，具有政治联系的国有企业更可能经受政府干预，为此行政指令将可发展而进行大量的低效投资项目。因为当地政府部门如国资委（局）往往从该层面上去考核国有企业的关键高管。Leuz和Oberholzer-Gee（2006）也指出，政治联系可以促使国有企业更容易地从各种渠道进行融资。实际上，由于国家对国有企业的"父爱主义"情怀（Komai，1986）和"预算软约束"（Soft Budgetart Constrain），往往使得政治联系的国有企业可以更加容易地获得融资便利，包括IPO融资、再融资（配股、增发等）、举借长期或低息的银行贷款（余明桂、潘红波，2008）、发行企业债。融资便利往往进一步加剧了国有企业的无效投资、过度投资的趋势。

政治联系的国有企业的过度投资倾向还有另一个层面的逻辑。具有政治联系的国有企业的关键高管，均具有一定的行政级别，往往纳入特定级别的行政干部考核范畴，而且可能仅仅是干部轮岗和"历练"的需要而进入国有企业任职。假以时日，一旦时机成熟且"政绩"突出，往往可能直接从国有企业关键高管的职位上获得提升，进入各级政府部门（譬如中海油董事长调任海南省省长、华能集团的董事长调任山西省常务副省长等）。但是，要获得提升，就要有政绩。为此，这促使了政治联系的国有企业的关键高管往往背离盈利这一主要目标，热衷于能够凸显其政绩的事情，包括进行过度投资、不断地扩大企业的规模，借以引起有关政府官员的"注意"，得以获得擢升，从而离开国有企业、进入或重返政府官员"序列"。基于上述，本文提出如下假设：

假设1：限定其他条件，国有上市公司的过度投资与政治联系正相关。

延续上文的逻辑，若政治联系的国有企业出现过度投资，即投资了对公司价值而言并非最优的投资机会，尤其是净现值小于零的项目，从而降低了资源配置效率、导致了低效率的投资决策行为。照此，过度投资可能会导致公司价值的降低。换言之，国有企业承担了部分政府职能、背离了利润最大化的基本目标，或国有企业的关键高管为了个人的政治生涯提升而选择过度投资，最终将损害国有企业的公司价值。但是，由于政治联系因素有可能会影响公司价值（罗党论、黄琼宇，2008），为此本文预期在控制政治联系等对公司价值产生影响的其他因素后，国有企业的过度投资行为依然会降低其公司价值。基于上述，本文提出如下假设：

假设2：限定政治联系因素与其他条件，国有上市公司的公司价值与过度投资负相关。

三、研究设计

(一) 模型与变量

1. 政治联系与过度投资

为了检验假设1，即"政治联系是否导致过度投资"，本文构建了如下 LOGIT 模型：

$$P_{OINV} = \beta_0 + \beta_1 PC + \beta_2 FCF + \beta_3 GROWTH + \beta_4 FIRST + \beta_5 LNSIZE + \beta_6 LEV + \beta_7 PLU + \beta_8 INDEXGOV + \lambda IND + \omega YEAR + \delta \quad (1)$$

模型（1）中，OINV 代表过度投资，P_{OINV} 代表过度投资的概率。政治联系即 PC 是主要的解释变量，包括如下四种度量方法：①政治联系虚拟变量 PCDUM；②中央、地方政治联系虚拟变量 CENPC、LOCPC 是对 PCDUM 的细分；③政治联系赋值变量 PCMAX；④广义政治联系的虚拟变量 GPC。显然，若 β_0 显著为正，则说明假设1被经验证据所支持。

参考 Bushman 等（2007）、Hung 等（2007）、Chen 等（2011），针对每一观测值，按照模型（2）及相应的三个步骤，对模型（1）中涉及的"过度投资"（OINV）变量进行估算：

第一步，利用下述模型（2），借助于每个上市公司观测值每个年度的实际 INV 和其他财务数据，按照分行业、分年度估算模型的系数 α_1、α_2、α_3、α_5、α_6、α_7。

$$INV_t = \alpha_0 + \alpha_1 INV_{t-1} + \alpha_2 GROWTH_{t-1} + \alpha_3 FIRST_{t-1} + \alpha_4 LNSIZE_{t-1} + \alpha_5 LEV_{t-1} + \alpha_6 CFO_{t-1} + \alpha_7 INDEXGOV_{t-1} + \varepsilon \quad (2)$$

模型（2）中变量的下标 t、t–1 分别代表本期与滞后一期。其中，INV 代表投资效率 = [（购买固定资产、无形资产与其他长期资产的现金支出）/总资产]，GROWTH 代表公司成长性，FIRET 代表第一大股东持股比例，LNSIZE 代表公司规模，LEV 代表资产负债率，CFO 代表"经营活动现金净流量/总资产"，INDEXGOV 代表各个地区内减少政府干预的指数。

第二步，利用第一步估算的系数，以及上市公司的实际财务数据，计算期望的投资率 $\overline{INV}$。

第三步，计算实际 INV 与 $\overline{INV}$ 的残差，即过度投资：$\Delta INV = INV - \overline{INV}$。

若 $\Delta INV > 0$，则存在过度投资，OINV=1；若 $\Delta INV < 0$，则意味着投资不足，OINV=0。

2. 过度投资与公司价值

为了检验假设2，即"过度投资是否降低公司价值"，本文构建了如下 OLS 模型：

$$TOBIN'Q = \gamma_0 + \gamma_1 OINV + \gamma_2 PC + \gamma_3 FIRST + \gamma_4 LNSIZE + \gamma_5 LEV + \gamma_6 PLU +$$

$$\gamma_7\text{ROA} + \gamma_8\text{INDEXGOV} + \lambda\text{IND} + \omega\text{YEAR} + \zeta \tag{3}$$

模型（3）中，TOBIN'Q 是被解释变量，代表公司价值。主要解释变量是过度投资 OINV，若国有上市公司存在过度投资，则 OINV=1，否则 OINV=0。显然，若 γ_1 的系数显著为负，则说明假设 2 得到经验证据的支持。

表 1　变量及定义

变量	变量定义
OINV	过度投资的虚拟变量，若存在过度投资，则 OINV=1，否则 OINV=0（具体计算见正文）
TOBIN'Q	年报公布当年年末的 TOBIN'Q =（流通股×年末收盘价+非流通股×每股净资产）/总资产
PCDUM	政治联系虚拟变量。若关键高管（董事长和总经理）曾经或现在仍在党委（含纪委）、政府、人大或政协常设机构、法院、检察院任职，则本文认为具有政治联系，赋值为1，否则取0
CENPC	中央政治联系的虚拟变量。若关键高管（董事长和总经理）曾经或现在仍在中央行政机关的党委（含纪委）、国务院、全国人大、全国政协常设机构、最高人民法院、最高人民检察院等任职，则认为关键高管具有中央政治联系，赋值为1，否则取0
LOCPC	地方政治联系的虚拟变量。若关键高管（董事长和总经理）曾经或现在仍在地方（含省、市、县等）党委（含纪委）、地方政府、地方人大或政协的常设机构、各级地方人民法院、检察院等任职，则认为关键高管具有地方政治联系，赋值为1，否则取0
PCMAX	政治联系赋值变量。参考杜兴强等（2009，2010），分别对关键高管进行单位赋值与个人赋值，然后将二者相乘，作为该名关键高管最终的政治联系取值；然后选取关键高管政治联系赋值的最大值，作为该公司政治联系赋值的最终值
GPC	广义政治联系虚拟变量。若关键高管曾经或现在仍在党委（含纪委）、政府、人大、政协常设机构、法院、检察院、人民银行任职，曾经或现在仍担任党代表、人大代表和政协委员，则赋值为1，否则为0
FCF	自由现金流量=（净利润+折旧摊销）/年初总资产（Jensen，1986；Chen 等，2011）
GROWTH	成长性=（当年营业收入-上年营业收入）/上年度营业收入
FIRST	第一大股东持股比例
PLU	董事长与总经理两职合一的虚拟变量，若两职合一，则 PLU=1
LNSIZE	公司规模，以总资产的自然对数进行度量
LEV	资产负债率=负债总额/资产总额
INDEXGOV	政府干预指数，该指数越大，说明政府干预越小（樊纲等，2007）
IND	行业虚拟变量
YEAR	年度虚拟变量

（二）样本选择与数据来源

本文选择 2004~2008 年期间的国有上市公司作为研究对象。之所以选择 2004 年作为起点，原因在于 CSMAR、WIND 数据库从 2004 年开始才有完整、可靠的高管简历资料的披露。在此基础上，本文按照如下原则进行样本的筛选与剔除：①交叉上市的观测值，包括同时发行 B 股或 H 股的观测值（因为监管政策差异）；②金融类上市公司的观测值（因为财务特征变量存在较大的差异）；③ST、*ST 类等非正常交易状态的观测值（出于计算公司价值TOBIN'Q的考虑）；④高管简历不全的观测值；⑤相关财务数据缺失的观测值。

政治联系的数据来自于作者的手工搜集，即翻阅年报、逐一核对高管简历资料，然后进行手工赋值。最终，本文共计得到2506个观测值，其中2004~2008年各年的观测值分别为469、487、535、570、445个。表2报告了本文样本的基本构成。表2揭示，政治联系PCDIJM的比例大约为22.50%，这一比例与Fan等（2007）报告的政治联系比例（27%）基本吻合。其中，中央政治联系CENPC的比例仅为2.35%，地方政治联系LOCPC的比例约为20.15%，说明地方政治联系更为普遍。广义政治联系GPC的比例约为27.69%，说明国有上市公司的关键高管还可能存在参政议政（Participation in Political Affairs，PPA）等广义的政治联系方式。

表2 样本基本情况

年份	观测值	PCDUM		CENPC		LOCPC		GPC	
		观测值	百分比	观测值	百分比	观测值	百分比	观测值	百分比
2004	469	122	26.01%	6	1.28%	116	24.73%	152	32.41%
2005	487	107	21.97%	10	2.05%	97	19.92%	133	27.31%
2006	535	110	20.56%	14	2.62%	96	17.94%	131	24.49%
2007	570	118	20.53%	17	2.98%	101	17.72%	145	25.44%
2008	445	107	24.04%	12	2.70%	95	21.35%	133	29.89%
合计	2506	564	22.50%	59	2.35%	505	20.15%	694	27.69%

本文研究所使用的第一大股东持股比例、董事长和总经理两职合一、行业等数据来自WIND金融数据库，其他财务数据则来自CSMAR数据库，政府干预变量来自樊纲等（2007）。为了克服极端值的影响，本文对连续变量（如FIRST、GROWTH、LNSIZE、LEV等）按照1%与99%分位进行了必要的缩尾处理，借以剔除极端值的影响，增加研究结果的可靠性。

四、描述性统计与相关性分析

（一）变量的描述性统计

表3报告了本文主要变量的描述性统计的结果。

（1）被解释变量OINV的均值为0.4042，说明大约40.42%的国有上市公司存在过度投资的行为。此外，被解释变量TOBIN'Q的均值为1.9579，1/4分位数为1.1429，说明75%以上的中国国有上市公司的公司价值超过其账面价值。

（2）主要的解释变量方面，PCDUM 的均值为 0.2250，说明 22.50%的上市公司存在政治联系。CENPC 的均值为 0.0235，LOCPC 的均值为 0.2015，表明国有上市公司中仅有 2.35%存在中央政治联系、20.15%的国有上市公司存在地方政治联系。PCMAX 的均值为 7.0188、中位数为 0、最大值为 72，说明国有上市公司中政治联系的强度存在较大的差异。GPC 的均值为 0.2769，说明 27.69%的国有上市公司中存在广义政治联系。

（3）控制变量的描述性统计结果如下：FCF 的均值为 0.0707，1/4 分位数为 0.0329，说明 75%以上的国有上市公司具有正的自由现金流，这一点为其过度投资提供了条件。GROWTH 的描述性统计揭示，75%以上的国有上市公司成长性较好，平均增长率达到 22.07%。FIRST 的结果说明，国有上市公司的第一大股东持股比例差距较为明显，均值达到 41.15%。PLU 的结果揭示，国有上市公司中仅有 9.5%存在董事长和总经理两职合一的现象。LNSIZE 描述性结果揭示，国有上市公司的规模不仅很大，而且彼此差异巨大：国有上市公司的平均规模（资产总额）约 24.5 亿元，最大、最小值相差大约 710 倍。LEV 的结果表明，国有上市公司资产负债率总体偏高、平均资产负债率为 49.46%，但是同时资产负债率差异巨大，最高和最低资产负债率相差大约 10.8 倍。

此外，INDEXGOV 结果表明，我国省市地区间政府干预的情况差异较大，政府干预程度最低的地区是广东省，仅 13.07；政府干预程度最严重的地区得分仅为 1.49（请注意，INDEXGOV 类似于"负指标"，得分越低，说明政府干预越严重）。

表 3 变量的描述性统计

变量	观测值	均值	标准差	最小值	1/4 分位	中位数	3/4 分位	最大值
OINV	2506	0.4042	0.4908	0	0	0	1	1
TOBIN'Q	2506	1.9579	1.2867	0.8285	1.1429	1.5187	2.2954	13.1587
PCDUM	2506	0.2250	0.4174	0	0	0	0	1
CENPC	2506	0.0235	0.1517	0	0	0	0	1
LOCPC	2506	0.2015	0.4012	0	0	0	0	1
PCMAX	2506	7.0188	15.0716	0	0	0	0	72
GPC	2506	0.2769	0.4476	0	0	0	1	1
FCF	2506	0.0707	0.0713	−0.2674	0.0329	0.0609	0.1041	0.4742
GROWTH	2506	0.2207	0.4108	−0.9844	0.0399	0.1653	0.3217	6.4305
FIRST	2506	0.4115	0.1574	0.0887	0.2872	0.4074	0.5321	0.7599
PLU	2506	0.0950	0.2932	0	0	0	0	1
LNSIZE	2506	21.6212	0.9620	18.8390	20.9256	21.5413	22.1853	25.4041
LEV	2506	0.4946	0.1676	0.0822	0.3731	0.5103	0.6235	0.8903
INDEXGOV	2506	6.2362	3.1394	1.49	3.72	5.51	8.55	13.07

（二）变量的 Pearson 相关性分析

表 4 报告了本文被解释变量和主要的解释变量之间的 Pearson 相关性分析。从表 4 可

以看出，OINV 与 PCDUM、PCMAX、GPC 均显著正相关，说明政治联系显著导致了国有上市公司的过度投资；OINV 与 LOCPC 显著正相关、与 CENPC 正相关但不显著，说明仅地方政治联系显著导致了过度投资。上述结果说明，本文的假设 1 得到了经验证据的初步支持。OINV 与 TOBIN'Q 负相关但不显著，为过度投资降低了公司价值提供了统计上较弱的经验证据。TOBIN'Q 与各种计量方法下的政治联系变量 PCDUM、PCMAX、GPC，以及地方政治联系正相关但不显著，但与中央政治联系 CENPC 显著正相关。当然，上述仅是单变量的相关性分析，被解释变量和主要的解释变量之间较为严谨的相关性，需要下文的多元回归来提供。其余变量的相关性如表 4 所示。

表 4　变量的 Pearson 相关性分析

变量	OINV	TOBIN'Q	PCDUM	CENPC	LOCPC	PCMAX	GPC
OINV	1						
TOBIN'Q	−0.0266	1					
PCDUM	0.0359*	0.0028	1				
CENPC	0.0008	0.0402**	0.2822***	1			
LOCPC	0.0362*	0.0127	0.9333***	−0.0780***	1		
PCMAX	0.0420**	0.0092	0.8653***	0.3521***	0.7668***	1	
GPC	0.0572***	0.0046	0.8698***	0.2450***	0.8118***	0.7526***	1

注：***、**、* 分别代表 1%、5% 与 10% 的显著性水平（双尾）。

五、实证研究结果及其分析

（一）政治联系与过度投资：假设 1 的检验

表 5 报告了政治联系与过度投资的 LOGIT 回归结果，各个模型整体显著。表 5 的第 (1) 列揭示，OINV 的概率与 PCDUM 在 10% 的水平上显著正相关（0.1664，t=1.68），说明国有上市公司存在的政治联系因素的确显著导致了过度投资。进一步，根据 Wooldridge (2009) 介绍的 LOCIT 模型的概率转换方法，PCDUM 对 OINV 概率的边际影响为 1.75%。

第 (2) 列揭示，OINV 的概率与中央政治联系 CENPC 正相关但不显著；与地方政治联系 LOCPC 在 10% 的水平上显著正相关（0.1727，t=1.68），说明主要是国有上市公司中存在的地方政治联系显著导致了过度投资。LOCPC 对 OINV 概率的边际影响为 1.82%。

第 (3) 列揭示，OINV 的概率与 PCMAX 在 5% 的水平上显著正相关（0.0056，t=2.06），说明国有上市公司的政治联系强度越大，越可能导致过度投资。PCMAX 对 OINV 概率的边际影响为 0.06%。

表5的第（4）列揭示，OINV的概率与GPC在1%的水平上显著正相关（0.2518，t=2.74），说明广义政治联系显著导致了国有上市公司的过度投资；进一步，GPC对OINV概率的边际影响为2.72%。

表5第（1）~（4）列的结果联合表明，诚如本文理论分析所预测的，政治联系的确导致了国有上市公司的过度投资，本文的假设1得到了经验证据的支持。

这里，有一个问题需要进一步的解释，那就是为何在国有上市公司中仅有地方政治联系显著导致了过度投资？我们的理解是，地方政府官员出于擢升目的而需要确保当地的经济增长（GDP增长），往往需要国有上市公司的大力支持。更甚者，地方政府直接通过任命关键高管（董事长或总经理）来强化对国有上市公司的控制，由此使得地方政治联系往往成为了地方政府官员意志在国有企业中的进一步延伸和强化。为此，在地方政治联系的影响下，国有上市公司可能背离盈利这一主要目标，而承担了部分政府的任务，包括通过过度投资来刺激当地的经济增长。

控制变量在表5第（1）~（4）列，保持了高度的一致性，具体情况如下：①OINV的概率与FCF均在1%的水平上显著正相关，说明国有上市公司的自由现金流越多，关键高管（董事长、总经理）手中的自主权越大、越可能导致过度投资，这一点与Jensen（1986）的理论分析一致。Jensen指出，当企业存在大量的自由现金流（Free Cash Flow）时，企业的经理人则不愿意将其还给股东，而是投资于能够扩大企业规模但未必盈利的项目，从而导致企业过度投资行为。因为企业规模的扩张通常会为经理人带来如下效用：第一，企业的扩张增加了管理当局的权力，同时常伴随着经理人报酬的提高；第二，管理当局往往通过扩大规模、多元化，来构建其经理帝国、获得非货币性收益和控制权收益。②OINV的概率与GROWTH均在5%的水平上显著正相关，说明国有上市公司成长性越好越可能进行过度投资，该结论与Chen等（2011）的研究发现一致。③OINV的概率与PLU显著正相关，说明国有企业董事长与总经理的两职合一导致相互牵制作用较小，使得决策较少受到约束，从而更容易导致过度投资。④OINV的概率与LEV显著正相关，说明更高的资产负债率往往导致国有上市公司的过度投资。这一点如此理解：资产负债率偏高的国有上市公司往往具有投资的"惯性"和"冲动"，这一点与Suto（2003）的研究结论相吻合——上市公司的高资产负债率与固定资产投资正相关，导致了企业的过度投资。国有上市公司中，内部人控制往往较强，在管理当局追求资源支配权的非理性代理行为的支配下，举借债务、承担较高的资产负债率、进行过度投资。⑤OINV的概率与FIRST的相关性符合预期（符号为负），但均并不显著，揭示了第一大股东持股比例越高、过度投资的概率越低，但FIRST,对OINV的概率仅具有微弱的负向影响。OINV的概率与INDEXGOV负相关，但不显著，揭示了"减少政府干预"因素（注意INDEXGOV为减少政府干预指数），仅对过度投资的概率具有统计上较弱的负向影响。OINV的概率与LNSIZE的相关性符号为正，但不显著，说明国有上市公司的规模对过度投资的概率仅具有微弱的正影响。

表 5　政治联系与过度投资（LOGIT 回归）

变量	符号预测	(1) 系数	(1) t 值	(2) 系数	(2) t 值	(3) 系数	(3) t 值	(4) 系数	(4) t 值
截距	?	−2.0340**	−2.01	−2.0319**	−2.01	−1.9464*	−1.92	−2.0315**	−2.01
PCDUM	+	0.1664*	1.68						
CENPC	+			0.0726	0.26				
LOCPC	+			0.1727*	1.68				
PCMAX	+					0.0056**	2.06		
GPC	+							0.2518***	2.74
FCF	+	3.3688***	4.90	3.3729***	4.90	3.3710***	4.90	3.3475***	4.86
GROWTH	+	0.2339**	2.09	0.2342**	2.09	0.2326**	2.08	0.2366**	2.11
FIRST	−	−0.3469	−1.19	−0.3426	−1.17	−0.3548	−1.21	−0.3339	−1.14
PLU	+	0.2637*	1.89	0.2618*	1.87	0.2762**	1.98	0.2651*	1.90
LNSIZE	+	0.0485	0.93	0.0481	0.93	0.0441	0.85	0.0461	0.89
LEV	+	1.1442***	3.96	1.1460***	3.96	1.1636***	4.02	1.1506***	3.98
INDEXGOV	−	−0.0132	−0.96	−0.0129	−0.93	−0.0137	−0.99	−0.0133	−0.96
IND		控制		控制		控制		控制	
YEAR		控制		控制		控制		控制	
观测值		2506		2506		2506		2506	
McFadden R^2		2.17%		2.17%		2.21%		2.21%	
LR 值（P 值）		73.49*** (<0.001)		73.48*** (<0.001)		74.88*** (<0.001)		74.89*** (<0.001)	

注：***、**、* 分别代表 1%、5% 与 10% 的显著性水平（双尾）；所有 t 统计量均经过 Huber/White 调整。

（二）过度投资与公司价值（基于 TOBIN'Q）：假设 2 的检验

表 6 报告了过度投资与公司价值（基于 TOBIN'Q）的 OLS 回归结果，各个模型整体显著。鉴于罗党论、黄琼宇（2008）发现政治联系影响公司价值的结论，本文还进一步控制了政治联系对公司价值的影响，将之作为最为重要的控制变量之一。此外，本文变量的膨胀因子（VIF）均未超过 3，所以将 OINV 与政治联系放入同一模型，并不存在严重的共线性问题。

第（1）列表明，TOBIN'Q 与 OINV 在 5% 的水平上显著负相关（−0.0955，t=−2.35），说明过度投资显著降低了国有上市公司的公司价值（单变量回归），假设 2 得到经验证据的初步支持。

第（2）列揭示，TOBIN'Q 与 OINV 在 10% 的水平上显著负相关（−0.0745，t=−1.93）；第（3）列揭示，TOBIN'Q 与 OINV 在 10% 的水平上显著负相关（−0.0743，t=−1.93）；第（4）列揭示，TOBIN'Q 与 OINV 在 5% 的水平上显著负相关（−0.0754，t=−1.96）；第（5）列揭示，TOBIN'Q 与 OINV 在 5% 的水平上显著负相关（−0.0761，t=−1.98）。第（2）~(5) 列结果联合表明，正如本文理论预期的，过度投资显著降低了国有上市公司的公司价值

(TOBIN'Q)，假设2得到了经验证据的显著支持，即过度投资降低公司价值。

TOBIN'Q 与 PCDUM、CENPC、PCMAX、GPC 均显著正相关，说明政治联系增进了公司价值，原因可能在于政治联系的国有上市公司更可能进入一些垄断行业，获得政府的各类优惠与特权，从而使得其公司业绩更佳，导致 TOBIN'Q 更高。这与罗党论、黄琼宇（2008）的研究结果一致。

TOBIN'Q 与其他控制变量的相关性，在各个模型下均保持了高度的一致：

（1）TOBIN'Q 与 FIRST 均在5%的水平上显著正相关，说明第一大股东持股比例越高，公司价值越高，原因可能在于国有上市公司中国有股权的比例越高，往往越会涉足管制与垄断行业，良好的业绩在一定程度上支撑了其较高的公司价值。

（2）TOBIN'Q 与 LNSIZE 均在1%的水平上显著负相关，说明国有上市公司的规模越大，公司的市场价值越低，因为规模大的公司成长潜力有限，而小公司则因为众所周知的"规模效应"而使得股票价格较高（夏立军、方轶强，2007），从而导致了较高的 TOBIN'Q。

（3）TOBIN'Q 与 LEV 均在1%的水平上显著负相关，说明负债比例越高，国有上市公司的市场价值越低，原因在于：因为国有上市公司中普遍存在的预算软约束现象，使得"高资产负债率"在中国资本市场中成为一个"负信号"，导致投资者不看好这类公司，从而导致股票价格较低，因此衡量公司价值的 TOBIN'Q 也就较低；当然还有另外一个原因，那就是基于 TOBIN'Q 的计算"（流通股×年末收盘价+非流通股×每股净资产）/总资产"，若国有上市公司的负债越多，TOBIN'Q 就越低。

（4）TOBIN'Q 与 INDEXGOV 在1%的水平上显著正相关，说明政府干预越弱、公司价值越高（INDEXGOV 越高，说明政府干预越弱）。

（5）此外，TOBIN'Q 与 PLU 正相关，但不显著，说明董事长、总经理的两职合一，对国有上市公司的公司价值无显著影响。

（三）敏感性测试

为了尽可能地使研究结果更为可靠和稳健，本文进行了如下一系列的敏感性测试（这里报告主要变量的结果，详细结果备索）：

（1）本文用 BHAR（Buy and Hold Abnormal Return）作为公司价值的替代变量，采纳年报公布当年的5月至下一年4月计算的购买并持有的超额收益。研究发现，投资者持有过度投资的国有上市公司股票的超额收益显著为负，为此本文的假设2得到了经验证据的显著支持。

（2）本文采纳其他投资水平计量，选择"（购建固定资产、无形资产和其他长期资产支付的现金−处置固定资产、无形资产和其他长期资产收回的现金净额）/期初总资产"作为投资水平的测试，发现研究结果保持不变。

（3）本文区分中央、地方国有企业的结果表明，仅在地方政府控制的国有上市公司中，政治联系显著增加了过度投资的概率，假设1在地方政府控制的国有上市公司中得到

表 6 过度投资与公司价值 (TOBIN'Q)

变量	符号预测	(1) 系数	(1) t值	(2) 系数	(2) t值	(3) 系数	(3) t值	(4) 系数	(4) t值	(5) 系数	(5) t值
截距	?	1.3042***	9.14	6.5663***	13.13	6.5606***	13.11	6.6141***	13.25	6.5869***	13.18
OINV	−	−0.0955**	−2.35	−0.0745*	−1.93	−0.0743*	−1.93	−0.0754*	−1.96	−0.0761**	−1.98
PCDUM	+			0.1001*	1.84						
CENPC	+					0.2471*	1.72				
LOCPC	+					0.0811	1.41				
PCMAX	+							0.0028**	2.08		
GPC	+									0.0866*	1.79
FIRST	+			0.3215**	2.11	0.3169**	2.08	0.3182**	2.09	0.3262**	2.14
PLU	?			0.0625	0.95	0.0644	0.98	0.0675	1.02	0.0608	0.92
LNSIZE	−			−0.2470***	−10.24	−0.2466***	−10.22	−0.2491***	−10.33	−0.2480***	−10.25
LEV	−			−0.9300***	−7.37	−0.9308***	−7.39	−0.9190***	−7.33	−0.9246***	−7.35
INDEXGOV	+			0.0241***	3.39	0.0234***	3.27	0.0240***	3.37	0.0243***	3.41
IND		控制		控制		控制		控制		控制	
YEAR		控制		控制		控制		控制		控制	
观测值		2506		2506		2506		2506		2506	
Adj_R²		36.89%		42.26%		42.27%		42.47%		42.25%	
LR值 (P值)		62.01*** (<0.001)		62.12*** (<0.001)		60.17*** (<0.001)		62.13*** (<0.001)		62.10*** (<0.001)	

注：***、**、*分别代表1%、5%与10%的显著性水平（双尾）；所有t值均经过了Newey-West调整。

了支持;本文进一步发现,仅在地方政府控制的国有上市公司中,过度投资显著降低了公司价值(TOBIN'Q),说明假设2仅在地方政府控制的国有上市公司中得到经验证据的支持。

(4)本文按照Richardson(2006)的方法,按照行业中位数调整计算过度投资,分析政治联系对过度投资与公司价值的影响,研究结果保持不变。

(5)本文主体部分对政治联系的界定,是以国有上市公司的关键高管为基础的。敏感性测试部分,本文分别以"全部高管的政治联系"、"剔除独立董事的高管的政治联系"作为替代,重复本文主体部分的研究,发现研究结果保持不变。

(6)本文采纳另一种FCF的计算方式即"FCF=(营业利润+折旧摊销+利息支出−所得税−支付股利和利息的现金流量支出)/年初总资产",重复正文研究,发现研究结论保持不变。

六、结论与进一步的研究方向

本文手工搜集了国有上市公司2004~2008年关键高管的政治联系数据,采纳虚拟变量法与赋值法相结合的政治联系度量方法,区分中央政治联系与地方政治联系,实证研究了关键高管的政治联系对国有上市公司的过度投资行为和公司价值的影响。本文研究结果表明,政治联系显著增加了国有上市公司过度投资的概率,且政治联系的强度越大,过度投资的概率越大;相对于中央政治联系,地方政治联系显著地增加了国有上市公司过度投资的概率。进一步,过度投资行为显著降低了国有上市公司的公司价值。此外,分组研究表明,仅在地方政府控制的国有上市公司中,政治联系显著增加了过度投资的概率,但过度投资的概率与政治联系正相关,但不显著;同样,仅在地方政府控制的国有上市公司中,过度投资显著降低了公司价值(TOBIN'Q)。

本文研究结果的政策含义在于:本文为理解中国国有企业的过度投资行为提供了新的解释,揭示了国有企业中存在的政治联系可能导致的政府对国有企业经营行为的干涉,以及政治联系的国有企业的关键高管为了个人擢升而背离企业盈利的主要目标所进行的过度投资行为,从而可以为相关部门监督国有企业,促使国有企业成为真正自主经营、自负盈亏、自我约束、自我发展的市场经济主体提供重要的证据。此外,本文的研究亦进一步揭示,过度投资有损于公司价值,从而可以在一定程度上为国家宏观管理部门抑制国内目前普遍存在的投资过热、过度投资提供重要的经验证据。

本文研究存在的局限性在于:①由于手工数据搜集方面的制约,本文仅研究了国有企业的过度投资行为及其对公司价值的损害,而对于民营企业是否存在过度投资行为、过度投资行为对公司价值的影响仍需进一步的研究。②由于国有上市公司关键高管个人简历资料的可获取性方面的制约,本文仅选择2004~2008年的区间进行经验研究,所以研究结论尚需在更长的时间区间内接受检验。③政治联系、过度投资与公司价值之间复杂的相互影响关系，是我们进一步研究的方向。

参考文献

［1］陈运森、朱松：《政治关系、制度环境与上市公司资本投资》，《财经研究》，2009年第12期，第27-39页。

［2］陈钊、陆铭、何俊志：《权势与企业家参政议政》，《世界经济》，2008年第6期，第39-49页。

［3］邓建平、曾勇：《政治关联能改善民营企业的经营绩效吗》，《中国工业经济》，2009年第2期，第98-108页。

［4］杜兴强、郭剑花、雷宇：《政治联系方式与民营上市公司业绩："政府干预"抑或"关系"？》，《金融研究》，2009年第11期，第158-173页。

［5］杜兴强、陈韫慧、杜颖洁：《寻租、政治联系与真实业绩：基于民营上市公司的经验证据》，《金融研究》，2010年第10期，第135-157页。

［6］樊纲、王小鲁、朱恒鹏：《中国市场化指数2006：各地区市场化相对进程报告》，北京：经济科学出版社，2007年版。

［7］黄乾富、沈红波：《债务来源、债务期限结构与现金流的过度投资：基于中国制造业上市公司的实证证据》，《金融研究》，2009年第9期，第143-155页。

［8］雷光勇、李书峰、王秀娟：《政治关联、审计师选择与公司价值》，《管理世界》，2009年第7期，第145-155页。

［9］李维安、姜涛：《公司治理与企业过度投资行为研究：来自中国上市公司的证据》，《财贸经济》，2007年第12期，第56-61页。

［10］罗党论、黄琼宇：《民营企业的政治关系与企业价值》，《管理科学》，2008年第6期，第21-28页。

［11］罗党论、甄丽明：《民营控制、政治关系与企业融资约束：基于中国民营上市公司的经验证据》，《金融研究》，2008年第12期，第164-178页。

［12］罗进辉、万迪昉、蔡昉：《大股东治理与管理者过度投资行为研究：来自上市公司的经验证据》，《证券市场导报》，2008年第121期，第44-60页。

［13］唐雪松、周晓苏、马如静：《上市公司过度投资行为及其制约机制的实证研究》，《会计研究》，2007年第7期，第44-53页。

［14］王庆文、吴世农：《政治关系对公司业绩的影响：基于中国上市公司政治影响力指数的研究》，中国第七届实证会计国际研讨会论文，2008年，第744-758页。

［15］王彦超：《融资约束、现金持有与过度投资》，《金融研究》，2009年第7期，第121-132页。

［16］魏明海、柳建华：《国企分红、治理因素与过度投资》，《管理世界》，2007年第4期，第88-95页。

［17］吴文峰、吴冲锋、刘晓薇：《中国民营上市公司高管的政府背景与公司价值》，《经济研究》，2008年第7期，第130-141页。

［18］夏立军、方轶强：《政府控制、治理环境与公司价值：来自中国证券市场的经验证据》，《经济研究》，2007年第5期，第40-51页。

［19］余明桂、潘红波：《政治关系、制度环境与民营企业银行贷款》，《管理世界》，2008年第8期，第9-21页。

［20］周黎安：《中国地方官员的晋升锦标赛模式研究》，《经济研究》，2007年第7期，第36-50页。

［21］Adhikari A., Derashid C., and Zhang H., 2006, "Public Policy, Political Connections and Effective

Tax Rates: Longitudinal Evidence from Malaysia", Journal of Accounting and Public Colby 25: 574-595.

[22] Boubakri N., Cosset, J., and Saffar W., 2008, "Political Connections of Newly Privatized Firms", Journal of Corpo-rate Finance 14: 654-673.

[23] Bushman R., Piotroski J., Smith, 2007, "Capital Allocation and Timely Accounting Recognition of Economic Loss", Working Paper, The University of North Carolina at Chapel Hills, Stanford University and The University of Chicago.

[24] Chen Shimin, Sun zheng, Tang Song, and WU Donghui, 2011, "Government intervention and Investment Efficiency: Evidence from China", Journal of Corporate Financel 7(3): 259-271.

[25] Claessens S., Feijen E., and Laeven L, 2008, "Political Connections and Preferential Access to Finance: the Role of Campaign Contributions", Journal of Financial Economics 88: 554-580.

[26] Faccio M., 2006, "Politically Connected Firms", American Economic Review 96: 369-386.

[27] Faccio M., D.C.Parsley, 2009, "Sudden Death: Taking Stock of Geographic Ties", Journal of Financial and Quantitative Analysis, 44(3): 683-718.

[28] Fan J.P H., T. J.Wong and Zhang, T. 2007, "Politically—Connected CEOs. Corporate Governance. and Post—IPO Performance of China's Newly Partially Privatized Finns", Journal of Financial Economics 84: 330-357.

[29] Fisman R., 2001, "Estimating the Value of Political Connections", American Economic Review 91: 1095-1102.

[30] Hung M., Wong T. J., Zhang T., 2007, "Political Relations and Overseas Stock Exchange Listing: Evidence from Chinese State-owned Enterprises", Working Paper, University of Southern California, Chinese University of Hong Kong.

[31] Jensen M.C., 1986, "Agency Costs and Free Cash Flow, Corporate Finance and Takeovers", American Economics Reviews 76: 659-665.

[32] Jin H., Y.Qian, and Weingast, 2005, "Regional Decentralization and Fiscal Incentives: Federalism Chinese Style", Journal of Public Economics 89(9-10): 1919-1742.

[33] Komai J., 1986, "The Soft Budget Constraint", Kyklos, 39(1): 3-30.

[34] Leuz C., and Oberholzer-Gee F., 2006, "Political Relationships, Global Financing, and Corporate Transparency: Evidence from Indonesia", Journal of Financial Economics 81: 411-439.

[35] Li H., L. Meng, J.Zhang, 2006, "Why Do Entrepreneurs Enter Politics? Evidence from China", Economic Inquiry 44(3): 559-578.

[36] Li H.B., L.S.Meng, Q.Wang and L. A.Zhou, 2008, "Pohtical Connections, Financing and Firm Performance: Evidence from Chinese Private Firms," Journal of Develop ment Economics 87(2): 283-299.

[37] Qian Y., and B.Weingast, 1997, "Federalism as a Commitment to preserving Market Incentives", Journal of Economic Perspectives 11(4): 83-92.

[38] Qian Y., and G'Ronald, 1998, "Federlism and the Soft Budget Constrain", American Economic Review 88(5): 1143-1162.

[39] Richardson S., 2006, "Over-investment of Free Cash Flow", Review of Accounting Studiesl 1: 159-189.

[40] Shleifer A.and R.W.Vishny, 1998, The Grabbing Hand: Government Pathologies and Their Cures, Cambridge, Mas-sachusetts: Harvard University Press.

[41] Suto M., 2003, "Capital Structure and Investment Behavior of Malaysian Firms in the 1990s: A Study of Corporate Governance before the Crisis", Corporate Governance 11 (1): 25–39.

[42] Wooldridge J., 2009, Introductory Econometrics: A Modern Approach (4th Edition). South-Western Co.

Political Connections, Over Investment and Corporate Value
——Based on Evidence of State-owned Public Listed Companies

Du Xingqiang Zeng Quan Du Yingjie

Abstract: Political connection of state-owned public listed companies is universal phenomenon in the Chinese capital market.The paper manually collects the political connections data of key managers in the state-owned public listed companies, and adopts comprehensively various measurement methods about political connections to test the relation between political connections, overinvestment and corporate value.The results show that political connections significantly increase the probability of over-investment of the state-owned public listed companies, and there is a significantly positive relation between the strength of political connections and the probability of over-investment. Furthermore local political connections significantly increase the probability of over investment of state-owned public listed companies than central political connections. The paper also discovers that over-investment behavior of state-owned public listed companies significantly decreases corporate value.

Key Words: Political Connections; Over-Investment; Corporate Value; TOBIN'Q

经济管理学科前沿研究报告

资本约束对商业银行资产配置行为的影响
——基于175家商业银行数据的经验研究*

吴玮①

【内容摘要】 本文使用1998~2009年我国175家商业银行的资产配置数据，研究了资本监管制度对银行资产配置行为的影响。本文发现，现行的资本监管制度对银行资产配置行为具有重要影响，资本监管制度实施之后，银行依据自身资本水平调整资产结构，资本充足银行持有更多的风险资产，贷款比例较高；而资本不足银行则减持风险资产，贷款比例下降。此外，由于不同规模商业银行面临的融资约束不同，资本水平对资产配置行为的影响存在一定的差异，资本对城市及农村商业银行的约束效应更明显。本文的这些发现为监管当局的资本监管政策提供了经验证据，并提出进行差异化监管的政策建议。

【关键词】 资本约束；资产配置；贷款比例；差异化监管

一、引言

本轮金融危机发生以来，西方各国开始反思现有的金融监管制度。其中，改革资本监管制度，补充杠杆率监管指标，完善资本监管体系，成为许多国家的共识。②从我国的情况来看，我国银行业受本轮金融危机的影响较小，尽管如此，监管当局依然高度关注此次金融危机对我国银行业产生的影响，出台了多个文件不断补充和完善现有资本监管体系。本文以银行资产配置行为为出发点，通过检验贷款比例变动考察我国资本监管制度的有效性，以期为下一步监管制度改革提供经验支持。

---

* 本文得到西南财经大学"211工程"三期建设项目资助。
① 吴玮，博士研究生，就读于西南财经大学经济与管理研究院。
② 2009年2月和9月，巴塞尔委员会先后公布了银行监管改革的总体战略和框架性文件，2009年12月发布了《增强银行体系稳健性》和《流动性风险计量、标准和监测的国际框架》（征求意见稿），标志着全球主要经济体就银行监管改革达成重要共识。

我国的资本监管制度始于 1995 年，1995 年颁布的《商业银行法》统一了商业银行资本充足率的计算方法与资本计提办法，首次规定商业银行的最低资本充足率不得低于 8%。为了落实《商业银行法》的相关规定，中国人民银行于 1996 年发布了《商业银行资产负债比例管理监控、监测指标和考核办法》（以下简称《办法》），《办法》规定了商业银行的资本构成、表内资产风险权数、表外资产信用风险转换系数，并将资本充足率作为对商业银行实施资产负债比例管理的监控性指标。然而由于资本监管的后续管理办法没有出台，加之我国商业银行的历史包袱问题，相当长的一段时间内，最低资本要求并没有得到严格的执行，这种情形一直持续到 2003 年。现有研究发现，1995~2003 年，我国实施的最低资本要求对商业银行的风险行为与借贷行为没有显著约束作用，并没有取得预期的效果，学术界把这一时期称为资本"软约束"时期（赵锡军、王胜邦，2007）。2004 年 2 月，中国银监会在《巴塞尔资本协议》的基础上，结合我国银行业的实践，制定了《商业银行资本充足率管理办法》，该办法规定商业银行在 2007 年 1 月 1 日之前必须满足 8% 的最低资本要求，对于未达标银行，银监会给予一定的缓冲期，缓冲期后依旧没有达标的银行，将对其采取更严格的监管措施，如限制业务扩张、调整管理层、撤销银行营业资格等。①相比 1996 年《办法》的相关规定，2004 年的资本监管制度更为严格，对不同资本水平的银行制定了差异化的监管政策，未达标银行将受到更多限制。因此，学术界把 2004 年实施的监管制度称为资本"硬约束"。

如果从 1995 年《商业银行法》颁布算起，我国实施资本监管已经有 15 年的时间，从 2004 年《商业银行资本充足率管理办法》算起我国的资本监管制度也已经实施了 6 年。6 年来，资本监管制度的政策效果如何，最低资本要求对我国商业银行的行为到底有什么样的影响，一直是理论界与实务界讨论的重点。本文从银行资产结构调整的角度出发，研究了资本约束对我国商业银行资产配置行为的影响。资产结构的调整不仅影响了银行自身的风险状况、盈利水平，也会对企业的融资与发展产生重要影响，因此研究资本监管对商业银行资产配置行为的影响具有一定的理论与现实意义。

一直以来，对我国银行业进行实证研究面临的一大问题是微观数据的缺失，从国内研究的情况来看，受制于数据的可获得性，现有的研究主要针对国有商业银行及股份制商业银行，这些银行数量较少，且多是规模较大的全国性商业银行，样本的代表性不佳，所得到的结果也很难令人信服。为了能更深入、更全面地研究最低资本要求，对我国商业银行特别是中小型商业银行资产配置行为的影响，本文在国内现有研究的基础上，将城市商业银行与农村商业银行纳入到研究范畴，收集了 175 家商业银行的数据，以期得出更为全面的结论。

对我国 175 家商业银行 1998~2009 年资产配置行为的研究发现，2004 年《商业银行资本充足率管理办法》实施之后，商业银行的资产结构中贷款比例不断下降。银行会依据自身资本水平调整资产结构，资本充足银行持有更多的风险资产，贷款比例较高；资本不足

---

① 具体的监管措施可参考 2004 年管理办法第三章第三十九条至第四十一条。

银行则减持风险资产，贷款比例下降。资本要求对银行的资产配置行为产生实质性的约束作用，我国的资本监管进入了"硬约束"时期。而1995年实施的最低资本要求对银行资产配置行为没有显著影响，出现所谓资本"软约束"的现象。此外，部分银行规模的子样本回归发现，管制之后，资本水平对不同规模银行资产配置所产生的影响是不同的，受融资约束大小的影响，资本监管对城市及农村商业银行更为有效，而对国有及股份制商业银行的作用受到一定的削弱。

本文结构如下：第一部分引言，主要介绍我国资本监管制度的演变与本文的主要发现；第二部分回顾了国内外有关资产配置与银行借贷行为的文献；第三部分构建研究设计，提出检验模型与相关变量说明，并介绍了数据来源；第四部分报告实证结果；最后是结论与启示。

二、文献回顾

由于信贷资产是商业银行最重要的资产，并且信贷资产的风险较高，1988年与2004年的巴塞尔资本协议均对信贷资产设定了较高的风险加权系数。因此，国外关于资产配置行为的研究多集中在银行信贷领域，大多通过研究贷款比例的变动来分析银行的资产配置行为。总的来看，现有的理论与经验研究都发现，资本约束下银行削减了信贷供给，对企业融资特别是中小企业融资产生了一定的"挤出效应"，对经济增长不利（Thakor和Boot，2008；Freixas和Roehet，2008）。这是因为，一方面，最低资本要求的实施限制了银行的放贷能力，制约了信贷扩张；另一方面，银行为了满足资本监管要求，减少了对风险资产的持有，而贷款的风险相对较高，成为各银行缩减的对象（Heuvel，2008）。为了更好地理解资本约束下商业银行借贷行为的特点及原因，本文从理论与实证两个角度回顾了相关研究文献。

现有的理论文献主要是从信息不对称的角度来分析资本监管对商业银行贷款的影响。首先，银行管理层与外部投资者之间存在信息不对称。Park（1999）指出，在现行的资本要求下，商业银行可以通过两种不同的方式满足监管要求：一是通过资本市场融资补充资本金；二是减少对风险加权系数较高资产的持有，也就是通过减少贷款规模来满足最低资本要求。由于投资者对银行未来盈利信息不了解，银行通过资本市场融资面临较大困难，为了满足最低资本要求，银行只能缩减贷款规模。其次，银行与借款人之间存在信息不对称。Kopecky和VanHoose（2006）提出了"监督成本"假说，文章指出，由于银行与借款人之间存在信息不对称，借款人有冒险的倾向，银行面临较为严重的道德风险。银行可以监督借款人的行为以降低风险水平，但这一监督行为存在一定的成本，并且该成本具有异质性，随双方信息不对称程度的提高而增加。模型推论表明，如果没有最低资本要求，银行监督企业的概率较低；如果存在资本监管的情况，银行为了减少企业的过度冒险行为会积极监督企业，但监督成本的存在会提高贷款利率，这减少了企业的贷款需求，进而降低了贷款规模。

自信息不对称理论提出之后，不同的实证研究对该理论进行了检验，Park（1999）分析了1989~1992年美国商业银行信贷变动的情况。由于样本期内美国监管当局实施了最低资本要求，文章发现，商业银行为了满足资本要求纷纷缩减了贷款规模，这一做法是通过减小分母以提高资本充足率，而不是通过补充资本、扩大分子来实现。Kishah 和 Opiela（2000）比较了资本约束下，不同资本水平、不同规模银行间贷款行为的差异。结果发现，对于三类具有不同资产规模和资本充足率的银行（第一类资产规模小于3亿美元且资本充足率低于8%；第二类资产规模小于1亿美元，资本充足率大于8%且低于10%；第三类资产规模小于0.5亿美元且资本充足率高于10%）而言，贷款增长速度显著受货币政策的影响。Furtine（2001）使用1989~1997年美国大型银行的面板数据也发现，受最低资本要求的影响，美国各大银行贷款增速减缓。

除美国的发现之外，对其他国家和地区的研究也得出了类似的结论。Naehane 等（2000）向印度储备银行提交的一份研究报告显示，印度央行实施的资本监管政策显著影响了商业银行的行为，资本监管实施后，商业银行普遍降低了贷款占总资产的比重。并且发现，贷款占比主要受银行客户构成、银行对政策的反应速度等因素的影响。Nag 和 Das（2002）对印度国有银行贷款数据的研究也发现，资本监管制度实施后，无论是资本不足还是资本充足的国有银行都调整了资产结构，贷款增速减缓。文章指出，这主要是因为最低资本要求提高了商业银行的风险管理水平，银行主动缩减了对高风险项目的贷款。Ito 和 Sasaki（2002）使用1990~1993年日本87家大银行的数据研究了资本监管对日本商业银行贷款的影响。与Park（1999）的分析类似，由于样本期内日本开始陷入长期经济衰退，股票价格普遍下跌，银行的资本收益降低，通过增发股票补充资本面临较大困难。研究发现，资本充足率较低的银行普遍减少了贷款规模，此外，样本期内银行的次级债发行数量大增。Yudistim（2003）实证研究了最低资本要求对印尼商业银行的影响，使用1997~1999年所有印尼商业银行的月度面板数据，文章考察了金融危机与宽松的金融监管制度下商业银行行为特征。固定效应模型显示，与之前宽松的监管制度相比，最低资本要求改变了银行的行为特征，使银行信贷供给减少。Gambaeorta 和 Mistrulli（2004）使用1992~2001年意大利商业银行的季度面板数据研究了最低资本要求对银行借贷行为的影响，并检验了在货币政策冲击下，资本水平不同的银行借贷行为的差异。结果发现，由于银行外部融资市场不完善，资本监管制度实施后，资本不足的银行缩减了贷款规模，但这一制度对资本充足银行的影响有限。由于资本充足银行外部融资相对容易，可以以较低的成本筹集资金，因此这类银行能更好地规避资本监管及货币政策冲击对其借贷行为的不利影响。

从国内研究的情况来看，国内研究资本监管对商业银行借贷行为的文章相对较少，且多集中于资本监管与信贷扩张领域。其中，刘斌（2005）使用我国16家国有及股份制商业银行1998年第一季度至2005年第一季度的面板数据研究了资本水平对贷款增长率的影响，结果发现，2004年《办法》出台之后，银行贷款增速下降。温信祥（2006）指出，虽然从国际情况来看，资本监管会影响到银行的信贷供给，但是考虑到我国的资本管理办法颁布时间较晚，且过渡期内无法严格实施资本监管，因此尚无证据显示银行的信贷投放受到资本充足率的显著影响，但随着资本监管制度的强化，资本监管对银行信贷供给将产生重要影响。赵锡军、王胜邦（2007）则研究了1998~2003年资本充足率对银行借贷行为的影响，对12家国有及股份制商业银行贷款数据的研究发现，在这一时期，监管当局的最低资本要求未对贷款增长率产生约束效应，资本监管出现了"软约束"。戴金平等（2008）使用19家商业银行1998~2005年的数据研究发现，监管当局以提高资本充足率为核心的监管行为有效地影响了商业银行的信贷行为。本文在国内现有研究基础之上，扩大了样本银行的范围与数量，将数量众多的城市商业银行与农村商业银行纳入到样本中去，在更长的期限内考察了资本监管制度对银行贷款比例的影响，并比较了不同规模银行的行为差异。

三、研究设计

（一）理论模型与变量说明

根据"信息不对称"假说，在最低资本要求的约束下，商业银行面临较大的资本补充压力，但是由于投资者与银行管理层之间存在信息不对称，银行通过资本市场融资面临较大困难。为了满足最低资本要求，银行会减持风险资产，贷款规模减少。这一结论也得到了Kopecky和VanHoose（2006）的支持，他们提出了"监督成本"假说，指出银行监督成本的存在会提高贷款利率，减少企业的贷款需求，进而降低贷款规模。为了验证"信息不对称"与"监督成本"假说，本文构造了计量模型，从实证的角度检验了资本约束对银行资产配置行为的影响。模型如下：

$$LA_{i,t} = \partial_1 + \beta_1 \times equity_{i,t-1} + \beta_2 \times SA_{i,t} + \beta_3 \times impaired_{i,t-1} + \beta_4 \times control_{i,t} + \varepsilon_{i,t} \quad (1)$$

$$LA_{i,t} = \partial_1 + \beta_1 \times CAR_{i,t-1} + \beta_2 \times SA_{i,t} + \beta_3 \times impaired_{i,t-1} + \beta_4 \times control_{i,t} + \varepsilon_{i,t} \quad (2)$$

$$LA_{i,t} = \partial_1 + \beta_1 \times buffer_{i,t-1} + \beta_2 \times SA_{i,t} + \beta_3 \times impaired_{i,t-1} + \beta_4 \times control_{i,t} + \varepsilon_{i,t} \quad (3)$$

$$LA_{i,t} = \partial_1 + \beta_1 \times capcon_{i,t-1} + \beta_2 \times undercap_{i,t-1} + \beta_3 \times SA_{i,t} + \beta_4 \times impaired_{i,t-1} + \beta_5 \times control_{i,t} + \varepsilon_{i,t} \quad (4)$$

模型（1）~模型（4）中，被解释变量为贷款占总资产比例，解释变量中，本文选择了股东权益占总资产的比重（equity）、资本充足率（CAR）、超额资本（buffer）、资本受约束及资本不足银行（capcon、undercap）四个变量从不同角度衡量了商业银行的资本水平及其面临的监管压力，各变量的定义如下：

1. 被解释变量

本文使用银行贷款占总资产的比重（LA）作为被解释变量，以此衡量银行的资产配置行为。在我国，贷款是商业银行最重要的资产业务，数据显示，我国商业银行平均将一半以上的资产配置于贷款中去，贷款占总资产的比例远超过其他资产。① 此外，根据2004年《商业银行资本充足率管理办法》的规定，银行贷款的风险加权系数在所有资产中是最高的。因此，使用贷款占比作为资产配置行为的代理变量，并检验资本监管制度的有效性是合适的。

2. 解释变量和控制变量

（1）资本水平。

资本水平可以反映出商业银行面临的监管压力，刘斌（2005）的研究发现，银行的实际资本水平对其借贷行为有重要影响，资本充足率较高的银行受到的资本约束较少，信贷扩张动机越强。因此，本文检验了资本水平对贷款比例的影响。出于稳健性的考虑，本文除了使用股东权益占比（equity）与资本充足率（CAR）之外，还选取了以下两个变量衡量银行的资本监管压力：

第一，超额资本（buffer）。

超额资本等于银行实际资本充足率与最低资本要求之间的差额，其值为正表明银行满足了资本监管要求，其值为负表明银行资本不足。超额资本反映了银行面临的资本监管压力，超额资本越多，商业银行的监管压力就越小。

第二，资本不足银行与资本受约束银行。

根据《商业银行资本充足率管理办法》的规定，银监会可以采取一系列的干预措施以防止资本达标银行的资本充足率降到8%以下。② 从监管当局的干预措施可以看出，监管当局的最低资本要求不仅对那些资本低于监管要求的商业银行产生约束作用，而且对那些满足最低资本要求但又接近最低资本要求的商业银行也产生了约束作用。朱建武（2006）指出，监管当局的资本监管可分为惩罚监管和预警监管两类，前者主要针对资本充足率低于8%的商业银行，后者主要针对资本充足率略高于8%的商业银行。借鉴Rime（2001）的做法，朱建武（2006）将监管压力分为两种：一种是惩罚压力，一种是预警压力。资本充足率低于8%的商业银行主要面临惩罚压力；资本充足率略高于8%的商业银行主要面临预警压力，因为这类银行很容易接近监管底线；资本充足率较高的商业银行则不会存在监管压力。在国内外相关研究的基础之上，本文参考监管当局的相关做法，依据商业银行实际资本充足率与最低资本要求之间的差异，将商业银行分为三类：资本充足银行（资本充足率大于10%）、资本受约束银行（资本充足率大于8%小于10%）与资本不足银行（资本

---

① 以2009年为例，我国商业银行贷款占资产的比例平均为54.62%。
② 具体措施可见2004年的《商业银行资本充足率管理办法》第三章第三十九条。

充足率小于8%)。① 并引入了两个虚拟变量,资本受约束银行(Capcon)与资本不足银行(Undercap)以检验资本监管压力对贷款占比的非线性影响。

(2)贷款需求。

贷款需求是影响银行信贷投放的重要因素(刘斌,2005),然而贷款需求又不可观测,为了更准确地度量贷款需求,本文使用人均 GDP 及 GDP 增长率作为贷款需求的代理变量。这是因为,企业与居民的贷款需求受宏观经济与收入水平的影响较大,人均 GDP 越高、经济增长越快,企业与居民的投资及消费倾向就越高,贷款需求也上升。考虑到我国商业银行经营具有一定的地域性,因此,本文以全国人均 GDP、GDP 增长率作为国有及股份制商业银行贷款需求的代理变量,以城市商业银行、农村商业银行所在的省或市人均GDP、GDP 增长率作为其贷款需求的代理变量。

(3)资金供给。

本文使用银行存款余额占总资产的比例作为贷款资金来源的代理变量。存款占比反映了资金的供给变化,一般来说,存款越多,银行信贷投放也越多(徐明东等,2009)。

(4)其他控制变量。

借鉴之前的研究,本文把其他影响银行借贷行为的变量作为控制变量,主要有银行规模(Kishan 和 OpLela,2000;Ehrmann 等,2003)、净利息收入贷款比、银行不良贷款率(戴金平等,2008)与市场份额(Keeley,1999;Gan,2004)等,具体定义如表1所示。

表1 变量定义与计算方法

含义	变量名	变量定义与计算方法
贷款比例	LA	银行期末贷款余额占总资产的比重
存款比例	SA	银行期末存款余额占总资产的比重
股东权益占比	equity	银行期末所有者权益占总资产的比重
资本充足率	CAR	银行资本净额占风险加权资产的比重
超额资本	buffer	资本充足率与最低资本要求的差额
资本受约束银行	capcon	虚拟变量,若银行资本充足率大于8%小于10%,则定义为资本受约束银行,变量取值为1,其他为0
资本不足银行	undercap	虚拟变量,若银行资本充足率小于8%,则定义为资本不足银行,变量取值为1,其他为0
人均 GDP	gdpper	国有及股份制银行使用全国人均 GDP 与 GDP 增长率,城市及农村商业银行使用所经营区域的人均 GDP、GDP 增长率
GDP 增长率	gdpgrowth	
净利息收入比	IL	净利息收入占贷款比重
不良贷款率	impaired	五级贷款分类法下银行不良贷款余额占总贷款比例
市场份额	loanshare	银行贷款占本地区年末金融机构贷款比重
银行规模	size	银行年末总资产的对数值

---

① 根据中国银监会 2004 年颁布的《股份制商业银行风险评级体系》的相关规定,股份制商业银行依资本充足状况分为三种评价层级;低于8%、高于8%但低于10%、高于10%。借鉴监管当局的相关做法,本文以10%作为判断商业银行是否面临预警压力的临界值。

(二) 数据来源

对我国商业银行进行研究，最大的困难就是数据的收集难度大、可获得性不高。国内现有的研究多使用上市银行及大型银行的数据，而没有涵盖数量众多的城市与农村商业银行，这会出现样本选择问题，估计结果可能有偏差，而且样本数量偏少也使得研究结果很难令人信服。为了尽可能地扩大样本范围与数量，本文从多种渠道收集了银行数据，所使用的数据主要来源于bankscope银行财务数据库、商业银行年报、中国金融统计年鉴等。bankscope银行财务数据库是国际公认的银行财务信息数据库，数据质量得到了市场的广泛认可，因此，采用bankscope银行财务数据库具有较高的可信度。2007年中国银监会出台了《商业银行信息披露办法》，要求各商业银行完善信息披露机制，接受投资者与社会公众监督。在银监会指引的规范下，近年来，各商业银行，特别是城市商业银行与农村商业银行陆续披露了银行年报信息，这为我们研究中小银行的行为提供了较好的条件。此外，商业银行发布的年报均经过会计师事务所的审计，数据质量得到保证。

使用bankscope银行财务数据库与银行年报，本文共收集了175家商业银行的非平衡面板数据。区间选择上，考虑到1998年中国人民银行取消了对商业银行贷款规模的限制，本文的区间选择了1998~2009年，剔除了异常值与数据缺失，本文共得到958个有效样本。样本代表性方面，175家商业银行包括了所有的国有商业银行（5家）与股份制商业银行（12家），城市商业银行105家，农村商业银行及农村合作银行53家，样本银行数目占全部商业银行的比例为73.22%。从资产负债结构来看，截至2009年底，样本银行总资产占所有银行类金融机构总资产的比例为75.95%，其中贷款占72.47%；总负债占所有银行类金融机构总负债的比例为76.31%，其中存款占78.17%。从地区分布来看，除去在全国范围内经营的国有及股份制商业银行外，在157家城市商业银行、农村商业银行及农村合作银行中，东部地区有92家，中部地区共有35家，西部地区有30家。因此，本文所选取的样本基本上涵盖了国内的商业银行，具有较高的代表性。[①]

四、实证结果

(一) 描述性统计结果

根据银行年报数据，图1绘制了1999~2009年各类银行的贷款占比变动。[②] 总体而言，

---

① 数据来源：样本银行资产负责数据由本文银行数据整理而成，银行类金融机构资产负债数据来源于银监会2009年年报。

② 因1998年数据缺失较多，本文没有绘制该年的贷款占比情况。

我国商业银行贷款比例以 2004 年为拐点呈倒 "V" 形变动。2004 年之前商业银行的平均贷款占比不断提高，到 2004 年达到最高值 60.98%；2004 年之后贷款占比不断下降，银行将更多的资产配置到非信贷领域中。分银行类型来看，不同类型的银行贷款占比有一定的差异。五家国有商业银行一直致力于资产的多元化配置以降低贷款集中度，改变以往单纯依赖贷款的经营思路。从图 1 结果来看，国有商业银行的贷款占比一直呈下降趋势，其贷款占总资产的比重从 1999 年的 60.34% 下降到 2009 年底的 50.56%，降低了 9.78 个百分点，下降幅度较大。而股份制商业银行、城市及农村商业银行等中小银行的贷款占比基本呈倒 "V" 形变动。其中，股份制商业银行贷款占比要高于其他银行，图 1 结果显示，2004 年底股份制商业银行的贷款占比达到 63.68%，是所有商业银行中最高的。

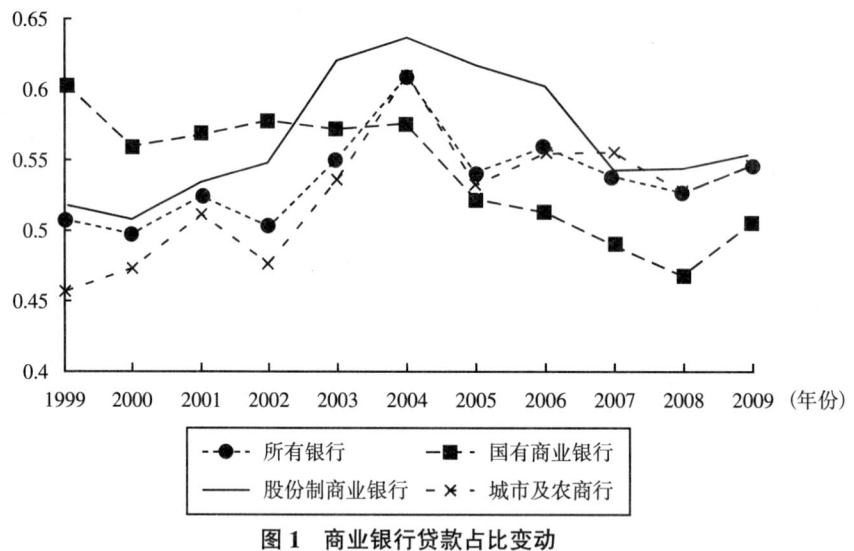

图 1　商业银行贷款占比变动

表 2 列出了本文研究所需变量的描述性统计结果。资产方面，银行的平均总资产为 3320 亿元，中位数为 208 亿元，规模最大的银行是中国工商银行，其 2009 年底的总资产达到 118000 亿元，而同期规模最小的银行总资产仅为 4.23 亿元，我国商业银行的规模差异较大。在商业银行的资产业务中，贷款是其最重要的业务，银行将一半以上的资产配置于信贷领域，贷款占比平均值为 53.88%，中位数为 54.42%。负债方面，样本银行存款占总资产比重的平均值为 83.17%，存款是我国商业银行最重要的负债业务，也是商业银行资金来源的重要渠道。

总体来看，我国商业银行的资本水平较高，样本银行股东权益占总资产比重的均值为 5.17%，资本充足率的均值为 9.67%，资本最高的银行其 2007 年的资本充足率为 150.33%，而资本最低的银行其 2004 年的资本充足率为负值（-29.56%）。根据资本充足率的高低，本文将银行分为资本充足银行、资本受约束银行与资本不足银行三类，从统计结果来看，958 个样本中有 431 个样本为资本充足银行，240 个样本为资本受约束银行，287

表 2　描述性统计表

变量名称	平均数	中位数	标准差	最小值	最大值	观测数
总资产（亿元）	3320	208	11900	0.84	118000	958
贷款占比（%）	53.88	54.42	9.35	10.7	80.77	958
存款占比（%）	83.17	85.1	8.89	8.44	103.22	958
股东权益占比（%）	5.17	4.99	2.85	−12.06	38.4	958
资本充足率（%）	9.67	9.49	7.05	−29.56	150.33	958
资本受约束银行	0.25	0	0.44	0	1	958
资本不足银行	0.3	0	0.46	0	1	958
不良贷款率（%）	6.88	3.93	7.56	0	43.86	958
净利息收入贷款比（%）	4.38	4.09	2.09	0.04	16.12	958
市场份额（%）	12.58	9.09	11.09	0.05	94.85	958

个样本为资本不足银行，三类银行占总样本的比重分别为45%、25%与30%，分布较为均匀。在其他银行特征中，样本银行不良贷款率的均值为6.88%，中位数为3.93%，从银行间差异来看，不良贷款率最高的银行其2004年的不良贷款率达到了43.86%，资产质量较差，而不良贷款率最低的银行则实现了零不良贷款。① 商业银行存贷款净利息收入占贷款的比重平均为4.38%，利息收入是商业银行营业收入的重要来源。市场结构方面，银行贷款占当地金融机构贷款余额的比例平均为12.58%。

（二）回归结果

为了进一步研究商业银行的资产配置行为，寻找影响银行资产配置的因素，本文构建了计量模型（1）~模型（4），模型中解释变量为贷款占总资产的比重，用来衡量银行的资产配置行为，解释变量主要有上一期银行资本水平、存款占总资产比重、银行规模、贷款市场份额、人均GDP及GDP增长率等变量。图1结果表明，银行贷款占比呈倒"V"形变动，贷款占比在资本监管前后呈现出非线性的变动状态。因此，本文分别选取了（2004~2009年）与（1998~2003年）两个时间段对模型（1）~模型（4）进行回归，表3与表4归纳了回归结果。回归模型的选择方面，对非平衡面板数据进行回归所使用的模型主要有固定效应模型（Fixed Effect Model）与随机效应模型（Random Effect Model）两种，本文使用Hausman检验法来选择合适的模型，检验结果支持固定效应模型。

1. 资本约束与贷款占比（2004~2009年）

表3第1~第4列结果显示，自监管当局实施严格的资本监管制度之后，资本水平对商业银行的资产配置行为产生了实质性的约束作用，银行会根据自身的资本水平不断调整其资产结构。表3前两列分别使用股东权益占比、资本充足率来衡量银行资本水平，资本水平的系数表明，银行上一期资本水平越高，受到的资本监管压力越小，本期银行会将更

---

① 2007年我国共有3家银行的不良贷款率为0，分别是重庆三峡银行、广西北部湾银行与宜宾市商业银行。

多资产配置到贷款中去，使贷款占比提高。从系数来看，在其他因素不变的情况下，银行上一期股东权益占比提高一个百分点，本期银行贷款占比将会提高0.208个百分点；相比之下银行资本充足率对贷款占比的影响要小（0.073）。表3第3列进一步使用超额资本作为资本监管压力的代理变量，结果显示，银行超额资本越多，贷款占比就越高，而超额资本为负的银行则减持风险资产，贷款占比下降。

此外，为了检验资本约束对银行资产配置行为的非线性影响，本文将所有银行分为资本充足银行、资本受约束银行与资本不足银行三类。表3第4列结果显示，资本受约束银行与资本不足银行两个虚拟变量在10%的置信区间内显著为负，与资本充足银行相比，资本受约束银行的贷款占比要低1.173个百分点，而资本不足银行则要低1.262个百分点。

表3 资本约束与贷款占比（2004~2009年）

	（1）	（2）	（3）	（4）
SA	0.238***	0.229***	0.228***	0.229***
	(0.049)	(0.048)	(0.048)	(0.048)
IL（−1）	−0.573**	−0.556**	−0.55**	−0.568**
	(0.249)	(0.248)	(0.248)	(0.253)
size（−1）	−3.975***	−4.204***	−4.232***	−4.278***
	(1.484)	(1.513)	(1.517)	(1.544)
Loanshare	0.113**	0.115**	0.115**	0.117**
	(0.052)	(0.052)	(0.052)	(0.054)
gdpper	0.052	0.056	0.056	0.048
	(0.038)	(0.038)	(0.038)	(0.039)
Gdpgrowth	−0.107	−0.118	−0.117	−0.108
	(0.087)	(0.086)	(0.086)	(0.087)
impaired（−1）	−0.032	−0.034	−0.033	−0.037
	(0.097)	(0.097)	(0.097)	(0.1)
equity（−1）	0.208**			
	(0.104)			
CAR（−1）		0.073**		
		(0.038)		
buffer（−1）			0.077*	
			(0.041)	
capcon（−1）				−1.173*
				(0.711)
undercap（−1）				−1.262*
				(0.748)
Obs	636	636	636	636
R^2	0.1982	0.1977	0.1985	0.1951

注：①表中各解释变量第一行为估计系数，第二行括号内为稳健性标准差。②* 表示在10%的置信区间内显著，** 表示在5%的置信区间内显著，*** 表示在1%的置信区间内显著。

总体来看,以 2004 年《商业银行资本充足率管理办法》出台为标志的新一轮资本监管制度对我国商业银行的资产配置行为形成了强有力的约束,资本水平较高的银行会提高贷款占总资产的比重以追求较高收益,而资本水平较低的银行则降低了贷款占比以满足最低资本要求。这是因为,与其他资产相比,贷款对资本的消耗较多,根据银监会 2004 年《办法》的规定,商业银行在计算风险加权资产时,除少数贷款外,其余贷款的风险加权系数均为 100%,是所有资产构成中比例最高的。[①] 因此,资本监管制度实施之后,资本水平成为了影响商业银行资产配置行为的重要因素。本文的这些发现支持了"信息不对称"假说与"监督成本"假说,也与国外之前的实证结果类似(Nachane 等,2000;Furfine,2001;Nag 和 Das,2002;Gambacorta 和 Mistrulli,2004)。

除了资本水平之外,其他影响贷款占比的因素主要有存款占总资产比重、净利息收入贷款比、银行规模、贷款市场份额等。表 3 第 1~4 列的结果显示,存款占总资产比例的系数显著为正,其他因素不变的情况下,存款占比越高,贷款占比也越高,银行将更多资产配置到贷款中去,从数值上看,存款占比每提高 1 个百分点,贷款占比相应增加 0.23 个百分点,存款作为银行贷款资金的供给方对资产配置具有重要影响,这也体现出我国商业银行"以存定贷"的贷款特征。净利差的系数显著为负,上一期银行净利息收入占总资产比重越高,本期贷款占比就越低。此外,银行规模与贷款占比显著负相关,银行规模越大,贷款占比越低。大银行的资产结构中,贷款的比例越来越低,这与近年来大银行不断推进的业务转型有关,降低信贷资产占总资产的比例,不断提高其他非信贷资产的比重,是许多大银行业务转型的共识。由贷款市场份额衡量的市场势力系数表明,竞争程度越低,银行的冒险动机就越强,银行会持有更多的风险资产,贷款占比上升,这与国外研究结论一致(Keeley,1990;Can,2004)。其他变量中,人均 GDP 与贷款占比正相关,GDP 增长率、不良贷款率与贷款占比负相关,但均在统计上不显著。

2. 资本约束与贷款占比(1998~2003 年)

为了比较资本监管前后银行资产配置行为的差异,本文进一步使用 1998~2003 年银行资产配置数据对模型(1)~模型(4)进行回归,回归结果如表 4 所示。

表 4 资本约束与贷款占比变动(1998~2003)

	(1)	(2)	(3)	(4)
SA	0.198***	0.205***	0.205***	0.211***
	(0.075)	(0.077)	(0.077)	(0.078)
IL(−1)	−0.49*	−0.453*	−0.452*	−0.418
	(0.272)	(0.253)	(0.253)	(0.263)
size(−1)	2.813	3.302**	3.31**	3.631**
	(1.932)	(1.686)	(1.684)	(1.754)

---

① 如果按贷款对象划分,除个人住房抵押贷款的风险加权系数为 50% 外,其余的个人贷款与公司贷款的风险加权系数均为 100%。

续表

	(1)	(2)	(3)	(4)
Loanshare	−0.523*** (0.129)	−0.543*** (0.128)	−0.542*** (0.128)	−0.543*** (0.131)
gdpper	0.125 (0.14)	0.166 (0.145)	0.167 (0.145)	0.166 (0.141)
Gdpgrowth	−0.338** (0.156)	−0.3* (0.161)	−0.303* (0.16)	−0.293* (0.158)
impaired (−1)	−0.211* (0.107)	−0.189* (0.109)	−0.188* (0.109)	−0.189* (0.11)
equity (−1)	−0.578 (0.362)			
CAR (−1)		−0.219 (0.229)		
buffer (−1)			−0.219 (0.227)	
capcon (−1)				1.176 (1.858)
undercap (−1)				2.018 (1.954)
Obs	156	156	156	156
R^2	0.3183	0.3044	0.3044	0.3035

注：①表中各解释变量第一行为估计系数，第二行括号内为稳健性标准差。②* 表示在10%的置信区间内显著，** 表示在5%的置信区间内显著，*** 表示在1%的置信区间内显著。

比较表3、表4的回归结果可以发现，资本监管前后，资本约束对贷款占比的影响有较大差异。表4第1~4列结果显示，在2004年《商业银行资本充足率管理办法》出台之前，资本对银行资产配置行为没有产生显著的约束作用。资本水平的回归系数为负，但在统计上不显著，其他因素不变的情况下，银行上一期资本水平越高，本期贷款占总资产的比例反而下降。超额资本与资本约束、资本不足银行的系数也得出类似结果。虽然1995年开始实施的《商业银行法》中统一了商业银行资本充足率的计算方法与资本计提办法，并首次规定商业银行的最低资本充足率不得低于8%。但这一资本监管要求并没有对商业银行的行为产生实质性的约束作用。本文的这一发现与国内之前的相关研究一致，进一步支持了资本"软约束"的假说（赵锡军、王胜邦，2007）。

表4还总结了其他影响贷款占比变动的因素。结果表明，2004年之前，对商业银行资产配置行为产生重要影响的变量是存款占总资产的比重、净利息收入贷款比、银行规模、贷款市场份额与不良贷款率等。其中，存款占比、净利息收入贷款比的系数与表3结果类似。而银行规模、市场份额的系数符号则与表3相反。2004年《办法》出台之前，银行规模对贷款占比的影响显著为正；而《办法》出台之后，银行规模对贷款占比的影响则显著

为负。这是因为，在严格的资本监管制度实施之前，商业银行所受的资本约束较小，银行通过信贷扩张的方式加快规模扩张，实现银行经营的规模经济性；而实施了资本监管之后，银行面临的资本约束增加，为缓解资本监管压力，银行将更多的资产配置到资本消耗少的非信贷资产中去，实现多元化经营，贷款占比降低。

3. 规模子样本检验

在本文的样本中，既涵盖国有及股份制商业银行，也包括了城市及农村商业银行，两类银行在经营范围、银行规模、政策扶持等方面有着较大的差异。经营范围方面，国有及股份制商业银行是全国性商业银行，而城市及农村商业银行在成立之初就被定义为区域性银行；银行规模方面，国有及股份制商业银行规模较大，网点多，且多数都已在资本市场上市，融资渠道较多；而城市及农村商业银行则规模小，网点少，除少数银行成功上市之外，大多数银行尚未上市，融资渠道狭窄；① 政策扶持方面，国有及股份制商业银行能够获得中央政府的政策及资金支持，支持力度较大，而财政资金对城市及农村商业银行的支持力度相对较弱；最后，在发行次级债券补充资本方面，国有及股份制商业银行占据了次级债发行市场的多数份额，而城市及农村商业银行次级债发行的比例较低。

在2004年新一轮的资本监管制度下，我国不同类型商业银行的资产配置行为有何差异？如果有，存在规模差异的原因是什么？一直以来，由于数据的限制，国内尚无这一方面的实证研究，为填补这一文献空白，本文将所有样本分为国有及股份制商业银行、城市及农村商业银行两个子样本，使用2004~2009年数据检验了资本约束对两类银行贷款占比的影响，具体结果如表5所示。

表5 规模子样本检验

	国有及股份制商业银行			城市及农村商业银行		
	（1）	（2）	（3）	（4）	（5）	（6）
SA	0.539***	0.523***	0.523***	0.181***	0.177***	0.176***
	(0.093)	(0.099)	(0.099)	(0.046)	(0.047)	(0.047)
IL (−1)	−1.239**	−1.122***	−1.122***	−0.406	−0.391	−0.389
	(0.509)	(0.537)	(0.537)	(0.268)	(0.267)	(0.268)
size (−1)	−8.026**	−8.098**	−8.098**	−4.331**	−4.54**	−4.596**
	(3.311)	(3.599)	(3.599)	(1.84)	(1.94)	(1.951)
Loanshare	2.944***	3.12***	3.119***	0.081*	0.087*	0.088*
	(0.437)	(0.53)	(0.531)	(0.05)	(0.052)	(0.053)
gdpper	0.491***	0.436*	0.436*	0.036	0.041	0.042
	(0.233)	(0.263)	(0.263)	(0.042)	(0.042)	(0.042)
Gdpgrowth	0.007	−0.043	−0.043	−0.096	−0.11	−0.109
	(0.174)	(0.195)	(0.195)	(0.094)	(0.093)	(0.093)

---

① 截至2009年底，18家国有及股份制商业银行中已有11家银行在境内外资本市场上市，城市商业银行中只有宁波银行、北京银行、南京银行实现上市，其他城市商业银行及农村商业银行均未上市。

续表

	国有及股份制商业银行			城市及农村商业银行		
	(1)	(2)	(3)	(4)	(5)	(6)
impaired (−1)	−0.186	−0.307**	−0.307**	−0.26***	−0.253***	−0.254***
	(0.12)	(0.138)	(0.138)	(0.082)	(0.084)	(0.084)
equity (−1)	0.204			0.282**		
	(0.16)			(0.119)		
CAR (−1)		0.028			0.08*	
		(0.08)			(0.044)	
buffer (−1)			0.028			0.085*
			(0.08)			(0.048)
Obs	99	99	99	537	537	537
R^2	0.1641	0.1974	0.1974	0.1339	0.1314	0.1327

注：①表中各解释变量第一行为估计系数，第二行括号内为稳健性标准差。②* 表示在10%的置信区间内显著，** 表示在5%的置信区间内显著，*** 表示在1%的置信区间内显著。

表5中第(1)~(3)列为国有及股份制商业银行的回归结果，第(4)~(6)列为城市及农村商业银行的回归结果。比较两者的回归结果，本文发现，资本约束对资产配置行为的影响存在明显的规模差异。对国有及股份制商业银行的回归结果发现，资本水平与贷款占比正相关，但在统计上不显著；而对城市及农村商业银行的回归结果发现，资本水平与贷款占比显著正相关。这表明，资本监管制度对城市及农村商业银行的资产配置行为具有显著影响，而对国有及股份制商业银行影响有限，资本监管制度的政策效果受到削弱。

本文认为，这种规模差异主要是由银行融资约束的大小引起的。① 根据Gilchrist和Himmelberg (1995)，Almeida、Campello和Weisbach (2004)的观点，公司规模可以衡量企业面临的融资约束，大公司的融资约束较小，而小公司的融资约束较大。一般而言，银行可以通过两种方式满足最低资本要求：一是不断补充资本，二是降低高资本消耗型资产占总资产的比重。在我国，商业银行主要通过利润转增、上市融资、政府注资、发行次级债等渠道补充资本。银监会2008年报数据显示，2008年主要商业银行资本补充来源分布中，政府注资的比重最高，达到了31%，其余依次是利润转增 (23%)、发行次级债 (17%)、上市融资 (9%)。② 我们注意到，国有商业银行与股份制商业银行作为银行业中的"大公司"，主要依靠政府注资、次级债与上市融资来补充资本，融资约束较小，而我国大多数城市商业银行与农村商业银行没有上市、政府注资较少，这些银行主要通过利润转增来补充资本。与发行次级债、上市融资相比，利润转增补充资本所需期限较长，而且额度有限，导致了商业银行对资本监管的反应速度缓慢，一旦资本水平临近或低于最低资本要

---

① 融资约束是指阻止公司为其投资项目获取资金的摩擦，包括借贷时的信贷约束、发行股票的约束、对银行的依赖程度以及资产的流动性等 (Lamont、Polk和saa-Requejo, 2001)。

②《中国银行业监督管理委员会2008年报》第66页。

求，银行不能短时间内补充资本。受此影响，商业银行只能通过调整资产结构，降低风险资产的比例来满足资本监管要求，贷款占比会下降。因此，资本对城市及农村商业银行资产配置行为具有较强的约束效应，资本不足银行的贷款占比会显著下降。相比之下，国有及股份制商业银行受到的融资约束较小，能够在很短的时间内补充资本，应对资本监管的反应速度较快，资本对资产配置行为的约束作用较弱。

五、结论及启示

本文从资产配置的角度分别比较了资本监管前后银行的信贷行为差异。总体来看，在2004年《商业银行资本充足率管理办法》实施之前，我国的资本监管处于"软约束"状态。商业银行没有面临实质性的资本监管压力，各银行特别是城市及农村商业银行等中小银行普遍追求规模扩张，不断提高信贷资产占总资产的比重。信贷资产的快速扩张在刺激经济的同时也使商业银行积聚了大量风险。对商业银行不良贷款率的统计表明，1998~2000年，商业银行的不良资产率迅速攀升，到1999年达到了历史最高值，所有银行的平均不良贷款率为35.7%。2004年银监会实施了更严格的资本监管制度，商业银行进入资本"硬约束"时期，资本监管压力的存在促使商业银行根据自身资本状况调整资产结构。从本文的实证结果来看，资本监管前后，银行的资产配置行为有较大的差异。

首先，资本监管前后银行自身资本状况对资产配置行为的影响不同。资本监管之后，银行自身资本水平对商业银行资产配置行为有显著影响。本文发现，资本充足率高的商业银行其贷款占总资产的比重也越高。但是两者之间的正向关系在资本监管之前并不存在，对1998~2003年银行资产配置行为的研究发现，资本监管之前，银行在进行资产配置时并没有将银行自身的资本水平作为考虑因素，资本监管的"软约束"为商业银行片面追求规模扩张提供了外部环境，也是导致这一时期银行不良资产高企的原因之一。

其次，分规模的子样本回归结果表明，2004年新一轮的资本监管制度实施之后，资本充足率对贷款占比的影响呈现出一定的规模差异。由于国有及股份制商业银行外部融资渠道较多，政府支持力度大，可以在短时间内补充资本，面临的融资约束较小，资本约束对资产配置行为的影响有限。而城市及农村商业银行的外部融资渠道匮乏，主要依靠利润转增补充资本，面临的融资约束较大，资本的约束效应明显。因此，从资产配置的角度来看，资本监管政策对城市及农村商业银行较为有效，有助于其调整资产结构，而对国有及股份制商业银行而言，效果较差，资本充足率并没有对其资产配置行为产生有效约束。监管当局应当进一步改进监管政策，实施差异性监管，对国有及股份制商业银行提出更高的资本要求。

参考文献

[1] 戴金平、金永金、刘斌：《资本监管、银行信贷与货币政策非对称效应》，《经济学》（季刊），2008年第7卷第2期，第481-508页。

[2] 刘斌：《资本充足率对我国贷款和经济影响的实证研究》，《金融研究》，2005年第11期，第18-30页。

[3] 温信祥：《银行资本监管对信贷供给的影响研究》，《金融研究》，2006年第4期，第61-70页。

[4] 徐明东、蒋祥林、陈学彬：《资本约束对商业银行信贷扩张的影响（1998~2007）——基于中国14家商业银行面板数据的分析》，中国金融学术研究网工作论文，2009年版。

[5] 赵锡军、王胜邦：《资本约束对商业银行信贷扩张的影响：中国实证分析》（1995~2003），《财贸经济》，2007年第7期，第3-11页。

[6] 朱建武：《监管压力下的中小银行资本与风险调整行为分析》，《当代财经》，2006年第1期，第65-70页。

[7] Anjan V.Thakor, and Arnoud W. A. Boot, 2008, "Handbook of Financial Intemediation and Banking", the, north-holland Press.

[8] Ashok K.Nag., and Abhinuan Das, 2002, "Credit Growth and Response to Capital Requirements: Evidence from Indian Public Sector Banks", Working Paper.

[9] Bertrand Rime, 2001, " Capital Requirements and Bank Behaviour: Empirieal Evidenetence for Switlzerland," Journal of Banking and Finance 25: 789-805.

[10] Craig Furfine, 2001, "Bank Portfolio Allocation: The Impact Of Capital Requlrments, Regullatory Monitoring, and Economic Conditions", Jourral of Financial Services Research, 20 (1): 33-56.

[11] D. M. Nachane, Aditya Narain, Saibal Ghosil and Satyananda salloo, 2000, "Capital Adequacy Requirements and the Behaviour of Commercial Banks in Indian", Working Paper.

[12] Doasyah Yudistira, 2003, "The Impact of Bank Capital Requirements in Indonesia", Working Paper.

[13] Ehrmann M., Gambacorta L., Mart'lnez-Pag'es, Sevestre P., and Worms A., 2003, "Financial Systems and the Role of Bank in Monetary Transmission in the Euro Area," Cambridge University Press.

[14] Gilehrist, Simon, and Charles Himmelherg, 1995, "Evidence on the Role of Cash Flow for Investment", Journal of Monetary Economiuce: 541-572.

[15] Heitor Almeida, Murillo Campello and Miehad S.Weishach, 2004, "The Cash Flow Sensitivity of Cash".The Journal of Finance 59 (4): 1777-1804.

[16] Jie Gala, 2004, "Banking Market Stmcture and Financial Stability: Evidence From the Texas Real Esmte Crisis in the 1980s", Journal of Financial Economics 73: 567-601.

[17] Kenneth J.Kopecky and David VanHoose, 2006, "Capital Regulation, Heterogeneous Momtohng Costs, and Aggregate Loan Quality", Journal of Banking&Finance 30: 2235-2255.

[18] Lamont, Owen, Christopher Polk, and Jesus Saa-Requejo, 2001, "Financial Constraints and Stock Returns", Review of Financial Studies 14: 529-554.

[19] Leonardo Gambacorta and Paalo Emilio Mistrulli, 2004, "Does Bank Capital Affect Lending Behavior", Journal of Financial Intermediation 14: 436-457.

[20] Michael C.Keeley, 1990, "Deposit Insurance, Risk, and Market Power in Banking", The American Economic Review80 (5): 1183-1200.

[21] Ruby P. Kishan and Timothy P. Opiela, 2000, "Bank Size, Bank Capital, and the Bank Lending

Channel", Jouraal of Money, Credu and Banking 32 (1): 121–141.

[22] Sangkyun Park, 1999, "Effects of Risk-Based Capital Requirements and Asymrnetric Information on Banks' Portfolio Decisions", Jouranl of Regulatory Economics 16: 135–150.

[23] Skander J. Van den Heuvel, 2008, "The Welfare Cost of Bank Capital Requirements", Journal of Monetary Economics 55: 298–320.

[24] Takatoshi Iho and Yuri Nagataki Sasaki, 2002, "Impacts of the Basle Capital Standard on Japanese Banks' Behavior". Journal of the Japanese and International Economies 16: 372–397.

[25] Xavier Freixas, Jean-Charles Rochet, 2008, "Mieroeeonomies of Banking", The MIT Press.

The Effect of Capital Constraints on the Behavior of Banks' Asset Allocation in China
——Based on 175 Commercial Banks' Unbalance Panel Data

Wu Wei

Abstract: This paper studies the effect of capital constraints on the behavior of banks' asset allocation in China. Using 175 commercial banks' unbalance panel data, we find out that capital regulation have important effect on the behavior of banks' asset allocation. The banks will adjust assets structure according to their capital status after 2004. Capital-adequacy bank hold more risky asset, the loan ratio rise, however, the under-capital.Bank hold nlore risktess asset the loan ratio decrease.We also find tIIe difference of bank's asset allocation behavior between bank sizes. All these findings provide the evidence for the policy of capit M regulation.

Key Words: Capital Constraint; Asset Allocation; Loan Ratio; Differentiation Regulation

银行效率及其影响因素研究
——基于中、外银行业的跨国比较

张健华　王鹏[①]

【内容摘要】 本文根据2004~2008年中国银行业和国外主要银行数据，采用随机前沿方法和产出定位的距离函数，从银行盈利角度出发，对中、外银行业运行效率进行比较研究。研究发现：（1）2006年以来，绝大多数国家的银行（盈利）效率呈下降趋势，2007~2008年下降尤为明显。与此相反，2006年及以前，中国银行业（盈利）效率并不高，但从2007年以来，效率排名逐年上升。（2）银行盈利效率与其全球系统重要性之间存在非线性关系。随着全球系统重要性的提高，银行盈利效率上升，但系统重要性达到一定程度以后，银行盈利效率出现下降，甚至低于非全球系统重要性银行。此外，我们对银行效率的影响因素也进行了讨论，得到一些比较有意义的结论。

【关键词】 银行效率；跨国比较；距离函数

一、前言

2007年以来由次贷危机引发的全球性金融危机，给众多国家的金融体系带来重大影响，导致一大批银行经营困难甚至倒闭（比如，2008年美国倒闭银行26家，2009年倒闭银行140家）。与此相比，中国银行业却表现出明显的发展优势，根据The Banker全球银行盈利排名，2008年，中国工行、建行和中行分别位列第一、第二和第四位。与此同时，国内外对中国银行业的态度也发生了重大变化，从对中国银行业的怀疑（尤其是1997年亚洲金融危机爆发后，国际上很多观点认为中国银行体系也将难免爆发危机）转变为对中国银行业改革的认可和赞同。中国银行业的不断进步源自中国金融体系的持续改革，尤其

[①] 张健华，经济学博士，研究员，任职于中国人民银行研究局；王鹏，经济学博士，副研究员，任职于中国人民银行金融研究所，E-mail: wpeng@pbc.gov.cn。

是 2003 年以来对国有大银行的改革。

经过多年的改革，我们自然会提出如下问题：(1) 中国银行业的运行效率是否真正得到提高？与国外银行相比，中国银行业的运行效率如何？(2) 哪些因素影响了银行业运行效率？这些因素对中、外银行业的影响是否存在差异？

从度量指标来看，多数研究采用（前沿）技术效率度量银行的运行效率。从相应的研究方法看，可以分为参数方法和非参数方法，常用的参数方法是随机前沿分析，非参数方法是 DEA。[①] 从已有关于中国银行业效率的研究来看，如：张健华（2003）、Chen 等（2005）、姚树洁等（2005）、王聪和谭政勋（2007）、Fu 和 Heffernan（2007）、Berger 等（2009）、Hasan 等（2009）、蔡跃洲和郭梅军（2009）、Jiang 等（2009）、张健华和王鹏（2009，2010）、Zhang 等（2010），但这些研究鲜有涉及中、外银行业效率及影响因素的比较。从国外的研究来看，银行效率的跨国比较也较少，而且主要集中在对发达国家（特别是欧盟国家）之间银行效率的比较研究上，在 Berger 和 Humphrey（1997）对 130 项效率研究的综述中，只有 5 项涉及跨国比较。此外，一些文献还对转型国家的银行效率进行了跨国比较，如 Grigorian 和 Manole（2002）、Fries 和 Taci（2005）、Bonin 等（2005）以及 Yildirim 和 Philippatos（2007）等，但是，这些研究并未涉及中国银行业。

因此，本文采用随机前沿方法，对中、外银行业运行效率进行跨国比较，同时，我们也对银行效率的影响因素进行了讨论。如上所述，我们在研究中不再涉及投入要素价格，同时考虑到银行有多种投入和多种产出，我们采用产出定位的距离函数进行分析。与以往的研究相比，我们除了对中、外银行业运行效率及其影响因素进行比较研究以外，还在以下几个方面存在不同：(1) 从研究期限看，我们取 2004~2008 年，此期限基本覆盖了中国银行业近几年的重大变革（尤其是大银行）。(2) 从样本数据来看，本文中国银行业数据涵盖四大国有商业银行、13 家股份制银行以及 136 家城市商业银行，共计 5 年 676 个样本，基本涵盖了中国绝大多数商业银行资产，更加全面的数据为中、外银行业的比较研究奠定了基础。从国外银行来看，涉及中国大陆以外 27 个国家和地区的主要银行，共计 5 年 926 个样本数据，基本涵盖了世界上的主要银行。

此外，我们遵循 Sturm 和 Williams（2004），从银行盈利的角度衡量其运行效率，注重强调银行的盈利能力。[②]

本文以下结构为：第二部分是模型和数据介绍，第三部分是回归结果以及稳健性检验，第四部分是结论。

---

① 如果在研究中涉及的银行数据较多，尤其是银行业的跨国比较，不同国家、不同年份以及不同银行之间的差异也会较大，不考虑随机误差影响的 DEA 方法得到的结果将有失偏颇。

② 由于各国对银行在存、贷款等业务扩张方面的要求不同，所以从银行盈利的角度进行跨国研究更加可行。

二、模型和数据介绍

(一) 距离函数

在多投入、多产出或价格信息不可得的情况下,采用距离函数方法进行前沿分析比较有效。距离函数经过变换,可用标准的随机前沿方法分析,具体可分为投入定位和产出定位 (Orea, 2002)。产出定位的距离函数(给定投入要素,产出最大化)定义如下:$D_o(x, y) = \min\{\theta : y/\theta \in p(x)\}$,根据 Lovell 等 (1994) 定义,对 y 来讲,$D_o(x, y)$ 满足非减的、正齐次性以及凸性。对 x 来讲,是非增的。如果产出 y 落在生产可能性集合 P (x) 内,$D_o(x, y)$ 的取值小于或等于 1。如果 y 落在生产可能性集合的边界上,$D_o(x, y)$ 的取值等于 1。具体来看:

$$\ln D_o(x^t, y^t, t) = \alpha_0 + \sum_{k=1}^{n} \alpha_k \ln x_k^t + \sum_{j=1}^{m} \beta_j \ln y_j^t + \frac{1}{2} \sum_{k=1}^{n} \sum_{h=1}^{n} \alpha_{kh} \ln x_k^t \ln x_h^t + \frac{1}{2} \sum_{j=1}^{m} \sum_{l=1}^{m} \beta_{jl} \ln y_j^t \ln y_l^t + \sum_{k=1}^{n} \sum_{j=1}^{m} \gamma_{kj} \ln x_k^t \ln y_j^t + \varphi_t t + \frac{1}{2} \varphi_{tt} t^2 + \sum_{k=1}^{n} \xi_{kt} \ln x_k^t t + \sum_{j=1}^{m} \tau_{jt} \ln y_j^t t \tag{1}$$

其中,x 是投入,y 是产出(多投入、多产出),t 代表时间,根据 $D_o(x^t, y^t, t)$ 关于 y 的一次齐次性,可以得到以下约束条件:

$$\sum_{j=1}^{m} \beta_j = 1, \quad \sum_{l=1}^{m} \beta_{jl} = 0 (j=1, 2, \cdots, M), \quad \sum_{j=1}^{m} \gamma_{kj} = 0 \ (k=1, 2, \cdots, N)$$

$$\sum_{j=1}^{m} \tau_{jt} = 0 \ (j=1, 2, \cdots, M), \quad \beta_{jl} = \beta_{lj}, \quad \alpha_{kh} = \alpha_{hk}。$$

在上述约束条件下,对个体 i 来讲,可以得到以下等价方程:

$$\ln D_{oi}^t - \ln y_{mi}^t = \alpha_0 + \sum_{k=1}^{n} \alpha_k \ln x_{ki}^t + \sum_{j=1}^{m-1} \beta_j \ln (y_{ji}^t)^* + \frac{1}{2} \sum_{k=1}^{n} \sum_{h=1}^{n} \alpha_{kh} \ln x_{ki}^t \ln x_{hi}^t + \frac{1}{2} \sum_{j=1}^{m-1} \sum_{l=1}^{m-1} \beta_{jl} \ln (y_{ji}^t)^* \ln (y_{li}^t)^* + \sum_{k=1}^{n} \sum_{j=1}^{m-1} \gamma_{kj} \ln x_{ki}^t \ln (y_{ji}^t)^* + \varphi_t t + \frac{1}{2} \varphi_{tt} t^2 + \sum_{k=1}^{n} \xi_{kt} \ln x_{ki}^t t + \sum_{j=1}^{m-1} \tau_{jt} \ln (y_{ji}^t)^* t + v_i^t \tag{2}$$

其中,$(y_{ji}^t)^* = y_{ji}^t / y_{mi}^t (j=1, 2, \cdots, m-1)$;根据定义,$\ln D_{oi}^t \leq 0$。进一步定义 $\mu_i^t = -\ln D_{oi}^t$,$\mu_i^t \sim N^+(\mu, \sigma_u^2)$ 服从标准正态分布。$v_i^t \sim N(0, \sigma_v^2)$,$u_i^t$ 和 u_i^t 相互独立,以上模型是标准的

随机前沿模型。①

根据 Battese 和 Coelli (1995) 模型,我们可以进一步分析 u_i^t 的影响因素,在此情况下,$\mu_i^t = z_i^t \delta + e_i^t$,$z_i^t$ 表示影响技术无效率项的外部因素,δ 表示这些影响因素的系数。e_i^t 是随机变量,假设服从截断正态分布 N (0, σ_u^2) (截断点为 $-z_i^t \delta$,即 $e_i^t \geq -z_i^t \delta$)。这意味着 μ_i^t 服从非负断尾正态分布,$N^+ (\mu_i^t, \sigma_u^2)$,其中 $\mu_i^t = z_i^t \delta$ 表示 u_i^t 的期望值受到不同因素的影响,但方差不变。

(二) 模型

在银行效率研究中,如何定义和度量银行的投入和产出也是一个重要问题,主要度量方法有生产法和中介法。以往的研究也采用了不同的投入和产出指标,在此基础上,我们根据中介法以及 Sturm 和 Wiuiams (2004) 的研究,从银行盈利的角度对中、外银行业运行效率进行研究 (见表1)。

表1 投入、产出要素说明

要素	说明
投入要素	利息支出、非利息支出(营业费用)
产出要素	净利息收入、非利息收入
说明	(1) 利息支出:表示存款等付息资产的投入 (2) 非利息支出(营业费用):包括员工费用、工务费用、折旧和摊销、营业税和其他费用、保险索偿支出等 (3) 净利息收入:利息收入 - 利息支出 (4) 非利息收入:交易和衍生品净收入、手续费及佣金净收入、汇兑净收入、其他营业收入等

(三) 数据说明

1. 数据选取

国外银行数据选取有以下标准:①根据 Bankscope 数据库,数据年度选取为 2004~2008 年;②样本期间进入全球《财富》500 强;③英国 The Banker 历年统计的全球银行 1000 强中的前 200 强;④美国、德国、日本等经济发达国家,每年样本为 20 个左右;⑤巴西、印度、俄罗斯等金砖四国成员为 The Banker 历年统计的全球银行 1000 强中的前 500 强。一些国家不同年份之间样本数存在差异,主要是由于:Bankscope 数据库缺失数据所致(比如银行数据严重缺失、银行遭遇破产倒闭或与其他银行合并等)。

具体来看,中国银行业数据涵盖四大国有商业银行、13 家股份制银行以及 136 家城市商业银行,共计 5 年 676 个样本,基本涵盖了中国绝大多数商业银行资产。国外银行涉

---

① 将投入和产出同时作为自变量可能导致联立方程问题,通过以上标准化处理以后,产出比值可以看成外生变量 (Colelli 和 Perelman, 1996)。

及中国大陆以外 27 个国家和地区的主要银行，共计 5 年 926 个样本数据，基本涵盖了世界上的主要银行。

2. 数据处理

所有数据按照各国 GDP deflator 折算到 2000 年价格水平，单位为百万美元，GDP deflator 来自世界银行（World Bank）的统计数据。为了避免各国货币每年与美元之间的汇率波动造成的影响，我们在将各国数据（本国货币表示）折算为美元时使用的汇率是样本期间的平均汇率，如此处理，将不会改变用本国货币所表示的各类数据之间的关系。①

（四）无效率影响因素

在跨国研究中，国家层面的因素差异将产生很大影响，因此，我们除了考虑银行内部各项度量指标的影响外，还考虑了国家层面的影响因素（Grigorian 和 Manole，2002；Fries 和 Taci，2005；Lensink 等，2008）。

表 2 无效率影响因素变量定义

变量名称	变量定义
1. 国家层面影响因素	
（1）银行业市场结构（市场集中度）	各国前 5 大银行的资产占本国银行业资产的比例，该值越大，银行业越集中。数据来源：Barth 等（2008）：Bank Regulation 和 Supervision Database（World Bank）。
（2）银行（相对于资本市场）重要程度	根据 Beck 和 Levine（2002）、Levine（2002）、Beck 和 Demirguc-Kunt.（2009）我们采用两个指标衡量银行业和资本市场的相对重要程度。一是各国（银行对私人部门贷款额/GDP）和（资本市场交易额/GDP）之间的比值，二是各国（银行对私人部门贷款额/GDP）和（资本市场市值/GDP）之间的比值。我们采用主成分法对两个指标加总计算，所得数值越大，表明该国越依赖银行业。数据来源：Beck（2010）：Financial Structure Dataset（World Bank）。由于中国的特殊情况，银行信贷指标取为（银行全部贷款额/CDP）。
（3）银行（风险）业务监管程度	对银行（风险）业务活动的监管约束主要包括四个方面：证券投资（Securities）、保险投资（Insurance）、房地产投资（Real Estimate）和控股非金融企业。约束程度分为四类：无限制（Unrestricted，取值 0）、许可（Permitted，取值 1）、限制（Restricted，取值 2）和禁止（Prohibit，取值 3）。根据 Levine 等（2002）的研究，四项相加即为监管约束程度，该值越大。表示一国对银行风险业务活动的监管约束程度越大。数据来源：Barth 等（2008）：Bank Regulation 和 Supervision Database（World Bank）。
（4）国有银行比重	政府控股 50%以上的银行资产占一国全部银行资产的比重，该数值衡量各国银行系统中国有银行的影响。数据来源：同上。

---

① 分析中需要对投入要素和产出要素取对数，在以往的研究中，通常是将每一类要素值中的最小值（负值）取绝对值后加 1(|y|＋1)，然后将此值(|y|＋1)与该类要素中的所有要素值分别相加后再取对数。但是，如果|y|很大，将大大改变一些银行的投入产出关系。我们如下处理（主要是利息收入和非利息收入），以−100 万美元为标准，所有值加 1.01 百万美元，仍然小于 1 的，其对数值取 0；大于 1 的，直接取对数值。也就是说，我们对要素可能出现的负值进行了"惩罚"，同时也区分了取 0 的数值与小于 0 的数值的差别。但是，我们对负值的区别程度下降。此外，对于一些严重亏损的银行，其数据无法按照以上原则处理，我们将这些异值删除。如 2007 年美国的 FSB，2008 年英国的 Northern Rock、日本的 Norinchukin 等。

续表

变量名称	变量定义
（5）外资银行比重	外资控股 50%以上的银行资产占一国全部银行资产的比重，该数值衡量各国银行系统中外资银行的影响。数据来源：同上。
（6）资本约束	根据 Barth 等（2004，2008），该指标主要包含 9 个方面内容，衡量了对银行资本的监管约束程度（取值范围 0~9），该值越大，表示一国对银行资本的监管约束越强。数据来源：同上。
（7）金融发展深度	Liquid Liabilities/GDP，衡量金融发展深度。 数据来源：Beck（2010）：Financial Structure Dataset（World Bank）。
（8）经济发展水平和速度	经济总量：ln（GDP），折算到 2000 年物价水平。 经济增长率：各国 GDP 增长率。 数据来源：World Development Indicators（WDI）。
（9）利差	数据来源：IMF（International Financial Statistsics，2009）
2. 银行特征变量	
（1）银行类型	根据 Demirguc-Kunt 和 Huizinga（2010），银行类型分为一般商业银行（Commercial Banks）、银行控股公司（Bank Holding & Holding Companies）、投资银行（Investment Bank）、政府信贷机构以及其他类型（Cooperative Bank，Real Estate/Mortgage Bank，Savinp Bank）。分别取虚拟变量，并以银行控股公司为参照。数据来源：Bankscope（下同）。
（2）是否为全球性银行[①]	采用 FSB（金融稳定理事会）所提供的、供讨论的全球系统重要性金融机构（G-SIFIs）定义全球性银行，重要性越高，全球性越强。同时，根据重要程度将样本分为 4 类：很重要（前 25%）、比较重要（前 25%~前 50%）、一般重要（后 50%）及非全球系统重要性金融机构，分别取虚拟变量，并以最后一类为参照。对中国来讲，工行、农行、中行、建行、交行等规模较大的银行，是国内系统重要性金融机构（D-SIFIs）。从全球来看，除了中行的国际业务在整体业务中占比相对较高以外，其他几家银行的境外收入占比相对较低。基于此，我们在分析中将中国的银行样本定义为非全球系统性重要金融机构。此外，如此分类，也便于中国银行业与国外银行进行比较。
（3）银行规模	对银行总资产取自然对数，折算到 2000 年物价水平。
（4）是否公开上市	上市年份及以后，取 1，否则，取 0。
（5）不良贷款率	不良贷款余额/总贷款，衡量银行的贷款质量。
（6）不良贷款拨备率	贷款准备金余额/不良贷款余额，衡量银行的信贷风险。
（7）权益资本占比	用所有者权益/总资产表示，衡量银行的资本风险。
（8）贷存比	总贷款/总存款，衡量银行的流动性风险和资金使用率。
（9）投资比例（投资/收益资产）	收益资产包含：总贷款、现金及银行存款、存拆放同业、投资等。投资包括可交易证券（Trading Securities）、衍生品（Derivatives）、持有的到期证券（Held Comaturity Securities）、可供出售的证券（Available for Sale Securities）以及其他证券等。
（10）同业资金比例	同业资金/(同业资金＋总存款)，衡量银行的市场风险，同业资金包括：同业存拆入、衍生品（Derivatives）、可交易负债（Trading Liabilities）等存款以外的其他付息资金。
3. 年份变量	取非线性的年份变量，并以 2004 年为基准年。

[①] 选取此变量，一是由于全球性银行和只在国内经营的银行存在差异，二是我们在分析中考虑了诸多国家层面影响因素，对于全球性银行来讲，单采用母国的国家层面变量，所得结论有失偏颇。另外，衡量全球系统重要性时，银行跨境资产是一项重要参考指标，因此，用全球系统重要性衡量银行的全球性是可行的。此外，为保证结论的稳健性（尤其是国家层面因素的影响），我们将全球性银行样本删除，所得结论基本一致（具体见稳健性分析）。

三、回归结果和分析

(一) 回归结果

表 3 列出了距离函数的回归结果，表 4 列出了相应的技术无效率项的回归结果，其中，净利息收入为式 (2) 中的 ym。根据以往的研究，我们在生产函数 (生产前沿) 估计中考虑了国家层面和银行特征两方面影响因素，国家层面影响因素如前所述，银行特征影响因素为银行类型和是否为全球性银行 (全球系统重要性)。技术无效率项影响因素中，我们考虑了国家层面因素和全部银行特征变量。

表 3 和表 4 包含了四个回归。回归 1 只考虑国外银行。回归 2 在回归 1 的基础上，进一步包含了中国银行业样本，由于样本中国外银行规模都较大，在此我们只考虑中国的四大国有商业银行和股份制银行，这些都是中国规模较大的银行。回归 3 进一步增加了中国银行业样本，除了四大国有商业银行和股份制银行之外，还包含了城市商业银行样本，以比较中国银行业和国外主要银行之间的效率差异。回归 4 在回归 3 的基础上，分析了中国银行业和国外主要银行运行效率影响因素方面的差异，在此我们重点分析了银行特征变量的影响差异。

从回归结果可以看出，回归 1 和回归 2 的 y 在 0.91 以上，回归 3 和回归 4 的 r 也在 0.84 以上，表明随机前沿模型的适用性，同时，绝大多数回归系数显著，说明模型的可信度较高。

表 3 距离函数回归结果

	回归-1		回归-2		回归-3		回归-4	
	国外银行		含中国四大和股份制		含中国全部银行		含中国全部银行	
	系数	t 值	系数	t 值	系数	t 值	系数	t 值
非利息收入	0.4708	15.08***	0.3967	12.66***	0.4705	22.66***	0.4720	22.62***
利息支出	−0.3747	−6.11***	−0.4797	−8.33***	−0.4333	−11.05***	−0.4283	−10.76***
非利息支出	−0.4054	−6.26***	−0.3563	−5.53***	−0.4696	−9.85***	−0.4620	−9.54***
非利息收入×非利息收入	0.1035	19.68***	0.1080	24.82***	0.1022	24.08***	0.1022	21.84***
利息支出×利息支出	−0.0396	−3.04***	−0.0272	−2.26**	−0.0323	−2.75***	−0.0353	−2.97***
非利息支出×非利息支出	−0.1593	−8.71***	−0.1674	−9.14***	−0.1332	−8.20***	−0.1381	−8.32***
利息支出×非利息支出	0.0857	6.36***	0.0881	6.62***	0.0739	5.86***	0.0776	6.09***
非利息收入×利息支出	−0.0013	−0.30	−0.0013	−0.29	0.0017	0.37	0.0017	0.38
非利息收入×非利息支出	0.0067	1.12	0.0155	2.47**	−0.0011	−0.20	−0.0016	−0.29
时间	−0.0717	−1.44	−0.0126	−0.27	−0.0155	−0.42	−0.0154	−0.41

续表

	回归-1		回归-2		回归-3		回归-4	
	国外银行		含中国四大和股份制		含中国全部银行		含中国全部银行	
	系数	t值	系数	t值	系数	t值	系数	t值
时间×时间	0.0239	1.71*	0.0085	0.67	−0.0202	−1.86*	−0.0199	−1.87*
非利息收入×时间	−0.0116	−1.86*	−0.0058	−1.30	−0.0073	−1.72*	−0.0067	−1.58
利息支出×时间	−0.0321	−4.02***	−0.0318	−4.01***	−0.0117	−1.55	−0.0127	−1.68*
非利息支出×时间	0.0327	4.00***	0.0280	3.39***	0.0207	2.52**	0.0210	2.58**
市场集中度	0.1797	2.08**	0.0985	1.27	0.4132	4.18***	0.3278	2.29**
银行重要程度	0.0842	4.31***	0.0578	2.90***	0.1259	7.91***	0.1086	4.42***
银行业务监管程度	0.0062	1.03	0.0051	0.87	0.0048	0.81	0.0044	0.71
国有银行比重	0.1851	1.76*	0.2640	2.44**	−0.1271	−1.28	0.0343	0.23
外资银行比重	−0.0806	−1.09	−0.0905	−1.23	0.0357	0.43	−0.0023	−0.02
资本约束	−0.0076	−1.02	−0.0105	−1.40	−0.0102	−1.30	−0.0102	−1.18
金融发展深度	−0.1812	−6.60***	−0.1654	−6.40***	−0.2016	−7.51***	−0.1930	−7.17***
ln（GDP）	0.0305	2.15**	0.0104	0.78	0.0506	3.52***	0.0390	2.03**
GDP增长率	−0.1012	−0.13	−1.0200	−1.80*	−0.4986	−1.02	−0.7485	−1.40
利差	0.5863	1.28	0.2313	0.46	2.3331	4.30***	1.5948	1.90*
一般商业银行	−0.0331	−1.21	−0.0423	−1.54	−0.0417	−1.43	−0.0388	−1.33
投资银行	−0.3165	−2.44**	−0.2965	−2.11**	−0.2837	−1.80*	−0.3261	−1.88*
政府信贷组织	0.2422	4.39***	0.2349	3.94***	0.2169	3.28***	0.2287	3.22***
其他类型银行	0.0400	1.22	0.0314	0.94	0.0416	1.22	0.0495	1.46
很重要	0.1122	1.90*	0.0883	1.47	0.1527	2.68***	0.1456	2.52**
比较重要	0.1323	3.01***	0.1194	2.56**	0.1729	3.59***	0.1640	3.25***
一般重要	0.0506	1.54	0.0610	1.80*	0.0259	0.67	0.0414	0.93
常数	−1.4349	−3.57***	−0.7236	−1.97**	−1.5358	−4.07***	−1.2718	−2.50**

注：* 表示10%水平显著，** 表示5%水平显著，*** 表示1%水平显著，下同。

表4 无效率回归结果

	回归-1		回归-2		回归-3		回归-4	
	系数	t值	系数	t值	系数	t值	系数	t值
市场集中度	0.7156	2.51**	0.6414	2.12**	0.2205	1.04	0.4338	1.38
银行重要程度	−0.9299	−19.35***	−0.7954	−8.08***	−0.7918	−16.25***	−0.7768	−17.21***
银行业务监管程度	−0.0805	−3.13***	−0.0891	−3.61***	−0.0310	−1.68*	−0.0200	−1.07
国有银行比重	2.3569	7.38***	2.1538	3.27***	2.3816	8.13***	2.0856	7.61***
外资银行比重	−1.1677	−3.51***	−1.0949	−3.13***	−0.6816	−2.39**	−0.6618	−2.33**
资本约束	−0.0202	−0.73	−0.0307	−0.89	−0.0065	−0.26	−0.0079	−0.32
金融发展深度	0.8151	7.74***	0.7215	7.28***	0.5732	8.67***	0.6146	8.41***
ln（GDP）	0.0488	1.26	0.0872	1.70*	0.0030	0.09	0.0357	0.82
GDP增长率	−5.4373	−3.02***	−7.1942	−2.88***	−6.9307	−5.25***	−3.8726	−3.50***

续表

	回归-1		回归-2		回归-3		回归-4	
	系数	t值	系数	t值	系数	t值	系数	t值
利差	−4.7719	−3.64***	−4.8896	−1.97**	−6.5082	−4.41***	−5.2192	−2.81***
一般商业银行	0.1187	1.23	0.0444	0.47	0.0331	0.42	0.0292	0.38
投资银行	1.3493	5.48***	1.2843	5.44***	0.9676	4.45***	0.9761	4.36***
政府信贷组织	−0.6317	−2.81***	−0.5459	−2.71***	−0.3520	−2.16**	−0.4654	−2.51**
其他类型银行	−0.2366	−1.99**	−0.1603	−1.60	−0.1586	−1.95*	−0.2307	−2.80***
很重要	−0.1331	−0.55	0.0729	0.28	0.0973	0.52	−0.0219	−0.12
比较重要	−1.1395	−5.42***	−0.8711	−3.85***	−0.6721	−3.79***	−0.7455	−4.27***
一般重要	−0.6217	−3.68***	−0.4896	−3.31***	−0.1469	−1.38	−0.2754	−1.91*
银行规模	−0.0718	−1.91*	−0.0807	−2.17**	−0.0348	−1.87*	−0.0356	−1.99**
公开上市	−0.4418	−4.93***	−0.3423	−4.93***	−0.3784	−7.68***	−0.3765	−6.49***
不良贷款率	1.1904	1.19	1.1297	1.18	1.5666	5.67***	0.7143	1.02
不良贷款拨备率	−0.0594	−15.68***	−0.0602	−10.53***	−0.0591	−20.51***	−0.0611	−22.68***
权益资本占比	−8.3021	−18.17***	−6.3529	−13.52***	−6.4027	−16.11***	−7.0816	−17.96***
贷存比	−0.0273	−3.00***	−0.0235	−2.43**	−0.0230	−2.83***	−0.0254	−3.16***
投资比例	0.9248	3.66***	0.8859	3.61***	0.3696	2.43**	0.4785	2.81***
同业资金比例	1.2819	5.80***	1.1422	5.14***	0.7503	4.71***	0.9933	5.57***
银行规模×中国							−0.1367	−7.10***
公开上市×中国							−0.3303	−1.78*
不良贷款率×中国							1.2243	1.65*
不良贷款拨备率×中国							−0.0734	−1.81*
权益资本占比×中国							2.7930	3.64***
贷存比×中国							−0.1748	−0.75
投资比例×中国							−0.2492	−0.55
同业资金比例×中国							−1.2117	−1.52
常数	−1.6703	−1.93*	−2.7870	−1.75*	0.3758	0.44	−0.7620	−0.64
sigma-squared	0.3087	7.56***	0.2959	7.71***	0.1665	13.38***	0.1797	8.62***
gamma	0.9273	77.60***	0.9098	61.51***	0.8285	37.55***	0.8421	32.55***
样本数	926		1009		1602		1602	
涉及银行	207		224		373		373	

（二）银行效率跨国比较

我们从全部样本、全球系统重要性程度等角度分析比较中、外银行业的效率差异。

1. 按国家分类（全部样本）

表5是全样本的各国银行效率（根据回归4计算得到），可以看出，2006年以来，绝大多数国家主要银行的盈利效率呈下降趋势，2007~2008年的下降尤为明显，这说明，由

次贷危机引发的全球金融危机对各国银行业的影响是巨大的。[①]

中国银行业盈利效率在2006年以前变化平稳，并呈略有下降趋势，2006年以来呈上升趋势，尤其是四大国有商业银行上升尤为明显，与以往研究结论基本一致。2006年及以前，中国银行业盈利效率并不高，在样本国家中四大国有商业银行排名较低，但2007年以来，中国银行业盈利效率排名逐年上升，2007~2008年，四大国有商业银行的平均盈利效率在样本国家中排名第一。究其原因，一方面，国外各国银行业受金融危机的影响，盈利能力大幅下滑，而中国银行业受金融危机影响较小；另一方面，随着中国银行业改革的逐步完善，其盈利能力得到较大提高。

2. 按银行全球性程度（全球系统重要性）分类

从实际情况来看，中国银行业大多只在国内经营，与全球性银行存在较大差异。同时，银行业务全球化也是中国银行业的重要发展方向，因此，我们有必要根据银行的全球性程度分析比较中、外银行业的效率差异。本文中，我们用银行的全球系统重要性衡量其全球性程度。

表5　各国银行效率（全部样本）

国家＼年份	2004	2005	2006	2007	2008	2004~2008平均	2004~2006平均
Australia			0.8863	0.8559	0.7395	0.8272	0.8863
Austria	0.9521	0.9543	0.9530	0.9398	0.9172	0.9433	0.9531
Belgium			0.8644	0.8780	0.6922	0.6669	0.7754	0.8712
Brazil	0.9058	0.9248	0.8995	0.8690	0.8146	0.8828	0.9101
Canada	0.8323	0.8346	0.8474	0.8145	0.7694	0.8196	0.8381
China（合计）	0.8724	0.8814	0.8811	0.9335	0.9350	0.9007	0.8783
四大	0.8738	0.8733	0.8721	0.9415	0.9481	0.9018	0.8731
股份制	0.8945	0.9134	0.9114	0.9308	0.9261	0.9152	0.9064
城商	0.7868	0.8600	0.8675	0.8762	0.8540	0.8489	0.8381
Denmark	0.9097	0.9157	0.9121	0.8632	0.8618	0.8925	0.9125
Finland		0.9167	0.8968	0.8642	0.6184	0.8241	0.9068
France	0.8457	0.8511	0.8329	0.7315	0.6536	0.7830	0.8432
Germany	0.8339	0.8707	0.8626	0.7792	0.5230	0.7739	0.8557
Greece	0.8573	0.9150	0.9088	0.8710	0.7926	0.8689	0.8937
Hong Kong SAR	0.8818	0.8394	0.7755	0.7048	0.5627	0.7528	0.8322
India	0.6347	0.6324	0.6383	0.6204	0.5823	0.6216	0.6352
Ireland	0.9288	0.8823	0.8573	0.8286	0.5432	0.8081	0.8895
Italy		0.9467	0.9411	0.9299	0.8382	0.9140	0.9439

---

① 当然，所得结论和样本选择有关，此处更多反映的是各国一些较大银行的情况。此外，回归3得到的结论与回归4一致，由于篇幅限制，在此并未列出。

续表

国家＼年份	2004	2005	2006	2007	2008	2004~2008 平均	2004~2006 平均
Japan	0.8495	0.9058	0.8783	0.8210	0.6757	0.8261	0.8779
Korea	0.9347	0.9233	0.9216	0.9103	0.8352	0.9050	0.9266
Netherlands	0.7475	0.8179	0.7894	0.7112	0.5767	0.7285	0.7849
Norway		0.9440	0.9295	0.9185	0.7997	0.8979	0.9368
Russia	0.8943	0.9232	0.8841	0.8666	0.7222	0.8581	0.9005
Singapore	0.9346	0.8941	0.9260	0.8804	0.8473	0.8965	0.9182
South Africa	0.8542	0.8616	0.8799	0.8609	0.7995	0.8512	0.8652
Spain	0.9138	0.9207	0.9138	0.8884	0.8052	0.8884	0.9161
Sweden		0.9185	0.9143	0.8850	0.8407	0.8896	0.9164
Switzerland	0.5330	0.5578	0.5136	0.4014	0.2437	0.4499	0.5348
Turkey	0.9343	0.9384	0.8925	0.8797	0.7732	0.8836	0.9217
United Kingdom	0.8781	0.8712	0.8651	0.8270	0.6183	0.8119	0.8715
United States	0.8629	0.9044	0.8904	0.8241	0.7410	0.8446	0.8859

注：不同国家的银行效率根据样本银行总资产加权计算，不同。

从另一个角度来看，2008年金融危机以来，系统重要性金融机构（SIFIs）由于其较强的外部性影响，受到越来越多的关注。金融稳定理事会（FSB）将SIFIs划分为2个档次：全球系统重要性金融机构（G-SIFIs）和国内系统重要性金融机构（D-SIFIs）。对全球系统重要性金融机构来讲，由于其规模较大、市场重要性较高以及全球关联性较强，当其破产或出现问题时，会对全球金融体系造成严重影响。因此，根据银行的全球性程度，即其全球系统重要性程度，分类计算银行效率并与中国银行业进行比较，这很有必要。

表6是根据银行全球性程度（全球系统重要性）划分的国外银行效率统计，A部分根据回归1得到，B部分根据回归4得到。

表6 根据系统重要性划分的国外银行效率及与中国银行业的比较

年份	2004	2005	2006	2007	2008	2004~2008 平均	2004~2006 平均
A：国外银行（回归1得到）							
全球系统重要性	0.8548	0.8614	0.8512	0.7996	0.6763	0.8087	0.8558
很重要	0.8438	0.8490	0.8286	0.7829	0.6269	0.7862	0.8405
比较重要	0.9074	0.9054	0.8979	0.8295	0.7751	0.8631	0.9036
一般重要	0.8236	0.8369	0.8616	0.8159	0.7303	0.8136	0.8407
非全球系统重要性	0.8262	0.8605	0.8535	0.7820	0.6927	0.8030	0.8467
B：国外银行（回归4得到）							
全球系统重要性	0.8421	0.8595	0.8484	0.7948	0.6590	0.8007	0.8500
很重要	0.8326	0.8437	0.8232	0.7754	0.6128	0.7775	0.8331

续表

年份	2004	2005	2006	2007	2008	2004~2008平均	2004~2006平均
比较重要	0.9015	0.9138	0.9075	0.8446	0.7646	0.8664	0.9076
一般重要	0.7942	0.8308	0.8511	0.7961	0.6903	0.7925	0.8253
非全球系统重要性	0.8100	0.8586	0.8504	0.7769	0.6620	0.7916	0.8397
C：中国银行业（回归4得到）							
China（合计）	0.8724	0.8814	0.8811	0.9335	0.9350	0.9007	0.8783
四大	0.8738	0.8733	0.8721	0.9415	0.9481	0.9018	0.8731
股份制	0.8945	0.9134	0.9114	0.9308	0.9261	0.9152	0.9064
城商	0.7868	0.8600	0.8675	0.8762	0.8540	0.8489	0.8381

（1）从平均值来看（2004~2008年），全球系统重要性银行的效率值略高于非全球系统重要性银行。具体来看，"比较重要"的银行样本效率值最高，其次是"一般重要"的银行，"很重要"的银行样本效率值最低，同时也低于非全球系统重要性银行。这一方面体现出系统重要性银行的优势（盈利效率较高），另一方面也说明，系统重要性和银行盈利效率之间可能存在非线性关系，即随着银行系统重要性的提高，银行盈利效率上升，但当重要性达到一定程度以后，其盈利效率出现下降，甚至低于非系统重要性银行。以上结论也与表4中系统重要性变量的回归结果一致。

表6中，"很重要"银行表现较差，尤其是2007年以来，而这些金融机构一般是规模较大的全球性银行，这从另一个角度说明，全球监管机构应该重点关注那些拥有全球业务的大型银行。

（2）从变化趋势看，与全样本基本一致，银行盈利效率自2006年以来呈下降趋势，2007~2008年下降尤为明显。

（3）从与中国银行业的比较来看（根据表6中的B部分和C部分），以效率水平最高的"比较重要"银行样本为例，2006年以前中国三类银行的盈利效率历年最低，2006年"比较重要"银行的盈利效率略低于股份制银行，2007~2008年"比较重要"银行的效率历年最低，下降明显。

（三）无效率影响因素分析

从表4可以看出，所有回归的结果基本一致，表明结论的稳健性较高。银行效率影响因素总结如表7所示。

（四）稳健性检验

我们从以下几个方面进行稳健性检验：

（1）在分析中，我们考虑了诸多国家层面的影响因素，对全球性银行来讲，单采用母国的国家层面变量，所得结论有失偏颇，为此，我们引入"全球性银行"这一控制变量。为保证结论的稳健性，我们将全球性业务较多（以其全球系统重要性衡量）的银行样本删

表7 银行效率影响因素

	国家层面影响因素	银行特征影响因素
促进银行效率	(1) 银行在本国的重要程度（相对资本市场）； (2) 对银行风险业务活动的监管程度； (3) 外资银行比重，与Fries和Taci（2005）结论一致：更加开放的金融市场环境有利于银行业整体效率的提高； (4) 经济发展速度。	(1) 银行规模，与Yildirim和Philippatos（2007）的结论一致； (2) 公开上市； (3) 不良贷款拨备率； (4) 权益资本占比； (5) 贷存比。其中，银行规模、公开上市、不良贷款拨备率对银行效率的促进作用对中国银行业更加明显，权益资本占比对银行效率的促进作用在中国银行业中受到弱化；贷存比对中国银行业的促进作用得到加强，但不显著。
降低银行效率	(1) 市场集中度； (2) 国有银行比重，与Bonin等（2005）、Fries和Taci（2005）结论一致； (3) 金融发展深度：可能的原因是，金融发展深度越广，银行业竞争越激烈，从而导致银行效率下降。	(1) 投资比例； (2) 同业资金比例； (3) 不良贷款率（对中国银行业样本更显著）。其中，投资比例、同业资金比例与银行效率的负向关系在中国银行业中受到弱化，但不显著。

注：①从银行类型来看，给定其他因素，与银行控股公司相比，投资银行的无效率偏高，政府信贷组织和其他类型银行无效率偏低，一般商业银行与其效率差异不明显。②给定其他因素，与非全球系统重要性银行相比，"比较重要"和"一般重要"银行的无效率较低，其中，"比较重要"银行无效率最低，并在所有回归中显著；"很重要"银行与其效率差异不显著。这说明，系统重要性与银行盈利效率之间的关系可能是非线性的，与表6的结论一致。③从回归4可以看出，对中国银行业来讲，不良贷款率以及不良贷款拨备率与银行效率的关系更为显著，可能的原因是，国外银行的不良贷款率普遍较低，而拨备率较高。它们与效率的关系受到弱化。当然，对中国银行业来讲，也可能存在样本选择的问题，即运行越好（无效率较低）的银行，不良贷款拨备率越高。

除，对结果重新检验，尤其是检验国家层面宏观变量的影响是否发生变化。

（2）在以上分析中，我们发现银行全球性（全球系统重要性）与银行盈利效率之间存在非线性关系，为保证结论稳健性，我们将对两者之间的关系从两个角度重新检验：一是将样本银行根据全球系统重要性分为2类，如果是全球系统重要性银行，取1，否则取0；二是将样本银行根据全球系统重要性分为5类，分别是非常重要（前25%）、比较重要（前25%~前50%）、一般重要1（前50%~75%）、一般重要2（前75%~100%）以及非全球系统重要性银行，分别取虚拟变量，并以最后一类为参照。

从检验结果来看，将全球性银行（全球系统重要性银行）删除后，所得结论基本不变，尤其是国家层面变量的影响。系统重要性分为2类时，与非全球系统重要性银行相比，给定其他因素，全球系统重要性银行的无效率显著较低。系统重要性分为5类时，给定其他因素，银行盈利效率与全球系统重要性之间存在非线性关系，其中，"比较重要"银行无效率仍然最低。①

---

① 由于篇幅限制，检验结果在此并未列出，感兴趣的读者可向作者索要。

四、结 论

本文根据 2004~2008 年中国银行业和国外主要银行数据,采用随机前沿方法和产出定位的距离函数,从银行盈利角度出发,对中、外银行业运行效率进行比较研究。同时,我们对银行效率的影响因素也进行了讨论。研究发现:

(1) 2006 年以来,绝大多数样本国家的银行(盈利)效率呈下降趋势,2007~2008 年下降尤为明显,这说明,由次贷危机引发的全球金融危机对各国银行业的影响是巨大的。与此相反,2006 年及以前,中国银行业盈利效率并不高,但 2007 年以来,中国银行业盈利效率排名逐年上升,2007~2008 年,中国四大国有商业银行的平均盈利效率在样本国家中排名第一。

(2) 银行盈利效率与其全球系统重要性之间存在非线性关系。一方面,随着全球系统重要性的提高,银行盈利效率上升,但当重要性达到一定程度以后,银行盈利效率出现下降,甚至低于非全球系统重要性银行。

(3) 从银行效率影响因素来看,促进银行效率的因素有:银行在本国的重要程度、对银行风险业务活动的监管程度、外资控股银行比重、经济发展速度、银行规模、公开上市、权益资本占比、贷存比以及不良贷款拨备率。降低银行效率的影响因素有:市场集中度、国有银行控股比重、金融发展深度、投资比例、同业资金比例以及不良贷款率(对中国银行业显著)。

当然,本文更关注的是国外主要银行与中国银行业运行效率的比较研究,如果能进一步增加国外银行样本,将会使本文的结论更加丰富。

参考文献

[1] 蔡跃洲、郭梅军:《中国上市商业银行全要素生产率的实证分析》,《经济研究》,2009 年第 9 期.

[2] 王聪、谭政勋:《中国商业银行效率结构研究》,《经济研究》,2007 年第 7 期。

[3] 姚树洁、冯根福、姜春霞:《中国银行业效率的实证分析》,《经济研究》,2004 年第 8 期。

[4] 张健华:《中国商业银行效率研究的 DEA 方法及 1997~2001 年效率的实证分析》,《金融研究》,2003 年第 3 期。

[5] 张健华、王鹏:《中国银行业前沿效率及其影响因素研究》,《金融研究》,2009 年第 12 期。

[6] 张健华、王鹏:《中国银行业广义 Malmquist 生产率指数研究》,《经济研究》,2010 年第 8 期。

[7] Barth J., G. Capno, R.Levine. Bank supervision and Regulation: what works best? Journal of Financial Intermediation, 2004 (13): 205–248.

[8] Barth J., G. Capfio, R. Levine. Bank Regulation and Supervision Database, World Bank, 2008.

[9] Battese G.E., T.J.Coelli. A model for technical inefficiency effects in a stochastic frontier production function for paneldate.Empirical Economics, 1995 (120): 325–332.

［10］ Beck T., R.Levine, N.Loayza. Finance and the Sources of Growth, Journal of Financial Economics, 2000（58）：261-300.

［11］ Beck T., R. Levine. Industry Growth and Capital Allocation: Does Having a Market-or Bank-Based System Matter? Journal of Financial Economics, 2002（64）：147-180.

［12］ Beck T., A. Demirgllq-Kunt. Financial Institutions and Markets across Countries and over Time—Data and Analysis, Working paper, 2009.

［13］ Beck T., Financial Structure Dataset. World, Bank, 2010.

［14］ Berger, Mester. Inside the Black Box: What Explains Differences in the Efficiencies of Financial Institutions? Journal of Banking and Finance, 1997（21）：895-947.

［15］ Berger A.N., Clarke, G.R.G., Cull R., Klapper L., Udell. G.F. Corporate govemance and bank performance: a joint analysis of the static, selection, and dynamic effects of qtomestic, foreign, and state ownership, Journal of Banking and Finance, 2005（29）：2179-2221.

［16］ Berger A.N., Hasan I., Zhou M. Bank ownership and efficiency in China: what will happen in the world's largest nation? Journal of Banking and Finance, 2009（33）：113-130.

［17］ Bonin J.P., L. Hasan, P., Wachtel. Bank Performance, Efficiency, and Ownership in Transition Economies, Journal of Banking and Finance, 2005（29）：31-53.

［18］ Chen X., Skully M., Brown K. Banking efficiency in China: application of DEA to pre-and post—deregulations era: 1993-2000, China Economic Review, 2005, 1（16）：229-245.

［19］ Coelli T., S. Perelman. 1996.Efficiency measurement, multi-output technologies and distance functions: with application to European railways.CREPP Working Paper 96, 05, University of Liege.

［20］ Demirgag-Kunt, A., H.Huizinga., Bank Activity and Funding Strategies: the Impact on Risk and Return. Journal of Financial Economics, forthcoming, 2010.

［21］ Fries S., A.Taci. Cost efficiency of banks in transition: evidence from 289 banks in 15 post—communist countries. Journal of Banking and Finance, 2005（29）：55-81.

［22］ Fu X., S.A. Heffeman. Cost X-efficiency in China'8 Banking Sector, China Economic Review, 2007（18）：35-53.

［23］ Grigorian D., V.Manole. 2002. Determinants of commercial bank performance in transition: An application of data envelopment analysis: World bank policy research paper.

［24］ Hasan L., Wang H., Zhou M. Do better institutions improve bank efficiency? Evidence from a transitional economy, Managerial Finance, 2009, 35（2）：107-127.

［25］ International Momentary Fund. 2008. International Financial Statistics.

［26］ Jiang C., Yao S., Zhang Z. The effects of governance changes on bank efficiency in China: a stochastic distance function approach, China Economic Review, 2009（20）：717-731.

［27］ Lensink R., A. Meesters, I. Naaborg. Bank efficiency and foreign ownership: Do good institutions matter? Journal of Banking and Finance, 2008（32）：834-844.

［28］ Levine R.Bank-based or market—based financial systems: which is better? Journal of Financial Intermediation, 2002（11）：1-30.

［29］ Lovell C.A.K., Richardson S., Travers P.and Wood L. L. Resources and functionings: a new view of inequality in Australia in W.Eichhom, ed., "Models and Measurement of Welfare and Inequality", Springer Verlag, Berlin, 1994：787-807.

[30] Ores L. Parametric Decomposition of a Generalized Malmquist Productivity Index, Journal of Productivity Analysis, 2002 (18): 5–22.

[31] Sturm J.E., B.Williams. Foreign bank entry, deregulation and bank efficiency: lessons from the Australian experienee. Journal of Banking and Finance, 2004 (28): 1775–1799.

[32] World bank. World Development Indicators (WDI), 2009.

[33] Yildirim H. S., G.C.Philippatos. Efficiency of banks recent evidence from the transition economies of Europe 1993–2000, Working paper, 2007.

[34] Zhang J.H., Xu Z., Qu B.Z., Wang P., Market development and bank profit efficiency in China: Application of the generalized Malmquist productivity index, Asia-Pacific Journal of Accounting & Economics, forthcoming, 2010.

Bank Efficiency and its Impact Factors
——The Comparison Between Chinese and Foreign Banks

Zhang Jianhua Wang Peng

Abstract: Based on the cross-country data from 2004 to 2008, this paper implements the stochastic frontier model to study and compare the profit efficiency of major banks both in China and other countries. The major findings are the following: (1) Since 2006, technical efficiency of banks of most countries in our sample has declined, especially during the period of 2007–2008.On the contrary, Chinese banks' efficiency Was at a relative low level (before 2006) but has improved over time since 2007.(2) There is non-linear relation between banks' efficiency and its global systematic importance.As banks' global systematic importance rises, the profit efficiency first rises and then goes down when systematic importance reaches a certain degree.Also the authors study the impact factors of profit efficiency and get some significant conclusions.

Key Words: Bank Efficiency; International Comparisons; Distance Function

基于社会网络视角的农户民间借贷需求行为研究*

杨汝岱　陈斌开　朱诗娥①

【内容摘要】 本文以"2009年中国农村金融调查"81村1951户专项入户调研数据为基础，从社会网络视角考察我国农户民间借贷需求行为。研究表明：（1）社会网络越发达的农户，民间借贷行为越活跃，社会网络是农户平衡现金流、弱化流动性约束的重要手段；（2）以社会网络为基础的农户民间借贷行为是传统乡土社会的典型特点，其规模和作用随社会转型和经济发展而趋于弱化，在现有农村残缺产权条件下，以社会网络为基础的民间借贷对满足农村金融需求有积极意义，但其可持续性和稳定性都还有待进一步深入讨论。本文的研究对理解农户民间借贷需求行为、深化农村金融体制改革做了一些初步的有意义的探索。

【关键词】 社会网络；农村金融；农户民间借贷需求

一、引言与文献述评

一直以来，我国农村正规金融市场发展非常缓慢，非正规金融在农村发挥了很大的作用。研究农户民间借贷行为对于了解农户金融决策模式、理解中国农村金融体制的现状与未来发展、深化农村金融体制改革有重要的意义。当代中国农村传统农业社会和现代工业社会两种经济形态并存，乡土社会的典型特点仍然在农村广泛存在，并有着深远的影响。本文将以乡土社会农户社会网络关系为出发点，思考转型时期农村居民的融资行为。

---

* 基金项目：本文同时得到国家自科基金项目（71003083）、国家社科基金项目（09BJL042）、教育部人文社科规划基金项目（09YJA790173）、湖南省社科基金重点项目（09ZDB132）的资助。

① 杨汝岱，湘潭大学商学院、北京大学城市与环境学院，电子信箱：rudaiyang@gmail.com；陈斌开，中央财经大学经济学院，邮政编码：100081，电子信箱：chenbinkai@gmail.com；朱诗娥（通信作者），湘潭大学中国农村发展研究中心，邮政编码：411105，电子信箱：zhushie@gmail.com。

"社会网络"是社会学和经济学研究中一个非常重要的概念，很多研究对此进行了较为深入的探讨。研究发现，社会网络能有效地增加居民收入、促进就业（Munshi 和 Rosenzweig，2006）。Grootaert（1999）通过分位回归方法发现，社会资本的回报随着不同组别收入的提高而降低，认为社会资本是"穷人的资本"（张爽等，2007）。此外，大量文献从信息不对称角度考察了社会网络与民间信贷的关系。研究认为，因信息不对称所导致的道德风险、逆向选择等问题是金融市场不完备的主要来源，社会网络则有利于缓解由信息不对称所带来的种种问题。首先，社会网络中成员往往居住邻近或交往频繁，相互监督成本很低，这有效地缓解了道德风险问题，提高了借款者的还贷激励（Karlan，2007）。其次，社会网络的成员彼此非常了解，高风险的借款人可以被识别出来并被排除金融市场，这有效降低了逆向选择问题（Ghatak，1999）。最后，社会网络能够实施一定的社会制裁，使违约者遭受声誉损失，甚至被排除在网络之外，进而降低违约的可能性（Karlan 和 Morduch，2010）。此外，社会网络和民间借贷还是农户之间进行相互保险和资源共享的重要方式。在正规金融市场不发达的农村，缺乏信贷支持的农户在风险面前非常脆弱，如果若干个农户结成一个互助团体，相互在对方需要的时候提供贷款，就可以在一定程度上减少异质性风险的影响，将此作为非正式保险机制帮助穷人获得信贷（Bastelaer，2000）。

从现有研究看，社会网络是非常宽泛的概念，理论上很难有一个清晰的界定，这也使得，实证上根据研究领域的不同，对社会网络的测度差别甚大。如 Fafchamps 和 Minten（2002）使用商人之间的关系数量和关系类型作为测量指标；Isham 和 Kahkonen（2002）则测量了社会网络的普及度及"邻居信任指数"。另外如 Peng（2004）讨论的宗族网络，费孝通（1985）讨论传统社会差序格局基础上的血缘关系等。不过，和本文相关，从经济学角度研究农户社会网络时，社会网络的测度相对收敛，主要集中于亲友数量、礼金支出、城市亲戚联系、党员干部政治关系等若干指标，这使得研究结论具有一定的可比性。Knight 和 Yueh（2002）用家庭所拥有的亲友的数量来度量家庭层面的社会网络，章元、陆铭（2009）将亲友联系扩展为送礼的数额和礼金的数量两个层面。赵剑治、陆铭（2009）用"家庭有几个关系亲密的亲友在政府部门工作"和"家庭有几个城里经常联系的亲友"同时结合"去年婚丧嫁娶、生日送礼支出"和"去年春节购买礼品支出"衡量家庭社会网络。Burchardi 和 Hassan（2011）在研究社会网络对合并后东德村庄发展的影响时，用村庄层面在西德的亲友关系表示村庄社会网络。何军等（2005）用"亲友随礼金额"来表示农户与本村村民、亲戚、朋友之间的关系亲密度。陈雨露等（2009）采用"家人是否担任干部"、"家里是否有党员"和"是否有近亲戚在城市定居"三个变量作为农户社会资本的代理变量。

农户借贷是农村金融市场的重要组成部分，完善高效的农村金融市场不仅可以提高农户的收入水平，而且能够减少农村贫困、缩小贫富差距（Khandker，2003）。赵延东、王奋宇（2002）研究了社会资本、个人借贷与个人发展的关系。李锐、李宁辉（2004）从教育、土地等角度研究农户借贷行为。和本文的发现一致，在农村借贷市场上，非正式的信贷形式甚至比正式的信贷形式更加普遍（朱信凯、刘刚，2009；何广文，1999）。刘莉亚等（2009）认为民间借贷是农户融资的主要形式，融资途径呈现非正规化趋势；农户在正规金融机构融资时，显性成本低，隐性成本高，融资效率低导致交易成本高。总体来看，现有成果对农户借贷关注较多（黄祖辉等，2009；马九杰等，2008；史清华等，2004；金烨、李宏彬，2009），但从社会网络视角对农户民间借贷行为进行研究的成果还不多（黄瑞芹，2009），而且多从个人的角度着手，对"家户"特征和"村庄"特征的把握不够。本文认为，在中国农村，传统的家庭观念还非常强，对借贷行为的研究应该是控制个人特征条件下的家户研究；此外，借贷行为与当地的社会经济发展状况密切相关，特定村庄治理和文化传统环境下，借贷行为有很大的差异；最后，社会网络是农村乡土社会的典型特点，以此着手，有利于从特定角度对农村金融市场发展的微观基础做深入的剖析。

总结现有的研究成果，本文将对两个问题进行探讨：第一，社会网络对农户民间借贷行为有怎样的影响？第二，在传统乡土社会向现代市民社会的剧烈转型过程中，农村社会网络关系发生了怎样的变化，这种变化对农户的借贷行为又有怎样的影响？本文余下部分结构安排如下：第二部分是关于农户借贷需求行为的经验事实；第三部分实证检验社会网络对农户借贷需求的影响；第四部分简要总结全文。

二、基本事实

为深入了解农村金融市场的发展，由花旗银行资助，北京大学国家发展研究院于2009年8月开展了"中国农村金融调查"的专项入户调研，本次调研以入户访谈的方式调查了3省9县81村的1951户农户。调研选择黑龙江、湖南、云南三个省份，三个省份都属于中等经济发展水平，处于农村社会加速转型时期，这为研究农户之间的社会网络联系提供了非常好的样本。调研对农户的收入、消费、社会网络、金融需求、金融机构借贷、民间借贷、资金使用等情况做了详细的了解；此外，还对1951户农户所属的81个村的情况做了较为详细的调查。基于这个数据集，我们对农户在金融机构的存贷款规模和分布进行了统计，表1中是基本统计结果。[①]

表1 农村金融机构存贷款情况统计

	总额	商业银行	信用社	邮政储蓄银行
存款（万元）	1494	385	897	212
贷款数量（笔）	390	16	372	2
贷款总额（万元）	664	99.5	560	4.5

[①] 本文所有数据均来自于北京大学国家发展研究院"2009年中国农村金融调查"专项入户调研。

整体来看，样本居民存贷款的总额有 830 万元的差距，占存款总额的 56%，这反映农村金融机构惜贷严重。从存贷款在金融机构的分布来看，信用社是农户存款和贷款的首要选择，存款和贷款分别占到总额的 60.02% 和 84.34%，372 笔的贷款数量更是远远超过其他金融机构的贷款数量。需要指出的是，这 372 笔贷款中，有 177 笔是更加适合一般农户需求的小额贷款（低于 10000 元），但是这部分贷款的总额所占比重较低。对比之下，商业银行和邮政储蓄银行对农户资金周转的影响较为微弱，尤其是两者的贷款数量严重偏低，分别只有 16 笔和 2 笔，平均每笔贷款的数额分别为 62188 元和 22500 元，都是数额偏大的贷款，对象偏向一些进行大规模农业生产和其他生产性活动的农户，而对普通农户和贫困农户生活方面所需的小额资金周转意义不大。这种金融机构贷款数额大、数量少的现象实际上反映出正规金融机构在农村的缺位，反映出正规金融市场在农村发展还非常落后，这也是现有金融体制下的必然结果。首先，多数农户并没有价值较高的抵押品，从调研的数据看，持信用证和参加小组联保的现象并不普及，不利于金融机构开展信用贷款和有担保贷款。其次，金融机构对申请贷款的项目很难进行评估，特别是小额的非生产项目，因此会更有动机将资金转向更加安全的项目，比如大额的生产贷款或者直接转移出农村地区。

正规金融机构贷款的一个重要条件是财产抵押。然而，农户最重要的资产——土地是集体所有，是一种残缺产权。虚化的土地所有权使得土地要素市场无法快速发展，导致农村居民财产权利的界定非常模糊。没有有效的抵押品，这使得农村正规金融市场的发展步履维艰。从现实情况看，四大国有商业银行中唯一涉农的中国农业银行已经逐渐淡出农村市场，中国农业银行经过前几年的"关停并转"后，在农村的绝大部分地区已经没有网点。而农村合作基金会是一次彻底失败的尝试，不但没有发挥应有的支农惠农作用，反而成为腐败滋生的温床，留下了巨额的坏账。邮政储蓄银行在农村虽然还有一定的网点和市场，但其最主要的作用是吸收存款。农村信用社作为农村金融市场上唯一的正规金融机构，在针对特定对象的金融产品和服务创新方面做得还很不够，远远不能满足农户的金融需求。最近几年开始试点的村镇银行，表现较好，但存贷规模还非常小，仅仅是一个开端。

由此可见，在现有农村残缺产权制度体系安排下，农村的主要生产要素（土地）和主要财产（住房）都无法作为抵押品进入市场，这对农村正规金融市场的发展有非常大的制约作用。在这种现状下，仅仅依靠正规金融机构根本无法满足农户的借贷需求。为弥补正规金融市场的不足，我们预期以民间借贷为主要表现形式的非正规金融市场将会有较大的发展并发挥较大的作用。表 2 对比了金融机构融资和民间借贷①融资这两种渠道的融资规模以及各自的主要用途。

从规模来看，民间融资总共有 2167 笔，是金融机构融资 767 笔的近三倍。正规金融机构借款的前三种用途为农业生产投资、建房和买车、其他生产性投资，分别占总数的

---

① 本文所指的民间借贷只限于农户向亲戚、朋友等个人的借贷，农户向合会、抬会等民间金融组织和地下钱庄、高利贷组织等的借款不包括在内。

经济管理学科前沿研究报告

表2 农户金融机构借贷和民间借贷款项用途统计

借款用途	金融机构融资			民间借贷融资		
	笔数	笔数（%）	融资额（%）	笔数	笔数（%）	融资额（%）
婚丧嫁娶及日常生活	27	3.52	2.42	215	9.92	6.69
医疗支出	44	5.74	4.01	355	16.38	10.84
建房和买车	140	18.25	24.92	426	19.66	32.45
教育支出	38	4.95	3.80	224	10.34	5.86
农业生产投资	351	45.76	33.69	559	25.80	18.84
其他生产性投资	114	14.86	24.40	223	10.29	18.89
转借他人	36	4.69	4.18	82	3.78	3.91
其他	17	2.22	2.57	83	3.83	2.52
总体	767	100.00	100.00	2167	100.00	100.00

注：在计算借款用途中分项融资额占总借贷额的百分比时，为尽量降低测量误差的影响，去掉了借款额最高的0.5%和借款额最低的0.5%的样本。

45.76%、18.25%和14.86%，分别占总额的33.69%、24.92%和24.40%。而民间融资的前三种用途从数量来看是农业生产、建房和买车、医疗支出，分别占总数的25.80%、19.66%和16.38%；从贷款总额来看，前三种用途为建房和买车、其他生产投入和农业生产，三者分别占贷款额的32.45%、18.89%和18.84%。从表2可以发现，农户的金融需求是多元化的。而对于正规金融机构而言，其贷款需建立在能够进行有效风险评估的基础上，生产、建房买车都是易于评估而且数额较大的项目，因此正规金融贷款用途被主要限制在这三个方面。民间金融的优势在于，它很大程度上建立在农户社会网络的基础上，这种网络是以亲缘关系为基础的。这会使得农户之间进入一个长期博弈，减少机会主义行为，使得彼此更加信任，容易得到贷款。同时，农户借贷用途已经不是能否获得贷款的主要原因，贷方更多地会考虑亲缘关系的紧密程度，所以民间融资的用途会更加宽泛。在正规金融市场还不发达的农村，以社会网络为基础的民间信贷起到了很好的补充作用。

相对于正规金融机构贷款而言，民间借贷有几个很明显的优点：利率低、借款手续简单、还款周期灵活。根据我们对1951户2167笔民间借款的统计，88%的借款利率为0，即使需要支付利息，其利率也低于农村信用社贷款利率。所有借款中，基本都是口头约定，甚至"打白条"的方式都很少，网络、关系、信用的作用得到充分体现。此外，还款周期的灵活性也给有借贷需求的农户带来了很大的方便。在本次调研问卷的一项开放式问题中，我们询问受访农户"您认为现在信用社贷款最应该改善的地方是什么"，35%的农户认为信用社的贷款利率过高，20%的农户认为贷款手续过于复杂而且期限太短。由此可见，在现阶段正规金融借贷很难满足农村金融需求的情况下，以农户之间互相拆借为主要特点的民间借贷的作用非常重要，民间借贷在满足农户金融需求方面发挥了非常重要的作用。

本文将以社会网络为切入点，分析农户民间借贷需求行为的影响因素，进而讨论民间信贷的未来发展方向。当代中国农村最重要的特征是传统农业社会和现代工业社会两种经济形态并存,这是理解我国农村经济发展的一个重要标杆。传统乡土社会,强调人与人之间的相互协调、合作,强调集体的作用和意义,道德规则是人类行为的主要约束条件。而现代市民社会,强调个人的独立性,强调个人对公共集体事务的参与性,人与人之间的关系主要受制于法律制度的约束。中国经历了几千年的传统农业社会,小农经济形态对农村居民生活的诸多方面有着深远而广泛的影响,乡土社会的典型特点仍然在农村广泛存在,这在农户借贷行为方面也有着明显的反应。另外,中国农村的传统乡土社会也正在经历激烈的转型,农村无疑也同时被打上了现代化的烙印。随着农村工业化进程的加速和转型过程的不断深入,乡村的传统治理模式出现变化,乡土社会不再是维持农村社会交往的唯一模式,现代工业社会逐渐开始对农村产生影响,这必将影响到农户的民间借贷行为。本文正是从这些认识出发来思考农户的融资行为,从社会网络角度研究农户民间借贷需求行为。

三、实证检验

前文分析表明,在当代农村残缺产权形式和正规金融机构缺位的现实约束条件下,以民间借贷为主要表现形式的民间金融在农村金融市场和农村社会经济发展过程中充当了非常重要的角色,这部分将从两个方面对这个问题展开规范研究:第一,作为我国农村传统乡土社会的典型特征,社会网络对农户民间借贷需求行为到底有怎样的影响?第二,在传统乡土社会向现代市民社会的剧烈转型过程中,农村社会网络关系发生了怎样的变化,这种变化对农户的借贷需求行为又有怎样的影响?

(一) 社会网络对农户融资行为的影响

这部分将从社会网络角度对影响农户民间借贷需求①行为的因素进行实证检验。这首先要解决的一个难题是社会网络的测度问题。正如前文所述,社会网络的度量是文献中的一个难题,不同文献使用的度量指标有很大差异。本文使用的数据中,"姓氏结构"、"亲戚朋友见面次数"、"通信支出"等若干个指标均可以近似表示农户社会网络关系。不过,经过对数据的详细分析,本文最终选择"礼金支出"作为农户社会网络的代理指标。第

---

① 审稿专家提出,农户借贷行为包括需求和供给两个方面,社会网络对民间借贷行为的影响可能更主要体现在供给行为方面,因为在控制住其他因素的情况下,民间借贷供给也许更愿意向社会网络更广泛、社会资本更高的农户提供借款。而本文只从需求方面分析农户借贷行为,先验假设民间信贷供给是无限的,这至少是不全面的。我们认为,民间借贷供给机制是非常值得深入研究的。不过,由于调研过程中,题项设计主要关注需求方信息,共获得1951户居民近3000笔借款记录,远远高于借出款项记录,本文选择侧重于借贷需求方分析,但适当考虑需求方借贷信息中有关的供给方信息。此外,出于语言习惯,本文"借款"、"借贷"等名词均表示"借入款项"之意,与本文研究农户民间借贷需求行为的主题一致。

一，姓氏结构。这是社会学研究中的常用指标，但在研究借贷时，无法区分姻亲关系，而姻亲关系对农户借贷影响很大。而且宗族关系作用在我国南方和北方的影响相差很大，不具普遍适应性。第二，通信费用。电话费、网络费、手机通信费等费用也可以作为社会网络代理变量，但对农村居民，尤其是本文数据样本欠发达地区农村居民不适用。第三，时间成本。社会网络的维系是需要时间成本的，农户用于社会交往的时间可以作为代理，但遗憾的是，本文的调查数据没有相关问项。后续研究也许可以使用北京大学"中国家庭动态调查"（Chinese Family Panel Survey，CFPS）数据进行探讨，该数据对居民时间使用做了非常详细的统计。第四，亲戚朋友见面频次、需要借贷时的响应度。该题项数据的随意性较大，分布不规范，零值偏多，过高的测量误差使其不适宜用于实证分析。经过对相关文献的仔细比对和对相关数据的综合分析，对于欠发达地区农村，"礼金支出"是个比较合适的度量指标，这也得到了很多相关研究成果的支持（章元、陆铭，2009；赵剑治、陆铭，2009；何军等，2005；马光荣、杨恩艳，2011）。此外，影响农户借贷需求行为的因素有很多，涉及农户经济状况、资金需求情况等诸多方面，如何才能从众多纷繁复杂的因素中识别出社会网络的影响呢？按照一般的思路，我们可以建立OLS检验模型，如式（1）所示，qborrow表示农户民间借贷金额，snw表示社会网络指标，我们用农户2008年全年的礼金支出表示，X_1表示影响农户借贷金额的其他因素，主要包括影响农户信贷需求的变量。

$$qborrow = \alpha + \beta snw + \gamma X_1 + \varepsilon \tag{1}$$

观察1951户农户的民间借贷信息，其中769户农户有借贷，约占40%，另外1182户没有借贷，约占60%，这种数据结构对OLS回归的样本选择有很大影响。我们可以有两种样本选择方式：一种是选择所有样本，对于没有借贷的农户，以借贷额为0处理；另一种是只对有借贷的农户进行检验。对于这一类特殊数据，直接使用OLS回归的方法存在很大问题。六成农户没有借贷并不意味着这些农户没有借贷需求，一方面可能是因为农户的金融需求已经通过其他途径满足，如高利贷借款、信用社借款、银行借款等（这些因素是可以控制的）；另一方面可能是供给方的原因，农户虽然有较大的金融需求，但是没有渠道筹集资金。农户所表现出来的借贷行为是个较为复杂的现象，背后有丰富的背景和故事。因此，如果直接用式（1）检验社会网络对农户民间借贷需求行为的影响，不管是用全部样本，还是用有借贷行为的农户样本，都会存在前文指出的问题，内生性无法控制。对于这种类型的数据，Heckman提出了很好的解决办法，即Heckman两步法。Heckman两步法本质上是解决内生性的一种计量检验方法，根据Heckman两步法的思想，我们将农户的民间借贷行为分解为两个连续的过程：一是决定是否向亲戚朋友借贷，二是如果决定去借贷，再进一步决定借贷的金额。由此，我们将有两个方程：选择方程和回归方程。选择方程解决是否借贷的问题，回归方程解决借多少的问题。本文所采用的选择方程是一个Probit模型，具体形式如下：

$$\text{Prob}(borrow=1) = \Phi(\beta snw + \delta' X_2) \tag{2}$$

其中，Prob（borrow=1）为农户发生民间借贷行为的概率，snw表示社会网络相关指标，X_2 表示相关的解释变量，即影响农户决定是否借贷的因素。在此基础上，建立如下回归方程：

$$qborrow = \theta + \rho snw + \lambda X_1 + \eta \varphi(\beta snw + \delta' X_2)/\Phi(\beta snw + \delta' X_2) + \mu \qquad (3)$$

其中，qborrow 表示农户民间借贷额，snw 表示社会网络相关指标，X_1 为相应解释变量，$(\beta snw + \delta' X_2)/\Phi(\beta snw + \delta' X_2)$ 为修正项，θ 为常数项，μ 为不能被 X_1 和修正项解释的残差。根据对计量模型的设定和检验方法的分析，我们分别利用式（1）、式（2）和式（3）对影响农户借贷需求行为的因素进行检验。本文认为，家庭社会网络越广泛，社会资本积累就越高，其民间借贷将更为容易，在控制其他因素之后，家户的借贷额也相应越高。因此，我们需要检验社会网络代理变量——"礼金支出"的系数 β，若 β 显著为正，则本文的观点得到支持。对于式（1）和式（2）的 OLS 回归，被解释变量为家庭民间借贷额，解释变量包括社会网络和其他影响农户信贷需求的主要因素。从表 2 的描述统计可知，农户民间借贷的主要用途是医疗、教育、建房、农业生产等。根据农户民间借贷需求的这些特征，控制如下解释变量：礼金支出（元）、教育支出（元）、医疗支出（元）、建房支出（元）、农业收入（元）、2008 年末储蓄余额（元）、①户主年龄、县域虚拟变量。使用所有样本和发生民间借贷样本的回归结果分别报告于表 3 中的（a）列和（b）列。

Heckman 两步法的检验则较为复杂。对于回归方程，被解释变量是家户民间借贷额，解释变量和 OLS 回归一致。对于选择方程，考虑到我国农村居民民间借贷的特点，选择礼金支出（元）、教育支出（元）、医疗支出（元）、建房支出（元）、是否从事农业生产、2008 年末储蓄余额（元）、户主年龄七个变量作为影响农户选择方程的常规变量，同时控制县域虚拟变量。然而，选择方程解释变量与回归方程相同可能带来多重共线性问题，导致回归系数难以识别（Puhani，2000）。因此，选择方程至少需要包括一个满足排他性（Exclusive）条件的解释变量，该变量影响家庭是否选择借贷，却不直接影响借贷的额度。与现有文献相一致（陈斌开等，2009），本文选择家庭抚养比、家庭有正式工作人口占劳动力人口比重作为选择方程的识别变量，表示影响家户借贷决策的需求方因素。Heckman 两步法检验结果列在表 3 中（c）列。

在本文的研究中，全部使用家户信息可以在一定程度上解决选择性偏误问题，然而，家户是作为村庄的一员而存在的，村庄特征对农户借贷行为可能有不可忽视的影响。换言之，在农户的选择方程中，作为民间借贷供给方的村庄因素可能是非常重要的。"2009 年中国农村金融调查"在入户调研的同时，也对村庄信息做了详细的了解，我们可以选择合适的、与村庄信息相关的工具变量对此进行分析，以检验结论的稳健性。本文选择本村所在乡镇是否有小额贷款公司、信用社是否在本村发放贷款证或信用证、信用社是否在本村推广小组联保三个变量作为选择方程的识别变量，这些变量刻画本地正规信贷可及性，影响到家庭民间借贷选择，但对家庭借贷额没有直接影响，符合 Heckman 两步法对识别变量的要求。村庄正规信贷发展状况与民间信贷可能存在替代和互补两种效应：一方面，正

---

① 为检验结论的稳健性，我们用家户"2007 年末储蓄余额（元）"重做所有的检验方程，对基本结论没有影响。

规信贷的发展将促使农户从民间信贷转向正规信贷，降低家庭进行民间信贷的可能性；另一方面，正规信贷会对农户信用等方面信息进行甄别和监督，并发出相关的信号，这种免费的信息有利于促进民间金融的发展（Jain，1999）。替代效应和互补效应的强弱需要通过计量结果来检验，详细检验结果列在表3中（d）列。

从回归结果可以看出，礼金支出对民间借贷的影响在1%的水平上显著为正，① 广泛的社会网络将有效促进民间信贷的发展。然而，使用全样本回归结果的系数与只使用有借贷样本回归结果的系数相差较大，说明选择性偏误可能很重要。使用Heckman两步法纠正选择性偏误后，礼金支出的系数依然在1%的水平上显著为正，加强了结论的稳健性。同时，逆Mills率显著为正，说明选择性偏误是重要的，Heckman两步法更好地控制了因选择性偏误所导致的内生性问题，更适合刻画农户借贷行为的决策方式。其他控制变量的回归结果也基本符合直觉。② 医疗支出和建房支出的系数始终显著为正，医疗支出需求很大程度上难以预期，建房支出则多为大宗支出，一般都需要借贷融资，这两块支出都有较强的借贷需求，需要通过借贷来平滑家户现金流。家庭教育支出对民间信贷的影响为正，但不太稳健，家户对教育支出有长期稳定的预期，对民间借贷的依赖性不是很强。农业收入对家庭信贷影响显著为负，这和其他收入变量的影响方式类似，农业收入越高，自有资金越多，民间信贷需求越低。家庭储蓄显著为负，表明家庭流动性资产越多，借贷需求越低。户主年龄显著为负，可能反映户主年龄越大，借贷需求越小，也可能反映户主年龄越大，民间借贷越难的现实。③

在选择方程中，礼金支出、教育支出、医疗支出、建房支出对民间借贷需求影响显著为正，家庭储蓄、户主年龄对家庭是否借贷影响显著为负，说明礼金支出、教育支出、医疗支出、建房支出越高，家庭储蓄越少、户主年龄越小，家庭越有可能进行民间借贷。此外，从事农业生产的家庭更有可能进行民间借贷，这与表2描述性统计相一致，从事农业生产的家庭资金需求量较小，但需求频率较高，民间借贷是满足该类融资需求的主渠道。在家户工具变量中，家庭抚养比的系数显著为正，正式工作人口比重的系数显著为负，与预期相符。④ 在村级工具变量中，小额贷款公司和信用证、贷款证对农户民间借贷可能性的影响显著为正，表明信用证、贷款证、小额信贷公司的信号功能更强，与民间信贷形成互补，有利于促进民间借贷发展。小组联保降低了民间借贷的可能性，但不显著，小组联

---

① 民间借贷与礼金支出之间可能存在非线性关系，我们也对此做了检验，结果无显著差异。
② 根据审稿专家的意见，需要指出的是，本文虽然对影响农户借贷需求行为的诸多因素做了分析，但这些结论是非常粗糙和初步的。例如，医疗支出和建房支出的系数始终显著为正，也可以认为是短期的冲击，毕竟建房和医疗支出虽然有波动，但是大幅支出还是以突发事件为主，由于没有时间跨度较长的序列数据，我们无法证实或证伪。再例如，教育对民间信贷的影响是非常复杂的过程，不是简单的依赖性强弱的问题，而是会对农户的预防性储蓄结构进而借贷融资结构有深层次影响。这些问题都有待更进一步地深入探讨。
③ 家庭其他人口学特征可能也会影响到家庭信贷，我们尝试控制了户主的其他相关人口学特征，如民族、教育、政治面貌等，对模型的结论进行稳健性检验，这些变量的引入并不改变基本结论。
④ 我们尝试将人口抚养比和家庭正式工作人口比重两个变量放入回归方程中，发现这两个变量对家庭民间借贷额的影响不显著，这在一定程度上说明了这两个识别变量选择的合理性。

保可能对民间借贷有一定的替代作用。①

表3 社会网络与民间借贷需求的 OLS 和 Heckman 两步法回归结果

	(a) OLS		(b) OLS		(c) Heckman 两步法		(d) Heckman 两步法	
礼金支出（元）	0.27***	(2.82)	0.73***	(2.93)	0.88***	(3.21)	0.83***	(3.15)
教育支出（元）	0.28**	(2.32)	0.35	(1.32)	0.61*	(1.78)	0.52	(1.58)
医疗支出（元）	0.22***	(4.13)	0.20**	(2.12)	0.43***	(2.77)	0.37***	(2.62)
建房支出（元）	0.27***	(13.29)	0.25***	(7.56)	0.35***	(5.50)	0.32***	(5.62)
农业收入（元）	−0.05**	(−2.08)	−0.18**	(−2.19)	−0.16*	(−1.94)	−0.17**	(−2.01)
2008 年末储蓄（元）	−0.04***	(−3.29)	0.03	(0.48)	−0.14	(−1.30)	−0.09	(−0.94)
户主年龄	−139.20***	(−3.29)	−181.13*	(−1.78)	−336.79**	(−2.52)	−295.45**	(−2.37)
常数	8246***	(3.42)	13103**	(2.41)	2865	(0.37)	5767	(0.79)
					选择方程			
礼金支出（万元）					0.12*	(1.85)	0.13**	(1.96)
教育支出（万元）					0.21***	(2.61)	0.22***	(2.64)
医疗支出（万元）					0.25***	(4.89)	0.24***	(4.74)
建房支出（万元）					0.10***	(6.32)	0.11***	(6.35)
2008 年末储蓄（万元）					−0.10***	(−5.72)	−0.10***	(−5.75)
是否从事农业生产					0.25**	(2.32)	0.24**	(2.20)
抚养比					0.45***	(2.92)	0.45***	(2.87)
有正式工作人口的比重					−0.58**	(−2.25)	−0.59**	(−2.27)
户主年龄					−0.01***	(−3.28)	−0.01***	(−3.16)
本村是否有小额贷款公司							0.26*	(1.89)
本村是否有信用证或贷款证							0.18*	(1.94)
本村是否有小组联保							−0.15	(−1.53)
常数					0.06	(0.29)	−0.44	(−1.16)
逆 Mills 率					21865**	(2.07)	15897*	(1.72)
调整 R²	0.14		0.14					
总样本数	1732		699		1688		1675	
未删样本	1732		699		685		679	

注：①家庭抚养比定义为：1−劳动力人口/家庭成员数。正式工作人口占比定义为：正式工作人口数/家庭劳动力人口。②括号内数字表示 t 值。***、**、* 分别表示在 1%、5%、10%的水平上显著。下同。

总体而言，表3的实证结果强有力地表明，社会网络是民间借贷的重要决定因素。同时，教育支出、医疗支出、建房支出、农业生产、家庭储蓄、户主特征对家庭民间借贷额

---

① 理论上，这些村级工具变量对家庭民间信贷额度应该没有影响，将这些工具变量放入回归方程验证了这个判断，这些工具变量只影响农户是否进行民间借贷，但不影响其借贷额。

均有影响，家庭抚养比、正式工作人口比重、农村正规金融发展情况对农户是否进行借贷有重要影响。

在表3的检验中，我们视社会网络为外生变量，研究其对家户民间借贷的影响。然而，社会网络可能在一定程度上存在内生性问题，家户不可观察的传统和偏好、家庭成员不可观察的能力等因素可能同时影响到家庭礼金支出和民间借贷。同时，家庭礼金支出可能存在的测量误差也会导致估计偏误。如果这种内生性存在，直接使用OLS回归或Heckman两步法会产生不一致的估计结果。为检验社会资本的内生性是否存在，同时考察本文结果的稳健性，我们需要使用工具变量方法进行研究。为回避因家庭不可观察因素影响所导致的内生性问题，我们使用本村户均礼金支出作为家庭礼金支出的工具变量。户均礼金支出在一定程度上反映了该村的礼金支出习俗，将影响到家庭的礼金支出，但不直接影响家庭民间借贷。同时，户均礼金支出也与家庭不可观察的传统、偏好、能力等变量无关，是一个适当的工具变量。①

表4 社会网络与民间借贷需求的两阶段最小二乘（2SLS）回归结果

	(a) 2SLS		(b) 2SLS		(c) Heckman + 2SLS		(d) Heckman + 2SLS	
礼金支出（元）	1.00	(1.60)	2.34***	(2.57)	3.47**	(2.19)	3.23**	(1.99)
教育支出（元）	0.28**	(2.34)	0.36	(1.33)	0.63*	(1.76)	0.46	(1.48)
医疗支出（元）	0.21***	(3.90)	0.17*	(1.69)	0.43***	(2.57)	0.35**	(2.28)
建房支出（元）	0.26***	(12.45)	0.24***	(7.14)	0.35***	(4.88)	0.31***	(4.73)
农业收入（元）	−0.05**	(−2.20)	−0.19**	(−2.24)	−0.17**	(−1.99)	−0.18**	(−2.06)
2008年末储蓄（元）	−0.05***	(−3.31)	−0.04	(−0.56)	−0.17	(−1.54)	−0.10	(−1.01)
户主年龄	−128.67***	(−2.94)	−154.10	(−1.47)	−336.21**	(−2.32)	−273.30**	(−2.03)
常数	6980***	(2.62)	9997*	(1.73)	−2997	(−0.37)	1277	(0.17)
					选择方程			
教育支出（万元）					0.21***	(2.60)	0.21***	(2.62)
医疗支出（万元）					0.24***	(4.82)	0.23***	(4.68)
建房支出（万元）					0.11***	(6.42)	0.11***	(6.46)
2008年末储蓄（万元）					−0.10***	(−5.54)	−0.10***	(−5.52)
户主年龄					−0.01***	(−3.58)	−0.01***	(−3.47)
是否从事农业生产					0.22**	(2.14)	0.22**	(2.06)
抚养比					0.47***	(3.00)	0.46***	(2.94)
有正式工作人口的比重					−0.59**	(−2.30)	−0.60**	(−2.32)
本村是否有小额贷款公司							0.22	(1.60)

---

① 使用户均礼金支出也有效地回避了因双向因果所带来的内生性问题，因为家庭民间借贷额度基本不会影响到村户均礼金支出，同时，户均礼金支出加总变量也大大降低了测量误差的可能性。

续表

	（a）2SLS		（b）2SLS		（c）Heckman + 2SLS		（d）Heckman + 2SLS	
本村是否有信用证或贷款证							0.17*	(1.91)
本村是否有小组联保							−0.13	(−1.35)
常数					0.14	(0.69)	−0.30	(−0.81)
逆 Mills 率					26292**	(2.32)	17485*	(1.76)
Wu-Hausman Test P 值	0.232		0.061					
Cragg-Donald F 统计量	42.785		56.895					
调整 R^2	0.12		0.11					
总样本数	1732		699		1716		1703	
未删样本	1732		699		697		691	

注：2SLS 回归结果中省略报告第一阶段的回归结果。

当不存在选择性偏误时，我们可以直接使用两阶段最小二乘法（2SLS）进行估计，使用全样本和有借贷子样本的回归结果分别列于表 4 中（a）、（b）两列。两阶段最小二乘回归的第二阶段估计中，解释变量与 OLS 回归完全相同；在第一阶段回归中，被解释变量为家庭礼金支出，解释变量包括第二阶段回归所使用的全部变量（除礼金支出本身外）和工具变量"本村户均礼金支出"。当存在选择性偏误时，可以将 Heckman 两步法和两阶段最小二乘法结合起来。其基本思想是，利用两阶段最小二乘法第一阶段回归结果，得到家庭礼金支出的预测值，然后将预测的家庭礼金支出代替真实的礼金支出，以此为基础进行 Heckman 两步法回归，其回归结果分别列于表 4 中（c）、（d）两列。①

从表 4 可以看出，在考虑了社会网络可能存在的内生性后，礼金支出对民间借贷的影响依然显著为正；在同时考虑了选择性偏误和社会网络的内生性后，礼金支出的系数仍然显著为正，检验结果非常稳健。比较工具变量法和普通 OLS、Heckman 两步法回归结果可以看出，考虑了内生性以后的系数估计值高于没有考虑内生性时系数的估计值，说明简单 OLS 和 Heckman 两步法回归可能低估了社会资本对民间借贷的影响。② 为检验工具变量有效性，我们利用 Wu-Hausman 方法对家庭礼金支出的内生性进行检验。检验结果表明，全样本回归中，无法拒绝"家庭礼金支出不存在内生性"的原假设，说明 OLS 结果更可信；在有借贷子样本回归中，在 10%的显著性水平上拒绝了"家庭礼金支出不存在内生性"的原假设，说明 2SLS 结果更加可信，这些检验结果都支持了本文的核心结论。在此基础上，利用 Cragg-Donald 方法进行了弱工具变量检验，发现 Cragg-Donald 检验 F 统计量远远大于 Stock-Yogo 弱工具变量的阈值，说明不存在弱工具变量问题，进一步支持了文章实证结

---

① Heckman 两步法中家庭礼金支出的预测方程即为 2SLS 第一阶段回归方程，故未报告。
② 系数低估的原因可能是多方面的，成员能力更高的家庭可能具有更高的礼金支出，同时这类家庭更有可能依赖于正规信贷，从而民间借贷更少；更加风险规避的家庭礼金支出更低，同时更依赖于民间借贷。系数低估也可能表明家庭礼金支出的测量误差是很重要的。

果。① 在其他控制变量中，住房、医疗和教育支出的影响依然为正，家庭储蓄、农业收入和户主年龄的影响为负，与普通OLS、Heckman两步法结果一致，表明结论的稳健性。

在两阶段最小二乘法第一阶段回归中，工具变量"户均礼金支出"对家庭礼金支出影响在1%的水平上显著为正，验证了本文工具变量的有效性。② 同时，家庭储蓄对家庭礼金支出影响为正，说明家庭收入和财富水平显著影响家庭礼金支出。在Heckman两步法的选择方程中，住房、医疗、教育支出、是否从事农业生产的影响显著为正，家庭储蓄和户主年龄的影响显著为负；作为工具变量的家庭抚养比影响显著为正，家庭正式工作人口占劳动人口比重影响显著为负；村级工具变量是否有小额贷款公司、信用社是否在本村发行信用证或贷款证影响为正，信用社是否在本村推广小组联保影响为负。所有结果与普通OLS和Heckman两步法结果都一致，进一步说明了结论的稳健性。

（二）社会经济发展和以社会网络为基础的民间借贷需求

我们接下来考察随着社会转型和经济发展，以社会网络为基础的民间借贷行为将会发生怎样的变化。图1表示农户金融机构借贷、农户民间借贷与村庄经济发展水平的关系，图中横轴表示村人均纯收入，左图纵轴表示该村户均金融机构借款笔数，右图纵轴表示该村户均民间借贷笔数。③ 从图中可以看出，随着村人均收入的提高，户均金融机构借款笔数并没有明显变化，户均民间借贷笔数则呈下降趋势，这表明民间借贷随经济发展趋于弱化。图2表示农户民间借贷与村庄经济发展水平之间的关系，村庄经济发展水平越高，户均民间借贷额与村人均纯收入之比就越低，这从另一个角度同样反映出民间借贷规模随经济发展水平提高而下降。图3表示农户社会网络关系与村庄经济发展水平的关系，随着人均纯收入的提高，户均礼金支出占收入的比重在逐渐下降，这说明随着经济增长，以亲缘关系为基础的社会网络并不会成比例扩大。④

相关性分析表明，随着经济的不断发展，以社会网络为基础的农户民间借贷趋于弱化，其规模和作用都在下降。接下来对经济发展、社会网络和民间借贷之间的关系进行规范检验。需要检验的关系包括两个：农户民间借贷与村庄经济发展水平的关系；农户社会网络与村庄经济发展水平的关系。我们选择被解释变量分别为"户均民间借贷额与村人均

---

① 在全样本回归中，Cragg-Donald检验的F统计量为42.85，在有借贷家庭子样本回归中，Cragg-Donald检验的F统计量为56.95，Stock-Yogo弱工具变量10%显著性水平上的阈值为16.8，远远小于Cragg-Donald检验的F统计量，这说明户均礼金支出不是弱工具变量。作者感谢匿名审稿专家对工具变量内生性和弱工具变量检验的建议。

② 我们也尝试将"户均礼金支出"引入OLS回归方程对工具变量有效性进行非正式的检验。回归结果表明，在控制了家庭礼金支出后，户均礼金支出对家庭民间借贷影响不显著，这在一定程度上说明了户均礼金支出对家庭民间借贷没有直接影响，进一步验证了工具变量的有效性。

③ 图1中全部使用借贷笔数，我们同时对借贷额做了类似的分析，也有类似的结果。

④ 实际上，"礼金支出"是个截断类型数据，它是有上限的，不能无限增长，这使得我们要慎重看待图3的含义。不过，此处讨论的重点是社会网络的作用随经济发展水平提高而弱化，而不是说社会网络随经济发展水平提高而弱化，图3对此观点支持力度不够，但并不冲突。作者感谢审稿专家的修改建议。

纯收入之比"和"户均礼金支出与村人均纯收入之比"。① 为对检验结果进行对比分析，我们增加被解释变量"户均金融机构借贷额与村人均纯收入之比"的检验方程。解释变量包括村人均纯收入（千元）、村地势、非农户数与总户数之比、村总户数（百户）、村总人口（千人）、村最大姓氏家庭所占百分比、是否信用社评定的信用村七个变量，另外控制省份虚拟变量。表 5 列出了 OLS 方法的检验结果。②

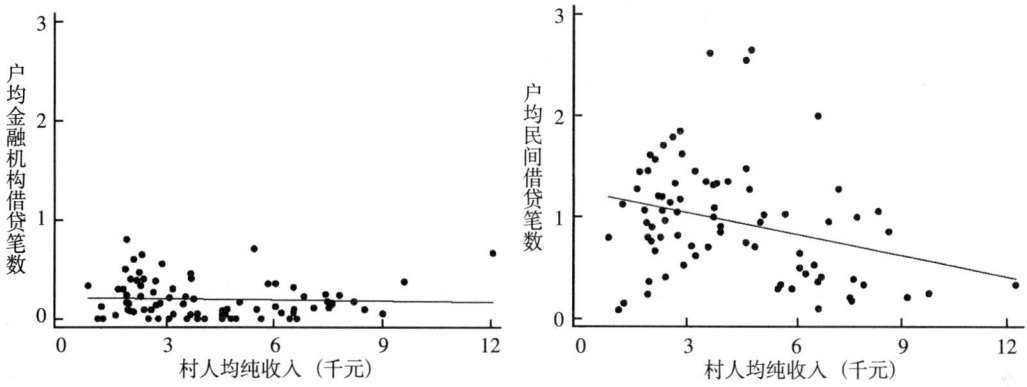

图 1 农户金融机构借贷、民间借贷与村庄经济发展水平的关系

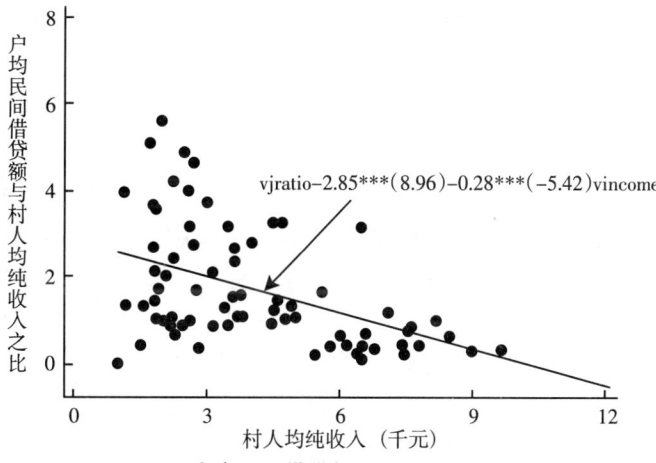

图 2 农户民间借贷与村庄经济发展水平

---

① 被解释变量取借贷额/礼金支出与村人均纯收入之比，主要是考虑到村庄的聚类效应。如果直接用借贷额/礼金支出作为被解释变量，同时控制村庄聚类效应，基本回归结果变化不大。

② 在所有检验方程中，我们对被解释变量的选择有两种方式——例值和绝对值，两种方式的回归结果类似，表中统一报告比例值的回归结果。

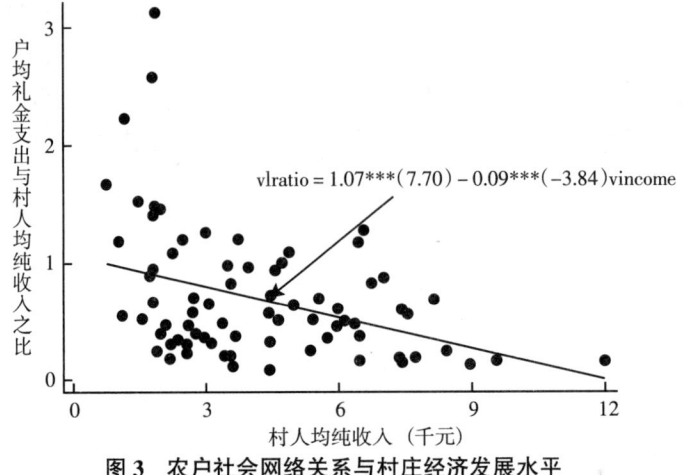

图 3　农户社会网络关系与村庄经济发展水平

从回归结果中可以看出，金融机构的借贷和村庄经济发展水平并没有显著的正向或负向关系，而农户民间借贷和礼金支出与村庄收入的比例随收入水平上升而下降，回归系数分别为 –0.3145 和 –0.1449，且均在 1% 的水平上显著。① 回归结果表明，以社会网络为基础的农户民间借贷随经济发展而趋于弱化。这和 Stiglitz（2000）所指出的类似：随着正式制度的建立和完善，非正式制度的作用将趋于弱化。应用到本文的分析，正是由于农村（农地）残缺产权的约束条件，导致农村正规金融市场的缺位，以民间借贷为主的非正规金融市场发挥了很大的作用。随着经济的发展，农村由传统社会向现代社会过渡，正规金融机构进入农村变得有利可图，市民社会特点在农村逐步体现，非正规金融市场将逐步让位于正规金融市场。

经济发展和社会转型如何影响以社会网络为基础的农户民间借贷？社会网络是建立在相互信任的基础上，这种信任使得借款者有激励去减少机会主义行为，同时避免将这部分借款用在高风险的项目上，而贷款者则获得了所谓的"人情"，巩固了与借款者的社会关系，换取了一个长期稳定的资金来源。同时，乡土社会的社会网络往往以亲缘关系为基础，这就使得农户的每一层社会网络都有很密切的横向联系（费孝通，1985）。比如，户主一方的亲戚互相之间也有很强的联系，那么户主与某一位亲戚之间的信息就很容易被整个关系网络所分享。如果某个农户信誉不好，那么损失的就不只是一个资金来源，而可能是整个社会网络，结果就是亲戚朋友都拒绝借钱。换个角度看，每个人所拥有的社会网络成为民间借贷中的抵押品。在这种情况下，农户有激励去维持一个健康的社会网络，使得以此为基础的民间借贷在乡土社会甚为活跃。

---

① OLS 回归中，考虑到金融机构借贷、民间借贷、礼金支出与村人均纯收入之间可能存在非线性关系，我们在回归中引入村人均纯收入的平方项，检验结果没有显著差异。

表 5　农户民间借贷需求与村庄经济发展水平关系的检验结果

	户均金融机构借贷额与村人均纯收入之比		户均民间借贷额与村人均纯收入之比		户均礼金支出与村人均纯收入之比	
村人均纯收入（千元）	−0.0319	(−0.74)	−0.3145***	(−3.77)	−0.1449***	(−4.71)
村地势	−0.0006	(−0.01)	−0.6139***	(−3.16)	0.0132	(0.22)
非农户数与总户数之比	0.6379	(1.17)	−1.6591**	(−2.26)	0.0035	(0.96)
村总户数（百户）	−0.0117	(−0.19)	−0.0037	(−0.11)	0.0189	(0.34)
村总人口（千人）	−0.0256	(−0.12)	0.0597	(0.44)	−0.0570	(−0.29)
村最大姓氏家族所占百分比	0.0069	(1.58)	0.0046	(0.62)	−0.0035	(−1.44)
是否信用社评定的信用村	0.4064**	(2.37)	−0.4212	(−1.18)	0.1105	(0.96)
湖南省	−1.2152***	(−4.02)	−0.7381	(−1.52)	1.0602***	(5.18)
黑龙江省	−0.8898***	(−3.07)	−0.4700	(−0.82)	0.4907**	(2.33)
常数	1.2456***	(3.18)	5.0589***	(6.79)	0.7915**	(2.27)
观测值个数	65		65		65	
R^2	0.52		0.43		0.63	

注：变量"村地势"，1=平原，2=丘陵，3=山区。

但是，随着社会转型和经济发展，乡土社会逐渐会向市民社会过渡，以亲缘关系为基础的社会网络的作用会逐渐发生变化，民间借贷趋于弱化。在乡土社会，人们都较少迁徙，一个大家族的人往往居住得很近，相互之间关系非常密切。而在市民社会中，每个人的主要社会网络不再只由亲缘关系构成，社会网络的主体变为朋友，很多社会关系不像亲缘关系那么稳固，大多以一致利益作为基础，这种社会资本价值的下降无疑会减少以此为基础的民间借贷。同时，经济发展之后，每个家庭的收入增加，短期资金难以周转的现象会减少，小额借款的需求会大幅下降，大额借款的需求增加。借款额的增加会给贷款方带来暂时流动资金的不足，同时增加了贷款方的风险，因为数额过大会增加借款方选择性违约的可能性。再者，相对于民间借贷，随着经济的发展，个人信用和项目风险更加容易评估，人们能更方便地从正规金融机构获得贷款，民间借贷对正规金融的补充作用将逐渐下降。

四、主要结论与扩展

本文以"2009年中国农村金融调查"81村1951户专项入户调研数据为基础，从社会网络角度考察我国农户借贷行为。第一，以亲缘关系为基础的社会网络作为传统乡土社会的重要特征，对农户的民间借贷行为有显著影响，是农户平衡现金流、平滑消费流的重要手段。在当代农村残缺产权形式和正规金融机构缺位的现实约束条件下，以民间借贷为主要表现形式的民间金融在农村金融市场和农村社会经济发展过程中充当了非常重要的角色。第二，随着农村经济的发展和社会转型的逐渐加快，乡土社会的特点在农村逐渐减弱，与城市化过程相伴随的是农村由乡土社会逐渐向市民社会过渡，① 社会网络对农户借贷行为的影响随社会转型和经济发展而趋于弱化。在现有农村金融体系不够完善的条件下，基于社会网络的民间借贷对满足农村金融需求有积极意义，但其可持续性和稳定性都还有待进一步深入研究。第三，本文用中国农户数据初步验证了关于社会网络和社会资本的两个经典假说：社会资本是穷人的资本；非正式制度的作用将随着正式制度的完善而逐渐减弱，这是现代经济理论中国本土化研究的有益尝试。

联系到农村金融市场的发展，在农地残缺产权制度安排下，农村是一个传统乡土社会和现代工业社会并存的组织形态，以亲缘关系为基础的社会网络作为传统乡土社会的重要特征，对农户借贷进而农村金融市场都有至关重要的影响。农村金融体系改革应该充分利用这些乡土社会的特点，发展适合中国农村的金融体系。大量研究表明，小组联保、小额贷款、农民合作基金等金融制度在发展中国家是有效的（Armendáriz 和 Morduch，2010），有利于缓解由于信息不对称带来的种种问题。村镇银行立足服务当地农户，收集"大"信息，发展"小"银行，也取得了较好的试点效果。在农村金融制度改革中充分考虑我国农村乡土社会的特点，让社会网络在金融体系中发挥其应有的作用，促进农村金融体系不断完善。

参考文献

[1] 陈斌开、杨依山、许伟：《中国城镇居民劳动收入差距演变及其原因：1990~2005》，《经济研究》，2009 年第 12 期。

[2] 陈雨露、马勇、杨栋：《农户类型变迁中的资本机制：假说与实证》，《金融研究》，2009 年第 3 期。

[3] 费孝通：《乡土中国》，三联出版社，1985 年版。

[4] 何广文：《从农村居民资金借贷行为看农村金融抑制与金融深化》，《中国农村经济》，1999 年第 10 期。

[5] 何军、宁漫秀、史清华：《农户民间借贷需求及影响因素实证研究——基于江苏省 390 户农户调查数据分析》，《南京农业大学学报》（社会科学版），2005 年第 5 卷第 4 期。

[6] 黄瑞芹：《中国贫困地区农村居民社会网络资本》，《中国农村观察》，2009 年第 1 期。

[7] 黄祖辉、刘西川、程恩江：《贫困地区农户正规信贷市场低参与程度的经验解释》，《经济研究》，2009 年第 4 期。

[8] 金烨、李宏彬：《非正规金融与农户借贷行为》，《金融研究》，2009 年第 4 期。

[9] 李锐、李宁辉：《农户借贷行为及其福利效果分析》，《经济研究》，2004 年第 12 期。

[10] 刘莉亚、胡乃红、李基礼、柳永明、骆玉鼎：《农户融资现状及其成因分析——基于中国东部、中部、西部千社万户的调查》，《中国农村观察》，2009 年第 3 期。

[11] 马光荣、杨恩艳：《社会网络、非正规金融与创业》，《经济研究》，2011 年第 3 期。

[12] 马九杰：《社会资本与农户经济：信贷融资、风险处置、产业选择、合作行动》，中国农业科学技

---

① 中国的农村并不一定会进入严格意义的市民社会，但市民社会的特点将会不断得到体现。

术出版社，2008年版。

[13] 史清华、万广华、黄珺：《沿海与内地农户家庭储蓄借贷行为比较研究——以晋浙两省1986~2000年固定跟踪观察的农户为例》，《中国农村观察》，2004年第2期。

[14] 张爽、陆铭、章元：《社会资本的作用随市场化进程减弱还是加强？——来自中国农村贫困的实证研究》，《经济学》（季刊），2007年第6卷第2期。

[15] 章元、陆铭：《社会网络是否有助于提高农民工的工资水平？》，《管理世界》，2009年第3期。

[16] 赵剑治、陆铭：《关系对农村收入差距的贡献及其地区差异》，《经济学》（季刊），2009年第9卷第1期。

[17] 赵延东、王奋宇：《城乡流动人口的经济地位获得及决定因素》，《中国人口科学》，2002年第4期。

[18] 朱信凯、刘刚：《二元金融体制与农户消费信贷选择》，《经济研究》，2009年第2期。

[19] Armendáriz B. and J. Morduch, 2010, The Economics of Microfinance, Second Edition, MIT Press, Cambridge. MA.

[20] Bastelaer V., 2000, "Does Social Capital Facilitate the Poorps Access to Credit? A Review of the Microeconomic Literature", Social Capital Initiative, No. 8.

[21] Burchardi, Konrad B. and Tarek Alexander Hassan, 2011, "The Economic Impact of Social Ties: Evidence from German Reunification", NBER Working Paper 17186.

[22] Fafchamps M. and B. Minten, 2002, "Returns to Social Network Capital among Traders", Oxford Economic Papers, Vol. 54, No. 2, 173–206.

[23] Ghatak M., 1999, "Group Lending, Local Information and Peer Selection", Journal of Development Economics, Vol. 60, No.1, 27–50.

[24] Grootaert C., 1999, "Social Capital, Househ old Welfareand Povertyin Indonesia", Policy Research Working Paper, No. 2148.

[25] Isham J. and S. Kahkonen, 2002, "How Do Participation and Social Capital Affect Community-Based Water Projects? Evidence from Central Java, Indonesia", In Grootaert, C., T. V. Ed. Bastelaer, The Role of Social Capital in Development: An Empirical Assessment, Cambridge University Press.

[26] Jain S., 1999, "Symbiosisvs Crowding-out: The Interaction of For maland Informal Credit Marketsin Developing Countries", Journal of Development Economics, Vol. 59, No. 2, 419–444.

[27] Karlan D.and J. Morduch, 2010, "Accesst oF inance", in Dani Rodrikand Mark Rosen zweig (Ed.), Handbook of Development Economics, Vol.5.

[28] Karlan D., 2007, "Social Connections and Group Banking", Economic Journal, Vol. 117, 52–84.

[29] Khandker S. R., 1988, Fighting Poverty with Microcredit: Experience in Bangladesh, Oxford University Press, NewYork.

[30] Knight J. and L. Yueh, 2002, "The Role of Social Capital in the Labor Marketin China", Department of Economics Discussion Paper, Oxford University.

[31] Munshi K. and M. Rosenzweig, 2006, "Traditional Institutions Meet the Modern World: Caste, Gender and Schooling Choice in a Globalizing Economy", American Economic Review, Vol. 96, No. 4, 1225–1252.

[32] Peng Y., 2004, "Kinship Networks and Entrepreneurs in China's Transitional Economy", American Journal of Sociology, Vol. 109, No. 5, 1045–1074.

[33] Puhani P. A., 2000, "The Heckman Correction for Sample Selection and ItsCritique", Journal of E-

conomic Surveys, Vol. 14, 53–68.

[34] Stiglitz J., 2000, "Formal and Informal Institution", in Dasgupta, P. and I. Serageldin (Ed.), Social Capital: A Multi-faceted Perspective, Washington, DC: World Bank.

The Credit Behavior of Rural Households from the Perspective of Social Network

Yang Rudai　Chen Binkai　Zhu Shi'e

Abstract: This paper studies the credit behavior of rural house holds from the perspective of social network. The study is based on the 2009 Financial Survey in rural China covering 1951 households in 81 villages. Study first finds that rural households with larger social net work are more active in terms of credit behavior. It means that social network has played a key financing instrument for rural households to balance cash flow and increase its liquidity. Second, as a traditional method to finance through social network, its importance has been decreasing with the socioeconomic development. The research contributes to the understanding of current status and future development of rural household credit behavior, and of further reforming financial system in rural China. However, the sustainability and stability of the credit behavior through the traditional social net remains a topic for future research.

Key Words: Social Net Work; Agricultural Finance; Farmers' Credit Behavior

城镇家庭消费金融效应的地区差异研究

韩立岩　杜春越[①]

【内容提要】 本文使用各省市自治区城镇家庭借贷支出的分类面板数据，结合我国经济发展处于转轨期的特性，考察消费升级、社会保障不完善及地区发展不平衡等因素对消费的影响。研究发现各变量在对消费的影响性质和程度上均存在地区差异，社会保障、消费升级和储蓄在全国范围内均显著正相关，房贷支出和教育在中西部地区的促进作用显著，而保险在东部地区作用突出，家庭投资则均不显著。政府要扩大消费内需并改变消费金融发展的不平衡，就应把握消费升级和社会保障制度的推进时机和力度，增加中西部地区社会保障投入和教育投入，持续提高居民收入，适度放宽中西部地区的家庭房贷限制。

【关键词】 家庭资产配置；消费金融；地区差异；消费升级；社会保障

一、引言

步入新世纪后，伴随出口加工型发展战略的成功和城镇化的加速，经济发展过高依赖投资和出口已经成为经济持续增长的"瓶颈"，扩大内需和产业升级成为保证中国经济持续健康发展的必由之路。但是，我们却面临消费率下滑和地区差异扩大的困境。从国家层面看，2000~2009年我国的消费率从62.3%跌至48.0%，居民消费率则从46.4%跌至35.1%，[②] 其中2009年的居民消费率仅为美国的一半，向上提升消费的空间充足。从地区层面看，除个别省市居民消费率小幅攀升外，2000~2009年近半数省市的居民消费率下滑超过10个百分点，吉林省和内蒙古自治区的下滑幅度甚至超过17个百分点，且各地区居

[①] 韩立岩、杜春越，北京航空航天大学经济管理学院，邮政编码：100191，电子信箱：hanly1@163.com，chunyuedu@yahoo.cn。作者感谢匿名评审人的帮助与指正。本文的修改受益于2011年9月由《经济研究》编辑部、清华大学中国金融研究中心、花旗集团基金会共同主办的第二届中国消费金融学术研讨会所进行的交流。感谢国家自然科学基金重点项目和创新团队项目的资助（项目号：70831001，70821061）。

[②] 数据来源于2001~2010年《中国统计年鉴》。

民消费率的两极差距从22.13%扩大到24.93%。①国内众多学者对造成我国居民消费率偏低和存在地区差异的原因进行了多角度分析，如社会保障体系不完善、经济结构变化、未来收入不确定性增强、收入分配不均、消费习惯等（金晓彤、杨晓东，2004；罗楚亮，2004；邓可斌、何问陶，2005；汪伟，2009；娄峰、李雪松，2009；田青等，2008）。但是，从东亚伴随经济增长的消费发展经验来看，消费金融（Consumer Finance）是促进消费增长的有效手段，也是理论分析的一个重要视角。广义而论，消费金融是指与消费有关的所有金融活动。Samuelson（1969）和Merton（1971）认为，消费金融是指如何在给定的金融环境中，利用所掌握的资产来最大满足消费者的各种消费需求，包括消费目标、消费与储蓄、信贷、资产配置、面临的风险与约束等。Tufano（2009）则阐述了消费金融的三项主要功能：支付、风险管理、信贷度保障，消费金融推动即期消费的增长，进而消费再通过投资来拉动经济增长；而经济增长则进一步提高居民收入，改善收入增长预期，提升社会保障水平，如此形成激发消费增长和新一轮消费金融需求的良性循环。

本文侧重消费升级背景下消费金融的长期手段，因此，将考察城镇家庭借贷支出（包括储蓄、投资、保险、房贷）对于消费性支出的影响的地区差异，由此评价不同地区城镇居民消费金融活动的实际效应。

表1 家庭资产负债表

资产		负债		
实物资产	金融资产	长期负债	中期负债	短期负债
房屋、私营生意、大件耐用消费品	现金、储蓄、股票、债券、基金、保险等	住房贷款等	汽车贷款、教育贷款等	信用卡等

在现实经济活动中，无论是资产还是负债，家庭都占据主要地位。以市场经济发达的美国为例，2009年家庭和非金融非农场类企业的资产持有比例约为7∶3，负债持有比例约为1∶1（王江等，2010），我国家庭消费金融的发展虽然比不上发达国家，但其地位也日益增强，中国人民银行的数据显示，2011年7月末，我国住户的消费性贷款余额已经达到7.5万亿元，占国内各项贷款余额的15.33%。②一般家庭的金融活动可以用资产负债表反映，如表1所示。家庭资产包括实物资产和金融资产，负债包括长期负债（5年以上）、中期负债（2~5年）和短期负债（1年以下）。本文将从家庭金融资产和长期负债的角度实证考察消费金融对消费的影响，并结合地区差异进行分析，进而为决策层制定宏观政策提供参考依据。

---

① 数据来源于2001~2010年《中国统计年鉴》。2000年居民消费率最高和最低的省份分别为云南（54.56%）和浙江（32.43%）；2009年则为贵州（48.93%）和内蒙古（24.00%）。

② 中国人民银行网站，http://www.pbc.gov.cn/publish/html/2011s03a.htm。

二、文献回顾

Modigliani 和 Brumberg 于 1954 年最早提出了消费生命周期理论,它建立在个体理性选择和理性预期假设的基础上,随后该理论经历了不断的补充和完善(Ando 和 Modigliani,1963;Samuelson,1969;Merton,1969,1971;Hall,1978;Modigliani 和 Brumberg,1980;Gourinchas 和 Parker,2002)。其中,Samuelson 和 Merton 成功地将该模型扩展到风险资产领域,Gourinchas 和 Parker 又将负债考虑进模型的预算约束中,使消费金融与消费生命周期理论得到有机结合。在理性预期和理性选择的假设基础上,Gourinchas 和 Parker 提出消费者效用最大化的决策及预算约束可以表示为:

$$\max E \left| \sum_{t=0}^{T} \beta^t u(C_t) + \beta^{T+1} \upsilon(W_{T+1}) \right|$$

$W_{T+1} = (W_t + Y_t - C_t)R - B_t R_b$,($t = 0,1,2,\cdots,T$),$W_{T+1} \geq 0$

这里,$u(C_t)$表示消费者当期消费的效用函数,β表示时间偏好度,$\upsilon(W_{T+1})$表示消费者对遗产的效用函数。W_t、Y_t和 R 分别表示当期财富、当期收入和投资总收益,B_t和R_b分别表示消费者期初持有的负债和期末归还的总负债本息。在该模型中,家庭的金融决策可以通过跨期资源分配如储蓄、投资、借贷等得以实现。据此,在动态消费决策中,消费金融带来财富增加,形成消费增长的动力。

国内外有关消费金融的实证研究主要集中在家庭资产配置与家庭信贷领域。从家庭资产配置的角度看,Tracy 等(1999)、Serrano 和 Hoesli(2009)、樊潇彦等(2008)的研究发现房产是大多数家庭的主要资产,但是关于房产对消费影响的实证结论却存在分歧,李亚明和佟仁城(2007)、屠梅曾(2009)、Cho(2010)发现长期内房地产存在正的财富效应,对家庭资产配置和消费有显著影响,而姚玲珍、刘旦(2007)则认为房地产不具有财富效应。此外,股市的波动也影响资产配置行为,股票收益波动是影响家庭边际消费倾向的一个重要因素(陈强、叶阿忠,2009),居民手持现金比例、储蓄存款比例与股票市场深度之间存在协整关系(肖卫国、徐小飞,2009)。喻开志、邹红(2010)以最优资产选择模型为基础,采用 Monte-Carlo 和 Bootstrap 等方法模拟了牛市时期各因素对资产配置行为的影响,Ynesta(2008)则综合分析了 OECD 成员国家庭的基金、人寿保险或养老金等金融投资的风险以及家庭配置的变化。我国学者(赵进文等,2010;甘犁等,2010)还发现保险对消费的金融支持作用日益加深,2008 年城镇职工医疗保险带动了 4.16 倍的城镇家庭消费,而基本医疗保险约带动全国 7%的消费。另外,人口素质一直是家庭资产配置中不能忽视的因素,国外实证结果显示受教育程度高的家庭,主动倾向于多样化配置金融资产并能获得较高收益(Campbell,2006;Shum 和 Faig,2006;Calvet 等,2009)。在家庭借贷中,房屋按揭贷款占据主导地位(Bertola 等,2006),国内外研究发现家庭的借贷行为对家庭消费有一定的正向影响（Coulibaly 和 Li，2006；Benjamin 和 Chinloy，2007，2008；黄兴海，2004），此外借贷还会对家庭金融资产配置和投资决策行为产生影响（Becker 和 Shabani，2010）。方芳（2006）通过建立个人非流动性资产的动态资产选择模型，利用 SCF 数据实证分析，发现住房与股票投资具有倒 U 形关系，有房贷的家庭，二者呈负向关系。

就我国经济转轨期的特殊发展情况及经济发展的地区差异而言，制度变迁是导致中国城镇居民消费行为变异和区别于其他国家的根本性原因（金晓彤、杨晓东，2004；臧旭恒，2001），比如教育制度改革使得高等教育支出对居民消费有显著的挤出效应（杨汝岱、陈斌开，2009），且教育和医疗保健的挤出效应均存在地区差异（田青等，2008）。改革开放以来中国居民的消费结构发生重大变化，居民消费逐步升级，从贡献率看，食品和交通通信比重的变化对消费支出结构的变动一直起着决定性影响（周建、杨秀祯，2009）。从社会保障看，低股市参与度、高储蓄率与缺乏完善保险产品有关（Gormley 等，2010）。从经济、金融发展及消费的地区差异看，我国区域消费总体差异呈现出上升趋势，并且区域间差异逐渐处于主导地位（申世军、马建新，2008），特别是文教消费选择行为和消费层次存在较大差距（赵卫亚，2005）。金融发展虽然能促进消费增长，但存在显著的区域差异（毛中根、洪涛，2010）。

综上所述，由于欧美等国家的统计数据比较完整细致，国外学者对家庭消费金融进行了多层次多角度系统深入的研究，而国内因统计数据匮乏，相关研究工作开展较晚，研究领域较狭窄，特缺乏从借贷角度考察家庭资产配置和消费情况的研究，也缺乏区域差异的比较分析。本文将弥补这两项不足，首次采用我国 2002~2008 年度各省市城镇家庭现金支出尤其是借贷支出的分类面板数据，结合我国经济发展处于转轨期的特性，综合消费升级、社会保障、教育水平及地区平衡发展等因素考察家庭消费金融对消费的影响及地区差异问题。

三、模 型

综合 Samuelson、Merton 和 Tufano 关于消费金融的观点，我们将消费支出作为被解释变量，研究不同情景设计下城镇代表性家庭消费金融对消费支出的影响和地区差异情况。文中解释变量涵盖城镇家庭借贷支出的各个项目，包括储蓄故而考虑将样本分为东部和中西部两个子样本进行更细致的分析。因此具体模型设计分五个阶段：（1）总体把握借贷与消费的关系，仅将全国借贷支出作为自变量，考察二者间关系；（2）考虑区域因素，分析部分区域的借贷与消费关系，并与前一阶段的模型结果进行比较分析；（3）将借贷支出细化为储蓄、房贷、投资、保险四个自变量，分区域考察消费金融的作用和地区差异；（4）综合消费升级、人口素质、社会保障等可能对消费产生影响的因素，拓展第（3）阶段的模型，分区域系统分析它们对消费的影响和地区差异；（5）将上阶段细化后的自变量分组，单独考虑每组变量对消费的特殊影响和地区差异情况并根据第（4）阶段结果引入交叉变量。后两阶段的模型是本文研究主体。

$$CONSUMPTION_i = C_i + \beta_1 DEBT_i + \mu_i \qquad (Ⅰ-a)$$

（一）模型与估计方法

首先，简单考察家庭借贷对总消费的总体影响，建立线性模型Ⅰ-a如下：

其中，CONSUMPTION 和 DEBT 分别为代表全国城镇居民家庭消费性支出和借贷支出的变量，C 为常数项，μ 为误差项。

其次，由于东部地区家庭借贷和消费支出水平较高且有逐年递增趋势，为粗略考察地区差异问题，建立经济较为发达的东部地区[①]的借贷支出与消费支出模型Ⅰ-b，并与模型Ⅰ-a进行对比分析。

$$EASTCONS_i = C_i + \beta_1 EASTDEBT_i + \mu_i \qquad (Ⅰ-b)$$

其中，EASTCONS 和 EASTDEBT 是分别代表东部地区城镇居民家庭消费性支出和借贷支出的变量，C 为常数项，μ 为误差项。

接下来为更深入考察借贷支出对消费的影响，我们首先将借贷支出变量进行细分，再加入若干因素作为控制变量，设定如下：

（1）考虑家庭资产配置情况。从表1可以看出，家庭的资产负债包括储蓄、证券投资、保险、基金、债券、按揭贷款、汽车贷款等，据此划分标准及本研究数据的可获得性，我们将家庭借贷支出细分为储蓄、房贷支出、投资和保险四个自变量，其中储蓄、投资和保险[②]代表家庭资产，房贷支出代表家庭负债。

（2）消费升级因素。2000年以来我国的消费升级主要体现在交通和通信支出（周建、杨秀祯，2009），尤其是交通支出上，2000~2008年，城镇家庭交通支出在总消费支出中的占比提升了近四个百分点，达到7.15%。[③] 所以，本文选取与交通密切相关的每百户家庭汽车拥有量这一指标作为消费升级的代理变量。[④]

（3）人口素质因素。受教育程度是考察人口素质的重要指标。从微观看，教育程度对家庭资产配置行为有显著影响，受教育程度高的家庭，其资产配置更趋于多元化（Campbell，2006；Shum 和 Faig，2006）；从宏观看，我国地区发展不平衡不仅表现在经济状况上，教育设施及教育水平也参差不齐，使得我们预估受教育程度的高低亦为影响各地区资产配置与消费行为的主要因素。结合变量数据的可获得性，本文选取平均受教育年限[⑤]作为人口素质的代理变量。

---

① 本文所指的东部地区包括10个省份、直辖市：北京、天津、河北、辽宁、上海、江苏、浙江、福建、山东和广东。
② 因基金、债券等数据不可得，故投资变量是将证券投资和其他投资支出合计后的总投资；保险指储蓄性保险。
③ 数据来源：2001~2009年度《中国统计年鉴》。
④ 该指标是状态变量，且相对通信工具等代理变量代表性更强。
⑤ 平均受教育年限的计算方法：加权平均法。具体年限设定如下：文盲及半文盲为0年，小学为6年，初中为9年，高中为12年，大专及以上为16年，权重为各类人群在抽样人口中的占比。

(4) 区域经济发展不平衡因素。政策、交通、地理、人口等多重因素导致我国经济一直面临发展不平衡的困境。如前文所述，作者研究消费支出与可支配收入关系后发现，东部地区和中西部地区影响消费支出的机制存在差异，故本文除模型Ⅰ外，将对东部和中西部地区①分别建模，深入研究消费金融的区域性及个体差异。

(5) 社会保障制度因素。从国内已有的文献看（赵进文等，2010；甘犁等，2010），2008年城镇职工医疗保险带动了4.16倍的城镇家庭消费，而基本医疗保险约带动全国7%的消费。可见社会保障的完善能显著提高家庭消费支出，故而以社会保障支出作为代理变量，在模型中加入社会保障制度因素。考虑上述五个影响因素后，先后建立模型Ⅱ、模型Ⅲ：

$$CONS_i = C_i + \beta_1 DEP_i + \beta_2 MOR_i + \beta_3 INV_i + \beta_4 INS_i + \mu_i \tag{Ⅱ}$$

$$CONS_i = C_i + \beta_1 DEP_i + \beta_2 MOR_i + \beta_3 INV_i + \beta_4 INS_i + \\ \beta_5 CAR_i + \beta_6 EDU_i + \beta_7 SI_i + \mu_i \tag{Ⅲ}$$

其中，CONS为被解释变量，代表城镇居民家庭消费性支出；DEP、MOR、INV 和 INS 为自变量，分别代表家庭存入储蓄款、归还住房贷款、投资支出、储蓄性保险支出；CAR、EDU 和 SI 为控制变量，分别代表每百户家庭汽车拥有量、平均受教育年限和社会保障支出，它们是消费升级、人口素质和社会保障制度的代理变量；C 为常数项，β 为影响度，μ 代表非观测效应，概括其他全部观测不到的因素；i 取值1，2，…29，表示横截面单元，指中国各省、自治区、直辖市的横截面样本。

最后，根据模型Ⅲ，将自变量分组后建立模型Ⅳ、模型Ⅴ到模型Ⅹ，并根据这八个模型的结果再次加入消费升级与社会保障的交叉项，重新对比模型Ⅲ、模型Ⅳ到模型Ⅹ，限于篇幅问题不再赘述，具体模型设计参见第四部分实证分析中的表6、表7和表8。

在估计方法的选择上，为降低横截面异方差与序列自相关性的影响，本文采用CSW（Cross Section Weights）截面加权估计法。使用EViews6.0软件估计模型。

（二）数据

模型采用面板数据构建。消费支出、借贷支出、社会保障支出、②储蓄、房贷、投资、保险等数据来自国家统计局特定为本研究提供的我国各省市城镇居民家庭现金支出抽样调查数据表。该数据来自国家统计局各年度对全国5万户左右城镇家庭的抽样，平均每个省市自治区超过1000户，各个地区家庭数据的平均结果反映了各地区家庭的平均借贷支出和消费水平等，可以视为各地区代表性家庭的消费投资行为。每百户汽车拥有量和平均受教育年限则通过2003~2009年度《中国统计年鉴》相关数据计算整理，由于西藏自治区和海南省的部分变量数据缺失，故本文的横截面共计29个，时间从2002~2008年，③共7年。

---

① 本文所指的中西部地区包括19个省份、直辖市：山西、内蒙古、吉林、黑龙江、安徽、江西、河南、湖北、湖南、广西、重庆、四川、贵州、云南、陕西、甘肃、青海、宁夏回族自治区和新疆维吾尔自治区。
② 社会保障支出涵盖个人缴纳的养老基金、住房公积金、医疗基金、失业基金等。
③ 自2002年开始，国家统计局对于城镇家庭人口界定的统计口径发生变化，遵循数据一致性的原则，本文研究数据从2002~2008年。

除模型Ⅰ外，为降低面板数据的异方差影响，对变量全部进行了自然对数变换。

本文样本中，东部地区和中西部地区的省市分别为 10 个和 19 个，比例约为 1∶2，一方面试图从消费的角度考察国家促进中西部发展的西部大开发和中部崛起战略的实施效果，另一方面拟据此分析不同情况下的地区差异程度。两地区样本中各变量的描述性统计如表 2 和表 3 所示。

表 2　东部地区描述性统计量表

	均值	标准差	最大值	最小值	样本量
消费性支出（元）	10165.64	3228.55	19397.9	5069	70
储蓄（元）	4486.22	2398.96	11082.3	785.2	70
房贷支出（元）	299.41	230.46	983.4	29.4	70
投资（元）	154.30	200.81	1209.9	8.04	70
储蓄性保险（元）	150.79	86.46	397.2	36.7	70
每百户汽车拥有量（辆）	6.03	5.59	22.7	0.15	70
平均受教育年限（年）	8.68	1.03	11.09	7.18	70
社会保障支出（元）	1037.39	488.41	2295.0	280.68	70

表 3　中西部地区描述性统计量表

	均值	标准差	最大值	最小值	样本量
消费性支出（元）	6896.89	1527.76	11146.8	4462	133
储蓄（元）	2481.05	1551.46	9670.7	867.5	133
房贷支出（元）	135.84	94.99	614.7	17.0	133
投资（元）	48.56	45.61	243.12	2.06	133
储蓄性保险（元）	91.51	35.18	214.6	43.6	133
每百户汽车拥有量（辆）	2.03	2.13	11.11	0.05	133
平均受教育年限（年）	7.72	0.69	8.89	6.04	133
社会保障支出（元）	528.48	222.41	1087.52	146.28	133

四、实证结果分析

通过模型Ⅰ-a 和模型Ⅰ-b（见表 4）可以看出，家庭借贷行为对消费支出有显著的正向刺激作用，借贷对消费的影响程度存在显著的地区差异，东部地区的自主消费水平高于全国平均水平 39%。就全国平均水平而言，城镇家庭每增加 1 元的借贷支出，会产生 1.34 元的消费支出；而东部地区家庭每增加 1 元的借贷支出，则会产生 1.09 元的消费支出，略低于全国水平，可见东部地区家庭借贷对消费产生的乘数效应弱于中西部地区，这是由于中西部地区居民收入较低、资源利用程度不充分、消费金融发展缓慢,所以借贷支出对消费的影响更为突出,或者说边际效应更大。从该模型可以发现借贷使中西部地区的家庭产生更大的乘数效应,更有力促进消费提升。

表4 模型Ⅰ–a和模型Ⅰ–b的回归结果

	常数项	借贷支出	R^2	调整后R^2	F统计量
模型Ⅰ–a	3139.250*** (9.575)	1.335456*** (16.399)	0.981747	0.978097	268.9333
模型Ⅰ–b	4355.970*** (9.807)	1.087412*** (13.856)	0.974619	0.969543	192.0015

注:回归系数下方第二排的数值为t值,*、**、***分别表示在10%、5%、1%的水平上显著,以下各表均如此。

从模型Ⅱ(该模型将模型Ⅰ的自变量借贷细分为储蓄、房贷支出、投资和保险四项,详见表5)的常数项可看出东部地区的自主消费水平显著高于中西部地区。从消费金融角度看,储蓄对消费的影响最大且地区差异最显著,中西部地区系数值高于东部地区约0.07,消费信贷水平落后,只能更多依赖储蓄;房贷显著促进消费,但地区差异不显著;中西部地区保险对消费影响较强,说明发展中西部地区的保险业可促进消费;投资影响为正,但东部地区不显著且中西部地区影响较弱,说明我国投资环境较差,居民投资渠道狭窄,使得居民普遍获利不丰,故而消费转化能力较低。

表5 模型Ⅱ不添加控制变量的回归结果(固定效应模型)

	常数项	储蓄	房贷支出	投资	储蓄性保险	R^2	F统计量
东部地区	5.77*** (17.75)	0.369*** (8.72)	0.089*** (3.12)	0.010 (0.74)	−0.034 (−0.61)	0.95384	89.01
中西部地区	4.792*** (34.67)	0.440*** (21.29)	0.088*** (8.77)	0.006* (1.49)	0.048** (2.31)	0.974	190.46

引入控制变量后,模型Ⅲ更为完善,使得我们可以从家庭资产配置、消费升级、人口素质和社会保障多角度考察消费金融问题,同时为考察多重共线性问题,本文对模型Ⅰ至模型Ⅲ的自变量DEP、MOR、INV、INS分组进行估计,即模型Ⅳ、模型Ⅴ……模型Ⅹ,并根据Hausman检验的结果做出固定效应模型或随机效应模型的判定(除东部地区的模型Ⅵ和模型Ⅹ为随机效应外,其余均为固定效应影响模型),最后再进行回归分析。具体结果见表6和表7。其中,模型Ⅲ考察了全部自变量和控制变量,可以全面地观察其相互作用情况。模型Ⅲ到模型Ⅹ考察自变量之间多重共线性的关系。这八个模型的F统计值显示模型的整体线性效果均显著,拟合优度均在94%以上。

由表6和表7我们看到储蓄作为家庭借贷支出中影响消费的重要因素,其地区差异性非常显著,在中西部地区的影响程度显著高于东部地区。仔细对比观察各模型中储蓄变量的回归系数,我们发现中西部地区的回归系数是对应东部地区系数的2~3倍。与模型Ⅰ–a

表 6　模型Ⅲ、模型Ⅳ、模型Ⅴ、模型Ⅵ添加控制变量后的回归结果

项目	模型Ⅲ		模型Ⅳ		模型Ⅴ		模型Ⅵ	
区域划分	东部	中西部	东部	中西部	东部	中西部	东部	中西部
常数项	6.463*** (19.02)	5.73*** (19.67)	6.235*** (23.23)	5.43*** (21.83)	6.182*** (18.72)	5.919*** (20.77)	5.64*** (16.84)	5.645*** (21.68)
储蓄	0.065** (2.03)	0.2*** (6.15)	0.065** (2.20)	0.18*** (5.53)				
房贷支出	−0.021 (−1.25)	0.051*** (3.22)			−0.015 (−0.84)	0.035** (2.09)		
投资	0.0096 (1.34)	0.0023 (0.41)					0.007 (0.81)	0.0004 (0.07)
储蓄性保险	−0.047* (−1.73)	0.00054 (0.02)						
每百户汽车拥有量	0.079*** (5.76)	0.054*** (5.44)	0.074*** (5.99)	0.06*** (6.19)	0.085*** (6.22)	0.081*** (7.94)	0.072*** (5.41)	0.084*** (7.97)
平均受教育年限	−0.102 (−0.66)	0.042 (0.33)	−0.098 (−0.75)	0.192* (1.62)	−0.027 (−0.18)	0.36*** (2.76)	0.261* (1.75)	0.463*** (3.70)
保障性支出	0.38*** (9.60)	0.195*** (5.64)	0.369*** (10.43)	0.263*** (9.05)	0.442*** (11.48)	0.321*** (10.51)	0.417*** (11.17)	0.357*** (14.37)
R^2	0.9893	0.9629	0.9906	0.9603	0.9882	0.9494	0.9499	0.9505
F 统计值	306.39	111.17	452.97	121.01	360.70	93.72	308.23	95.94

表 7　模型Ⅶ、模型Ⅷ、模型Ⅸ、模型Ⅹ添加控制变量的估计结果

项目	模型Ⅶ		模型Ⅷ		模型Ⅸ		模型Ⅹ	
区域划分	东部	中西部	东部	中西部	东部	中西部	东部	中西部
常数项	6.394*** (19.84)	5.6*** (20.30)	6.339*** (19.44)	5.346*** (20.21)	6.159*** (19.22)	5.709*** (21.4)	5.71*** (14.84)	5.431*** (21.75)
储蓄			0.072** (2.36)	0.181*** (5.48)	0.069** (2.19)	0.2*** (6.32)	−0.007 (−0.18)	0.176*** (5.51)
房贷支出					−0.016 (−0.92)	0.05*** (3.40)		
投资							0.008 (0.87)	0.001 (0.22)
储蓄性保险	−0.044* (−1.70)	0.016 (0.57)	−0.047* (−1.70)	0.022 (0.90)				
每百户汽车拥有量	0.086*** (6.93)	0.085*** (8.23)	0.076*** (5.64)	0.061*** (6.00)	0.074*** (5.33)	0.055*** (5.8)	0.074*** (5.02)	0.061*** (6.03)
平均受教育年限	0.032 (0.22)	0.481*** (3.75)	−0.029 (−0.20)	0.201* (1.65)	−0.11 (−0.72)	0.053 (0.44)	0.245* (1.55)	0.189* (1.58)
保障性支出	0.412*** (12.22)	0.348*** (12.91)	0.357*** (10.14)	0.252*** (7.87)	0.392*** (9.60)	0.197*** (5.84)	0.419*** (8.93)	0.263*** (9.02)
R^2	0.9892	0.9482	0.9889	0.9577	0.9883	0.9642	0.9502	0.9603
F 统计值	394.88	91.53	351.21	107.38	332.91	127.62	244.43	114.51

和模型Ⅰ-b相呼应，对照发达的东部地区，中西部地区的收入相对较低，因此在消费升级中，重点产品消费的直接支付能力不足，在消费信贷水平较低的情形下，更加依赖居民储蓄。这就为重点发展中西部地区的消费金融提供了证据。

对房贷支出变量来说，实证结果显示其区域差异很显著，即"东方不亮西方亮"。东部地区的房贷支出系数为负值，[①]但与消费间的这种负相关关系并不显著，相反在中西部地区的模型中它对消费有显著的正向刺激作用，而且影响力高于投资和保险，仅次于储蓄。由于房贷支出在某种程度上代表了家庭长期负债的水平，这说明对经济不发达地区，家庭的长期负债（长期消费信贷）能在一定程度上推动消费，即长期消费金融具有促进效果。结合家庭短期负债能刺激消费（黄兴海，2004），对于消费升级的其他方面也是不利的。而中西部地区相对较低的房价对于消费升级没有产生负面影响，故而增加房贷可为其他消费提供更多的资金。

在模型Ⅵ和模型Ⅹ，即家庭投资对消费的影响模型中，我们发现无论东部还是中西部地区，家庭投资对消费的影响均不显著，即家庭投资收益对于居民消费的财富效应尚未显现出来。我们分析其外因可能是面向普通投资者的优质投资渠道比较匮乏。总体而言，家庭资产投资的面上普及与时间持续均不够，加上2008年以来资本市场收益水平不佳，家庭投资尚不能获得较高收益，也就不能转向消费支出。而内因则是大部分居民风险厌恶程度较高，更倾向于选择无风险投资作为资产配置的首选，故而对于风险性资产的投资率较低。观察个体差异后我们还发现，这两个模型中自主消费水平最高的东部省市地区为上海市、浙江省和广东省，其家庭投资的财富效应相对较高，这与经验观察吻合。因为从宏观经济看，这三个地区隶属于经济最发达、民间投资嗅觉最敏锐、资本活动最旺盛的地区，此次我们从家庭金融的角度印证了这点。另外，与方芳（2006）的研究结果类似，通过模型Ⅲ我们发现家庭的房贷支出与投资呈负向关系，房贷支出会抑制一定的家庭投资。

在表6、表7的所有模型中，东部地区的储蓄性保险支出对消费均有显著负向影响，而中西部地区这一影响则不显著。我们分析原因可能是东部地区保险业较为发达、居民的保险意识较强且储蓄性保险支出较高，在一定程度上抑制了消费，而中西部地区正相反，保险业发展相对落后且分支机构较少，居民的自身保险意识也较薄弱，从而相应的保险支出较低；而且收入水平相对较低的中西部地区处于消费升级滞后的发展阶段，保险不是必需消费品，居民的可支配收入更多地用于消费和储蓄，对保险这一产品的需求不够旺盛。随着中西部大开发的推进，该地区居民的收入和生活水平将得到提高，对保险的需求自然也水涨船高。需要指出的是，上述保险支出对于消费的抑制作用发生在居民保险发展的初期，随着保险广度与深度的扩大，社会保险与商业保险的保障作用就会体现出来，进而可以推动居民消费的发展。这一点值得跟踪深入研究。

---

① 我们发现此结论与模型Ⅱ中房贷支出在东部地区显著为正的结论不一致。这说明社会保障等控制变量的引入使得东部地区房贷支出MOR对于消费支出的显著正向作用不再，因此原有结论并不稳健。考虑到东部畸高的房价有可能抑制一般消费支出，当然若得到明确的结论，还需要对于房地产一线大城市的进一步深入研究。

从本文的实证结果还可以看出，无论东部地区还是中西部地区，消费升级和社会保障均与消费在1%的水平上显著正相关，且社会保障的回归系数显著高于消费升级的回归系数，但是两个区域的社会保障系数差距较大，在模型Ⅸ中，东部与中西部地区回归系数之比高出近一倍。这说明从推动消费的耗费时间和见效程度来看，提高社会保障水平收效显著，然而目前地区差距较大，因此推进社会保障对于促进中西部地区的消费增长具有战略意义。再者，消费升级对于促进消费水平的作用虽然不及社会保障，但是其影响系数更加稳定，可平稳同步地推进各地区消费水平。这也说明在信息化和网络化的今天，消费升级意识不存在地区差异，促进消费升级可以起到全局效果。

为进一步研究消费升级与社会保障的共同作用对消费金融地区差异的影响，我们考虑在原模型Ⅲ、模型Ⅳ……模型Ⅹ中加入 CAR 与 SI 的交叉项，命名为 SICAR，重新对表6和表7中的八个模型进行回归，并将新模型命名为模型Ⅲ-a、模型Ⅳ-a……模型Ⅹ-a，具体结果如表8所示。我们发现在加入交叉项 SICAR 后，储蓄、房贷、投资和保险的系数在大多数模型中均有轻微下降，说明消费升级和社会保障提高后，会微弱地抑制消费金融的发展（在10%的显著水平上，其系数值平均减少0.007），但是对促进消费，尤其是中西部地区的消费有利（加入交叉项后中西部地区常数项的数值平均增加了0.13，说明该地区自主消费水平得到较大提高，故而利弊相权后笔者认为消费升级与社会保障抑制消费金融发展之弊可忽略不计）。另外，该变量系数在中西部地区模型中均为正，在东部地区模型中均为数值很小的负数，说明消费升级与社会保障二者结合后，能大力促进中西部地区消费而微弱地抑制东部地区消费。这也印证了我们前文的分析，即将消费升级与社会保障有机结合起来虽不能促进消费金融的发展，但能在提升全国整体消费水平的同时缩小两地区间差距。另外，通过对比未加入交叉项前的模型，发现实证结果显示出较强的一致性，支持了模型的稳健性。

表8 模型Ⅲ-a 至模型Ⅹ-a 添加交叉项的估计结果

项目	模型Ⅲ-a		模型Ⅳ-a		模型Ⅴ-a		模型Ⅵ-a	
区域划分	东部	中西部	东部	中西部	东部	中西部	东部	中西部
常数项	6.391*** (17.11)	5.83*** (19.22)	6.192*** (21.30)	5.55*** (21.59)	6.117*** (16.95)	6.093*** (20.82)	5.56*** (12.84)	5.81*** (22.62)
储蓄	0.058* (1.75)	0.19*** (5.43)	0.06** (2.00)	0.16*** (4.86)				
房贷支出	−0.024* (−1.42)	0.051*** (3.23)			−0.016 (−0.92)	0.036** (2.21)		
投资	0.0085 (1.12)	0.0016 (0.28)					0.007 (0.82)	−0.001 (−0.17)
储蓄性保险	−0.055** (−1.98)	−0.001 (−0.05)						
交叉项 (保障、汽车)	−0.0098 (−0.93)	0.012 (1.14)	−0.006*** (−0.63)	0.013 (1.27)	−0.007 (−0.70)	0.030** (2.59)	−0.008 (−0.63)	0.030*** (2.63)
R^2	0.98971	0.96296	0.9908	0.9611	0.98867	0.9518	0.9506	0.9544
F统计值	294.20	105.99	421.13	117.02	342.92	93.49	246.17	99.11

续表

项目	模型Ⅶ-a		模型Ⅷ-a		模型Ⅸ-a		模型Ⅹ-a	
区域划分	东部	中西部	东部	中西部	东部	中西部	东部	中西部
常数项	6.29*** (19.06)	5.77*** (21.06)	6.306*** (18.27)	5.45*** (19.83)	6.151*** (17.28)	5.807*** (21.01)	6.33*** (21.69)	5.541*** (21.48)
储蓄			0.060** (1.91)	0.167*** (4.82)	0.062** (1.94)	0.188*** (5.64)	0.044* (1.44)	0.161*** (4.84)
房贷支出					−0.018 (−1.03)	0.05*** (3.40)		
投资							0.009* (1.40)	0.00036 (0.06)
储蓄性保险	−0.051** (−2.01)	0.010 (0.35)	−0.052** (−1.92)	0.020 (0.80)				
交叉项 (保障、汽车)	−0.013* (−1.38)	0.029** (2.55)	−0.010 (−0.95)	0.012 (1.08)	−0.004 (−0.39)	0.012 (1.19)	−0.002 (−0.20)	0.013 (1.25)
R^2	0.9902	0.9520	0.9894	0.9582	0.9886	0.9641	0.9917	0.9610
F统计值	397.31	93.94	336.74	103.20	311.31	120.97	431.32	110.87

注：①因篇幅所限，表8删去了控制变量（每百户汽车拥有量、平均受教育年限、社会保障支出）的回归结果；②除东部地区的模型Ⅵ-a为随机效应外，其余均为固定效应模型结果。

根据国外学者的研究（Campbell，2006；Shum 和 Faig，2006；Calvet、Campbell 和 Sodini，2009），我们原本认为人口素质会在全国范围内显著影响消费。但是从实证结果看，教育程度对消费的正向影响在东部地区并不显著，而在中西部地区比较显著。可以认为教育水平对消费的促进是一个长期起作用的系统变量。在教育水平较低的地区，收入水平自然也较低，教育促进消费的作用就十分突出。伴随受教育程度的增加，良好的人口素质会增强对家庭金融资产配置的影响，但是在边际效应递减规律的作用下，教育对消费的影响力会减弱。

最后，从个体差异结果看，四个直辖市的自主消费水平最高，此外东部地区还有经济发达的浙江省和广东省，而中西部地区自主消费水平最高的除重庆市外，还有贵州省、湖南省和江西省。在模型Ⅲ和模型Ⅳ这两个以储蓄为主导的消费模型中，东部自主消费最高的是上海、北京、天津三个直辖市，而中西部则为重庆市、湖南省和贵州省；在模型Ⅴ和模型Ⅶ这两个分别独立研究房贷和储蓄性保险对消费影响的模型中，自主消费最高的东部和中西部省市地区分别为上海市、北京市、天津市和重庆市、贵州省、江西省。

五、结论与政策建议

综合本文第四部分的实证分析，我们不仅得出对消费影响显著程度不一的主要因素：

社会保障、消费升级、储蓄、家庭投资、房贷支出、保险、教育程度等，更重要的是发现地区差异是普遍存在的。主要结论概括如下：

第一，无论东部地区还是中西部地区，消费升级和社会保障与城镇居民的消费支出显著正相关，但是社会保障效应的地区差异突出。如果仅靠提高社会保障，能更强劲地促进消费，但是在目前的制度安排下地区差异过大；而仅靠加速消费升级虽能保障在各地区间较均衡地推进消费水平，但以牺牲时间为代价。若能把二者科学有机地结合起来，则能扬长避短，在保障提高全国各地区城镇家庭消费的同时兼顾缩小地区间的贫富差距。

第二，家庭长期负债和保险对消费的刺激作用存在地区差异。房贷支出是家庭长期负债的代理变量，同时也是家庭中长期负债的主要构成部分，本文对中西部地区的实证研究结果显示其与消费存在较强的正向关系，且超越了投资和保险对消费的影响力。该发现补充了国内有关家庭负债对消费影响的研究，但是在东部地区，这种作用并不显著。而储蓄性保险则与房贷反之，东部地区储蓄性保险的正向刺激作用显著，且在多个模型中，系数维持稳定。

第三，储蓄是家庭资产配置的主要构成部分，对消费的影响力最大，但这种影响力存在显著的地区差异，综合模型Ⅲ~模型Ⅹ这八个分地区模型，我们发现储蓄在中西部地区的影响力均达东部地区的两倍以上。

第四，人口素质因素对消费的影响存在地区差异。从多个模型的实证结果看，中西部地区的教育水平较低，人口因素的代理变量平均受教育年限对消费的正向影响较为显著，系数较高，但其在东部地区则不太显著。

以上结论说明，改变我国高储蓄率低消费率和经济发展地区不平衡的现状，政府在消费金融的推动上大有可为。政府与金融服务界不仅需要进一步创新金融服务，推进消费金融健康发展，更要合理把握消费升级和社会保障制度的推进时机和力度。应当在社会保障方面更加向中西部倾斜，还要坚持不懈地加快中西部大开发步伐，缩小东部沿海地区和内陆的收入差距。为推进消费金融发展，我们建议采取以下措施：继续正确引导消费升级尤其是与交通相关的消费升级（从研究的代理变量可以看到这一点）；继续改善城镇居民的养老制度、医疗制度和住房制度，科学合理地把握消费升级和推进社会保障的时机与力度，特别向中西部地区倾斜，通过提高中西部地区的社会保障水平和收入水平而形成促进消费的长期效应；在城镇化进程中，注意控制二三线房价的增长，同时对中西部地区居民的住房贷款提供优惠政策，有条件地放宽家庭借贷限制，通过提高该地区家庭中长期负债水平来达到促进消费、缩小与东部地区差距的目的；增加中西部地区的教育投入，通过优惠政策吸引东部高素质人才支援中西部建设，提高中西部地区人口素质；在中西部地区产业升级和居民收入水平提高的进程中，还应当通过发展保险业稳定地提升居民消费能力。

参考文献

[1] 陈强、叶阿忠：《股市收益、收益波动与中国城镇居民的消费行为》，《经济学》（季刊），2009年第3期。

［2］樊潇彦、袁志刚、邱茵茵：《对上海住宅资产价值的测算分析、国际比较与政策建议》，《上海经济研究》，2008年第10期。

［3］方芳：《存在个人非流动性资产的动态金融资产选择》，《南方经济》，2006年第12期。

［4］甘犁、刘国恩、马双：《基本医疗保险对促进家庭消费的影响》，《经济研究》（增刊），2010年。

［5］黄静、屠梅曾：《房地产财富与消费：来自于家庭微观调查数据的证据》，《管理世界》，2009年第7期。

［6］黄兴海：《我国银行卡消费与经济增长的实证研究》，《金融研究》，2004年第11期。

［7］金晓彤、杨晓东：《中国城镇居民消费行为变异的四个假说及其理论分析》，《管理世界》，2004年第11期。

［8］李辉：《经济增长与对外投资大国地位的形成》，《经济研究》，2007年第2期。

［9］李亚明、佟仁城：《中国房地产财富效应的协整分析和误差修正模型》，《系统工程理论与实践》，2007年第11期。

［10］娄峰、李雪松：《中国城镇居民消费需求的动态实证分析》，《中国社会科学》，2009年第3期。

［11］罗楚亮：《经济转轨、不确定性与城镇居民消费行为》，《经济研究》，2004年第4期。

［12］毛中根、洪涛：《金融发展与居民消费：基于1997~2007年中国省际面板数据的实证分析》，《消费经济》，2010年第26卷第5期。

［13］申世军、马建新：《我国政府消费和居民消费的地区差异研究》，《财经问题研究》，2008年第1期。

［14］田青、马健、高铁梅：《我国城镇居民消费影响因素的区域差异分析》，《管理世界》，2008年第7期。

［15］王江、廖理、张金宝：《消费金融研究综述》，《经济研究》（增刊），2010年。

［16］汪伟：《经济增长、人口结构变化与中国高储蓄》，《经济学》（季刊），2009年第9卷第1期。

［17］肖卫国、徐小飞：《居民金融资产选择与股票市场发展关系研究》，《统计与决策》，2009年第13期。

［18］杨汝岱、陈斌开：《高等教育改革、预防性储蓄与居民消费行为》，《经济研究》，2009年第8期。

［19］姚玲珍、刘旦：《中国城镇房地产市场财富效应分析——基于生命周期假说的宏观消费函数》，《河北经贸大学学报》，2007年第6期。

［20］喻开志、邹红：《我国居民资产配置行为的随机模拟研究》，《数理统计与管理》，2010年第1期。

［21］臧旭恒：《居民资产与消费选择行为分析》，上海三联书店上海出版社，2001年。

［22］赵进文、邢天才、熊磊：《我国保险消费的经济增长效应》，《经济研究》（增刊），2010年。

［23］赵卫亚：《中国城镇居民文教消费的地区差异分析》，《统计研究》，2005年第1期。

［24］周建、杨秀祯：《我国农村消费行为变迁及城乡联动机制研究》，《经济研究》，2009年第1期。

［25］Ando A.and F.Modigliani, "The 'Life Cycle' Hypothesis of Saving: Aggregate Implications and Tests", American Economic Review, 1963 (53): 55-84.

［26］Beck N.and J.N.Katz, "What To Do (and Not To Do) with Time-Series-Cross-Section Data in Comparative Politics", American Political Science Review, 1995 (89): 634-647.

［27］Becker T.A. and R. Shabani, "Outstanding Debt and the Household Portfolio", Review of Financial Studies, 2010, 23 (7): 2900-2934.

［28］Benjamin J.D. and P. Chinloy, "Home Equity, Household Savings and Consumption", Journal of Real Estate Finance and Economics, 2008 (37): 21-32.

［29］Bertola G., R. Disney and C. Grant, The Economics of Consumer Credit, MIT Press, 2006.

[30] Calvet L.E., J.Y. Campbell and P. Sodini, "Fight or Flight? Portfolio Rebalancing by Individual Investors", Quarterly Journal of Economics, Feb. 2009.

[31] Campbell J.Y., "Household Finance", Journal of Finance, 2006 (61): 1553–1604.

[32] Cho S.W., "Household Wealth Accumulation and Portfolio Choices in Korea", Journal of Housing Economics, 2010, 19 (1): 13–25.

[33] Coulibaly B. and G. Li., "Do Homeowners Increase Consumption after the Last Mortgage Payment? An Alternative Test of the Permanent Income Hypothesis", Review of Economics and Statistics, 2006 (88): 10–19.

[34] Faig M. and P. Shum., "Portfolio Choice in the Presence of Personal Illiquid Projects", Journal of Finance, Feb., 2002, 57 (1).

[35] Gormley T., H. Liu and G. Zhou, "Limited Participation and Consumption–Saving Puzzles: A Simple Explanation and the Role of Insurance", Journal of Financial Economics, 2010 (96): 331–344.

[36] Gourinchas P. and J.A. Parker, "Consumption over the Life Cycle", Econometrica, 2002 (70): 47–89.

[37] Hall R.E., "Stochastic Implication of the Life Cycle Permanent Income Hypothesis: Theory and Evidence", Journal of Political Economy, 1978 (86): 971–987.

[38] Merton R.C., "Lifetime Portfolio Selection under Uncertainty: The Continuous–Time case", Review of Economics and Statistics, 1969 (151): 247–257.

[39] Merton R.C., "Optimum Consumption and Portfolio Rules in a Continuous–Time Model", Journal of Economic Theory, 1971 (3): 373–413.

[40] Modigliani F. and R. Brumberg, Utility Analysis and the Consumption Function: An Interpretation of Cross–section Data, Rutgers University Press, 1954.

[41] Modigliani F. and R. Brumberg. Utility Analysis and Aggregate Consumption Functions: An Attempt at Integration, MIT Press, 1980.

[42] Samuelson P.A., "Lifetime Portfolio Selection by Dynamic Stochastic Programming", Review of Economics Statistics, 1969 (51): 239–246.

[43] Serrano C. and M. Hoesli., "Housing and Its Role in the Household Portfolio in Colombia", Swiss Finance Institute Working Paper, 2010, (http://ssrn.Com/abstract=1534657).

[44] Shum P. and M. Faig., "What Explains Household Stock Holdings?", Journal of Banking and Finance, 2006, Sep., Vol.30, Issue9.

[45] Tufano P., "Consumer Finance", Journal of Economic Literaturel, 2009: 227–247.

[46] Tracy J. H. Schneider and S. Chan, "Are Stocks Overtaking Real Estate in Household Portfolios?", Current Issues in Economics and Finance, Apr. 1999, Vol.5, No.5.

[47] Ynesta I., "Households' Wealth Composition Across OECD Countries and Financial Risks Borne by Households", Working Paper, 2008: 1995–2864.

Regional Difference of the Impact of Urban Households' Consumer Finance

Han Liyan　Du Chunyue

Abstract: The importance of consumer finance increases with promoting domestic demand to boost the economic development, nevertheless, regional difference of consumer finance emerges with the unbalanced economic development. This paper aims to research the influence on consumption by consumption upgrading, inadequate social security and unbalanced regional development, using the panel data of urban households borrowing and lending expenditure and combining the economic transformation characters. It is concluded that the regional difference is widespread in quality and quantity. The positive relationship of consumption with consumption upgrading, social security and deposit exists nationally. Mortgage and education significantly influence consumption in Midwest region, while insurance in the East. Government should grasp the opportunity of consumption upgrading and social security improving and continue to enhance the education input, introduce talents, increase development efforts in Midwest to improve the local residents, population quality, income and savings, in addition to relax the borrowing restrictions.

Key Words: Household Asset Portfolio; Consumer Finance; Regional Difference; Consumption Upgrading; Social Security

城市家庭的经济条件、理财意识和投资借贷行为
——来自全国24个城市的消费金融调查

廖理 张金宝[①]

【内容摘要】 消费金融调研是获得消费金融研究数据的一个重要途径。清华大学在2010年开展了面向全国城市居民家庭的消费金融调研。本文择要介绍了本次调研的一些成果,包括居民家庭的资产负债情况、家庭的收支状况、家庭的投资和借贷行为,以及家庭其他方面的理财意识和行为等。最后,根据调研结果对我国城市居民家庭金融的几个特点进行了总结。

【关键词】 消费金融;消费金融调查;投资借贷

消费金融调查是获得消费金融研究数据的一个重要途径。为了解我国城市居民家庭消费金融的基本情况、收集城市居民家庭消费金融的基本信息,清华大学中国金融研究中心自2010年5月开始,历时3个月,组织进行了第二次面向城市家庭的消费金融调查,共调查了全国24个城市5274户城市居民2009年的家庭金融情况。调研涉及了家庭的基本信息、理财行为、资产负债情况、收入和支出、投资和融资、家庭的住房、医疗和养老保险、家庭的遗产规划等内容。由于调研样本的数量限制,调研对象的总体仅限于我国地级以上城市的居民家庭。本文择要介绍此次调研的部分统计结果,更深入地分析,有待通过专项研究的方式陆续介绍。

[①] 廖理,清华大学经济管理学院,邮政编码:100083,电子信箱:liaol@sem.tsinghua.edu.cn;张金宝,北京第二外国语学院旅游管理学院国际会计与财务研究中心,邮政编码:100024。

一、关于调研数据

根据我国地级以上城市规模、经济发展水平的差异,将这些城市分为三类调查,即经济发达的城市、经济较发达的城市和经济发展水平一般的城市。考虑到我国地区间经济发展的不平衡,本次调查将全国的城市(不含我国港澳台地区)在地理位置上按东北、华北、华东、华南、华中、西南、西北七个大区进行划分,抽样家庭的样本数量在各个大区之间根据家庭户数按比例分配。除华东地区每个类别的城市各遴选两个外,其余的各大区遴选的城市中,每类城市各包含一个,共计24个城市。① 在每个抽取到的城市中,通过随机抽样的方式抽取居民居住的小区。调研员进入每个小区后,按照右手定则的随机抽样方法隔五抽一,抽取访问家庭的样本。调研获得的数据基本满足了随机性要求。在访问对象上,我们要求受访者必须熟悉家庭经济状况,是家庭经济活动的主要决策者,以保证获得的数据能够准确反映家庭各种信息。

二、家庭经济情况的基本分析

(一)资产和负债

家庭持有资产的各种形式反映了我国居民家庭的资产配置状况。从投资金融产品的角度看,当债券、股票、基金等金融产品走进普通百姓的家庭后,一方面给家庭提供了投资渠道,使家庭可以通过投资资本市场分享我国经济发展的成果,另一方面也意味着来自家庭外部的经济波动、企业的经营风险等也能通过资本市场传导给家庭。家庭负债的主要形式则表现为:房屋贷款、教育、汽车等中长期贷款以及消费信贷。消费信贷的发展一方面使得家庭拥有了更多的借款渠道,家庭可通过负债的形式实现提前消费,另一方面消费信贷对于家庭而言也应该有限度,否则过度的负债容易使家庭陷入困境。

表1是基于调研样本给出的统计结果。该结果在计算时考虑了样本的权重,即样本所代表的总体在全部家庭中所占的比重。表中的"均值"项代表全部家庭所拥有的该项资产的平均值。表中的"资产占比"是以百分比的形式表示的该项资产在家庭总资产中的比

---

① 调研所涉及的城市中,第一类城市为北京、沈阳、上海、济南、广州、重庆、西安和武汉;第二类城市为包头、吉林、徐州、南昌、海口、昆明、乌鲁木齐、洛阳;第三类城市为朔州、伊春、安庆、泉州、桂林、攀枝花、白银、株洲。

重。"参与率"代表拥有该项资产的家庭在全部家庭中所占的比率。可以看出：我国城市居民家庭所拥有的资产总额平均约为 410403 元。家庭拥有的净资产约为 394522 元。在总资产中，所占份额最高的是房产，约占家庭资产的 69.35%。其次是定期存款，占家庭资产总额的 6.39%。家庭拥有的活期存款约占家庭总资产的 3.25%。总的来看，存款在家庭资产中的占比为第二位，接近 10%。然后是大件耐用消费品，约为家庭总资产的 3.67%。需要说明的是，81.4% 的家庭拥有房产，85.22% 的家庭拥有活期存款，超过 60% 的家庭拥有定期存款，这表明住房和存款这两种资产仍是我国绝大多数城市家庭持有资产的主要形式。在家庭的投资产品中，持有保值类商品的家庭较多，占全部家庭总数的 45.40%，购买储蓄性保险的家庭占比为 25.98%。相比之下，投资股票和基金的家庭则相对少些，分别占家庭总数的 16.78% 和 12.66%。这个现象说明，我国城市居民家庭更倾向于比较安全的投资方式。而家庭汽车贷款和住房贷款等比例相对偏低，仅为 1.00% 和 7.57%，表明我国发展面向城市居民家庭的消费信贷仍有较大的空间。

表 1　城市家庭各项资产和负债的总体状况（2009 年）

	均值（元）	资产占比（%）	参与率（%）
现金数值	5625	1.37	96.80
活期存款	13342	3.25	85.22
基金价值	3930	0.96	12.66
国债	798	0.19	3.56
企业债	230	0.06	1.31
借给亲友的钱	2261	0.55	14.15
定期存款	26219	6.39	64.66
储蓄性保险	3727	0.91	25.98
股票市值	7043	1.72	16.78
其他金融资产	1489	0.36	3.85
养老金账户	12677	3.09	53.24
企业年金	2295	0.56	15.01
住房公积金	5178	1.26	30.20
大件耐用品	15064	3.67	86.38
保值商品	5988	1.46	45.40
商业资产	11491	2.80	13.04
自有汽车	8452	2.06	9.00
自有房产	284594	69.35	81.24
总资产小计	410403	100.00	—
购房银行贷款	7677	1.87	7.57
购房向亲友借款	5988	1.46	13.87
汽车贷款	414	0.10	1.00
其他长期借款	1319	0.32	2.17
短期消费贷款	170	0.04	2.42

续表

	均值（元）	资产占比（%）	参与率（%）
其他短期贷款	313	0.08	2.34
总负债小计	15881	3.87	—
家庭净资产	394522	96.13	—

（二）收入和支出

表2中的"均值"项是该项收入平均到所有家庭计算所得出的结果。价值占比是该项收入占全部家庭总收入的比例。固定工资与津贴是家庭总收入的主要来源，其价值占比（即该项收入与总收入的比）达到47.21%。工资与津贴的拥有率达到了76.48%。排在其后的收入来源为经营性收入，价值占比为20.98%，但其拥有率只有27.65%，低于奖金（41.60%）、存款利息（65.23%）、离退休金或养老金（35.86%）、单位缴纳的三险一金（49.65%）和个人缴纳的三险一金（45.64%）。考虑到个人投资股票和基金类的产品有赔钱和赚钱两种情况，我们将投资于基金和股票获得的收入分两种情况进行讨论。以股票为例，调查结果表明，有7.68%的家庭从投资股票中获得了收入，有8.73%的家庭投资股票却赔了钱。从家庭数量的角度看，投资股票赔钱的家庭比赚钱的家庭多了家庭总量的1.05%。再从价值的角度分析，投资股票赚钱的家庭所赚得收入相当于所有家庭平均收入的1.40%，而赔的钱相当于所有家庭平均收入的2.23%。这表明从价值的角度看，家庭投资股票也是赔多赚少。关于家庭购买基金的情况，与股票类似。

表2 城市居民家庭收入状况

收入子项	均值（元）	价值占比（%）	拥有率（%）
经营性收入	11350	20.98	27.65
固定工资与津贴	25535	47.21	76.48
奖金	3741	6.92	41.60
工作外劳动收入	1654	3.06	14.97
股票净赚	756	1.40	7.68
股票净赔（代数值）	−1205	−2.23	8.73
基金净赚	234	0.43	4.65
基金净赔（代数值）	−632	−1.17	6.99
国债利息	152	0.28	3.37
存款利息	715	1.32	65.23
储蓄性保险利息	160	0.30	17.24
其他财产性收入	217	0.40	4.60
离退休金或养老金	5738	10.61	35.86
单位缴纳的三险一金	3309	6.12	49.65
其他转移性收入	172	0.32	3.95
个人缴纳的三险一金	2190	4.05	45.64

我们可以换个角度来理解：从整个家庭部门来看，这意味着家庭参与股票和基金的投资不仅没有提高家庭的收入，反而使整个家庭部门的收入有降低的趋势。表3反映的是我国城市家庭支出状况。从调研结果我们可以详细地看到各项支出的均值和所占支出比例。其中占比例最大的是饮食支出，为38.03%，均值为13783元。其次是居住费用，均值为3051元，占比8.42%。其后是衣着和子女教育的开销，均值分别为2938元和2926元，占比8.11%和8.07%。自付医疗及保健费用占比3.90%，非储蓄性保险产品的支出占1.54%。占比最低的是公益捐助等，为1.45%。

表3 我国城市家庭支出状况（2009年）

支出子项	均值（元）	支出/总支出（%）
饮食支出	13783	38.03
衣着	2938	8.11
家庭设备及用品	2023	5.58
通信费	1861	5.14
交通费	1596	4.40
自付医疗及保健费用	1414	3.90
文化娱乐及应酬费用	1838	5.07
居住费用	3051	8.42
赡养费用	1765	4.87
子女教育	2926	8.07
非储蓄性保险产品	559	1.54
交往用礼金	1964	5.42
公益捐助等	524	1.45
总计	36242.48	100

三、家庭的投资行为分析

（一）家庭投资行为习惯和风险态度

1. 居民家庭对各种投资方式的了解程度

表4给出了城市居民家庭对股票、基金、债券、商业投资的了解程度。我们具体将了解程度分为非常了解、比较了解、有所了解、不太了解和不了解五个等级。表中数字（百分比）给出按财富等级进行分组的每组家庭对五种了解程度回答的比例情况。从整体来看，我国居民对上述投资方式的了解程度随家庭总财富水平的上升而上升。

2. 居民家庭持有股票、债券和基金等产品的情况

表5表示的是我国居民持有股票、基金、债券和外汇等投资产品的数量的情况。我们仍然按照家庭总财富水平对样本分类，在剔除掉不持有各项资产的家庭后，对各种投资产品的持有种类数进行平均值和标准差的统计。调查显示：随着家庭财富水平的提高，各种投资产品的持有种类的平均值都在增加，且标准差增大。这表明财富水平高的家庭持有更多种投资产品，有利于分散风险。另外，与其他三种投资产品相比，我国居民对股票的投资种类较多。

3. 家庭对各类投资工具风险的一般认识

考虑到城市居民家庭对风险知识的接受和了解程度，我们用一个简单方式来考察家庭对各类投资工具的风险认识。我们标定股票的风险分值为10分，银行存款的风险分值为0分，然后请受访者对基金、债券、外汇、保值品、房产等投资产品的风险给出一定的分值。表6给出了各类投资工具的平均值和标准差。调研发现：我国居民认为除股票之外投资基金的风险最大。除银行存款之外，投资房产的风险最小。

4. 居民家庭的风险厌恶

表7描述的是我国居民家庭的风险厌恶情况。我们按照财富等级由低到高进行描述。首先，对于家庭总财富水平最低的三个级别，不愿意承担任何投资风险的比例最高；其次，承担平均风险接受平均回报的家庭比例较高；再次，对于家庭总财富在20万到100万之间的家庭，承担平均风险接受平均回报的比例最高，然后是不愿承担任何风险的家庭；最后，对于家庭总财富水平最高两个级别（在100万以上）的居民承担平均风险接受平均回报的比例最高，然后是为得到较高回报而承担较高风险。这个结果表明：第一，从总体上看，绝大多数家庭是风险厌恶的；第二，家庭的风险厌恶是受到家庭财富状况影响的。

表4 城市居民家庭对各种投资的了解程度

单位：%

	0~5万	5万~10万	10万~20万	20万~50万	50万~100万	100万~200万	>200万
股票							
不了解	57.2	53.3	55.8	42.3	34.9	28.3	28.5
不太了解	26.6	29.9	17.0	28.6	24.8	19.0	15.8
有所了解	14.0	11.8	21.0	20.6	25.1	34.3	37.3
比较了解	2.1	3.9	3.2	6.2	12.5	14.1	12.9
非常了解	0.1	1.1	3.0	2.3	2.7	4.3	5.5
基金							
不了解	62.2	59.5	50.6	45.8	40.2	35.1	28.3
不太了解	27.5	29.3	24.9	28.8	27.5	25.1	21.9
有所了解	8.6	8.8	20.5	20.2	22.7	25.4	36.1
比较了解	1.6	1.9	3.2	4.0	8.2	12.3	7.2
非常了解	0.1	0.5	0.8	1.2	1.4	2.1	6.5

续表

	0~5万	5万~10万	10万~20万	20万~50万	50万~100万	100万~200万	>200万
债券							
不了解	69.0	71.1	61.5	58.0	50.3	43.0	28.7
不太了解	26.2	18.7	22.4	28.3	26.0	26.6	25.6
有所了解	4.0	8.7	14.3	10.0	17.0	18.4	36.6
比较了解	0.7	1.2	1.6	2.8	5.7	11.5	7.5
非常了解	0.1	0.3	0.2	0.9	1.0	0.5	1.6
商业投资							
不了解	67.1	74.3	67.7	61.9	62.6	58.2	47.7
不太了解	23.0	18.5	21.9	22.4	22.8	23.1	20.0
有所了解	8.8	5.8	8.1	10.9	10.9	10.1	25.7
比较了解	1.0	0.9	2.3	4.5	3.1	7.9	5.1
非常了解	0.1	0.5	0	0.3	0.6	0.7	1.5

表5 我国城市居民家庭持有各类投资产品的情况

		0~5万	5万~10万	10万~20万	20万~50万	50万~100万	100万~200万	>200万
股票（只）	平均值	1.06	1.13	1.33	1.32	1.51	2.17	2.24
	标准差	0.32	0.69	0.87	1.03	1.17	1.80	1.77
基金（只）	平均值	1.07	1.03	1.20	1.25	1.32	1.44	1.68
	标准差	0.31	0.20	0.60	0.82	0.96	1.11	0.99
债券（只）	平均值	1.01	1.02	1.01	1.05	1.07	1.16	1.45
	标准差	0.21	0.14	0.20	0.36	0.53	0.61	0.87
外汇（种）	平均值	1.01	1.00	1.01	1.00	1.01	1.07	1.10
	标准差	0.19	0.08	0.21	0.16	0.27	0.56	0.35

（二）家庭投资股票和债券对其收入的影响分析

本小节我们只考察投资股票和债券对家庭收入的影响。根据调研获得的居民家庭投资性收入的信息，表8给出了我国城市居民投资股票和基金的情况。所谓的投资性收入是指居民通过将手中的债券和股票等产品变现后的损益情况。具体地分为股票净赚、股票净赔、基金净赚、基金净赔四项。股票净赔和股票净赚是将投资股票的家庭根据投资赔赚的情况进行了分类，但本质上这两个收入子项反映的是一个问题。类似地，基金净赔和基金净赚也是如此。

表6 我国居民对各类投资产品风险的一般认识

	银行存款	基金	债券	外汇	保值品	房产	股票
平均值（分）	0	6.53	5.44	5.72	4.14	3.99	10
标准差（分）	0	2.490	2.802	2.607	2.731	2.884	0

表 7 城市居民家庭的风险厌恶

单位：%

风险＼财富（万）	0~5	5~10	10~20	20~50	50~100	100~200	>200
为得到高回报而承担高风险	9.1	2.9	8.5	10.9	8.3	8.8	15.4
为得到较高回报而承担较高风险	10.7	14.3	10.3	16.1	17.2	23.3	22.6
承担平均风险而接受平均回报	28.7	22.1	29.6	30.2	35.5	29.2	42.0
承担较低风险而接受较低回报	14.7	13.3	12.2	18.1	18.0	16.1	7.1
不愿意承担任何投资风险	36.8	47.4	39.4	24.7	21.0	22.6	12.9

在分析统计结果之前，我们先对分析股票净赔和净赚的数据做一个简单的说明。以户主年龄为25~34岁的家庭组别为例，股票净赔的拥有率为7.15%，表示在这个组别的家庭中有7.15%的家庭投资股票且发生了亏损，导致收入降低。这些赔的钱平均到该组的每个家庭，相当于每个家庭亏损了767元钱，即表中"均值"项所对应的数字。股票净赚的拥有率为8.07%，表示在户主年龄为25~34岁的家庭中，有8.07%的家庭投资股票赚到了钱。这些钱平均到该组的每个家庭，相当于每个家庭赚到了575元钱。从拥有率上看，我们能够判断在这个组别的家庭中，购买股票后究竟是赔钱的家庭数目较多，还是赚到钱的家庭数目较多。赔钱的家庭数目与赚钱的家庭数目之比，反映了亏损家庭在该组家庭中的普遍程度，即亏损面的大小。如果把该组别的家庭看成一个整体，那么"均值"项的数值能够告诉我们，该组别的家庭总体上投资股票是赚了钱还是赔了钱。如果净赚的均值大于净赔的均值，说明该组家庭总体上投资股票获得了收益，反之则反是。赔钱的均值超出赚钱的均值越多，说明亏损额度越大。关于基金的分析与此类似。

数据的统计结果显示，股票投资方面除了户主年龄为25岁以下、25~34岁、60岁以上三个年龄段的家庭组别，赚钱的家庭数量多于赔钱的家庭数量，其余几个组别都是赚钱的家庭数量少于赔钱的家庭数目。从收入方面分析，除25岁以下的家庭组别购买股票总体上挣钱外，其余的家庭组别总体上都是在赔钱。基金的情况类似，除25岁以下家庭组别外，在其他家庭组别中购买基金亏损的家庭数量都大于赚钱的家庭数量。从收入方面分析，所有家庭组别总体上购买基金都是在赔钱，换句话说购买基金不仅不能带来这些家庭收入的增加，反而对家庭的收入有下降的作用。

户主有博士学历、本科及大专学历的家庭，总体上购买股票获得的收益较好。而户主学历为初中及以下、高中及中专的家庭组别中，投资股票的亏损面和亏损额度都比较高。户主为硕士学历的家庭投资股票的亏损面和亏损额度也比较高。但从投资基金的角度看，该组别的家庭总体上是成功的，其他组别的家庭购买基金总体上都是在赔钱。[①] 统计数据显示，家庭投资股票和基金的亏盈与家庭的财富没有明显的关系。但从收入的角度看，若家庭收入处在高端的层次，即大于10万的三个组别，基本上收入越高的家庭组别中，投资股票和基金赚钱现象越普遍。

---

① 在抽样中，我们没有发现户主为博士学历的家庭购买基金的样本。

表 8　居民投资股票债券对家庭收入的影响

	股票净赚			股票净赔			基金净赚			基金净赔			家庭比例(%)
	均值(元)	价值占比(%)	拥有率(%)	均值(元)	价值占比(%)	拥有率(%)	均值(元)	价值占比(%)	拥有率(%)	均值(元)	价值占比(%)	拥有率(%)	
受访者年龄													
25岁以下	272	1.27	5.74	252	0.74	4.52	141	2.11	4.89	145	0.81	0.95	3.50
25~34岁	575	19.86	8.07	767	16.65	7.15	311	34.52	5.33	443	18.50	9.23	26.10
35~40岁	1246	35.33	9.38	1973	35.16	12.75	379	34.56	5.26	1137	38.95	6.92	21.20
41~50岁	762	29.17	7.22	893	21.50	8.33	158	19.40	5.43	374	17.34	5.84	28.80
51~60岁	603	12.00	7.19	1892	23.64	9.83	120	7.68	2.29	774	18.62	6.51	15.10
60岁以上	334	2.37	4.13	518	2.32	2.22	76	1.73	1.14	671	5.77	7.80	5.30
学历													
初中及以下	123	4.28	4.44	1117	24.30	4.88	36	4.07	0.75	173	7.17	2.40	26.00
高中及中专	663	41.35	7.73	1195	46.73	9.71	225	45.49	4.18	691	51.50	7.78	47.30
本科及大专	1542	53.46	10.52	1300	28.22	10.66	328	36.85	9.21	998	41.32	10.21	26.30
硕士	669	0.35	13.38	2301	0.75	21.06	7939	13.59	14.58	13	0.01	4.33	0.40
博士	7064	0.57	83.67	0	0.00	0.00	0	0.00	0.00	0	0.00	0.00	0.10
收入变量（元）													
1~10000	65	0.51	3.20	599	5.33	3.44	47	1.17	3.95	461	6.83	4.40	5.80
10001~20000	53	0.65	1.90	582	8.21	6.09	42	1.66	2.69	393	8.62	4.09	9.50
20001~50000	124	6.72	4.36	514	31.86	6.30	153	26.76	2.84	243	23.45	4.77	41.00
50001~100000	603	26.81	9.32	667	33.75	7.30	185	26.42	5.70	642	50.57	8.21	33.60
100001~200000	3999	45.44	23.12	986	12.76	9.35	397	14.54	9.61	210	4.24	4.92	8.70
200001~500000	11434	18.43	28.82	2718	4.49	13.13	1927	10.00	15.16	2014	5.75	10.04	1.20
≥500001	6172	1.44	29.57	11649	3.10	39.94	25836	19.46	59.56	2375	0.99	29.57	0.20

四、居民家庭的借贷行为

（一）家庭借款的行为

1. 家庭借款渠道

表9揭示了我国居民首选借款渠道偏好。由表9可知，大部分消费者的首选借款对象都是亲戚、朋友，并且家庭财富水平越低，越倾向于向亲戚朋友借钱，而随着家庭财富升高，向银行借款的比例逐渐增大。

表 9　财富对居民借款渠道的影响

单位：%

渠道＼财富（万）	0~5	5~10	10~20	20~50	50~100	100~200	>200
亲戚朋友	82.3	87.9	86.6	79.3	72.4	70.9	67.7
银行	16.5	11.5	12.6	19.6	26.2	27.7	29.7
非银行正规金融机构	0.7	0.3	0.2	0.3	0.2	0.3	1.6
民间贷款机构和个人	0.5	0.3	0.6	0.8	1.2	1.1	1.0

为什么家庭会首选亲友借贷呢？调研从家庭向亲友借款的成本和方式两个方面进行了考察。从图 1 所示的借钱成本看，大部分人向亲友借钱时不用付利息，这一比例达到 56.2%；其次是按照存款利率还付，比例为 19.2%；再次是低于存款利率还付，比例为 13.9%，仅有 2.1% 的居民会按照贷款利率还付，0.6% 的居民会高于贷款利率还付。

从调研居民家庭向亲友借钱的方式看，大部分居民家庭是以打借条的形式向亲友借钱，这一比例为 52.2%；其次是口头约定，比例为 39.0%，有 5.3% 的居民家庭会请中间人担保，3.3% 的家庭会采用抵押的方式向亲友借钱。概括起来看，成本较低和手续简单可以用来解释多数家庭首选向亲友借钱的原因。

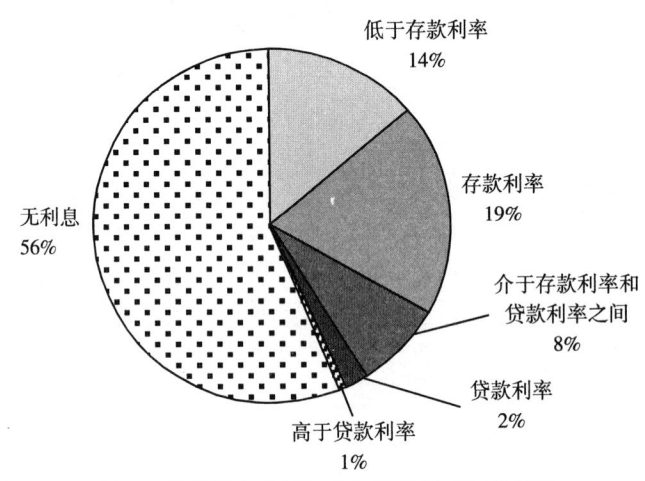

图 1　我国城市居民向亲友借款时支付的利率

2. 居民家庭的信用约束

信用约束是指居民家庭在借款时无法筹借到所需的款项，或者是无法足额筹借到所需款项。通常可以近似用家庭借款的难易程度来表示。为了有个比较统一的度量标准，在调查中，我们设定的问题是"对您的家庭而言，通过借款的方式筹集 10 万块钱，借款期限为 1 年，您认为难易程度如何"。我们将家庭借款的难易程度分为很困难、比较困难、一般、比较容易、很容易五个档次。表 10 给出了按家庭收入和财富分组统计的各类档次的家庭所占的百分比。可以看出，家庭的信用约束与家庭的经济条件联系紧密。家庭的财富和收入越多，那么家庭借款的难度越小，所受到的信用约束越小。需要注意的是，在财富和收入的中高端,仍有一部分家庭面临着信用约束,而这部分家庭通常是消费信贷的主要客户。这个现象或许表明,目前金融机构仍不能完全满足中高端家庭的信用需求,消费信贷的市场仍有较大潜力。

表 10 居民家庭的信用约束

难易度＼财富（万）	0~5	5~10	10~20	20~50	50~100	100~200	>200
很困难（%）	52.5	52.7	49.9	37.6	21.1	13.2	10.6
比较困难（%）	30.4	32.2	31.7	33.4	29.7	26.2	9.9
一般（%）	12.8	11.3	14.6	20.9	34.5	39.0	46.3
比较容易（%）	4.2	3.1	3.5	6.7	11.3	18.2	26.0
很容易（%）	0.1	0.7	0.3	1.4	3.4	3.4	7.2
难易度＼收入（万）	<1	1~2	2~5	5~10	10~20	20~50	>50
很困难（%）	60.1	59.4	46.3	24.9	15.3	8.2	12.0
比较困难（%）	31.3	28.5	33.1	32.8	28.2	10.8	9.4
一般（%）	5.3	8.5	16.3	29.9	36.5	41.0	70.1
比较容易（%）	1.3	1.3	3.7	10.5	16.5	34.0	0
很容易（%）	2.0	2.3	0.6	1.9	3.5	6.0	8.5

3. 家庭的债务承受能力

对于有信用约束的家庭,一种可能的原因是家庭的经济条件确实难以具备偿还债务的能力,但另一种可能是由于信息不对称原因引起的。由于存在信息不对称使得一部分如表 10 中所列示的,处在财富和收入中高端的家庭也面临着信用约束,存在着个别家庭借钱比较困难的现象。这部分家庭可能是未来消费金融市场潜在的主要客户。

如果金融机构借钱给这些潜在客户,在解决这些客户潜在的信用约束问题时,也必须考虑家庭的债务的承受能力。表 11 是按照居民家庭收入（万）分组统计的家庭承受债务能力的情况。我们将能够承担的债务占家庭年收入的倍数分为 7 个等级,依次为小于 1 倍、1 倍、2 倍……5 倍、6 倍及以上,并将样本分别按照家庭年收入、风险厌恶程度分类。表中数字表示的是每个收入组别的家庭回答不同承受等级的百分比。对大部分居民来讲,能承担的债务不应超过家庭年收入的 2 倍。总体上看,随着家庭收入的增加,家庭债务承受力也提高。

表 11 按居民家庭的收入分组统计的债务承受能力情况

	<1 万	1 万~2 万	2 万~5 万	5 万~10 万	10 万~20 万	20 万~50 万	>50 万
<1（%）	41.9	29.4	24.5	17.2	14.1	7.1	24.2
1（%）	36.1	40.5	37.3	33.2	31.1	10.9	0
2（%）	18.8	22.1	27.0	32.1	39.0	51.2	37.7
3（%）	2.2	4.7	6.2	9.9	10.9	19.2	29.7
4（%）	0.2	2.4	1.5	2.2	1.7	3.2	2.6
5（%）	0.4	0.8	2.2	3.3	2.8	7.8	5.8
≥6（%）	0.4	0.1	1.3	2.1	0.4	0.6	0

居民家庭的债务承受能力也与家庭受访者的风险厌恶密切相关。由于我们规定家庭的受访者必须熟悉家庭经济活动，是家庭经济决策的主要参与者。受访者的风险厌恶情况实际上会影响家庭债务的承受能力。从表12的调查统计结果可以看出，家庭的风险厌恶程度越低，换句话说，家庭越偏好于冒险，那么家庭越愿意承受更高的债务。反之，家庭的风险厌恶程度越高，家庭越不愿意承担更多的债务。

表12 家庭受访者风险厌恶程度分组统计的债务承受能力情况

	为得到高回报而承担高风险	为得到较高回报承担较高风险	承担平均风险接受平均回报	只能承担较低风险接受较低回报	不愿意承担任何投资风险
<1 (%)	11.7	9.1	16.2	25.9	35.8
1 (%)	26.8	39.9	33.2	36.1	38.6
2 (%)	44.1	30.4	36.2	25.9	16.9
3 (%)	12.2	9.5	7.6	8.1	5.7
4 (%)	1.1	2.8	2.4	1.3	1.2
5 (%)	3.3	5.4	2.9	1.9	1.1
≥6 (%)	0.7	2.9	1.5	0.8	0.7

（二）家庭的消费信贷情况

1. 信用卡

表13按家庭收入分组统计了受访者申请信用卡的情况。统计结果显示，随着家庭总财富水平的上升，成功申请信用卡的比例上升，没有申请过信用卡的比例下降。然而，从整体水平来看，受访者办理信用卡的比率并不高，有50%以上的消费者是没有申请过信用卡的。

表13 受访者申请信用卡的情况

收入（万）	0~5	5~10	10~20	20~50	50~100	100~200	>200
申请过，且成功（%）	15.0	12.2	11.4	18.2	25.7	37.3	43.7
申请过，没有成功（%）	7.3	3.9	5.4	6.9	9.7	7.3	1.5
没有申请过（%）	77.7	83.9	83.2	74.9	64.6	55.4	54.8

调查结果显示，受访者平均每年使用卡的次数约为25.4次，但统计结果离散度较大，方差为46.89次。受访者月均还款额约为2046.7元，标准差为7137.4元。受访者中持卡人约有69%没有使用过信用卡的分期付款功能。

在信用卡用途的调查中，有59%的持卡人使用信用卡仅限于支付方便，有36.%的人除了用于支付外还利用信用弥补短期资金的不足，只有4.8%的人使用信用卡用于非消费目的短期资金拆借。

表14给出了受访者中持卡人的还款情况。我们将持卡人按家庭收入进行了分组。在

我国，持有信用卡的居民在还款方面是很谨慎的，大部分持有信用卡的消费者都没有延期还款的经历。

表14 受访者中持卡人还款情况统计

	0~5万	5万~10万	10万~20万	20万~50万	50万~100万	100万~200万	>200万
没有延期（%）	65.3	87.1	47.0	82.3	74.3	81.0	77.6
很少延期（%）	1.6	9.9	29.5	14.9	21.5	11.1	22.4
有时延期（%）	33.1	3.0	23.5	2.8	4.2	7.9	0

表15统计了受访者对信用卡和储蓄卡的使用偏好。仍然是按受访者家庭收入进行的分组统计。可以看出，家庭收入越高的受访者越偏好于使用信用卡。

表15 受访者对信用卡和储蓄卡的使用偏好

	0~5万	5万~10万	10万~20万	20万~50万	50万~100万	100万~200万	>200万
信用卡（%）	29.3	78.7	52.1	61.2	78.2	69.3	80.9
储蓄卡（%）	70.7	21.3	47.9	38.8	21.8	30.7	19.1

表16是受访者对"使用信用卡是否对您的消费产生刺激作用"的回答。表中数字是按收入分组统计的各种回答的百分比。可以看出，大部分受访者主观认为信用卡对其消费没有刺激作用。即使有，也是认为略有些刺激消费，信用卡对其过度消费的激励并不大。另外，就信用卡对消费刺激较大这一项，在总财富高端的家庭组别，认为信用卡对消费刺激较大的比例也相对较高。

表16 信用卡对消费的刺激作用

	0~5万	5万~10万	10万~20万	20万~50万	50万~100万	100万~200万	>200万
没有（%）	50.9	58.7	66.6	51.8	45.8	49.9	66.3
略有些（%）	46.9	38.7	30.6	40.8	47.1	43.8	23.0
较大（%）	1.9	2.6	2.8	6.8	6.7	5.1	10.7
很大（%）	0.3	0	0	0.6	0.4	1.2	0

2. 教育、汽车和住房贷款

在我们调查的家庭中，拥有汽车的家庭为1018个，约占家庭总数的19.2%。其中54个家庭购买汽车时使用了汽车贷款，约占有车家庭的5.3%。汽车贷款的年限平均为3年，平均额度为5万元。

在调查的家庭中，有25个家庭申请过国家助学贷款，约占全部家庭的0.5%。贷款的平均额度为10900元。助学贷款的年限平均为4.28年，有5个家庭发生贷款逾期的现象。在调查的家庭中有348个家庭有住房贷款，占全部家庭的7.57%。在这些家庭中，家庭住房贷款的平均额度为10096元。我们也考察了无住房户没有买房的原因，57%的无房户家庭没有买房是因为没有足够的首付款；18.8%的家庭虽有能力交首付，但难以筹集到其余的资金；7.2%的家庭虽然能够筹集到全部购房所需的资金，但因还款有压力而放弃购买；有8%的家庭不存在资金问题，但因房价问题处于观望之中。

五、关于家庭理财的其他方面

（一）关于家庭制定理财规划的情况

从调研结果看，家庭制定理财规划的比例随着家庭资产和收入的增加有明显增加的趋势。表17是针对"家庭是否具有理财规划"进行的统计结果。我们把家庭财富分成0~5万、5万~10万等7个档次进行分类统计。表中数字除"财富"一行外，其余数字均以百分比表示。结果发现：家庭的财富越多，进行理财规划的家庭的比例也越高。

表17 按财富统计的"家庭是否具有理财规划"的统计结果

财富	0~5万	5万~10万	10万~20万	20万~50万	50万~100万	100万~200万	>200万
是（%）	26.0	21.8	41.1	37.2	50.3	57.7	59.0
否（%）	74.0	78.2	58.9	62.8	49.7	42.3	41.0

（二）关于家庭理财决策的主体

我们的调查要求受访者必须熟悉家庭的经济状况，是家庭经济活动的主要参与者。这其中包括两种情况：第一，受访者是家庭的决策者；第二，受访者是家庭的共同决策者之一。该项问题共获得了4896个有效回答。从表18所显示的统计结果看，单一决策者的家庭约占全部样本家庭的59.2%；共同决策者的家庭约占全部家庭的40.8%左右。在单一决策者的家庭中，女性占64.4%，这个结果意味着，女性的理财行为和决策水平会影响更多的家庭。

表18 家庭理财决策的主体

决策的主体	数目（个）	百分比（%）	性别	数目（个）	百分比（%）
受访者为决策者	2897	59.2	男	1032	35.6
			女	1865	64.4
夫妻双方共同决策	1999	40.8	男、女	—	—

图2给出的是我国城市家庭获取理财信息的主要途径。其中从亲戚、朋友、同事处获得信息的比例最高（22%）。我国城市家庭从媒体、互联网等方面获得信息的比例也较高，如从电视、电台广告中获得信息的占21%，从报纸、杂志等宣传材料获得信息的占19%，

从互联网获得信息的占11%。另外，有14%的城市家庭会依据以往的经验和个人调研获得理财信息。然而，从专业机构和咨询途径获得理财信息的比例较低。

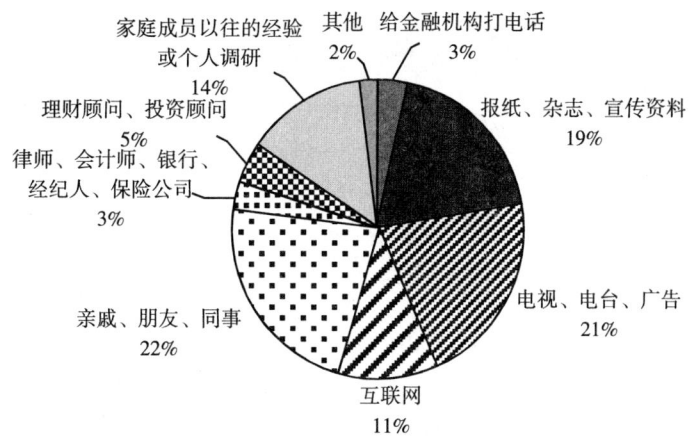

图2　城市家庭理财信息的来源

表19给出了我国城市家庭在做理财决策时，对理财产品或投资方案进行比较的情况。表中的第一行根据家庭的财富分布将家庭财富划分成由低到高的几个等级。表19的第一列表示家庭进行决策时的比较程度。其余表中的数字均为百分比，代表的是不同财富等级的家庭组别中，不同决策比较程度的家庭所占的百分比重。可以看出，对于家庭总财富水平比较低的两个级别的家庭（总财富小于10万元），他们在做理财时几乎不比较理财产品和投资方案的现象最为普遍，所占的比例分别为43.4%和38.6%。对于总财富大于10万元的另外五个级别的家庭，他们对理财产品、投资方案等稍作比较的比例最高，分别为50.1%、38.3%、41.6%、37.9%和42.5%。总的来看，多数家庭在投资决策时，都要比较不同的理财产品和投资方案，但这种比较行为的力度并不高。

（三）关于家庭理财目的及其阶段性特征

图3反映的是我国城市家庭理财的目的。从图中可以看出，提高生活水平（占45.8%）和实现财富最大化（占51.3%）是我国城市家庭理财的主要目的，而退休养老、为子女储备财产等其他目的所占的总比例仅为2.9%。随着家庭财富的逐渐增多，财富的保值增值成为家庭理财的最主要目的。这意味着，我国一半以上以实现财富最大化为理财目的的家庭，他们金融决策的目标函数并不是实现消费效用的最大化。因此，也就不适合用生命周期假说的理论来解释。

表20给出了受访者对"家庭理财规划为今后多少年打算？"回答的统计结果。我们按照受访者（注：受访者为家庭理财的主要决策者）年龄将样本划分为6组，对每个年龄组别的家庭，我们分别统计了家庭理财规划所跨年限的均值、中值和标准差。从表中的结果可以看出，家庭的决策者年龄在41~50岁时，家庭会在一个相对更长的时间跨度内规划自

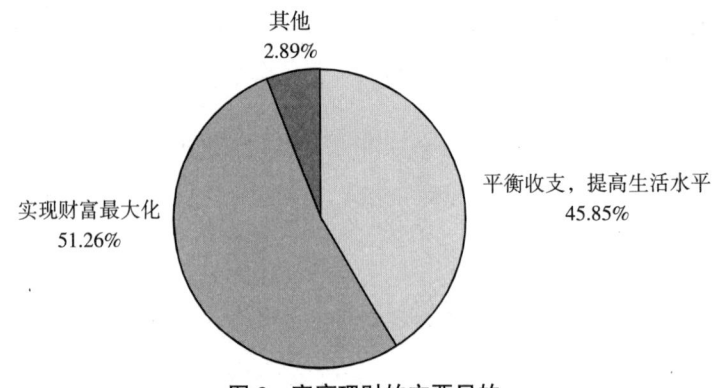

图 3 家庭理财的主要目的

表 19 家庭进行理财决策时进行的比较

	0~5 万	5 万~10 万	10 万~20 万	20 万~50 万	50 万~100 万	100 万~200 万	>200 万
几乎不比较（%）	43.4	38.6	25.7	29.8	23.0	18.2	7.7
稍作比较（%）	31.3	35.5	50.1	38.3	41.6	37.9	42.5
中度比较（%）	17.9	17.4	15.4	21.7	19.1	19.7	24.8
较多比较（%）	5.8	5.2	7.1	8.4	13.3	18.6	17.1
很多比较（%）	1.6	3.3	1.7	1.8	3.0	5.6	7.9
总计（%）	100	100	100	100	100	100	100

己的理财行为，这个时间跨度约为 15.29 年。当家庭的决策者属于其他 5 组年龄段时，家庭理财规划的平均时间跨度在 11.22~13.24 年。在统计中我们发现：在各个年龄组中，理财规划年限的中位数都为 10 年。

这个结果表明，无论在哪个年龄段，家庭决策者在理财的过程中，都不是基于整个生命周期的时间跨度来规划自己的理财行为，而只是今后的一段时间内。这表明：在我国家庭理财行为具有明显的阶段性特征，这个统计结果印证了余永定等人（2000）提出的中国城市居民消费具备阶段性特征的命题，也表明经典文献中消费的生命周期理论（Modigliani 和 Brumberg，1954，1980；Ando 和 Modigliani，1963；Hall，1978；Gourinchas 和 Parker，2002 等）并不完全符合我国的实际。[①]

表 20 我国城市家庭理财规划年限

年龄（岁）	<25	25~34	35~40	41~50	51~60	>60
均值（年）	13.24	12.74	12.92	15.29	13.24	11.22
中位数（年）	10	10	10	10	10	10
标准差（年）	9.811	12.192	9.270	11.134	9.458	5.553

---

① 详见王江等（2010）的叙述。生命周期理论是说消费者做出金融决策时，是以消费效用最大化为目标，基于整个生命周期作出的决策。

六、结束语

开展家庭金融的研究,进行面向全国城市家庭的消费金融调研是获得数据的一个重要途径。本文根据清华大学中国金融研究中心 2010 年的调研数据,考察了我国城市家庭的基本的经济状况、家庭理财的行为以及家庭投资和借贷的情况。尽管对这些数据的分析是初步的,但也仍然能够帮助我们发现一些我国城市居民家庭金融的特点:第一,调研结果显示家庭的金融决策行为与理论上的生命周期假说并不完全符合。第二,从整个家庭部门的角度,家庭投资股票和债券不仅不能使整个家庭的财产性收入增加,反而降低了家庭的财产性收入。第三,调研数据所显示的借贷成本低、借款方式简单部分地解释了我国城市居民将亲友作为首选的借钱渠道原因。第四,调查数据揭示了在财富和收入的中高端仍有相当一部分家庭面临着信用约束,这意味着我国目前金融市场不能满足这部分家庭的信用需求。第五,我们统计了家庭债务的承受能力,发现多数家庭的债务承受能力小于家庭年收入的两倍,这有助于我们更好地理解家庭借贷市场的规模和潜力。

需要说明的是,本文所报告的仅仅是根据调查样本所作出的统计结果。限于样本的数量,这些数据所得出的相应结论,其稳健性有待在后续的调研工作进一步验证,这也是清华大学中国金融研究中心持续开展消费金融调研工作的任务之一。

参考文献

[1] 王江、廖理、张金宝:《消费金融研究综述》,《经济研究》消费金融研究专辑,2010 年。

[2] 余永定、李军:《中国居民消费函数的理论与验证》,《中国社会科学》,2000 年第 1 期。

[3] Ando A.and F. Modigliani. "The 'Life Cycle' Hypothesis of Saving: Aggregate Implications and Tests", American Economic Review, 1963 (53): 55–84.

[4] Gourinchas P. and J.A. Parker. "Consumption over the Life Cycle", Econometrica, 2002 (70): 47–89.

[5] Hall R.E. "Stochastic Implication of the Life Cycle Permanent Income Hypothesis: Theory and Evidence", Journal of Political Economy, 1978 (86): 971–987.

[6] Modigliani F. and R. Brumberg. Utility Analysis and the Consumption Function: An Interpretation of Cross-section Data, Rutgers University Press, 1954.

[7] Modigliani F. and R. Brumberg. Utility Analysis and Aggregate Consumption Functions: An Attempt at Integration, MIT Press, 1980.

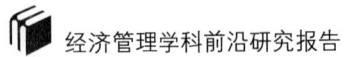
经济管理学科前沿研究报告

Economic Performance, Financial Consciousness and Behaviors of Borrowing, Lending and Investment of Urban Household
——Evidence from a Survey of Consumer Finance of 24 Cities in China

Liao Li Zhang Jinbao

Abstract: Conducting a survey of consumer finance is an important way to obtain data for the study of household finance. Anational survey of consumer finance of 24 cities in China has been conducted by CCFR of Tsinghua University in 2010. Using the survey data, this paper details some evidence on family's balance sheet, income and expenditure, financial conscious, borrowing, lending and investment. Finally, we comment on the Characteristics of household finance founded in this survey in China.

Key Words: Consumer Finance; Survey of Consumer Behavior; Investments and Lending

中国股票市场风险溢价研究

王茵田　朱英姿[①]

【内容摘要】本文通过综合资产定价理论和实证文献研究结论，对1997~2009年中国股市A股股票的风险溢价的截面差异作了详尽的实证研究。我们构造25个投资组合作为检验资产，进行Fama-MacBeth两步回归法，建立了基于市场风险溢价、账面市值比、盈利股价比、现金流股价比、投资资本比、工业增加值变化率以及回购利率和期限利差的八因素模型。我们的主要发现有以下三点：一是相对于Fama-French三因素模型，我们模型的实证解释力有显著提高；二是与过去的文献不同，我们发现回购利率和期限利差等债市指标对股市风险溢价的截面数据有显著解释能力；三是与基于投资的资产定价理论一致，我们发现投资比率和现金流股价比能显著反映我国股市的风险溢价。

【关键词】风险溢价；风险因素；多因子模型

一、引言

金融学的核心问题是资产的有效配置，而在资本市场中，价格是由市场对资本的供需关系决定，同时又决定着资本与资产的最终配置。新古典金融学的资产定价是由无套利均衡决定的（Ross，Cochrane）。该理论虽有多种表现方式，但以Ross（1976）的无套利线性风险因子定价模型最为普遍。Ross模型的优势在于，无套利均衡是建立在相对较弱的假设条件上，因此其外延极为宽泛。与无套利均衡模型不同，Sharpe（1964）、Lintner（1965）、Mossin（1966）在Markowitz（1952）有效组合理论的模型框架下，以股票资产组合的标准差作为该组合风险的衡量尺度，推导出的单期单因子模型，即经典CAPM模型，只有一个风险因素——市场风险，这可以视为单因素的无套利定价模型的一个特例。虽然CAPM对

[①] 王茵田，清华大学经济管理学院金融系助理教授，E-mail：wangyt2@sem.tsinghua.edu.cn。朱英姿，清华大学经济管理学院金融系副教授，E-mail：zhuyz@sem.tsinghua.edu.cn。

资产定价理论界和实务界影响巨大,但该模型的实证检验并不理想。著名的 Roll (1977) 批判指出,由于 CAPM 理论中的市场组合实际上是不可测的,因此 CAPM 的实证检验实际上是市场组合有效性的检验;另外,由于市场风险的大小用证券收益率和某个市场组合 (market portfolio) 收益率的协方差除以市场组合的方差(即 β 因子载荷)衡量,由于解释变量的测量误差、解释变量之间的共线性等问题,估计结果往往不稳定,甚至是不可靠的。我国资产定价研究也遭遇同样的问题,CAPM 模型在中国市场的有效性被否定 [陈小悦和孙爱军 (2000)]。

为了解决这个问题,学者们因循三条线索进行深化研究。一条主线是 Lucas (1978)、Breeden (1979)、Hansen 和 Singleton (1982, 1983) 及 Jagannathan (1985) 等提出的基于消费的 CCAPM 模型,这个模型通过总体消费建立了资产回报率与宏观经济变量之间的联系。CCAPM 的提出引发了学术界的一场关于"股权溢价之谜"的大讨论 [Mehra 和 Prescott (1985)],也激发了一系列的基于 CCAPM 的新的理论模型的提出。其中具有代表性的是 Bansal 和 Yaron (2004) 提出的"长期风险模型",该模型不但解释了美国股市股权溢价的经验事实,而且解释了股市长期可预测性的现象 [Campbell 和 Shiller (1988)];在 Bansal 和 Yaron (2004) 基础上,Zhou 和 Zhu (2010) 提出多因子的波动率模型,该模型不仅保留了 Bansal 和 Yaron (2004) 模型的优点,而且进一步解释了 BY 模型无法解释的可预测性现象,并在同一框架下解释了波动率风险溢价之谜。

另一条主线是在无套利均衡的框架下,把单因素的 CAPM 模型扩展为多因素模型,试图把市场风险中的非指数因素包含其中,在这一框架下,Meaon (1973) 引入时变的投资机会集,建立了跨期的 ICAPM 模型。而在实证文献中,单期模型更为普遍。例如,Jagannathan 和 Wang (1996) 把人力资本因素加入 CAPM 模型中,理由是股票指数所代表的是可交易的财富,而市场参与者的绝大部分财富是不可交易的人力资本;Chen、Roll 和 Ross (1986) 引入并检验了以宏观经济变量为解释因素的多因子模型,其中包括经济增长率、通货膨胀率、长短期利息差和信用息差等,有趣的是,他们的研究表明,引入的宏观变量都有显著的解释效力,而市场风险的解释效力并不显著。基于此,更多的风险因素也被引入到资产定价模型中,用于解释股票资产收益的变动。其中最具代表性的就是 Fama 和 French (1993, 1996) 提出的"三因素模型",该模型在市场风险的基础上,加上了小股票相对于大规模市值股票组合的风险溢价 (SML),以及价值型相对于成长型股票组合的风险溢价 (HML) 这两个因素。虽然这两个因素所代表的风险不像宏观因素那么好解释,但因其很好地解释了美国股票市场的风险溢价截面数据而被广泛采用。

第三个重要的研究分支是近年来发展起来的基于投资的资产定价理论,这个理论 [Cochrane (1991, 1996)] 以及 Liu、White 和 Zhang (2009) 通过公司的优化投资决策,把股票收益与公司的投资决策变量联系起来,实证结果表明投资资本比对股市的截面收益率有解释能力。进一步,Huang 和 Wang (2009) 发现公司持有现金投资的比例对股市截面数据也有解释效力。另外,与发达市场的研究结论不同,许多研究 [Achour、Harvey、Hopkins 和 Lang (1999) 及 Estrada 和 Setra (2005)] 发现在新兴市场或全球市场中,收入市值比和现金市值比等因素也能解释回报率的截面差异。虽然这些因素还没有很好的理论支持，但在公司治理文献中的自由现金流理论［Jensen（1986）］可能是其中重要的原因。由于篇幅有限，我们在此不作理论上的深入探讨，而是把这两个变量纳入我们的实证研究框架加以检验。

在中国股市的研究方面，Fama-French 三因素模型在我国股票市场的检验结果由于选取的时间段、样本组合、因素选取的不同，得出的实证结果不尽相同甚至相左。赵华和吕雯（2010）研究 1997 年 1 月至 2008 年 6 月 A 股市场的三因素影响，发现除了市场组合外，规模和账面市值比都不具备显著的解释效力。万欣荣等（2005）从 1997 年 1 月到 2001 年 12 月选取不同行业的 11 只股票作为分析对象，选取 6 个宏观因素变量，得出两因素模型不能被拒绝：深股指月增长率、月通货膨胀率和银行长短期利率差的线性组合决定第一个因素；第二个因素由沪市股指月增长率决定。陈信元等（2001）研究 1996 年 7 月至 1999 年 7 月 A 股市场数据，采用截面回归发现市场收益的因子载荷 θ 不显著，而规模和账面市值比则表现出解释效能。在此基础上，许多学者也试着引入反映宏观环境的宏观因素和反映公司特质的截面因素。例如，李传乐和王美今（2006）研究 1997~2004 年 A 股数据，选取上证指数、深综指数、7 日国债回购利率和 M2 供给量的增长率等，并且都没有被拒绝。罗林（2003）对 1997 年 12 月到 2001 年 11 月中国沪深股市大部分 A 股进行了横截面以及时间序列检验，认为贝塔系数、规模、净市值比、换手率、动量和收入价格比是中国股票市场重要的风险因子。

本文的主要贡献在于全面梳理了基于上述三条资产定价研究主线，并综合已有的实证文献的结论，系统而全面地提出了因素模型的分析框架，从而对影响中国股市的风险溢价截面差异的因素作进一步的探寻。首先，我们提出的因素更为综合。我们把宏观经济因素、Fama-French 三因素和基于投资和盈利水平的会计因素汇总于一个多因素模型，我们的零假设中包括了文献中检验的十二个因素，其中包括 Fama-French 三因素即市场风险、SMB、HML；四个常用的会计比率即盈利股价比、现金流股价比、基于投资的变量投资资本比、现金资产资本比；五个宏观因素即工业增长率、CPI、M2 增长率、回购利率和期限利差。本文的因素选取都是基于已有的资产定价理论，并结合实务界广泛采用的定价指标，我们试图在一个综合的框架下寻找对中国股市横截面数据具有解释效力的因素，从而挖掘影响我国股票市场定价的风险因素。

其次，我们的研究方法更贴近国际上类似研究的 Fama-MacBeth 两步法。我们采用根据规模与账面市值比确定的 25 个投资组合作为检验资产，对每个投资组合进行时序回归，找到有解释能力的因素后，再采用截面回归的方法检验模型的解释能力。我们采用的数据是中国沪深两市几乎所有 A 股 1997~2009 年的数据，这是目前文献中最为全面的数据。对因子的构造和股票组合的构造方法则严格按照 Fama 和 French（1993）。

本文共分为四个部分：第二部分具体描述模型的构建，第三部分是实证研究和检验，第四部分为结论。

二、研究方法及数据

（一）模型建立

为了研究影响中国股票风险溢价的因素，我们采用传统的两步回归。第一步，基于多因子线性模型（1）的时序回归：

$$r_{it} - r_{ft} = \alpha_i + \sum_{j=1}^{K} \beta_{ij} f_{jt} + \varepsilon_{it} \quad t = 1, 2, \cdots, T; \ i = 1, 2, \cdots, N \tag{1}$$

其中，r_{it} 是第 i 个投资组合在 t 时间的收益率；r_{ft} 是 t 时间的无风险利率；f_{jt} 是风险溢价率在 t 时间的第 j 个风险因素（假设有 K 个风险因子），可以是宏观层面上的经济变量，也可以是微观层面上反映公司特征的基本面因素；β_{ij} 是第 i 个投资组合对第 j 个风险因素的因子载荷或敏感度；α_i 是超额收益项；随机扰动项 $\varepsilon_{it} \sim IID(0, \delta_i^2) \forall_i$。

第二步，基于模型（2）的截面回归：

$$\bar{r}_i - \bar{r}_f = \lambda_0 + \sum_{j=1}^{K} \hat{\beta}_{ij} \lambda_j + e_i \quad i = 1, 2, \cdots, N \tag{2}$$

其中，$\bar{r}_i$ 是第 i 个投资组合在样本期间内的平均收益率；$\bar{r}_f$ 是无风险利率样本期间内的平均值；$\hat{\beta}_{ij}$ 是 β_{ij} 在第一步中的估计值；λ_0 是超额收益；由于是截面数据，我们认为 e_i 期望为零，但具有异方差和非独立性。

（二）因素选择

影响企业股票风险溢价的因素除了市场风险以外主要分为两类：一类是反映经济状况的宏观因子；另一类是公司特征的横截面因子。一些学者还提出投资者心理以及政治突发事件对股票市场异象的影响作用，但我们认为，投资者心理因素是可以反映在市场因素中的，而突发事件（如战争、丑闻等）并不经常发生。因此本文并不单独构造反映投资者心理以及政治事件的因素。

首先考虑构造第一类因素，即宏观因素。Chen、Roll 和 Ross（1986）（以下用 CRR 表示）提出了一种基于五种宏观因素的模型，这些因素分别为工业生产增长率、未预期的通货膨胀率、预期通货膨胀变化率、信用风险溢价（由长期国债和公司债月度回报率差额衡量）以及期限溢价（由长短期国债回报率差额衡量）。在中国，由于金融市场从成熟度到产品类型都与美国市场存在差异，CRR 的五因素模型并不完全适用，万欣荣等（2005）以及李传乐和王美今（2006）等很多学者对影响中国股市收益的宏观因素的构造都进行过有益尝试。基于上述研究，我们选择如下五个宏观因素进行研究。

工业增长值月度变化率反映国内总体经济增长状况。实体经济的繁荣或者衰落会直接影响到投资者对上市公司盈利能力和效益的预期，投资者会根据行业顺/逆周期性来调整其投资组合策略，进而影响股票的风险溢价。尽管衡量国内总体经济状况的首选目标是国内生产总值 GDP，但 GDP 数据并不是每月可得的，我们用工业生产增加值月度的变化率衡量总体经济状况的变化。

消费价格指数（CPI）的变化能够反映月度通货膨胀。避险需求决定了投资者一方面会增加对顺通胀股票的需求以对抗货币的贬值，另一方面投资者愿意投资逆通胀的股票来规避通货紧缩的风险。因此，我们预计 CPI 水平的变化会影响投资者的动态投资组合策略，从而影响股票的风险溢价。

M2 是衡量货币供给的重要指标，其增长率直接影响市场流动性，反映市场流动性风险和通货膨胀风险。对市场流动性风险的规避亦会反映在投资者的投资策略中，因此可能影响风险溢价。

7 日国债回购利率 Repo 可以代表利率风险。股价和利率水平呈反向运动，对利率风险的规避会导致投资者购买一定量的固定收益债券，从而减少对股票的需求。这就决定了：一方面，在利率水平较高时，股票需要支付高的收益率（Sharp 比率为正）；另一方面，对利率水平更为敏感的股票需要支付更高的收益率。我们采用回购利率而非同业拆借利率主要是因为债券回购的风险低，参与机构的范围更加广泛，目前银行间市场回购交易的成交量远远大于现货交易和信用拆借的成交量。

银行长短期利率差 TS 代表期限溢价。即投资者对期限不同的投资要求不同的回报。这种对投资流动性的偏好，或者对投资流动性风险的规避可能影响股票的风险溢价。以往文献用长期国债和 30 日国库券回报率的差额衡量期限溢价。而在我国，短期国债发行数量较少，因而其利率变化不能全面地反映市场无风险收益率的变化。因此本文采用银行利率作为无风险利率，用三年期存款利率和三个月期存款利率差额来衡量期限溢价。

第二类影响证券收益率的是横截面因素，即反映公司特征基本面因素。公司基本面因素指市值、杠杆率和市盈率等公司特征。Fama 和 French（1993）三因素模型指出除了市场收益率以外，公司规模和账面市值比对股票收益率有显著解释作用；Fama 和 French（1992）以及 Lakonishok、Andrei 和 Shleifer（1994）还确定了盈利股价比（Earnings/Price）和现金流股价比（Cashflow/Price）对股票风险溢价具有较强的解释作用；此外，近期学者们陆续提出基于企业投资和现金持有量水平的模型，其中 Liu、Whited 和 Zhang（2009），Chen 和 Zhang（2009），Huang 和 Wang（2009）都提出投资资本（Capital Investment），现金资产和资产回报率（ROA）对股票收益有着较显著的解释作用。

综上所述，本文考虑以下基本面因素：公司规模、账面市值比、盈利股价比、现金流股价比、投资资本比以及现金资产资本比。

第三类因素比较直观，主要包括市场收益率、市场波动率、市场换手率、市场交易量等。本文我们选择传统的市场收益率或市场溢价因素。

(三) 数据

中国现代股票市场通过沪市、深市两个交易市场从 1990 年开始进行交易。在 1990~1996 年的期间里，中国股市尚处于起步阶段，上市公司数量较少，市场交易量较小，收益率波动率较大。同时这段时期政府不断出台的规范股票市场的政策也影响了股票的交易情况，如 1996 年 12 月，沪深证券交易所上市的股票交易，实行涨跌幅不超过前日收市价 10% 的限制。因此，本文排除了这段起步时期，选择沪深股市 1997~2010 年全部正常上市 A 股信息数据作为研究样本。为了排除一些特殊股票的影响，样本中剔除了 ST 和 PT 公司。同时，由于金融类公司的资本负债结构与其他行业公司存在显著的差异，排除了金融类公司（即证监会行业分类 I 类公司）的影响。样本区间包括了整个股权分置改革的全过程，从而更全面地反映了我国股票市场发展变化过程中的收益率变化。数据出自锐思（RESSET）金融数据库。由于 RESSET 数据库中缺乏 1999 年 1 月前现金流量表数据，因此样本区间最后为 1999 年 1 月至 2009 年 12 月共 132 个月。

构造宏观因素时，工业增长值月度变化率 INDGro 直接取自 RESSET 数据库；CPI 和货币供给 M2 的月增长率 M2Gro 由 RESSET 数据库提供的月度 M2 数值计算；国债回购月收益率 REPO 为上海 7 日国债回购每天的月度化收益率的加权平均，权重为每日的成交量；TS 用三年期存款利率和三个月期存款利率差额来衡量。为保证结论的准确性，我们对 CPI、INDGro 和 M2Gro 等宏观因素进行了季节调整。

构造基本面因素时，与 Fama 和 French (1993) 所采用的方法相同。本文采用 t-1 与 t 年的财务信息来衡量 t 年 7 月到 t+1 年 6 月的股票收益情况，具体如下：

公司规模用 t 年 6 月末的市值代表，公司市值=流通股股票数×每股市价，按照升序进行排序后找到 50% 分位并以此分为 S 组以及 B 组；将股权账面价值（BE）定义为普通股账面价值加上资产负债表上的递延税款（如有）减去优先股账面价值；ME 即为公司市值。账面市值比用 t-1 年会计年度股权的账面价值 BE 除以 t-1 年 12 月末的市值 ME，按升序进行排序后分为三组，即 L、M 和 H；取 S、B 组及 L、M 和 H 三组的交集构成 6 个投资组合，分别为 S/L、S/M、S/H、B/L、B/M、B/L。其中，S/L 组合包括小规模和低账面市值比的公司，S/M 包括小规模和中账面市值比的公司，依此类推。我们对这 6 组计算自 t 年 7 月至 t+1 年 6 月底的市值加权月收益率。SMB 是小规模公司的三个股票组合（S/L，S/M，S/H）收益率的简单算术平均数与大规模公司三个股票组合（B/L，B/M，B/L）收益率的简单算术平均数之差。这样 SMB 代表控制了账面市值比因素后小规模公司和大规模公司收益率的差异。账面市值比因素 HML 则表示在控制了规模因素后，高账面市值比（S/H，B/H）和低账面市值比（S/L，B/L）的组合的平均收益率之差。

盈利股价比（Earnings/Price）因子用 EI-spread 表示，是公司 t-1 会计年度的净利润除以 t-1 年 12 月末的市值计算所得，反映公司相对于市场价格的盈利水平。另一个反映盈利状况的因子是现金流股价比（Cash：flow to price），用 CFPspread 表示。我们定义现金流为净利润加折旧和资产负债表上的延期税费。现金流股价比为公司 t-1 会计年度的现金流除以 t-1 年 12 月末的总市值计算所得。Ball（1978）曾提出盈利股价比因子是能够捕捉所有剩余风险的风险因子。Fama 和 French（1992）提出如果公司的盈利能力具有持续性并能够代表未来的盈利，对于一个高风险、股票收益率较高的公司而言，其股票价格相对于它的盈利则较低，从而盈利股价比较高。Lakonishok、Andrei 和 Shleifer（1994）发现这个结论对于现金流股价比也成立。

以上两个因子（EPspread 和 CFPspread）的构造方法与 HML 和 SMB 相同。我们根据 t 年 6 月的公司规模按照升序排列后分为两组，根据盈利股价比（现金流股价比）按升序排序分为三组，取交集分为六个资产组合（目的是为了在三组中剔除规模因素的影响）。计算 t 年 7 月至 t+1 年 6 月每组的市值加权月收益率。其中盈利股价比（现金流股价比）最高的两个投资组合的平均月收益率与比值最低的两个投资组合的平均月收益率之差定义为 EPspread（CFPspread）。在 t+1 年的 6 月底，再次构造新下一年的因子。

投资资本比（Investment to capital）用 IKspread 表示，是投资支出对固定资产净值的比率。投资支出取现金流量表中投资活动现金流出小计。Liu、Whited 和 Zhang（2009）通过使用这种指标发现，投资水平随着未来预期收益的增加而增加，当融资成本较低（因而股票平均收益较低）时，未来收益现值较高，公司会选择增加本期的投资。因此，本期的投资水平与股票平均收益呈反向关系。因素的构造基本同 SMB 的分组法，我们采用低投资资本比组合与高投资资本比组合平均收益率之差。

现金资产资本比（Cash asset to capital）用 CAKspread 表示，是现金资产对固定资产净值的比率。现金资产是对资产负债表中的现金及其现金等价物项目的衡量。Huang 和 Wang（2009）提出企业根据融资成本选择现金持有水平，当融资成本较高时，公司会倾向于减少投资和留有现金。所以，现金资产的持有水平和投资水平反向，因而与公司股票的平均收益率呈正向关系。因素构造的方法是采用高现金资产资本比组合与低现金资产资本比组合平均收益率之差。IKspread 和 CAKspread 都能够反映融资成本及难易程度，反映融资风险，引入此类因子可以研究融资风险对股票风险溢价的影响。

市场风险溢价率用 RETex 表示。市场风险溢价率是市场平均收益率与月无风险收益率之差。其中市场平均收益率由市值加权平均算得；月无风险收益率在 2002 年 7 月 2 日前用一年期银行存款利率，之后使用"一年期中央银行票据"的票面利率，经过月度化处理，即将年度化的利率转化为月度数据。

（四）投资组合构造

比较国内文献通常所采用的个股分析，组合能够分散掉个体风险，因而收益率与系统风险的关系往往在投资组合层面更容易被捕捉到。此外，投资组合收益率残差比个股股票残差小。所以投资组合层面的平均收益差在统计意义上比个股的收益差更加可信。下面将按照规模、账面市值比分组构建投资组合。

以 Fama 和 French（1993）为参考，本文构造了 25 个股票组合。此 25 个股票组合的划分是由规模及账面市值比共同确定的。分组计算方法为：规模用 t 年 6 月末的市值代表，账面市值比为 t−1 年会计年度股权的账面价值除以 t−1 年 12 月末的市值；分别取市值及账面市值比的五等分点，两个五等分点相交，将所有的股票分为 25 组；以划分好的组为依据，计算每组 t 年 7 月到 t+1 年 6 月每月用市值加权的平均收益率。我们在 t+1 年 6 月采用新的数据重复这个过程为下一年构建组合。具体而言，以规模构造组合如下，1-Small，…，5-Big；以账面市值比构造组合如下：1-High，…，5-Low。取交叉后的第 1 组为 s1b1，即规模最小、账面市值比最高组，第 25 组为 s5b5，即规模最大，账面市值比最低组。

表 1 中 A 组概括了样本区间内市场投资组合的总体均值、方差以及夏普比率；B 组给出了按照市值、账面价值比交叉分为的 25 组每组的均值、方差以及夏普比率。可以看到，25 组中有 15 组的平均收益率超过市场组合，而只有两组的夏普比率超过市场组合。

表 1 中 B 组还显示出我国 A 股市场的特殊性。根据国外文献，股票组合的平均收益率与公司规模呈反向关系，而与账面市值比呈正向关系 [Fama 和 French (1993)]。表 1 B 中股票组合的平均收益率随着账面市值比的下降有一定下降，即价值型公司股票具有较高的平均收益；成长型公司股票具有较低平均收益，符合文献。但与文献不同的是，股票组合的平均收益率和公司规模没有表现明显的负向关系。我们将在后面做进一步的解释说明。表 1 C 组是各个因素的平均值和标准差。

表 1　变量统计特性描述

变量	均值	标准差	夏普比率	变量	均值	标准差	夏普比率
A 组：市场资产组合的收益率							
Mkt	1.836E−02	9.215E−02	1.992E−01				
B 组：25 个由规模和账面市值比构造的资产组合的收益率							
s1b1	1.343E−02	1.475E−01	9.104E−02	s3b4	2.162E−02	1.454E−01	1.486E−01
s1b2	1.908E−02	1.410E−01	1.353E−01	s3b5	1.154E−02	1.106E−01	1.043E−01
s1b3	2.412E−02	1.673E−01	1.441E−01	s4b1	5.587E−02	1.532E−01	3.648E−01
s1b4	1.028E−02	1.075E−01	9.565E−02	s4b2	3.090E−02	1.645E−01	1.878E−01
s1b5	1.830E−02	9.651E−02	1.896E−01	s4b3	2.929E−02	1.483E−01	1.975E−01
s2b1	2.760E−02	1.507E−01	1.832E−01	s4b4	1.985E−02	1.488E−01	1.334E−01
s2b2	1.407E−02	1.404E−01	1.002E−01	s4b5	8.747E−03	1.205E−01	7.258E−02
s2b3	1.457E−02	1.402E−01	1.039E−01	s5b1	−1.759E−02	2.181E−01	−8.062E−02
s2b4	2.896E−02	1.446E−01	2.002E−01	s5b2	1.966E−02	1.197E−01	1.642E−01
s2b5	6.889E−03	1.053E−01	6.545E−02	s5b3	1.940E−02	1.458E−01	1.331E−01
s3b1	4.299E−02	1.753E−01	2.452E−01	s5b4	2.374E−02	1.530E−01	1.552E−01
s3b2	2.157E−02	1.451E−01	1.487E−01	s5b5	1.841E−02	1.387E−01	1.327E−01
s3b3	1.276E−02	1.429E−01	8.928E−02				
C 组：因素的统计特征描述							
RETEx	1.269E−02	9.424E−02		CAKspread	−7.511E−03	3.819E−02	
SMB	−1.640E−03	9.424E−02		CPI	1.015E+02	2.477E+00	

续表

变量	均值	标准差	夏普比率	变量	均值	标准差	夏普比率
HML	1.389E-02	4.159E-02		M2Gro	1.723E-02	2.690E-02	
EPspread	5.085E-03	3.842E-02		REPO	4.506E-03	4.620E-03	
CFPspread	7.011E-03	4.087E-02		INDGro	1.395E-01	3.560E-02	
IKspread	6.329E-03	4.074E-02		TS	1.271E-02	5.398E-03	

注：表1中A组概括了样本区间内市场组合的总体均值，波动率以及夏普比率；B组给出了按照市值，账面市值比交叉分成的25组每组的均值，波动率以及夏普比率；C组描述了12个因素取值的均值和波动率。

三、实证结果分析

（一）时间序列回归

为了检验潜在因子 f_{it} 对股票风险收益率 r_{it} 的解释能力，本文第一步采用普通最小二乘法（OLS）估计 β_{ij}，并通过其 t 检验值判断因素的解释能力。其中原假设为 $\beta_{ij}=0$，即被检验因子 f_{it} 对该组股票风险溢价的解释能力不显著，或者该组股票并不承担此风险因子（因子载荷为0）；而在备择假设下，β_{ij} 不为0，即 f_{it} 含有解释 r_{it} 的有效信息，或该组股票对此风险因子存在风险暴露。

表2总结了用25个基于公司规模和账面市值比构建的投资组合月度风险溢价数据被12个潜在影响解释回归后得到的结果。我们给出了每组的回归系数，"*"表示该系数显著区别于0。最后一列给出25组的调整 R^2 值，用于评价模型拟合程度。对于每个因子，我们还给出了显著的因子载荷的平均值，全部因子载荷的最大值和最小值。最后一行是因子在10%显著性水平下表现为显著的频数，即25次回归中表现为显著的次数。

总体上，各组回归的 R^2 较高，处在54%至93%之间，平均接近80%。除了市场风险的因子载荷全部为正，其他11个因子的因子载荷都出现负值，说明投资者为了分散或规避各类风险，在构建投资组合中，积极投资于与各个风险有逆向关系的股票。我们重点观察最后一行，即各个因子表现显著的次数。

市场风险溢价 RETex 在各组资产组合中都有着很强的解释作用。这说明在我国A股市场上，几乎全部股票都承担着市场风险（范围 0.747~1.015）。与以往文献一致，市场风险是决定风险溢价的一个重要因素。显著次数位于第二的是反映公司账面市值比的 HML 因素。在25组中的16组中都具备解释能力。反映公司规模特征的 SMB 因素的显著性则较弱，在25组资产中有6组显著；反映企业现金资产持有水平的现金资产资本比 CAKspread 在25组中的9组里表现显著；投资资本比 IKspread 在25组回归中的7组里表现显著；现金流股价比 CEPspread 在25组回归中的6组里表现显著；市盈率指标 EPspread 在

表 2 二十五股票组合 12 因素模型时序回归

	C	RETex	SMB	HML	EPspread	CFPspread	IKspread	CAKspread	INDGro	CPI	M2Gro	REPO	TS	Adj. R²
s1b1	-0.207	0.958*	-0.072	-0.378*	0.249	0.174	0.087	0.188	-0.197*	0.002	0.116	0.827	-1.031	0.849
s1b2	-0.272	0.948*	-0.109	-0.592*	0.179	0.214	0.077	0.185*	-0.129	0.003	0.090	3.048	-2.531	0.872
s1b3	-0.426*	1.123*	0.190	-0.323*	0.329*	0.399*	-0.383*	0.538*	-0.114	0.004	0.947*	-1.918	1.633	0.790
s1b4	0.095	0.798*	-0.128	-0.323*	0.029	0.556*	-0.102	0.383	-0.401*	0.000	0.510*	-1.164	0.073	0.585
s1b5	-0.058	0.946*	-0.021	-0.222	0.290	0.435	-0.265	0.287	-0.078	0.001	0.350	0.087	-0.222	0.786
s2b1	0.074	0.921*	-0.137	0.008	0.647*	0.436*	-0.456*	0.200*	0.109	-0.001	-0.083	2.270	-1.320	0.876
s2b2	0.025	0.944*	-0.007	-0.249*	0.155	0.348	-0.117	0.027	0.095	0.000	0.027	1.160	-1.274	0.894
s2b3	0.100	0.964*	0.068	-0.444*	0.013	0.118	-0.095	-0.082	0.044	-0.001	0.160	0.045	0.691	0.874
s2b4	-0.322*	1.136*	0.187	-0.509*	-0.148	-0.089	0.409*	0.213*	-0.144	0.004*	-0.090	3.901*	-3.480*	0.862
s2b5	-0.167	0.866*	0.150	-0.247	0.140	-0.657	0.426	0.678*	-0.729*	0.003	-0.425*	7.330*	-3.748	0.598
s3b1	-0.194	1.120*	0.498	0.449	0.247	-0.077	0.488	-0.169	-0.311	0.002	0.057	-4.658	2.342	0.616
s3b2	0.013	0.935*	0.187	-0.094	0.094	0.241	-0.090	-0.054	0.079	0.000	-0.011	3.666*	-2.821*	0.890
s3b3	-0.095	1.010*	-0.040	-0.299*	0.169	0.110	-0.047	0.172*	0.110*	0.001	0.044	4.487*	-3.267*	0.926
s3b4	0.025	1.018*	-0.198*	-0.448*	0.291*	0.335	-0.200	0.349*	0.209*	-0.001	-0.011	-1.921	2.185	0.903
s3b5	0.156	0.982*	0.143	-0.515*	-0.326	-0.125	0.333	0.202	0.047	-0.002	0.347	-2.214	2.574	0.799
s4b1	-5.503*	1.237*	-0.570	1.841*	-0.858	3.124	-2.836	-0.266	1.153	0.060*	-0.453	81.587*	-94.589*	0.542
s4b2	0.310	1.093*	0.414*	0.075	0.749*	0.892*	-1.329*	-0.047	0.126	-0.003	0.395	-1.762	3.368	0.781
s4b3	0.312*	0.985*	0.192	-0.172*	0.131	0.442*	-0.371*	-0.226*	0.297*	-0.003*	-0.097	-0.345	0.953	0.896
s4b4	-0.145	0.981*	0.099	-0.213*	0.038	-0.014	0.104	0.013	0.033	0.002	0.026	1.757	-1.156	0.920
s4b5	0.148	1.004*	0.322*	-0.451*	-0.069	0.178	-0.006	0.184*	0.057	-0.001	-0.046	-0.889	0.721	0.909
s5b1	-6.190	1.385*	1.542*	0.441	3.598	1.536	-3.688	-1.012	-1.047	0.064	-0.655	-59.498	5.384	0.853
s5b2	0.548	1.029*	-0.280	0.598	1.967	6.318	-8.391	-0.093	0.354	-0.006	1.630*	12.015*	-0.093	0.540
s5b3	-0.179	0.747*	-0.028	0.375*	0.729*	2.044*	-2.157*	-0.299	-0.154	0.001	-0.339	-6.705	8.345*	0.545

续表

	C	RETex	SMB	HML	EPspread	CFPspread	IKspread	CAKspread	INDGro	CPI	M2Gro	REPO	TS	Adj. R²
s5b4	-0.422*	1.153*	0.392*	0.453*	-0.012	-0.423	0.468*	-0.237	-0.233*	0.005*	0.036	0.077	-0.906	0.859
s5b5	0.121	1.025*	0.289*	-0.247*	-0.289*	-0.001	-0.031	0.059	0.040	-0.001	-0.039	-3.094*	3.285*	0.933
Mean	-1.272	1.012	0.460	-0.147	0.409	0.795	-0.546	0.255	-0.135	0.016	0.665	15.699	-15.421	0.796
min	-6.190	0.747	-0.570	-0.592	-0.858	-0.657	-8.391	-1.012	-1.047	-0.006	-0.655	-59.498	-94.589	0.540
max	0.548	1.385	1.542	1.841	3.598	6.318	0.488	0.678	1.153	0.064	1.630	81.587	8.345	0.933
Sig (10%)	5	25	6	17	6	6	7	9	7	4	4	7	6	

注：表2中总结了用25个投资组合月度风险溢价数据分别被12个潜在影响因素回归后得到的结果。中间部分是回归系数，*表示在10%的显著性水平上显著；下部给出25组估计值的平均值、最大值和最小值；调整R²用于评价模型拟合程度；最后一行统计每个因素在10%显著性水平下表现为显著的频数，即25次回归中表现为显著的次数。

25 组中的 6 组里表现显著。说明我们所选择的公司基本面因素或多或少都成为投资者风险规避的考虑，对股票的风险溢价有着直接或间接的影响。

相比之下，宏观因素的整体显著性略低。其中工业增长变化率和 7 日债券回购利率表现最为显著，25 组回归中分别都有 7 组表现显著。这反映了经济增长和市场利率水平对股市风险溢价的影响。长短期利差 TS 因素在 6 组资产中表现显著。这与以往文献中利差在其他国家资本市场上的良好定价作用基本相符。物价水平 CPI 和货币供给 M2 的月增长率 M2Gro 的显著次数都为 4 次。

对于显著次数较少的因素我们提出两种解释：其一，说明该风险因子所代表的风险并不被定价，因而其变化不被反映在股票收益率的变化里；其二，风险因子所代表的风险被定价，但一部分股票组合不显著地承担此类风险，即因子载荷接近 0。因而，我们需要进行第二步截面回归，检查因子载荷的水平不同是否导致各股票组合平均收益率水平不同，即该因子的风险价格是否为 0。如果结果说明某因子风险价格不显著区别于 0，则解释一占主导，即该风险因子不被定价；如果风险价格显著不为 0，则解释二占主导。投资者的风险规避导致部分股票组合对该风险因子没有风险暴露，但对于存在风险暴露的股票组合，该因子能够显著地影响组合的风险溢价。

（二）截面回归

由于在时序回归中，所有的因子都或多或少表现出显著性，我们进行（2）中的截面回归。我们以每组收益率序列的平均值作为被解释变量，采用表 2 中的回归系数 $\hat{\beta}_{ij}$ 作为解释变量，回归样本 25 个。为了更好地对比模型的解释效力，我们将三因子模型作为参照模型。回归结果如表 3 所示。

表 3　截面回归结果比较

十二因子		八因子		三因子	
α	−2.823E−02*	α	−2.802E−02*	α	−8.243E−03
SMB	1.152E−02			SMB	−2.334E−02*
HML	1.210E−02*	HML	1.501E−02*	HML	7.341E−03*
RETex	4.476E−02*	RETex	4.781E−02*	RETex	3.109E−02*
CFPspread	2.644E−02*	CFPspread	2.045E−02*		
IKspread	2.480E−02*	IKspread	2.093E−02*		
CAKspread	2.917E−03				
EPspread	1.415E−02*	EPspread	1.182E−02*		
INDGro	9.709E−03*	INDGro	8.136E−03*		
CPI	2.543E−02				
M2Gro	−3.346E−03				
REPO	1.188E−03*	REPO	9.300E−04*		
TS	1.036E−03*	TS	8.780E−04*		
Adj. R^2	8.025E−01	Adj. R^2	8.405E−01	Adj. R^2	4.393E−01

注：表 3 是截面回归结果。包括十二因素、八因素和三因素模型回归系数以及显著性检验结果。* 表示该系数在 10% 的置信水平上显著。

首先，Fama-French 三因素模型对中国股市的风险解释力度只有 44%，远远低于美国股市的 80%；三因素尽管都显著地影响风险溢价，但规模因素 SMB 的风险价格为负。

鉴于较低的 R^2，我们认为，影响中国股市的风险溢价远不能用三个因素来囊括，被遗漏的风险因子很有可能作用在 SMB 上，掩盖了规模因素对风险溢价的真实作用。

观察十二因素模型的截面回归，基本印证了以上的结论。拟和程度有了极大的提高，调整 R^2 达到 80%。规模因素 SMB 虽然影响不显著，但风险价格为正。从统计上，八个因子载荷对股票组合的平均收益有显著影响，表示这八个风险因子被定价。它们是账面市值比 HML、盈利股价比 EPspread、现金流股价比 CFPspread、投资资本比 IKspread、工业增加变化率 INDGro、回购利率 REPO、长短期利差 TS 以及市场风险溢价 RETex。八个风险因子的风险价格均为正，风险价格可以衡量该因子对股票收益率影响的重要性。价格最高的是市场风险溢价 RETex（0.04）；公司基本面因子的价格。其次，处在 0.01~0.026；宏观风险因子的价格相对最低（0.001 左右）。

我们很自然地剔除影响不显著的四个风险因子，即 SMB、CAKspread、M2Gro 以及 CPI，只保留八个因子再次进行截面回归。总体回归系数水平和显著性与之前没有大的变化。可以看到，剔除了四个因子，而回归的调整 R^2 达到 84%，说明更优的拟合效果。为了进一步比较十二因子、八因子和三因子模型的解释力，我们进行 Wald 检验，结果在表 4 中。检验结果说明八因子相对于十二因子被接受，三因子相对于八因子被拒绝。通过对诸因子的分析，可以得到如下重要结论。

表 4　Wald 检验

检验对象	零假设	F 值	Prob	结论
八因子相对十二因子	四因子系数联合为 0	0.23	0.91	接受
三因子相对八因子	五因子系数联合为 0	71.56	0.00	拒绝

注：表 4 展示了八因子模型相对于十二因子模型的 Wald 检验，以及三因子模型相对于八因子模型的 Wald 检验。

（1）规模因素不显著符合我国近期文献，如万欣荣等（2005），以及赵华和吕雯（2010）。我们的数据采用沪深两市 14 年的数据，数据时间跨度大，包括沪深两市的所有 A 股，因而能够揭示股市综合特征。我们对规模因素的不显著性有两方面解释。一方面，Basu（1983）提出由于盈利股价比在一定程度上包含规模因素，所以引入盈利股价比会冲淡规模效应；另一方面，在我国存在明显的大市值股票被低估，而小市值股票被高估，经历 2008 年金融危机，此种现象和趋势在加重，进而导致规模和股票收益的正向关系。这也暗示我国的股票市场上市值水平不能有效地衡量一个企业的成长状况与风险水平。账面市值比因素则如我们所预期，表现出对股票风险溢价显著的解释力。

（2）投资资本比率因素有显著的解释效力，这与 Huang 和 Wang（2008），Liu、Whited 和 Zhang（2009）用美国市场数据发现投资水平对股票收益率的影响结论是一致的。我们也可以直观地解释为公司所面临的投融资风险是投资者所规避的风险之一，所以以此风险因子能够显著地影响股票的风险溢价。现金资产资本比因素在我国表现不显著。根据 Liu、

Whited 和 Zhang（2009），股票收益率是公司投资收益率和现金资产收益率的加权平均，而投资支出占公司资本的比重远远超过现金的持有量，因而现金资产资本比因子对股票收益率解释的显著性较弱。

（3）盈利股价比和现金流股价比对股票的平均收益率都有显著的影响。盈利股价比与现金流股价比的显著解释效力和众多研究新兴市场文献的发现相一致［如 Achour、Harvey、Hopkins 和 Lang（1999），Estrada 和 Serra（2005）以及 Griffin（2002）］。尽管这两个因素的研究在国外文献中的不同场合都出现过，但在我国股票市场定价文献中还是新补充。

（4）宏观因子中，货币供给增长率 M2Gro 因子和 CPI 因子不显著。回购利率 REPO、长短期利差 TS 以及工业增加值增长率 INDGro 等因子在我国实证研究文献中是第一次被发现同时具有显著解释力。说明这些宏观因素是股票市场的风险来源，是投资者进行投资时考量并规避的因素，对这些因素的暴露直接导致股票的风险溢价升高。

（5）在时序回归和截面回归中的常数项，是基金经理们所关心的超额收益率。而我们的十二因素和八因素回归都显示，在剔除了种种风险暴露之后，股票并没有产生正的超额收益，相反超额收益显著为负，即 $\alpha < 0$。这与时序回归中 25 组的平均超额收益为负相一致。

四、结论与展望

本文以基于消费和投资的资产定价为基础，参考并汇总国内外的实证研究所发现的对股票风险溢价有解释作用的十二个备选因素，并通过对 1997~2009 年中国股市所有 A 股股票风险溢价数据进行回归和检验。我们采用根据规模与账面市值比确定的 25 个投资组合作为检验资产，进行了 Fama-MacBeth 两步回归法。首先，我们对每个投资组合进行逐步回归，找出有解释能力的因素；其次，我们对 25 组股票在样本期间内的平均收益进行截面回归，以时间序列回归中的因子载荷作为解释变量检验各个因子载荷的显著性。结果表明，其中的八个因素最具有解释效力，它们分别为：市场风险溢价、账面市值比、盈利股价比、现金流股价比、投资资本比、工业增加变化率以及回购利率和期限利差。

更进一步地，我们检验了三个因素模型的总体解释效力，结果说明八因子相对于十二因子被接受，三因子相对于八因子被拒绝。我们的主要贡献有以下三点：一是与发达国家的检验结果不同，FF 三因子模型在我国股市的定价解释能力较低，且市场规模没有显著的解释效力；二是与过去的文献不同，我们发现回购利率和期限利差等债市指标对股市风险溢价有显著解释能力，鉴于我国利率仍是官方管制而非市场化的形成机制，间接说明我国股市价格对政策等非市场因素的敏感性；三是投资资本比因素和现金流股价比因素能显著反映在我国股市收益率里，前者可以由基于投资的定价理论来解释，后者反映了市场对自由现金流的代理成本的定价。

本文为未来的研究提出新的挑战。比如，金融危机时期可以近距离的观察，来衡量危机中的风险定价规律。数据处理上，由于规模效应不显著，我们可以在因子构造中控制住其他显著的因素，比如，账面市值比因素或者盈利股价比等；还可以进行多次分组以同时控制更多的变量。公司自有风险是否被定价是国外文献争议的焦点之一，我们完全可以对我国市场的公司自有风险做深度分析。此外，投资人的非理性因素对股票收益的影响都是值得研究的问题。

参考文献

［1］陈小悦、孙爱军：《CAPM 在中国股市的有效性检验》，《北京大学学报：哲学社会科学版》，2000 年第 4 期，第 28-37 页。

［2］陈信元、张田余、陈冬华：《预期股票收益的横截面多因素分析：来自中国证券市场的经验证据》，《金融研究》，2001 年第 6 期，第 22-35 页。

［3］李传乐、王美今：《我国时变风险溢价潜变量模型研究》，《统计研究》，2006 年第 12 期，第 58-62 页。

［4］罗林：《中国股票市场风险模型》，《金融研究》，2003 年第 4 期，第 32-43 页。

［5］万欣荣、蒋少戈、朱红磊：《我国股票收益影响因素的定价模型实证研究》，《金融研究》，2005 年第 12 期，第 62-72 页。

［6］赵华和吕雯：《中国股票市场动态三因素资产定价模型分析》，《山西财经大学学报》，2010 年第 3 期，第 30-37 页。

［7］Achour D., C.R. Harvey, G.Hopkins, and C.Lang. "Stock Selection in Malaysia," Emerging Markets Quarterly, 1999, 3 (1, Spring): 54-91.

［8］Achour D., C.R.Harvey, G. Hopkins, and C.Lang. "Stock Selection in Mexico," Emerging Markets Quarterly, 1999, 3 (3, Fall): 38-75.

［9］Ball R. "Anomalies in Relationship Between Securities' Yields and Yield-surrogates", Journal of Financial Economics, 1978, 6 (2-3): 103-126.

［10］Bansal R., and A.Yaron. "Risks for the Long Run: A Potential Resolution of Asset Pricing Puzzles", Journal of Finance, 2004, 59 (4): 1481-1509.

［11］Basu S. "The Relationship between Earnings' Yield, Market Value and Return for NYSE Common Stocks: Further Evidence", Journal of Financial Economics, 1983, 12 (1): 129-156.

［12］Campbell J.Y. and R.J. Shiller. "The Dividend-price Ratio and Expectations of Future Dividends and Discount Factors," Review of Financial Studies, 1988, 1 (3): 195-228.

［13］Chen N., R.Roll, and S.A. Ross. "Economic Forces and the Stock Market", Journal of Business, 1986, 59 (3): 383-403.

［14］Cochrane J.H. "Production-based Asset Pricing and the Link between Stock Returns and Economic Fluctuation," Journal of Finance, 1991, 46 (1): 209-237.

［15］Cochrane J.H. "A Cross-sectional Test of An Investment-based Asset Pricing Model," Journal of Political Economy, 1996, 104 (3): 572-621.

［16］Cochrane J.H. Asset Pricing, Published by Princeton University Press, 2000.

[17] Breeden D.T. "An Intertemporal Asset Pricing Model With Stochastic Consumption and Investment Opportunities", Journal of Financial Economics, 1979, 7 (3): 265-296.

[18] Estrada J., and A.P. Serra. "Risk and Return in Emerging Markets FamilyMatters," Journal of Multinational Financial Management, 2005, 15 (3): 257-272.

[19] Fama E.F., and K.R. French. "Common Risk Factors tn the Returns On Stocks and Bonds," Journal of Financial Economics, 1993, 33 (1): 3-56.

[20] Fama E.F., and K.R. French. "Size and Book-to-Market Factors in Earnings and Returns," Journal of Finance, 1995 (50): 131-155.

[21] Fama E.F., and K.R. French. "Muhifactor Explanations of Asset Pricing Anomalies," Journal of Finance, 1996, 51 (1): 55-84.

[22] Griffin J.M. "Are the Fama and French Factors Global or Country Specific?," Review of Financial Studies, 2002, 15 (3): 783-803.

[23] Hansen L. P., and K.J. Singleton. "Stochastic Consumption, Risk Aversion, and the Temporal Behavior of Asset Returns," Journal of Political Economy, 1983, 91 (2): 249-265.

[24] Huang D., and F. Wang. "Cash, Investments and Asset Returns," Journal of Banking and Finance, 2009, 33 (12): pp.2301-2311.

[25] Jagannathan R. "An Investigation of Commodity Futures Prices Using the Consumption-Based Intertemporal Capital Asset Pricing Model", Journal of Finance, 1985, 40 (1): 175-191.

[26] Jagannathan R., and Z.Wang. "The Conditional CAPM and the Cross-Section of Expected Returns", Journal of Finance, 1996, 51 (1): 3-53.

[27] Jensen M.C. "Agency Cost of Free Cash Flow, Corporate Finance, and Takeovers," American Economic Review, 1986, 76 (2): 323-329.

[28] Lakonishok J., R.W. Vishny, and A. Shleifer. "Contrarian Investment, Extrapolation, and Risk," Journal of Finance, 1994, 49 (5): 1541-1578.

[29] Lintner J. "The Valuation of Risk Assets and the Selection of Risky Investment in Stock Portfolios and Capital Budgets", Review of Economics and Statistics, 1965, 47 (1): 13-37.

[30] Liu L., T.M. Whited, and L. Zhang. "Investment—based Expected Stock Returns," Journal of Political Economy, 2009, 17 (6): 1105-1139.

[31] Lucas R.E., Jr. "Asset Prices in all Exchange Economy", Econometrica, 1978, 46 (6): 1429-1445.

[32] Markowitz H.M. "Portfolio Selection," Journal of Finance, 1952, 7 (1): 77-91.

[33] Mehra R., and E.C. Prescott. "The Equity Premium: A Puzzle," Journal of Monetary Economies, 1985, 15 (2): 145-161.

[34] Merton R.C. "An Intertemporal Capital Asset Pricing Model", Econometrica, 1973, 41 (5): 867-887.

[35] Mossin J. "Equilibrium In A Capital Asset Market", Econometriea, 1966, 34 (4): 768-783.

[36] Roll R. "A Critique of the Asset Pricing Theory's Tests Part I: On Past and Potential Testability of the Theory", Journal of Financial Economics, 1977, 4 (2): 129-176.

[37] Sharpe W.F. "Capital Asset Prices: A Theory of MaJ'ket Equilibrium Under Conditions of Risk", Journal of Finance, 1964, 19 (3): 425-442.

[38] Zhu Y.Z., and G.F. Zhou. "Volatility Trading: What is the Role of the Long—Run Volatility Component?" Journal of Financial and Quantitative Analysis, 2010 (49).

Research on the Risk Premium of Chinese Stock Market

Wang Yintian Zhu Yingzi

Abstract: Based on various asset pricing theory and empirical study on multifactor model, the paper empirically studies the cross-sectional differences of the Chinese stock market risk premium of A share by using monthly stock excess returns from 1997 to 2009, and establish an eight-factor model which performs better than Fama-French three factor model both statistically and economically. The eight factors include market risk premium, HML from Fama-French 3 factors model, earnings-price ratio, cashflow-price ratio, investment capital ratio, industrial growth, Repo rate, and interest rate term spread. The main contributions are: first, the authors identify a nmltifactor model that accounts for cross. seetional risk premium of Chinese stock markets better than Fama-French three factors model; second, different from previous studies oil Chinese a share prices, it is found that Repo rate and term spread have strong explanatory power; third, consistent with investment based asset pricing model. It is found that investment-capital ratio and cashflow price ratio can significantly affect the stock risk premium.

Key Words: Risk Premium; Risk Factors; Multifactor Model

影子银行的信用创造功能及其对货币政策的挑战

李波 伍戈[①]

【内容摘要】 此次国际金融危机爆发以来,影子银行体系的迅速发展及其影响成为当前讨论的热点话题。尽管如此,从国内外现有的文献来看,绝大部分局限于影子银行体系发展对金融稳定和金融监管的影响,很少论及影子银行体系的信用创造功能及其对货币政策的影响。本文结合此次国际金融危机前影子银行体系的典型运行模式,着重从其信用创造的角度,创新性地研究其对货币政策的挑战,最终得出若干政策建议

【关键词】 影子银行;货币政策;信用创造

一、引言

此次国际金融危机爆发以来,各界开始不断反思金融监管和金融体系的内在缺陷等。影子银行体系(Shdaow Bnaking System)的迅速发展及其影响成为当前讨论的热点话题。尽管如此,从国内外现有的文献来看,对影子银行的深入研究还不多见,而且绝大部分局限于影子银行体系发展对金融稳定和金融监管的影响,很少论及影子银行体系的信用创造功能及其对货币政策的影响。事实上,随着近年来金融创新的迅猛发展,各种证券化产品和衍生工具层出不穷(Panageas,2009),越来越多的观点将其视为由影子银行体系创造的广义流动性的有机组成部分,这实际上大幅拓宽了传统意义上流动性的概念。据估算(Bollard,2007),由各种衍生产品创造的流动性约占全球广义流动性的78%,其对货币政策的理论和实践带来了巨大挑战(见图1)。影子银行体系及其衍生产品创造功能在西方发达国家已经十分发达。在我国,部分商业银行的信托理财、资产证券化产品也体现了影

[①] 李波,经济学博士,研究员,任职于中国人民银行货币政策二司;伍戈,经济学博士,副研究员,任职于中国人民银行货币政策二司,E-mail:wuge@pbe.gov.cn。

子银行的初步特征，这给当前我国货币政策的制定和执行已经带来了一些新的挑战。本文结合此次国际金融危机前影子银行体系的典型运行模式，着重从其信用创造的角度，探讨其对货币政策的挑战，并得出若干政策建议。

图1 对全球广义流动性的估算

二、影子银行的基本概念和运行特征

影子银行的概念最早由美国太平洋投资管理公司执行董事麦卡利于2007年在美联储的年度会议上提出，主要指的是游离于金融监管体系之外的，与传统、正规、接受央行等监管的商业银行系统相对应的金融机构。此后，该概念被广泛采用，各界对影子银行有着许多论述，但至今仍缺乏全面和权威的精确定义。2008年，现任美财长（时任纽联储行长）盖特纳提出，传统银行系统之外存在"非银行"运营的融资安排，他称为"平行银行系统"（Parallel Banking System），该系统中的非银行机构利用短期融资资金购买大量高风险、低流动性的长期资产。此后，"平行银行"常常被作为影子银行的别称。纽约大学鲁比尼教授认为，影子银行体系包括证券经纪自营商、对冲基金、私人股本集团、结构投资工具和渠道、货币市场基金以及非银行抵押贷款机构（鲁比尼，2008）。国际货币基金组织在2008年10月的全球金融稳定报告中，首次提出"准（类）银行"的概念，这与影子银行体系、平行银行系统是类似的概念。值得一提的是，从目前普遍的理解来看，影子银行不单指具备独立法人资格的金融机构，还涵盖各种类似或替代传统银行的业务部门或金融工具。

影子银行体系与商业银行体系一样，将全社会的储蓄者和借款人联系起来，但方式不同于商业银行的吸收存款—发放贷款机制，而是以与现代金融市场联系非常紧密的各种金融工具的形式出现（周莉萍，2010）。从运行机制来看，影子银行体系常常是以理财产品代理人的角色进行融资和投资活动，以非传统的方式进入了信贷市场。具体而言，影子进入信贷市场的方式包括：第一，购买并接收商业银行的贷款资产包，持有长期信用资产或者将其进行结构组合，发行以该资产为基础的证券化产品；第二，为商业银行提供信用违约风险工具如信用违约互换（CDS），并成为商业银行的交易对手方，从而将自身的资产负债表与信用市场紧密联系；第三，通过发行各种形式的信托理财产品（如货币市场共同基金）分流储蓄资金，并用募集的资金来购买各种信用等级的证券化产品，或用来提供给回购交易的资金需求方（银行）间接为企业贷款融资。总之，影子银行可以视作与传统商业银行平行运行的一个信用创造体系，常常游离于金融监管和货币政策的直接调控之外。Gorton 和 Metrick（2010）认为，影子银行体系的三项核心制度是货币市场共同基金（MMMF）对储蓄资金的分流，资产证券化将银行资产移到表外，回购协议使证券化产品成为一种"货币"。本文认为，上述制度都依赖于现代破产法对回购协议的特殊待遇，这种特殊待遇使得证券化产品成为一种"私人制造的货币"。

具体地，对于零售投资者而言，存款保险能发挥很好的作用（见图 2），但却给拥有大规模资产的机构带来挑战。① 在美国由于存款保险有 10 万美元的上限，诸如养老基金、共同基金、州立或市立等现金富余的非金融公司没有容易进入的安全、收益性的短期投资渠道。解决这一问题的方法就是通过影子银行的表外借贷方式（见图 3）。

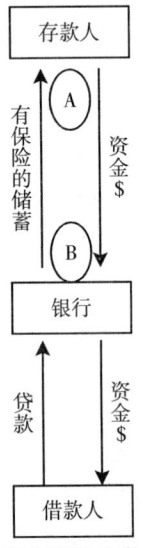

图 2　传统商业银行的表内融资模式

图 3 中的步骤②类似于图 2 的步骤Ⓐ，但有一个重要区别。在图 2 传统的银行体系中，存款由政府承担保险。图 3 中步骤②为了实现类似的保护，机构投资者从银行获得抵押品。在实际操作中，这种存款抵押交易采取回购协议的形式，比如，存款者存了 X，并以抵押品的形式获得市价为 X 的资产；银行同意一段时间后以 Y 回购该资产。(Y − X)/X 的比率称为回购率，类似于银行存款的利率。通常情况下，存款的价值小于抵押品的价

---

① 详见 Gortonand Metrick（2010）。

值,两者之差称为"折扣"(haircut)。例如,如果某资产的市场价格为 100,银行以 80 卖掉并承诺以 8 的价格回购,那么回购利率为 10% (=88-80/80),折扣为 20% (100-80/100)。如果银行到期违约不执行回购,那么投资者将保留抵押资产。在美国,回购是免于破产的一般程序,不受制于"自动保留规则"(Automatic Stay Rule)。真正将融资移至银行表外的是步骤④,贷款被聚集起来并被证券化。证券化的产品或是被机构投资者直接购买,或是被用于步骤②的抵押品。实际上,证券化的债券通常是大额度的存款者提供保险的主要押品来源。本文认为,证券化的债券已作为一种倾向形式来使用。

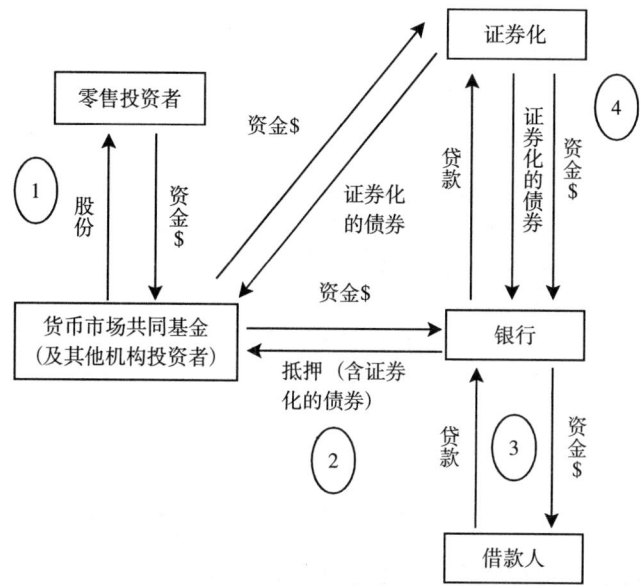

图 3 影子银行的表外融资模式

三、影子银行的信用创造过程

为了便于说明影子银行的信用创造功能,我们以此轮次贷危机为典型案例进行说明。次级贷款机构和投资银行等在次贷危机中扮演了十分重要的角色,他们为次级贷款者和市场富余资金搭建了桥梁,成为次级贷款融资的重要媒介。类似于商业银行这样的金融中介,在整个次级贷款运作模式中,所有次级贷款机构和投资银行等在总体上形成了一个巨大的"影子银行"(汤震宇等,2009)。这个巨大的影子银行可能不仅仅特指某个单一的金融机构,而是各次级贷款机构和(或)投资银行相关业务部门的联合体。

表 1 甲影子银行

资产		负债和所有者权益	
次级贷款池	$10000	CDO 及其他衍生品 I	$8000
		权益资金	$2000
总计	$10000	总计	$10000

具体地，如表 1 所示，甲影子银行通过发行以次级按揭抵押贷款为基础的各种 CDO（担保债权凭证）产品及其他衍生品从市场募集资金 10000 元，形成甲影子银行的负债 8000 元，与此同时，保留权益级的 CDO 资金 2000 元（为了使问题简化，假设各影子银行留存的权益资金比例相同，均为 20%），对应着影子银行甲的权益资金；甲影子银行的资产业务主要是运用融来的资金购买次级抵押贷款 1000 元（这些贷款就移到了银行的表外）。

然后，乙影子银行通过从市场募集资金 8000 元，形成乙影子银行 CDO 及其他衍生品 II 的负债 6400，同时通过保留或出租相关权益级 CDO1600；乙影子银行的资产业务主要是运用融来的资金购买 8000 元的 CDO 及其他衍生品 I（见表 2）。

表 2 乙影子银行

资产		负债和所有者权益	
CDO 及其他衍生品 I	$8000	CDO 及其他衍生品 II	$6400
		权益资金	$1600
总计	$8000	总计	$8000

类似地，丙影子银行以上述乙影子银行 CDO 及其他衍生品 n 为基础的产品从市场募集资金 6400，形成丙影子银行 CDO 及其他衍生品 III 的负债 5120，同时通过保留或出租相关权益级 CDO1280；丙影子银行的资产业务主要是运用融来的资金购买 6400 的 CDO 及其他衍生品 II（见表 3）。

表 3 丙影子银行

资产		负债和所有者权益	
CDO 及其他衍生品 II	$6400	CDO 及其他衍生品 III	$5120
		权益资金	$1280
总计	$6400	总计	$6400

丙影子银行 CDO 及其他衍生品 III 的 5120 将被丁影子银行作为基础进一步通过发行 CDO 及其他衍生品从市场募集资金……这个过程可以无限地继续下去。在这个过程中，每一家影子银行都在创造信用（见表 4）。

表4 影子银行系统信用创造过程

N	资产	负债	权益资金
1	ΔB	$\Delta B(1-r_d)^1$	$r_d \Delta B$
2	$\Delta B(1-r_d)^1$	$\Delta B(1-r_d)^2$	$r_d \Delta B(1-r_d)^1$
3	$\Delta B(1-r_d)^2$	$\Delta B(1-r_d)^3$	$r_d \Delta B(1-r_d)^2$
⋮	⋮	⋮	⋮
N			
⋮			
总计	$\Delta A = \Delta B \sum_{n=1}^{\infty}(1-r_d)^{n-1}$	$\Delta L = \Delta B \sum_{n=1}^{\infty}(1-r_d)^n$	$\Delta E = r_d \Delta B \sum_{n=1}^{\infty}(1-r_d)^{n-1}$

由表 4 可知，若最初的次级贷款池增加 ΔB，经过影子银行系统的 n 次扩张后，其资产总额增加到：

$$\Delta A = \Delta B \sum_{n=1}^{\infty}(1-r_d)^{n-1}$$

假设各影子银行留存的权益资金比例均为 r_d，且 $0 < r_d < 1$，$0 < (1-r_d) < 1$，因此，

$$\Delta A = \Delta B \sum_{n=1}^{\infty}(1-r_d)^{n-1} = \Delta B \frac{1}{1-(1-r_d)} = \frac{1}{r_d}\Delta B \tag{1}$$

此处，r_d 有点类似于传统商业银行的法定存款准备金率，但与传统商业银行信用创造不同的是，r_d 值大小并不受中央银行的强制约束，可由各影子银行根据期融资情况自行把握。因此，从理论上讲，如果（1）式中 r_d 很小（甚至趋向于 0），那么，乘数 $\frac{1}{r_d}$ 趋近于无穷大，导致资产总额 ΔB 随之趋向于无穷大。在现实中，相对于传统商业银行而言，由于无法定存款准备金率和其他金融监管指标的约束，乘数 $\frac{1}{r_d}$ 可以很大（r_d 很小），因此，影子银行体系具有更强的信用创造功能。

如果考虑相反的情形，若最初次级贷款池的资产减少 ΔB，那么经过影子银行系统的收缩后，其资产总额也将以 $\frac{1}{r_d}$ 的乘数比例迅速缩减，由此可见，影子银行体系具有极高的杠杆性和金融风险。但与传统商业银行信用创造不同的是，影子银行并不直接创造传统狭义流动性的货币资产，而是创造广义流动性特征的各种金融资产。需要注意的是，上述 CDO 等证券化产品具有一定的货币属性，因为它们随时可以通过回购交易变成现金（剔除一定折扣），形成对资产市场或实体经济的需求。

四、影子银行体系对货币政策的挑战以及政策建议

(一) 影子银行体系对货币政策的挑战

在现阶段,无论是在国外还是国内,影子银行独特的运行机制依然独立于传统货币政策调控范围之外,其对货币政策的理论和实践形成诸多挑战。在中国,由于缺乏实质性的证券化过程以及发达的衍生品市场,目前,中国式影子银行仍不是真正意义上的影子银行。尽管如此,随着金融市场的不断发展,商业银行规避信贷而产生的影子银行属性值得高度关注。归结起来,影子银行体系对货币政策的挑战主要体现在以下四个方面:

一是影子银行体系通过金融稳定渠道对货币政策产生系统性影响。货币政策一般是通过金融体系传导而实现对整体经济调控的,因此,金融体系的稳健程度直接影响着货币政策的实际实施效果。影子银行的高杠杆率且游离于常规监管之外,给金融稳定带来了严峻的挑战。尽管目前关于此次金融危机教训的讨论很多,甚至以巴塞尔协议Ⅲ为代表的新监管措施也陆续出台,但其主要针对受监管的商业银行,影子银行的资本比率等仍不在监管之内。影子银行的高杠杆行为对相关金融机构、经营资产质量等稳健性指标仍有着重要影响,并最终对货币政策形成挑战。中长期通货膨胀和货币政策造成影响,这也是目前各界关注的焦点问题之一。

二是影子银行体系对货币政策调控目标形成重要挑战。首先,从货币政策的最终目标来看,此次危机后国际社会对央行过分强调单一盯住 CPI 表示出了质疑,资产价格至少应成为货币政策重要的关注指标,而影子银行创造各类金融资产的价格理应成为中央银行关注的重点。其次,从货币政策的中间目标来看,传统的货币供应量似乎难以完全涵盖流动性的真实水平,影子银行创造的流动性可能也有必要纳入广义流动性的范畴。最后,从货币政策的操作目标来看,商业银行的超额准备金也必然受到影子银行体系运行的影响,未必完全能反映到货币政策调控的结果之中。此外,影子银行体系的活跃还势必加快货币流动速度,这些对央行的基础货币调控及其货币供应调控也有着潜在影响。

三是影子银行体系对货币政策工具效力造成直接冲击。首先,影子银行体系使得融资行为严重脱媒,将贷款通过各种形式包装销售或转移等方式,势必会导致货币信贷规模控制等数量型货币工具的效力削弱。其次,影子银行系统内部金融资产本身就是规避监管以及追逐套利的产物,其实际利率情况可能对官方政策利率形成干扰,不利于货币政策意图的传导。此外,从公开市场操作工具来看,影子银行的发展丰富了金融市场的产品,增加了市场的广度和深度,但反过来,这些新产品的出现及其价格波动可能牵动整个市场,央行公开市场操作中传统证券的价格势必会受到更多不确定性的冲击,其对利率期限结构的调控能力也会受到更多的现实挑战。

四是影子银行与资产价格之间的关系加大了货币政策调控的难度。从上述分析中可以看出，影子银行创造的信用主要形成了对金融资产的需求，与资产泡沫的形成密切相关。由于影子银行受传统货币政策调控的程度有限，其可能导致的资产泡沫加大了货币政策调控的难度。如何全面判断影子银行创造的信用规模及其对资产价格的推动作用，如何科学测度资产价格繁荣及其破灭对流动性水平和实体经济的影响等都是货币政策面临的现实挑战。

（二）政策建议

综上所述，影子银行体系及其信用创造功能对货币政策形成了许多挑战。对此，宏观经济决策者应积极应对，从而有的放矢地制定出科学的宏观政策。结合上述国际上影子银行的操作经验以及中国的现实情况，本文提出以下政策建议：首先，应强化调查统计，密切洞察影子银行运行机制。影子银行是正在演进中的新鲜事物，对此的理论研究和实践探索仍处于初级阶段。但由于影子银行大多是规避金融监管的产物，具有一定的隐蔽性，其数据和信息的可得性方面存在较大难度，因此，获得数据弄清机制应该是深入研究和制定政策的前提条件，目前有必要对商业银行的金融创新业务及其有关会计报表处理等进行全面调查统计。其次，进一步探索影子银行体系及其信用创造功能对货币政策的影响。目前，大量的研究侧重于影子银行体系对金融稳定的影响，其信用创造功能及其对货币政策的影响的研究正处于起步状态，许多有关的重要命题依然悬而未决，例如，影子银行体系创造的工具和资产属于广义流动性的范畴，但它是否会有潜在的货币功能，或者说对狭义流动性（如货币供应量 M2）是否会有实质性影响等，随着未来影子银行的不断创新发展，这些都值得深入分析探究。最后，应不断完善货币政策分析框架，努力创新货币政策工具以应对影子银行的挑战。此次金融危机的教训确实给货币政策提出了许多更高的要求，其分析框架及其工具应随之不断创新。货币政策不应只片面地看待传统间接融资方式，更应全面地分析金融体系和市场的发展，尤其是更加多元化的融资方式及其货币政策传导功能，紧密监测广义流动性的创造及其资产价格变化对货币政策的影响。与此相应的是，单一的利率管理或信贷规模管理都很难适应当前形势的发展，只有加强货币政策工具创新（如宏观审慎等）及其调控艺术性，才能有效应对影子银行的现实挑战。

参考文献

［1］胡庆康：《现代货币银行学教程》，上海：复旦大学出版社，上海 1996 年。

［2］鲁比尼：《影子银行体系正逐步瓦解》，英国《金融时报》中文版 2008 年 9 月刊。

［3］汤震宇、刘博、林树、李翔：《从美国次贷危机看金融创新过程中信用创造的缺陷》，《开放导报》2009 年第 9 期。

［4］叶云燕：《规模持续扩张，驱动中间业务增长——银行理财业务及其影响分析》，《中国银河证券行业研究报告》2011 年 7 月刊。

［5］郑联盛：《影子银行体系：发展、内涵与未来》，《中国社会科学院世界经济与政治研究所国际金融研究中心报告》2009 年 5 月刊。

[6] 周莉萍：《影子银行体系：运行机制与发展》,《中国社会科学院金融研究所金融论坛》, 2010 年 9 月刊。

[7] Bollard, Alan. "Easy Money—Global Liquidity and Its Impact on New Zealand", BIS Review, 2007, No.25.

[8] Gorton, Gary, and Metrick, Andrew, 2010, "Regulating the Banking System", http://ssrn.corn/abstract: 1676947.

[9] Panageas, Kedran Garrison, 2009, "The Decline and Fall of the Seeuritization Markets", J.P Morgan Report.

Credit Creation by Shadow Banking System and Its Implication on the Monetary Poicy

Li Bo   Wu Ge

Abstract: The rapid development of shadow banking system and its implication are becoming hot topic after this round of international financial crisis. However, most of literatures ale focusing on the impact of shadow banking on the financial stability and regulation. There are few papes discussing its implication on the monetary poicy. This paper analyses the characteristic of the current shadow banking system and its credit creation, and discuss its impact on the monetary policy. Finally, we try to provide some policy recommendations.

Key Words: Shadow Banking; Monetary Policy; Credit Creation

第二节 英文期刊论文精选

本报告对 2011 年国外与金融学理论相关的期刊论文进行梳理和内容划分，经过以下程序选定：首先，主要收录了 Journal of Finance、Journal of Financial Economics、The Review of Financial Studies、Journal of Economic Literature、Review of International Economics 等权威期刊；其次，参考其他期刊中文章的引用率进行候选期刊的补充。根据以上原则，本次文献资料整理共得到与金融学理论相关的期刊论文 325 篇。在综合考虑研究内容、研究方法及研究视角后，经过编委们的一致同意，共评选出 22 篇英文期刊优秀论文。

文章名称：Exchange Rate Regimes in the Modern Era: Fixed, Floating, and Flaky
期刊名称：Journal of Economic Literature
作　　者：Andrew K. Rose
出版期号：2011 (49)
内容摘要：This paper provides a selective survey of the incidence, causes, and consequences of a country's choice of its exchange rate regime. I begin with a critical review of Michael Klein and Jay C. Shambaugh's (2010) book Exchange Rate Regimes in the Modern Era, and then proceed to provide an alternative overview of what the economics profession knows and needs to know about exchange rate regimes. While a fixed exchange rate with capital mobility is a well-defined monetary regime, floating is not; thus, it is unclear whether it is theoretically sensible to compare countries across exchange rate regimes. This comparison is quite difficult to make empirically. It is hard to figure out what the exchange rate regime of a country is in practice, since there are multiple conflicting regime classifications. More importantly, similar countries choose radically different exchange rate regimes without substantive consequences for macroeconomic outcomes like output growth and inflation. That is, the profession knows surprisingly little about either the causes or consequences of national choices of exchange rate regimes. But since the consequences of these choices are small, understanding their causes is of only academic interest.

文章名称：SME performance in transition economies: The financial regulation and firm-level corruption nexus
期刊名称：Journal of Comparative Economics
作　　者：Axel Wieneke, Thomas Gries
出版期号：2011 (39)
内容摘要：Using a general equilibrium endogenous growth model we explain underperformance in the small and medium enterprise sector as an effect of corruption and non-competitive banking. Limited competition in the banking sector causes a high loan-deposit spread, worsens the initial effect of corruption, and depresses growth. Fostering bank competition, for instance, by allowing foreign bank entry, would be a simple solution to this problem, but frequently, authorities choose to hamper bank competition. Therefore, we explain the persistence of non-competitive banking as a result of governments' regulatory choice. If the government has a stake in the banking sector there exists a trade-off between current benefits from bank profits and future growth. Firm-level corruption affects intertemporal optimization and distorts the government's choice towards more restrictive regulation, i.e., less bank competition, even if the deciding institution itself is not corrupt. These results show that the two prominent problems for small and medium enterprises, corruption and finance are mutually reinforcing.

文章名称：Global financial crisis, extreme interdependences, and contagion effects: The role of economic structure?
期刊名称：Journal of Banking & Finance
作　　者：Riadh Aloui, Mohamed Safouane Ben Aïssa, Duc Khuong Nguyen
出版期号：2011 (35)
内容摘要：The paper examines the extent of the current global crisis and the contagion effects it induces by conducting an empirical investigation of the extreme financial interdependences of some selected emerging markets with the US. Several copula functions that provide the necessary flexibility to capture the dynamic patterns of fat tail as well as linear and nonlinear interdependences are used to model the degree of cross-market linkages. Using daily return data from Brazil, Russia, India, China (BRIC) and the US, our empirical results show strong evidence of time-varying dependence between each of the BRIC markets and the US markets, but the dependency is stronger for commodity-price dependent markets than for finished-product export-oriented markets. We also observe high levels of dependence persistence for all market pairs during both bullish and bearish markets.

文章名称：Life expectancy and economic growth: the role of the demographic transition
期刊名称：Journal of Economic Growth
作　　者：Matteo Cervellati, Uwe Sunde
出版时间：May 2011
内容摘要：This paper investigates the hypothesis that the causal effect of life expectancy on income per capita growth is non-monotonic. This hypothesis follows from the recent literature on unified growth, in which the demographic transition represents an important turning point for population dynamics and hence plays a central role for the transition from stagnation to growth. Results from different empirical specifications and identification strategies document that the effect is non-monotonic, negative (but often insignificant) before the onset of the demographic transition, but strongly positive after its onset. The results provide a new interpretation of the contradictory existing evidence and have relevant policy implications.

文章名称：Internal liquidity risk in corporate bond yield spreads
期刊名称：Journal of Banking & Finance
作　　者：Tsung-Kang Chen, Hsien-Hsing Liao, Pei-Ling Tsai
出版期号：2011 (35)
内容摘要：The recent global financial crisis reveals the important role of internal liquidity risk in corporate credit risk. However, few existing studies investigate its effects on bond yield spreads. Panel data for the period from year 1993 to 2008 show that corporate internal liquidity

risk significantly impacts bond yield spreads (and changes) when controlling for well-known bond yield determinant variables, traditional accounting measures of corporate debt servicing ability, cash flow volatility, credit ratings, and state variables. This finding indicates that internal liquidity risk should therefore be incorporated into bond yield spread modeling.

文章名称：Liquidity risk and expected corporate bond returns
期刊名称：Journal of Financial Economics
作　　者：Hai Lina, Junbo Wang, Chunchi Wu
出版期号：2011 (99)
内容摘要：This paper studies the pricing of liquidity risk in the cross section of corporate bonds for the period from January 1994 to March 2009. The average return on bonds with high sensitivities to aggregate liquidity exceeds that for bonds with low sensitivities by about 4% annually. The positive relation between expected corporate bond returns and liquidity beta is robust to the effects of default and term betas, liquidity level, and other bond characteristics, as well as to different model specifications, test methodologies, and a variety of liquidity measures. The results suggest that liquidity risk is an important determinant of expected corporate bond returns.

文章名称：Liquidity risk management and credit supply in the financial crisis
期刊名称：Journal of Financial Economics
作　　者：Marcia Millon Cornett, Jamie John McNutt, Philip E. Strahan, Hassan Tehranian
出版期号：2011 (101)
内容摘要：Liquidity dried up during the financial crisis of 2007-2009. Banks that relied more heavily on core deposit and equity capital financing, which are stable sources of financing, continued to lend relative to other banks. Banks that held more illiquid assets on their balance sheets, in contrast, increased asset liquidity and reduced lending. Off-balance sheet liquidity risk materialized on the balance sheet and constrained new credit origination as increased takedown demand displaced lending capacity. We conclude that efforts to manage the liquidity crisis by banks led to a decline in credit supply.

文章名称：Global retaill ending in the aftermath of the US financial crisis: Distinguishing between supply and demand effects
期刊名称：Journal of Financial Economics
作　　者：Manju Puri, Jorg Rocholl, Sascha Steffenn
出版期号：2011 (100)

内容摘要: This paper examines the broader effects of the US financial crisis on global lending to retail customers. In particular we examine retail bank lending in Germany using a unique data set of German savings banks during the period 2006 through 2008, for which we have the universe of loan applications and loans granted. Our experimental setting allows us to distinguish between savings banks affected by the US financial crisis through their holdings in Landesbanken with substantial subprime exposure and unaffected savings banks. The data enable us to distinguish between demand and supply side effects of bank lending and find that the US financial crisis induced a contraction in the supply of retail lending in Germany. While demand for loans goes down, it is not substantially different for the affected and nonaffected banks. More important, we find evidence of a significant supply side effect in that the affected banks reject substantially more loan applications than nonaffected banks. This result is particularly strong for smaller and more liquidity-constrained banks as well as for mortgage as compared with consumer loans. We also find that bank-depositor relationships help mitigate these supply side effects.

文章名称: Exchange Rate Policy and Sovereign Spreads in Emerging Market Economies
期刊名称: Review of International Economics
作　　者: Inci Gumus
出版期号: 2011 (19)

内容摘要: This paper empirically analyzes the relationship between exchange rate policy and sovereign risk premia in emerging market economies, considering both officially declared regimes and actual exchange rate behavior. The results show that countries that announce a fixed exchange rate regime face lower spreads than countries that announce a floating regime or intermediate flexibility. When the actual exchange rate behavior is considered, this relationship persists between intermediate flexibility and pegs but countries that allow their exchange rates to freely float do not face higher spreads. The difference between the results is due to the fact that many countries deviate from their declared exchange rate policy. The countries that announce a floating regime do not face higher spreads than pegs when they actually allow a high degree of flexibility as they announced. However, intermediate flexibility leads to higher spreads independently of whether this is the announced policy or the actual behavior.

文章名称: Implications of Bank Ownership for the Credit Channel of Monetary Policy Transmission: Evidence from India
期刊名称: Journal of Banking & Finance
作　　者: Sumon Kumar Bhaumik, Vinh Dang, Ali M. Kutan
出版时间: February 2011

内容摘要: Using bank-level data from India, we examine the impact of ownership on the reaction of banks to monetary policy, and also test whether the reaction of different types of banks to monetary policy changes is different in easy and tight policy regimes. Our results suggest that there are considerable differences in the reactions of different types of banks to monetary policy initiatives of the central bank, and that the bank lending channel of monetary policy is likely to be much more effective in a tight money period than in an easy money period. We also find differences in impact of monetary policy changes on less risky short-term and more risky medium-term lending. We discuss the policy implications of the findings.

文章名称: A Macroprudential Approach to Financial Regulation
期刊名称: Journal of Economic Perspectives
作　　者: Samuel G. Hanson, Anil K. Kashyap, and Jeremy C. Stein
出版时间: Winter 2011
内容摘要: In this paper, we offer a detailed vision for how a macroprudential regime might be designed. Our prescriptions follow from a specifific theory of how modern fifi nancial crises unfold and why both an unregulated fifi nancial system, as well as one based on capital rules that only apply to traditional banks, is likely to be fragile. We begin by identifying the key market failures at work: why individual fifinancial fifirms, acting in their own interests, deviate from what a social planner would have them do. Next, we discuss a number of concrete steps to remedy these market failures. We conclude the paper by comparing our proposals to recent regulatory reforms in the United States and to proposed global banking reforms.

文章名称: Monetary policy and macroeconomic stability in Latin America: The cases of Brazil, Chile, Colombia and Mexico
期刊名称: Journal of International Money and Finance
作　　者: Luiz de Mello, Diego Moccero
出版时间: August 2011
内容摘要: In 1999, new monetary policy regimes were adopted in Brazil, Chile, Colombia and Mexico, combining inflation targeting with floating exchange rates. These regime changes have been accompanied by lower volatility in the monetary stance in Brazil, Colombia and Mexico, despite higher inflation volatility in Brazil and Colombia. This paper estimates a conventional New Keynesian model for these four countries and shows that: i) the post-1999 regime has been associated with greater responsiveness by the monetary authority to changes in expected inflation in Brazil and Chile, while in Colombia and Mexico monetary policy has become less counter-cyclical, ii) lower interest-rate volatility in the post-1999 period owes more to a benign economic environment than to a change in the policy setting, and iii) the change in

the monetary regime has not yet resulted in a reduction in output volatility in these countries.

文章名称：Corporate Governance and Firm Value: International Evidence
期刊名称：Journal of Empirical Finance
作　　者：Manuel Ammann, David Oesch, Markus M. Schmid
出版期号：2011 (18)
内容摘要：In this paper, we investigate the relation between firm-level corporate governance and firm value based on a large and previously unused dataset from Governance Metrics International (GMI) comprising 6663 firm-year observations from 22 developed countries over the period from 2003 to 2007. Based on a set of 64 individual governance attributes we construct two alternative additive corporate governance indices with equal weights attributed to the governance attributes and one index derived from a principal component analysis. For all three indices we find a strong and positive relation between firm-level corporate governance and firm valuation. In addition, we investigate the value relevance of governance attributes that document the companies' social behavior. Regardless of whether these attributes are considered individually or aggregated into indices, and even when "standard" corporate governance attributes are controlled for, they exhibit a positive and significant effect on firm value. Our findings are robust to alternative calculation procedures for the corporate governance indices and to alternative estimation techniques.

文章名称：Corporate Governance, Product Market Competition, and Equity Prices
期刊名称：The Journal of Finance
作　　者：Xavier Giroud and Holger M. Mueller
出版时间：April 2011
内容摘要：This paper examines whether firms in noncompetitive industries benefit more from good governance than do firms in competitive industries. We find that weak governance firms have lower equity returns, worse operating performance, and lower firm value, but only in noncompetitive industries. When exploring the causes of the inefficiency, we find that weak governance firms have lower labor productivity and higher input costs, and make more value-destroying acquisitions, but, again, only in noncompetitive industries. We also find that weak governance firms in noncompetitive industries are more likely to be targeted by activist hedge funds, suggesting that investors take actions to mitigate the inefficiency.

文章名称：The Market Reaction to Corporate Governance Regulation
期刊名称：Journal of Financial Economics
作　　者：David F. Larcker, Gaizka Ormazabal, Daniel J. Taylor

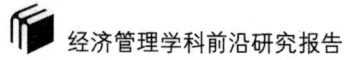

出版时间：March 2011

内容摘要：This paper investigates the market reaction to recent legislative and regulatory actions pertaining to corporate governance. The managerial power view of governance suggests that executive pay, the existing process of proxy access and various governance provisions [e.g., staggered boards and Chief Executive Officer (CEO)-chairman duality] are associated with managerial rent extraction. This perspective predicts that broad government actions that reduce executive pay, increase proxy access, and ban such governance provisions are value-enhancing. In contrast, another view of governance suggests that observed governance choices are the result of value-maximizing contracts between shareholders and management. This perspective predicts that broad government actions that regulate such governance choices are value destroying. Consistent with the latter view, we find that the abnormal returns to recent events relating to corporate governance regulations are, on average, decreasing in CEO pay, decreasing in the number of large blockholders, decreasing in the ease by which small institutional investors can access the proxy process, and decreasing in the presence of a staggered board.

文章名称：Venture Capital Reputation, Post-IPO Performance, and Corporate Governance

期刊名称：Journal of Financial and Quantitative Analysis

作　　者：C. N. V. Krishnan, Vladimir I. Ivanov, Ronald W. Masulis, and Ajai K. Singh

出版时间：October 2011

内容摘要：We examine the association of a venture capital (VC) firm's reputation with the post-initial public offering (IPO) long-run performance of its portfolio firms. We find that VC reputation, measured by the past market share of VC-backed IPOs, has significant positive associations with long-run firm performance measures. While more reputable VCs initially select better-quality firms, more reputable VCs continue to be associated with superior long-run performance, even after controlling for VC selectivity. We find that more reputable VCs exhibit more active post-IPO involvement in the corporate governance of their portfolio firms, and this continued VC involvement positively influences post-IPO firm performance.

文章名称：Sovereign Default Risk and Bank Fragility in Financially Integrated Economies

期刊名称：IMF Economic Review

作　　者：Patrick Bolton and Olivier Jeanne

出版期号：2011 (59)

内容摘要：The paper analyzes contagious sovereign debt crises in financially integrated economies. Under financial integration banks optimally diversify their holdings of sovereign debt in an effort to minimize the costs with respect to an individual country's sovereign debt default.

It also generates contagion expost. The paper shows that financial integration without fiscal integration results in an inefficient equilibrium supply of government debt. The safest governments inefficiently restrict the amount of high-quality debt that could be used as collateral in the financial system and the riskiest governments issue too much debt, as they do not take account of the costs of contagion. Those inefficiencies can be removed by various forms of fiscal integration, but fiscal integration typically reduces the welfare of the country that provides the "safe-haven" asset below the autarky level.

文章名称：The Effect of Banking Crisis on Bank-dependent Borrowers
期刊名称：Journal of Financial Economics
作　　者：Sudheer Chava, Amiyatosh Purnanandam
出版时间：January 2011
内容摘要：We provide causal evidence that adverse capital shocks to banks affect their borrowers' performance negatively. We use an exogenous shock to the U.S. banking system during the Russian crisis of fall 1998 to separate the effect of borrowers' demand of credit from the supply of credit by the banks. Firms that primarily relied on banks for capital suffered larger valuation losses during this period and subsequently experienced a higher decline in their capital expenditure and profitability as compared to firms that had access to the public-debt market. Consistent with an adverse shock to the supply of credit, crisis-affected banks decreased the quantity of their lending and increased loan interest rates in the post-crisis period significantly more than the unaffected banks. Our results suggest that the global integration of the financial sector can contribute to the propagation of financial shocks from one economy to another through the banking channel.

文章名称：The Role of Securitization in Bank Liquidity and Funding Management
期刊名称：Journal of Financial Economics
作　　者：Elena Loutskina
出版时间：March 2011
内容摘要：This paper studies the role of securitization in bank management. I propose a new index of "bank loan portfolio Hquidity" which can be thought of as a weighted average of the potential to securitize loans of a given type, where the weights reflect the composition of a bank loan portfolio. I use this new index to show that by allowing banks to convert illiquid loans into liquid funds, securitization reduces banks' holdings of liquid securities and increases their lending ability. Furthermore, securitization provides banks with an additional source of funding and makes bank lending less sensitive to cost of funds shocks. By extension, the securitization weakens the ability of the monetary authority to affect banks' lending activity but makes banks

more susceptible to liquidity and funding crisis when the securitization market is shut down.

文章名称：Wavelet Optimized Valuation of Financial Derivatives
期刊名称：International Journal of Theoretical and Applied Finance
作　　者：B. Carton De Wiart, M. A. H. Dempster
出版期号：2011（7）
内容摘要：We introduce a simple but efficient PDE method that makes use of interpolation wavelets for their advantages in compression and interpolation in order to define a sparse computational domain. It uses finite difference filters for approximate differentiation, which provide us with a simple and sparse stiffness matrix for the discrete system. Since the method only uses a nodal basis, the application of non-constant terms, boundary conditions and free-boundary conditions is straightforward. We give empirical results for financial products from the equity and fixed income markets in 1, 2 and 3 dimensions and show a speed-up factor between 2 and 4 with no significant reduction of precision.

文章名称：Non-parametric partial importance sampling for financial derivative pricing
期刊名称：Quantitative Finance
作　　者：Jan C. Neddermeyer
出版时间：August 2011
内容摘要：Importance sampling is a promising variance reduction technique for Monte Carlo simulation-based derivative pricing. Existing importance sampling methods are based on a parametric choice of the proposal. This article proposes an algorithm that estimates the optimal proposal non-parametrically using a multivariate frequency polygon estimator. In contrast to parametric methods, non-parametric estimation allows for close approximation of the optimal proposal. Standard non-parametric importance sampling is inefficient for highdimensional problems. We solve this issue by applying the procedure to a low-dimensional subspace, which is identified through principal component analysis and the concept of the effective dimension. The mean square error properties of the algorithm are investigated and its asymptotic optimality is shown. Quasi-Monte Carlo is used for further improvement of the method. It is easy to implement, particularly it does not require any analytical computation, and it is computationally very efficient. We demonstrate through path-dependent and multi-asset option pricing problems that the algorithm leads to significant efficiency gains compared with other algorithms in the literature.

文章名称：The potential contributions of behavioral finance to Post Keynesian and institutionalist finance theories

期刊名称：Journal of Post Keynesian Economics
作　　者：Matthew V. Fung
出版时间：Summer 2011
内容摘要：In their paper "Behavioral Finance and Post Keynesian–Institutionalist Theories of Financial Markets," Raines and Leathers discuss how the theories of Keynes, Davidson, and Galbraith could explain financial bubbles and crises and show how those theories are both confirmed by actual events and supported by some findings in behavioral finance. The current paper comments on their discussion and explores the potential contributions of behavioral finance to future developments of Post Keynesian and Institutionalist theories in other fields in finance, especially portfolio theory and asset pricing theory.

第三章 金融学科 2011 年出版图书精选

本报告通过对 2011 年国内外与金融学理论相关的出版图书进行梳理，同时参考中国国家图书馆馆藏目录、亚马逊、当当网、京东商城等网站的图书信息，经过编者们的讨论和筛选，最终评选出 17 本优秀的中文图书和 10 本优秀的英文图书。

第一节

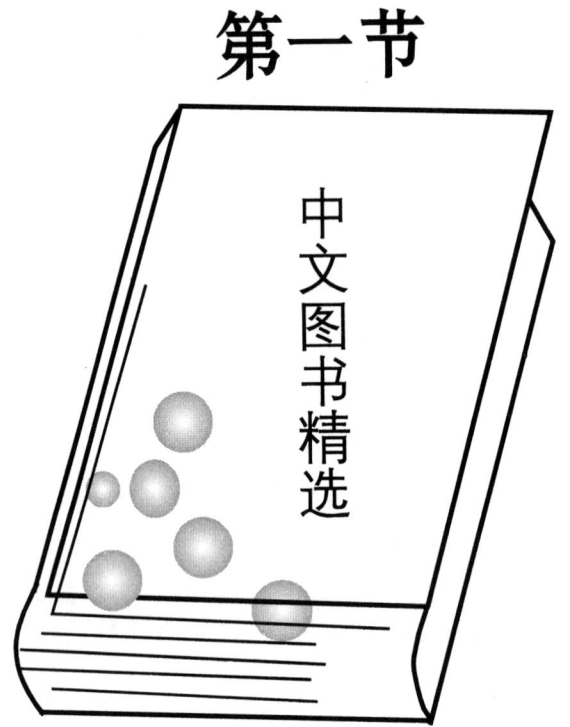

中文图书精选

书　　名：次大国的金融博弈：中国模式及发展类别比较
作　　者：邓乐平，皮天雷
出版时间：2011-06-01
出 版 社：中国金融出版社

内容提要：《次大国的金融博弈：中国模式及发展类别比较》主要以经济金融学理论的最新发展为基础，以中国改革开放30年来经济及金融发展的现实为背景，深入研究了中国金融发展的模式、特征以及金融深化的内生机制与制约因素等。

《次大国的金融博弈：中国模式及发展类别比较》一书由相对独立的三部分组成。

第一部分集中研究并思考中国模式，旨在探寻中国渐进式演变的背景、路径与约束条件，重点考察金融深化在所谓"中国国情"下是如何变化和发展的。第一部分包含了第一章中国模式及金融深化，第二章转轨国家演变的背景与路径依赖，第三章中国金融深化中的本土化特征，第四章金融深化中的社会人文环境因素制衡以及第五章法治进步与中国金融的发展。

第二部分着重分析当今世界各国金融深化模式的国际比较，主要包括苏东与俄罗斯、东亚、拉丁美洲等国家和地区案例的述评、反思与借鉴。由于我们把发展模式简单并且非标准化地分为几个类别，因此，这一部分亦可由此称为"类比较的国际经验"，着重总结这几类模式在金融深化发展过程中的经验教训，从而为中国未来金融健康而有序地发展服务。

第三部分是作者关于中国金融未来深化发展的一个综合性小结。主要是以2007年美国次贷危机为标志的全球金融危机的爆发及蔓延为全球金融深化发展为大背景，思考并总结我国30年来金融深化发展的经验得失。作者认为，面对变动中的这个世界，也许我们更应该趁此机会多想想自己的问题：是什么内外因素支撑了我们的高增长？这种高增长还能持续吗？金融创新与市场失误之间有什么关联？我们的发展模式或曰"中国之谜"就真的是最好的吗？等等。

书　　名：金融危机救助：理论与经验
作　　者：张荔等
出版时间：2011-07-01
出 版 社：中国金融出版社

内容提要：金融危机的危害促使人类希望寻找一种有效的方法来防范、化解或者弱化危机的冲击，因此，金融危机救助理论应运而生，而且，金融危机特点的不断变化也要求危机救助理论不断创新。在当代背景下，经济金融化、金融虚拟化、金融自由化、经济全球化日益成为现代经济、金融的主要特征，金融危机的产生机制和传导途径更加复杂，波及的范围和影响程度不断扩大，金融危机救助的必要性也随之提高。但是，传统的救助理论无法指导新经济金融形势下的危机救助实践，所以，迫切需要对金融危机救助理论进行发展和创新。

基于上述原因，《金融危机救助：理论与经验》从理论和实践两个方面，围绕历史与现实两条主线，对金融危机救助中面临的新问题、新方法进行阐述，不仅对金融危机救助的内涵进行界定，也对危机救助的主体和客体进行扩展，不仅基于不同的经济、金融理论对危机救助进行理论分析，也对历次危机救助实践加以总结和归纳；不仅对危机救助的新形式——国际联合救助进行研究，对联合救助机制的建立和效率的改进进行思考，也对危机救助的成本与收益进行分析，对危机救助的道德风险及其防范问题进行探讨，以期搭建起金融危机救助系统研究的框架，在如何应对金融危机、保障经济金融的平稳健康运行方面提供一些有价值的参考。

金融学学科前沿研究报告

书　　名：模型不确定性下的最优货币政策研究
作　　者：蔡洋萍
出版时间：2011-05-01
出 版 社：中国金融出版社

内容提要：进入21世纪以来，我国经济不断处于过热与冷却交替运行的状态，具体表现为资产价格膨胀、对外贸易摩擦加剧、人民币面临升值压力等多种矛盾，导致我国央行货币政策操作频繁，但是央行频繁且力度较大的准备金调控等操作的收效却并不突出。笔者认为我国货币政策操作效果不明显的根本原因在于我国货币政策操作中存在货币供应量和汇率并存的双重名义锚，货币供应量已不再适合继续充当货币政策中介目标，我国的最优货币政策应向通货膨胀目标制过渡。传统的最优货币政策分析框架——凯恩斯模型，是从模型确定的角度来考虑的，即前提假设条件是不符的，因为模型结构能否真实地反映现实经济状况存在着不确定性。因此，本书重点从模型不确定的角度分析了我国最优货币政策的选择问题。

本书主要包含三个部分：第一部分主要介绍了该问题的研究背景、研究思路及方法，并对规则和相机抉择的货币政策以及货币政策的目标制进行了综述；第二部分对模型不确定性理论作出了全面而深刻的分析，从而进一步讨论了封闭经济和开放经济中模型不确定性下的最优货币政策选择；第三部分模拟了模型不确定性下我国的最优货币政策选择，并对我国货币政策操作框架的选择和改革提出了建议。

书　　名：金融结构差异与货币政策传导研究
作　　者：何晓夏
出版时间：2011-07-01
出 版 社：经济科学出版社

内容提要： 由何晓夏编著的《金融结构差异与货币政策传导研究》全面分析了货币政策传导机制的研究文献，包括主要的理论和实证方面的研究成果；进而从金融结构研究中的货币政策传导机制分析，以及货币政策传导机制研究中的金融结构前提两个角度，进一步梳理了两者之间的内在联系，并由此点明了金融结构与货币政策传导的共生关系。

本书建立了一个从微观到宏观的、合乎逻辑的系统框架。明确解释金融结构差异和货币政策传导之间内在的联系机理：货币政策传导的实质是资源在金融领域进行配置的过程，必然受到金融结构条件的深刻影响。不同金融结构的功能机制与各种交易成本相互作用，形成了各自的交易成本条件特征，决定着货币政策传导环节各经济主体的行为模式，以及货币政策传导利率机制和信用机制的特征，从而使得货币政策传导过程具有不同的特质。在规范研究的基础上，《金融结构差异与货币政策传导研究》给出了实证检验，并以此提出建立金融结构和货币政策传导协调机制的相关政策建议。

书　　名：金融业与经济发展的协调性研究
作　　者：李建军等
出版时间：2011-10-01
出 版 社：中国金融出版社

内容提要：金融发展与深化对资本积累、技术创新以及经济发展都具有极其重要的作用。良好的金融市场、完善的金融体系、合理的金融结构以及顺畅的金融政策传导机制，有利于提高储蓄转化为投资的效率，从而推动经济持续、稳定发展。本书采用第二次全国经济普查修正后的金融与经济指标数据，运用协调度模型等定量研究方法，实证研究中国改革开放30年金融业与经济发展的协调性问题。研究结果发现，1979~1990年金融业发展基本落后于经济发展，同经济发展的协调度相对较低，主要保持在轻度失调、中度失调或初级协调水平；20世纪90年代后金融业进入快速发展阶段，金融深化程度明显提升，金融功能和效率明显提高，金融发展逐渐超前于经济发展。本书作者认为，金融业的发展与改革从来都是以经济改革为基础，金融发展超前了，基础不具备，发展便不可持续；金融发展滞后，又可能对经济发展产生负面影响。保持金融业与经济发展的良好协调，是加强宏观调控、深化金融改革和制定货币政策应关注的重要内容。

本书第一章描绘了中国经济发展中的金融业，包括中国金融业发展现状、中国经济发展中的金融改革与深化、经济发展中的金融抑制、中国经济发展中金融深化指标的测算与分析、中国金融业对经济增长的贡献，并构建了金融业与经济发展协调性分析框架。第二章阐述了金融业与经济发展协调性的分析方法与数据基础。第三章对中国银行业与经济发展的协调性进行分析，并对我国未来银行业的发展提出方向及对策。第四章对中国证券业与经济发展的协调性进行了分析。第五章对中国保险业与经济发展的协调性进行了分析。第六章从纵向的视角分析了中国金融业与经济发展的协调性。第七章则分省域对金融业与经济发展的协调性进行分析。最后一章对经济发展中的金融深化政策选择提出了自己的看法。

书　　名：中国农村政策性金融的功能优化与实证分析
作　　者：王伟
出版时间：2011-01-01
出　版　社：中国金融出版社

内容提要：《中国农村政策性金融的功能优化与实证分析》基于金融功能观分析范式，采用描述性研究与实证分析、比较研究相结合的研究方法，探讨农村政策性金融制度的功能结构理论，研究如何构筑功能完善的中国农村政策性金融制度新体系及其运作机制。《中国农村政策性金融的功能优化与实证分析》通过实地调查和收集样本数据，沿着"农村政策性金融制度特征、功能解释与客观必要性→中国农村政策性金融需求实证分析与中国农村政策性金融制度供给及功能弱化问题→中国农村合作金融、商业性金融与社保金融的社会功能→国外优化农村政策性金融制度功能的经验和做法与构筑功能完善的中国农村政策性金融制度新体系"的研究思路，对中国农村政策性金融理论与实践中亟待科学认识与解决的突出矛盾和问题，如农业政策性银行改革、政策性农业保险发展，以及农村政策性金融制度功能优化及体系构建的路径和方法等，进行了比较系统深入的探究。为使研究结论更具科学性和说服力，本书重点采取抽样调查分析与计量分析相结合的研究方法。本书不仅丰富了金融发展理论和政策性金融理论研究及学科建设的内容，而且对于推进中国政策性金融机构改革及科学决策，加快发展政策性农业保险，进而实现农村政策性金融可持续发展，也具有一定的借鉴和指导意义。

本书可分为四部分，第一部分为引言，介绍了金融发展及政策性金融的理论研究与实践研究情况，同时对本书的研究目的、内容、方法及创新点加以阐述。第二部分为第二章，主要介绍了农村政策性金融的制度特征、功能解释与客观必要性，并以尤努斯创办的乡村银行为案例来分析其对我国乡村银行的启示。第三部分包含第三章及第四章内容，主要论证了农村政策性金融的需求以及供给的情况，并对农村政策性金融制度功能弱化的问题进行了实证分析。最后一部分包含第五、第六和第七章，作者对农村合作金融、商业性金融与社保金融的社会功能进行了阐述，同时，借鉴国外优化农村政策性金融制度功能的经验和做法，构筑了功能完善的中国农村政策性金融制度新体系。

金融学学科前沿研究报告

书　　名：论中央银行在金融生态系统中的角色定位
　　　　　——基于货币循环的分析视角
作　　者：曾建中
出版时间：2011-03-01
出 版 社：中国金融出版社

内容提要：在生态系统中有这样一些物种，它们对整个生态系统的健康与稳定起着举足轻重的作用，这些物种被称为 Keystone 关键物种。笔者曾建中在研究金融生态系统的过程中发现，中央银行对金融生态系统中的其他物种虽然没有直接的控制能力，但它能够为金融生态系统中大部分生物群落提供食物——货币，同时还能够维护金融生态系统中资金链的正常运转，对整个金融生态系统的健康和稳定起到至关重要的作用。

针对这一有趣的发现，《论中央银行在金融生态系统中的角色定位——基于货币循环的分析视角》提出了这样一个命题：中央银行是不是金融生态系统中的一个 Keystone？并就这一命题所涉及的相关方面展开了思考：首先，什么是金融生态系统？金融系统模拟生态系统是否有理论支撑？金融系统模拟生态系统需要哪些假设条件？其次，中央银行在金融生态系统中扮演什么样的角色？它是不是金融生态系统中的 Keystone？它与金融生态系统中其他物种的关系怎样？它与其生存的内外环境如何协调？最后，如何评估转轨时期我国中央银行在金融生态系统中所发挥的作用？等等。这些是本书要回答的主要问题。本书运用实证分析与规范分析相结合的方法，从货币循环视角对中央银行在金融生态系统中的角色定位做了系统的研究。

本书主要包括以下内容：第 1 章导论。本章首先阐述了论文的研究背景与意图，笔者在深入研究金融生态系统的结构和功能时，发现了中央银行的地位至关重要，其作用类似于生态系统中的 Keystone。基于此，本书提出了中央银行是否为金融生态系统的 Keystone 这一命题。接着，为论证这一命题，本书从提出问题、分析问题和解决问题三个层面展开了构思，并对每一章节的内容进行了简单介绍。最后归纳了论文的研究方法与主要观点。第 2 章金融生态系统的理论框架。本章在梳理国内外有关金融生态系统渊源的基础之上，提出了金融系统模拟生态系统的四个基本假设。在此基础之上，借助生态系统的概念与相关理论，从仿生视角阐述了金融生态系统的定义、内涵、特征、组成、结构以及金融生态系统物质代谢及其平衡等方面的理论分析框架。最后，详细论述了金融生态系统的演进是金融主体与环境相耦合、时间和空间相融合、物质要素和环境条件相结合的复杂进化过程。第 3 章金融生态系统的货币循环。本章对金融生态系统的货币循环进行了界定。第 4 章中央银行与金融生态系统的关系——基于货币循环的视角。本章重点从货币循环的视角回答了中央银行与金融生态系统之间的关系。第 5 章中央银行在金融生态系统中发挥的角色之一：货币循环的总阀门。本章从货币发行与支付清算两个方面详细论述了中央银行履行货币循环总阀门的职能。第6章中央银行在金融生态系统中发挥的角色之二：货币循环的遥控器。本章重点从货币循环的供给路径角度着手，探讨了中央银行充当货币循环遥控器的职能，它是中央银行的首要职能。第7章中央银行在金融生态系统中发挥的角色之三：货币循环的镇流器。本章重点从货币循环的需求路径角度着手，探讨了中央银行履行货币循环的镇流器职能。第8章结论与展望。本章对论文的主要工作和得出的有关结论作一简要总结，并结合当前金融危机对今后的研究方向进行展望。

　　本书有以下独特之处。金融生态系统概念的引入为我们研究金融运行和金融风险的形成提供了一个全新的视角。笔者在总结前人研究成果的基础上，将金融生态系统理论的演进划分为金融发展理论、金融资源理论、金融协调理论以及金融生态系统理论四个阶段，并在此基础上提出了金融生态系统的四个基本假设条件。指出了金融生态系统脆弱性的根源在于各要素之间具有很强的交叉性、人为性及其物质交换和能量流动过程中的多向性、可逆性和扩张性所导致的货币脆弱性和信用脆弱性。

金融学学科前沿研究报告

书　　名：三足立鼎：股指期货影响股市波动的机制解析
　　　　　　与实证检验
作　　者：蔡向辉
出版时间：2011-06-01
出　版　社：中国金融出版社

内容提要： 三足立，鼎象成，股指期货上市，变革悄然发生。20世纪70年代，西方各国受石油危机影响，经济发展十分不稳定，利率波动剧烈，导致股票市场价格大幅波动，股票投资者迫切需要一种能够有效规避风险、实现资产保值的金融工具，股指期货应运而生。三足立，鼎象成。所谓三足，即一级市场发行股票，联通实体企业，实现筹资功能，直接服务国民经济发展；二级市场交易股票，实现资本定价，促进股票流通，增强股市投资吸引力；而以股指期货市场为代表的三级市场专门进行风险管理，对冲化解系统风险，提高股市稳定运行能力。《三足立鼎：股指期货影响股市波动的机制解析与实证检验》作者综合其金融机构与交易所的从业经历，认真总结多年学习和工作的心得体会，辅以充分国际比较与大量生动案例，带您漫游股指期货这一股市平行世界，领略其中的风险管理新境界。

本书集中探讨股指期货影响股市波动的作用、机制及效果，将全球共13个主要市场的20个指数及其期货作为检验样本，从风险管理和价格发现两个作用渠道，绝对指标（波动率）、相对指标（系统风险）和行为指标（正反馈交易）三个观察角度，纵深地对股指期货与股市稳定之间的关系进行实证分析，全面揭示股指期货的市场稳定作用，准确挖掘其作用的行为基础，提出了更为科学的判别指标，可为我国股指期货市场建设与发展提供参考与借鉴。

经济管理学科前沿研究报告

书　　名：美国次贷危机传染与金融可持续发展研究
作　　者：徐明威等
出版时间：2011-12-01
出 版 社：中国金融出版社

内容提要：金融发展理论前沿丛书：《美国次贷危机传染与金融可持续发展研究》在国内外现有研究理论和成果的基础上，通过研究美国次贷危机在国际上的传染，考察外源性金融动荡对各国金融可持续发展的影响，并进一步有针对性地提出实现金融可持续发展的对策建议。全书共分为七章，包括导论、金融危机国际传染现象的一般分析、金融危机国际传染背景下的金融可持续发展的再理解、次贷危机对发达国家的传染及其影响、次贷危机对新兴市场的传染及其影响、次贷危机对中国的传染及其影响、金融危机传染背景下中国金融可持续发展的对策建议。

本书共包含七章内容，第一章为导论，介绍了金融危机的一系列理论模型、传染机制和途径等，并搭建了本书的主要研究框架。第二章对金融危机国际传染的现象和微观机理进行了分析。第三章论述了在金融危机国际传染背景下，金融可持续发展理论的再理解。第四、第五和第六章依次分析了次贷危机对发达国家、新兴市场以及我国的传染及其影响。第七章提出金融危机传染背景下中国金融可持续发展的对策建议。

金融学学科前沿研究报告

书　　名：金融市场税收经济效应研究——基于中国经验
　　　　　数据的实证分析
作　　者：何辉
出版时间：2011-04-30
出 版 社：经济科学出版社

内容提要：金融市场发挥着资金"蓄水池"的作用，连接着储蓄者与投资者，在金融市场运行机制的作用下，通过对储蓄者与投资者影响而发挥调节宏观经济运行的作用。金融市场税收作为政府调控金融市场的重要政策工具，对促进金融市场健康稳定地发展以及推动实体经济快速发展具有举足轻重的作用。从1997年亚洲金融危机爆发到2008年全球性经济危机爆发，我国金融市场税收都肩负着政府调节金融市场与经济运行的重任。在实践中，金融市场税收会产生何种经济效应呢？基于此，《金融市场税收经济效应研究——基于中国经验数据的实证分析》从微观与宏观层面、经济效率与社会公平视角，全面考察金融市场税收在中国实践中的经济效应，力求为我国政府提供政策决策的参考依据。

《金融市场税收经济效应研究——基于中国经验数据的实证分析》共分为9章，由理论分析、实证分析和政策启示三大部分构成。第1章导论。第2章从理论上分析金融市场税收机制的运行机理。第3~8章为实证分析部分。第3章从微观层面实证研究了金融市场税收对股票市场与债券市场的影响。第4~8章从宏观层面实证分析金融市场税收对实体经济的影响。其中，第4~7章是从经济效率视角研究金融市场税收对宏观经济变量、经济增长、经济周期波动以及稳态经济与黄金律水平的影响；第8章从社会公平视角考察金融市场税收的收入再分配效应。第9章是实证结论与政策启示部分。根据中国金融市场税收的实际经济效应，获得重要的政策启示。

书　　名：中国金融风险形成中的非经济因素研究
作　　者：韩启东
出版时间：2011-04-01
出 版 社：中国金融出版社

内容提要：金融风险的诱因是多方面的，经济因素、政治因素、文化因素、意识形态因素和法律因素等都是金融风险的重要诱因。本文结合我国金融风险特征及其可能的风险诱因，分别对文化、意识形态、法律和政治等因素对金融风险的影响、作用机理以及防范措施进行了探讨。

本书以独特的视角，解析了非经济因素对于金融风险的影响。第一部分主要阐述了文化因素和金融风险的关系，包括公民的储蓄偏好、投机意识和竞争意识，并分析了文化因素导致金融风险形成的机理和对策。第二部分主要阐述了法律因素和金融风险的关系，包括法律改革、执行效率、法律缺陷等对金融风险的影响，并分析了法律因素导致金融风险的机理与对策。第三部分主要阐述了政治因素与金融风险的关系，并分析了政治因素导致金融风险形成的机理与对策。最后一部分作者构建了居民储蓄偏好分析模型，并对金融风险博弈进行了分析。

金融学学科前沿研究报告

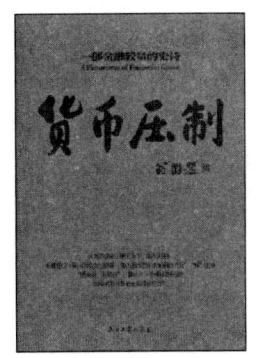

书　　名：货币压制
作　　者：郭立军，文非
出版时间：2011-10-01
出 版 社：石油工业出版社

内容提要：货币是个复杂范畴，从其诞生之日起，就在人与人之间和国家与国家之间的关系体系中承载着丰富的内涵。虽然历经千年变迁，但围绕货币之间的斗争却经久不衰。本书穿越古今中外，细数了国际货币体系的旧貌新局，挖掘了本位货币新老交替背后的故事，冷静观察了国家之间的较量与未来演变趋势，从战略高度审视和思考了在新的历史条件下人民币的新生与崛起之道，耐人寻味，发人深省。

本书的独特之处在于，在众多"谈钱"的金融类读物中，《货币压制》是一本谈"钱与钱相互关系"的书。书稿即将出版之际，美国迎来了一个世纪以来的首度主权信用评级下调。作为世界头号经济体，美国的主权信用首次从顶级跌落。受到重创的，不仅包括美国的国家信用和国际形象，更包括美国唱主角的国际货币体系及其全球金融市场。面对近来股市的哀鸿一片，世界对美债危机的担忧正与日俱增，美元本位制面临的压力前所未有。很多专家不约而同地认为，降低美国AAA主权信用评级可能会开辟一个弱势美元的新纪元，美国政府削减赤字的无能表现毫不留情地将霸占国际货币主导地位多年的美元推上了全球声讨的讨伐台。而与此同时伴随而来的是，国际货币体系改革呼声的再次高涨。为何美国信用评级下调会给全球市场造成冲击？为何会连带世界经济疲软、美元贬值、全球通胀压力增大？这是否真的意味着美国时代的终结和美元霸主地位的动摇？很多国家呼吁的国际货币体系改革的时机是否已经成熟？面对全球经济正经历自2008年金融危机以来最严峻的考验，外国债权人如何最大化地保护自身利益？其他货币如何在美元风雨飘摇之际加速反压制进程？美国是否还有足够的能力强势压制住挑战自己主导地位的其他币种？……所有这些问题，都是生活在这个时代的人关心的，而答案，都可以在《货币压制》这本书中找到。

书　　名：问道产业金融——中国财务公司功能及发展研究
作　　者：林非园
出版时间：2011-11-01
出 版 社：中国经济出版社

内容提要：《问道产业金融——中国财务公司功能及发展研究》是我国第一本以博士论文为基础修改而成的关于中国企业集团财务公司的专著。本书重点分析了财务公司在企业集团内和金融体系中的功能，将财务公司在集团内的金融功能概括为"一体两翼"，即以风险管理为基础，以资金管理和资本运作为两翼的金融功能。以实现企业集团价值的最大化。在金融体系中，分别从中央银行货币政策传导、产业政策和金融政策的结合以及优化金融机构结构三方面分析了财务公司在金融体系中的作用。首次提出"中央银行—企业集团财务公司—企业集团"的点式货币政策传导机制，可以弥补"中央银行—商业银行—实体经济"的面式传导机制的不足；提出财务公司可成为产业金融载体，以实现宏观金融与微观金融、产业政策与金融政策的有效结合，使产业的效率最大化的观点；探讨了财务公司完善金融系统结构、补充金融体系不足的优势，并分析了其与商业银行、证券公司、保险公司等金融机构的合作方式，提出了财务公司可以丰富金融机构种类、完善金融生态环境的观点。

本书从六个部分对财务公司的功能进行研究。第一部分，从一般理论入手，将涉及财务公司的理论分为生存理论和发展理论。第二部分，对美国、欧洲和亚洲等国家和地区的财务公司类机构进行了分析、比较，并结合其他国家和地区的财务公司类机构的经验从中总结出对我国财务公司发展的启示。第三部分，是本书的核心部分，重点分析了财务公司在企业集团内部和在金融体系中的功能。第四部分，在对前面分析了财务公司功能的基础上，从财务公司外部监管条件和在企业集团内部的管理两方面分析了财务公司功能的实现条件。第五部分，在对我国财务公司功能的历史演变和发展状况分析后，提出了目前财务公司在企业集团内部金融功能狭窄、财务公司在金融体系中金融功能缺失的观点，并客观地分析了财务公司功能缺陷的原因。第六部分，本书从加强财务公司自身管理和国家实施有关政策两方面提出具体管理建议和政策建议，以完善财务公司的功能。

书　　名：迷途难返：货币政策与金融监管新走向
作　　者：钟伟，谢婷
出版时间：2011-08-01
出 版 社：中国经济出版社

内容提要： 每一次危机的发作都是相似的，但在成因上却又各不相同。在美国次贷危机之后，人们陷入了深深的反思：金融危机是人性中不可克服的缺陷所导致的吗？通胀本质上是否仍然是一种货币现象？面对危机货币政策已无能为力了吗？全球范围内强化监管是主流趋势吗？资产泡沫的生成机制究竟是什么？次贷危机对中国经济金融的长期增长构成了怎样的影响？本着这样的困惑和思考，《迷途难返：货币政策与金融监管新走向》整理了次贷危机以来，全球金融监管和货币政策方面的一些新进展，大致内容如下：

第一部分覆盖金融监管，尤其是巴塞尔协议、沃尔克规则和影子银行系统。第二部分覆盖货币政策，尤其是政府救助、非常规货币政策和宏观审慎。第三部分覆盖宏观金融，尤其是全球金融新秩序和主权债务重组问题。

书　　名：进化金融理论及应用
作　　者：杨招军，秦国文
出版时间：2011-01-01
出 版 社：光明日报出版社

内容提要：运用进化博弈理论和达尔文生物进化思想，本书分别对固定和时变投资组合策略的演变规律进行了深入研究。与现代金融理论假设"资产价格决定于布朗运动驱动的随机过程"不同，《进化金融理论及应用》由杨招军、秦国文所著，该书认为资产价格是由所有投资策略共同决定的，投资者或投资策略相互博弈决定了丰富多彩的金融现象。本书论证了为什么金融资产的价格应该等于金融资产产生的收益流的贴现值的平均值；论证了一个看似荒谬的结论——把全部资金购买股息最多的资产的策略最终是失败的策略，而最好（进化稳定）的策略应该依股息相对大小分配投资比例；论证了债券价格等于债券收益的贴现和，贴现因子恰为市场消费率。基于这些理论，本书提出了确定银行基准利率的一种计量方法。

本书的独特之处在于，从进化金融角度的回答既不同于现代金融，也不同于行为金融。利用真实股息数据对固定混合策略的长期行为进行了实证分析，假设金融市场每种资产支付的相对股息是外生的和均值平稳的，资产价格是内生的且完全由供求平衡决定，针对中国股票市场通过模拟计算验证了如下进化金融理论：投资比例等于资产相对股息的数学期望的固定混合策略是进化稳定的，它将最终控制整个市场财富，对应的资产相对价格趋近于该资产相对股息的数学期望。模拟分析还发现了消费比例越大，市场竞争越激烈，市场进化的速度越快。

金融学学科前沿研究报告

书　　名：看多中国：资本市场历史与金融开放战略
作　　者：聂庆平，蔡笑
出版时间：2011-12-01
出　版　社：机械工业出版社

内容提要：《看多中国：资本市场历史与金融开放战略》首先是一部记录中国股市历史的著作，作者以亲身经历回顾了中国股市建立之初的重大历史事件，从监管决策视角展示了中国资本市场发展的历程。2008年全球经济危机后，中国资本市场及金融体系遇到了前所未有的机遇与挑战，作者通过长期跟踪分析西方金融危机的成因，结合丰富的实务经验，提出了中国金融崛起和开放战略的独到见解。其见解论点新颖，角度独特。本书首次梳理了大量珍贵的历史资料，使广大投资者和金融从业人员对我国资本市场的历史和金融开放战略有更全面准确的判断。

书　　名：伟大的博弈（珍藏版）
作　　者：约翰·S.戈登著；祁斌译
出版时间：2011-03-01
出 版 社：中信出版社

内容提要：《伟大的博弈（珍藏版）》是一本关于华尔街历史的书，也是一本关于美国金融史和经济史的书。作者约翰·S.戈登所描述的历史事件使我们清晰地看到，在很大程度上，华尔街推动了美国从一个原始而单一的经济体成长为一个强大而复杂的经济体。在美国经济发展的每一个阶段中，以华尔街为代表的美国资本市场都扮演着重要的角色。华尔街为美国经济的发展提供源源不断的资金，实现社会资金的优化配置，而华尔街本身也伴随着美国经济的发展而成长为全球金融体系的中心。美国经济的成功是资本市场和实体经济之间协同发展很好的例证。

《伟大的博弈（珍藏版）》告诉我们：一部金融史也是一部金融投机史和金融危机史，更是一部不断出现危机、不断修正和不断完善监管体系的历史。华尔街早期超过百年的自我演进和野蛮生长随着1929年的股灾和30年代大萧条的降临戛然而止，随后出台的美国《证券法》、《证券交易法》和《格拉斯—斯蒂格尔法》标志着现代金融体系和监管框架初露端倪；2008年的危机，同样带来了对现代金融发展和监管模式的深刻反思，数月前，奥巴马政府《金融监管改革法》在美国各个利益阶层的博弈和世界各国的关注中得以通过。但可以想见，现代金融体系和监管框架的重塑还有相当漫长的道路要走，而今天华尔街的窘迫也凸显了一个经济体渐趋成熟后，其金融市场缺乏增长动力的尴尬。《伟大的博弈（珍藏版）》也告诉我们，在美国的经济起飞过程中，无论是19世纪末期的重工业化进程，还是20世纪末期的高科技产业崛起，华尔街都是其背后无形的推手，起到举足轻重的作用。尽管市场有很多缺陷，长期以来倾向于高度自由的美国资本市场的发展更是一个不断崩溃和重生的周而复始的过程，但无法否认，作为一个社会和经济体中资源配置最迅捷和高效的场所，资本市场与实体经济的成长是互为因果的，其效率直接影响到一个国家的竞争力，是现代经济的制高点。可以预见，在危机后下一轮全球战略性新兴产业的竞争中，很大程度上，资本市场的竞争力对于哪国经济体能在此轮竞争中脱颖而出同样会起到决定性的作用。

第二节

英文图书精选

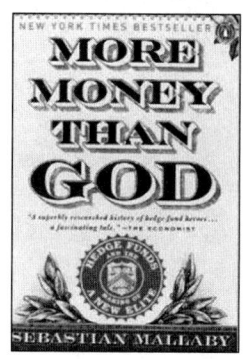

书　　名：More Money Than God：Hedge Funds and the Making of a New Elite
作　　者：Sebastian Mallaby
出版时间：May 31，2011
出 版 社：Penguin Books

内容提要：这是一部权威的对冲基金发展史，充满了对美国金融界人物戏剧性沉浮的描述。在本书中，华尔街的生存之道、美国金融界的商业文化被演绎得出神入化。

本书作者对该行业进行了包括 300 个小时访谈和无数内部文件在内的深入调查，并在此基础上，讲述了关于对冲基金鲜为人知的故事：从该行业的鼻祖阿尔弗雷德·温斯洛琼斯到乔治·索罗斯，再到许多其他不那么出名但在这个领域同样有影响力的人物，从 1987 年的股市暴跌，到网络泡沫，再到抵押贷款证券的崩溃。在这个过程中，对冲基金参透了市场的玄机，不断赚取巨额财富。它们的创新改变了世界，孕育了特殊金融工具的新市场，改写了资本主义的规则。

本书不仅仅是一部历史，更是通向未来金融体系的窗口。国务院发展研究中心金融研究所副所长、中国银行业协会首席经济学家巴曙松先生评价此书说："此书跨越了更长的历史，包含了众多传奇对冲基金经理的故事。作为一名研究者，在饕餮这些精彩故事之余，我更加关心的是对冲基金行业背后发展的轨迹，以及这一产业对全球及中国金融市场的作用。"

金融学学科前沿研究报告

书　　名：This Time Is Different：Eight Centuries of Financial Folly
作　　者：Carmen M. Reinhart，Kenneth Rogoff
出版时间：August 7，2011
出 版 社：Princeton University Press

内容提要：两位著名经济学家经过深入的研究、严谨的分析，指出历史上金融危机发生的频率、持续的时间和影响程度都惊人的相似。历史可以给研究金融危机的人提供许多经验，本书揭示了几百年间金融的跌宕起伏规律，涵盖了全球66个国家和地区800多年的国际金融危机历史，从中世纪的货币流通问题，到今天的次贷危机。作者运用丰富的数据，通过详尽而深入的分析，揭示了几百年间金融的跌宕起伏规律。本书会在相当长的时间内影响政策的讨论和制定，是金融和经济研究者应读的一本重要书籍。

本书共分为六大部分。第一部分用深入浅出的语言介绍了金融危机的入门知识；第二部分阐述了主权债务危机的理论基础、外债主权违约的周期以及历史上的外债违约事件；第三部分阐述了外债违约和严重通货膨胀缺失的一环——国内债务，并讨论了国内债务与外债违约谁更严重；第四部分的内容为银行危机、通货膨胀和货币危机；第五部分对本次美国次贷危机和第二次大紧缩进行了梳理和总结；最后一部分是关于早期预警、国家升级、政策应对及人性弱点的思考。

哈佛大学历史和金融教授尼尔·弗格森（Niall Ferguson）对此书给予高度评价："这是已出版的金融危机实证分析著作中最出色的一本。莱因哈特和罗格夫凭借纵贯数百年的数据整合分析，在金融史领域做出了非凡的贡献。这本书令人叹为观止，胜过上千个数学模型。"

书　　名：The Big Short: Inside the Doomsday Machine
作　　者：Michael Lewis
出版时间：February 1, 2011
出 版 社：W. W. Norton & Company

内容提要：一场金融危机，给一向声名远播的华尔街难以想象的重创，然而，在一片狼藉之中，却有一些寂寂无闻之辈早已看出市场的漏洞，在众人疯狂的时候做空市场，最终赚得丰厚利润。本书展现的就是这样一群智力超群、性格怪异的"终结者"，他们之前仅是名不见经传的华尔街员工，却由于对次贷市场的繁荣和金融工具的泛滥充满质疑和不信任，最终洞见了美联储和财政部都不曾察觉的市场疯狂，将赌注压在美国金融机构行将崩溃上。结果，他们打败了华尔街。

这场小人物财富传奇的背后，有更多东西引人深思。投行如何用风险的多样化掩盖产品的风险？评级制度存在怎样的盲点？金融界怎样运用术语的谎言欺骗客户？人性的缺陷和金融体系的弊端在本书中——精彩呈现。危机过后，这本书将带给我们全新的思考和启发。

金融学学科前沿研究报告

书　　名：The Alchemy of Finance
作　　者：George Soros
出版时间：September 1，2011
出　版　社：Wiley

内容提要： 乔治·索罗斯也许是有史以来知名度最高、最具传奇色彩的金融大师。1993年，他利用欧洲各国在统一汇率机制问题上步调不一致的失误，发动了抛售英镑的投机风潮，迫使具有300年历史的英格兰银行认亏出场。1997年2月，他旗下的投资基金在国际货币市场上大量抛售泰铢，这一行动被视为至今尚未平息的东南亚金融危机的开端。当然，索罗斯也并非无往不胜。在1987年美国股灾中，索罗斯亏损4亿~6亿美元，而他在1998年俄罗斯金融危机中的亏损更高达30亿美元之巨。尽管如此，他所经营的量子基金并未因损失惨重而清盘，索罗斯也一如既往地在纽约中央公园旁的办公室里评判市场，不断发表令市场为之震颤的独家观点。

The Alchemy of Finance 是索罗斯的投资日记，是自《股票作手回忆录》之后又一部具有永恒价值的投资指南。我们可以从中欣赏到当代最成功的投资家索罗斯是如何分析个股、如何把握市场转变的时机、如何面对不利的市场行情并及时调整对策以及如何进行投资决策的，从而在风云变幻的金融市场中立于不败之地的精彩艺术。当我们像每一位投资人一样，陷入不可避免的连续亏损时。*The Alchemy of Finance* 对于我们如何突破偶尔遭遇连续亏损的困境，具备绝佳的教导功能。

经济管理学科前沿研究报告

书　　名：Investing in REITs
作　　者：Ralph L. Block
出版时间：October 11，2011
出　版　社：Bloomberg Press

内容提要：房地产投资信托基金（REITs）是那些直接投资商业不动产的公司，其股份以股票的形式在主要交易所进行交易。随着对 REITs 兴趣的增长，对于理解这些投资的有深度、可靠和易于获得的信息也在增多。REITs 投资在房地产危机之后已经变得非常流行。投资 REITs 是一个参与房地产市场的流动性较好且有支付股息的方式，已经形成了一个优良投资回报的长期业绩纪录。它们的一致性以及与其他资产类别的低相关性，使得这些投资成为一个独特的机会。对于个人，无论他是投资者、财务计划者还是投资顾问，以及对于通过 REITs 来投资商业不动产的机构，《房地产投资信托基金（第 4 版）》仍然提供了关于 REITs 的信息和建议。

在广泛考虑了关于房地产投资信托里的专门用于熟练投资者的经典著作后，这一新的版本及时更新了信息，并且讨论了行业的趋势。本书由 REITs 投资专家拉尔夫 L. 布洛克写作，考查了 REITs 在过去几年里几乎所有的关键进展和所采取的投资策略，为如何评估单个 REITs、商业不动产的风险回报特性，以及如何找出蓝筹 REITs 和控制投资风险提供了有价值的信息和指引。本书还提供了由行业老法师 Kenneth Campbell 和 Steven Burton 写作的全新的一章，考查了非美国的 REITs 以及投资这些 REITs 的选择。

金融学学科前沿研究报告

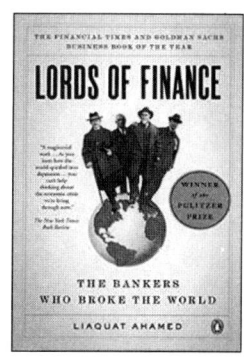

书　　名：LOROS OF FINANCE
作　　者：Russ Koesterich
出版时间：January 22，2009
出 版 社：McGraw-Hill

内容提要：本书是一本介绍国际金融界大佬在大萧条中的群像著作，是一部视野宏大、极具震撼力的作品。本书讲述了第一次世界大战后，欧洲和美国的政府和中央银行如何根据巴黎和会的安排，重建金融体系，并由此引发了20世纪30年代那场世界性的"大萧条"的故事。全书围绕英、美、德、法四个主要发达国家的中央银行行长展开，书中所描述的每个人都具有鲜明个性，其优点和不足都是全方位的，并且都是非凡洞见和古怪行为兼具的人物——有飞扬跋扈的美国人斯特朗，傲慢、固执的德国人沙赫特，还有骄傲的英国人诺曼和法国人莫罗。他们手握重权，力图重塑世界繁华；他们又个性鲜明，不少人盲目自信，最终饮恨沙场，把世界推入金融危机的深渊。

本书角度独特，不仅如一部优美的传记，情节引人入胜，又如一部有独特视角的经济金融史，描述了自第一次世界大战后到大萧条时期的国际金融史。

书　　名：Manias，Panics，and Crashes：A History of Financial Crises（Sixth Edition）

作　　者：Charles P. Kindleberger，Robert Z. Alibe，Robert Solow

出版时间：September 27，2011

出　版　社：Wiley

内容摘要：金融市场常常偏离理性运行轨道。本书在梳理分析 400 年来全球金融危机史实的基础上，阐述了金融危机的模式、规律、起因和影响，以及金融危机中的非理性因素。研究了金融危机中金融机构和金融行为的相互作用，指出投机疯狂、市场恐慌和崩溃的不期而遇及其最终的规模与当时的货币和资本市场机制不无关系，总结了历次金融危机的教训。本书记载了金融业的兴衰、金融危机的轮回。阅读本书，读者可以得到启示，诺贝尔经济学奖获得者保罗·萨缪尔森（Paul A.Samuelson）曾告诫读者，"5 年后的某个时候，你会因为没有认真阅读金德尔伯格的著作而感到后悔。"

本书是一部金融危机史，分析了金融史上有记载的，我们熟知的和我们陌生的金融事件——南海泡沫，郁金香泡沫，大萧条。它将危机从群体心理、政府行为的角度，将危机的发生分成了不同的阶段，以及其在各阶段的表现，把危机抽象成一个范式，并在最后给出了一个他认为可以在危机发生后，减轻危机后果的方法——最后贷款人。

第四章 金融学科 2011 年大事记

本报告对 2011 年国内外重要的金融会议以及重大的金融事项进行了梳理和汇总，并分为国内部分和国际部分分别进行阐述。

第一节 国内部分

1. 全国金融市场工作座谈会

2011 年 1 月 21 日，"全国金融市场工作座谈会"在天津召开，会议研究讨论了 2011 年央行金融市场和信贷政策的重点工作。会议提出，2011 年要全面落实好稳健的货币政策，按照总体稳健、调节有度、结构优化的原则，进一步发挥好金融市场的资源配置功能和信贷政策的导向功能，大力鼓励和引导金融机构把信贷资金投向实体经济，特别是"三农"和中小企业，更好地服务于保持经济平稳较快发展。

2. 第十二届中国发展高层论坛

2011 年 3 月 20 日，时任中共中央政治局常委、国务院副总理李克强出席第十二届中国发展高层论坛开幕式并致辞。他指出，中国将按照加快转变经济发展方式的要求，推动经济转型，创新发展模式，把各方面发展的积极性引导到保障和改善民生、调整经济结构、加强节能环保、深化改革开放上来，促进经济社会又好又快发展。第十二届中国发展高层论坛的主题是"经济发展方式转变中的中国"。来自国内外的企业家、专家学者、政府官员和国际组织代表共 600 多人参加开幕式。

3. 金砖国家领导人第三次会晤

2011 年 4 月 14 日，金砖国家领导人第三次会晤在三亚举行。会晤由胡锦涛主席（时任）主持，巴西、俄罗斯、印度、南非领导人应邀与会，南非领导人作为新成员首次参加会晤。会晤主题是"展望未来、共享繁荣"，议题包括国际形势、国际经济金融问题、发展问题以及金砖国家合作几个方面。

4. 中国人民银行首次对外公布我国社会融资规模

2011 年 4 月 14 日，中国人民银行首次对外公布我国社会融资规模。社会融资规模指标将除贷款外的其他融资，即金融机构表外融资业务如银行承兑汇票、委托贷款、信托贷款等，以及直接融资都纳入统计范畴。较长时期以来，我国宏观调控重点监测和分析的指标是 M2 和新增人民币贷款。近年来，随着我国金融市场快速发展，金融与经济关系发生了较大变化。金融市场和产品不断创新，金融结构多元发展，证券、保险类机构对实体经济资金支持加大，对实体经济运行产生重大影响的金融变量不仅包括传统意义上的货币与信贷，也包括信托、债券、股票等其他金融资产。因此，中国人民银行推出了新的中间指标，即社会融资规模来全面反映金融与经济的关系。

5. 银监会发布《中国银行业实施新监管标准指导意见》

2011 年 5 月 3 日，中国银监会发布《中国银行业实施新监管标准指导意见》，明确了资本充足率、杠杆率、流动性、贷款损失准备监管标准，并根据不同机构具体情况设置差异化的过渡期安排，初步形成了我国银行业实施新监管标准的政策框架。为了督促没有达到监管要求的银行业金融机构降低杠杆化程度，提高稳健经营水平，并控制银行体系的杠杆化程度和系统性风险，5 月 20 日，中国银监会发布《商业银行杠杆率管理办法（征求意见稿）》，明确了杠杆率监管的基本原则、杠杆率的计算方法和监督管理等，并按照中国银监会关于监管新标准统一规划实施差异化的过渡期安排。对于杠杆率低于最低监管要求的商业银行，该办法明确了中国银监会可以采取的纠正措施。

6. 第三方支付牌照首批企业名单公布

2011 年 5 月 26 日，中国人民银行公布了获得第三方支付牌照的首批企业名单，27 家第三方支付公司获得首批支付业务许可证。8 月 31 日，又有 13 家第三方支付企业获得中国人民银行颁发的支付牌照。第三方支付是指一些和国内外各大银行签约并具备一定实力和信誉保障的第三方独立机构提供的交易支持平台。第三方支付公司通过与银行的商业合作，以银行的支付结算功能为基础，向政府、企业、事业单位提供中立的、公正的面向其用户的个性化支付结算与增值服务。为规范国内第三方支付行业发展，中央银行规定第三方支付企业必须获得支付牌照后才能进行商业运营，否则自 2011 年 9 月 1 日起将被禁止继续从事支付业务。2011 年可谓中国第三方支付行业的发展元年。支付牌照的发放，使第三方支付行业的法律地位获得认可，第三方支付正式纳入到国家的政策监管体系下。随着管理措施的不断完善和细化，整个支付行业体系将日趋完善，政策环境的不确定性因素将大大削弱，这将有利于第三方支付行业朝着更加规范、健康的方向发展。

7. 进一步破解小微企业融资难问题

2011 年 6 月 7 日，中国银监会发布《关于支持商业银行进一步改进小企业金融服务的通知》，通过差别化的监管和激励政策支持商业银行进一步加大对小微企业的信贷支持力度。2011 年以来，存款准备金率频繁上调，再加上严格的贷存比日均考核要求，小微企业从银行融资体系获得资金非常有限。民间借贷市场利率水平以及温州、广东等地的小微企业倒闭潮，折射出当前小微企业资金的极度紧张和严酷的经营环境。在国务院的统一部署下，出台了一系列政策措施，旨在激励银行调整信贷结构，增加银行发放小微企业贷款的动力，缓解小微企业资金极度紧张的局面，也表明政策当局希望通过市场化的手段破解小微企业融资难题的决心。

8. 2011年度第六次上调存款准备金率

2011年6月14日,中国人民银行决定从2011年6月20日起,再度上调存款类金融机构人民币存款准备金率0.5个百分点。这是央行2011年以来第六次上调存款准备金率。2011年以来存款准备金率一直保持着"一月一调"的提升节奏。在2011年过去的五个月里,央行先后五次上调存款准备金率。自2010年以来央行更是先后十二次上调准备金率。此次上调之后,大中型金融机构存款准备金率达到了21.5%的高位。

9. 港交所人民币IPO新政公布

2011年6月22日,港交所召开新闻发布会,公布了该所人民币IPO和人民币资金池的最新进展。行政总裁李小加说,企业在港发行以人民币计价的股票,可采用"单币单股"及"双币双股"两种模式。前者仅发行以人民币计价的股票,但在招股时允许以人民币和港元两种货币认购,后者允许企业同时发行人民币计价与港元计价两类股票,类似双重上市但只是在同一市场上运作。

10. 融资融券业务试点规则修改草案公布

2011年8月19日,中国证监会公布了融资融券业务试点规则的修改草案。其相关负责人表示,证监会在上述草案中对融资融券业务试点规则进行了梳理和完善,并同步研究了作为融资融券业务配套机制的转融通业务规则,为融资融券业务由试点转入常规做好必要准备。2010年3月,证券公司融资融券业务试点正式启动。该负责人表示,一年多来的试点实践表明,融资融券业务试点规则总体上是可行有效的。此次主要在常规业务、经验做法以及客户管理三个方面做了修改。

11. 跨境贸易人民币结算地域范围扩大

2011年8月22日,中国人民银行会同五部委发布《关于扩大跨境贸易人民币结算地区的通知》,将跨境贸易人民币结算境内地域范围扩大至全国;发生人民币实际收付业务的境外国家和地区也扩大到148个。同时,旨在解决人民币回流问题的境外直接投资人民币和外商直接投资人民币结算试点也进展顺利。1月13日,中国人民银行发布《境外直接投资人民币结算试点管理办法》,跨境贸易人民币结算试点地区的银行和企业可开展境外直接投资人民币结算试点。10月14日,中国人民银行发布《外商直接投资人民币结算业务管理办法》,允许境外企业和经济组织或个人以人民币来华投资,境外人民币直接投资正式出台。2011年前三个季度,中国各地人民币对外直接投资结算逾108亿元,自试点以来累计结算达243亿元;人民币外商直接投资自试点以来累计结算金额超过608亿元。8月3日,中国银行在赞比亚首都卢萨卡正式推出人民币现钞业务,成为首家在非洲推出现钞业务的商业银行,这项全新的人民币业务可以为"走出去"企业提供更便捷的金融服务和支持。

12. 夏季达沃斯论坛

2011年9月16日,为期3天的夏季达沃斯论坛在大连落下帷幕,来自90多个国家的1600多名政商界精英参加了会议。全球政商界精英围绕"关注增长质量,掌控经济格局"这一主题,就低碳增长、变革性创新、移动经济、城市发展等议题展开深入讨论,热议全球经济形势及其发生的变化，把脉世界经济走势。与会专家们认为，世界经济现在确实处于危急阶段。最近发生的主权债务危机问题表明，有效监管体制并未完全建立，特别是加强国际层面的协作，管理好跨国界的资金流动更为迫切。因此要采取措施，防止美国赤字问题进一步蔓延，增强经济复苏能力，避免去杠杆化进程停滞不前。

13. 新一轮车险费率市场化改革

2011年9月23日，中国保监会下发《关于加强机动车辆商业保险条款费率管理的通知（征求意见稿）》，预示着新一轮车险费率市场化改革开始启动。该征求意见稿根据分类监管的理念，对不同的保险公司制定了差别化的车险产品开发机制。车险费率逐步市场化对保险公司经营成本控制、后方运营、精算管理等提出了更高的要求；对于消费者来说，市场化的推行将使消费者拥有更多选择权。

14. 地方政府自行发债试点启动

2011年10月20日，财政部网站发布《2011年地方政府自行发债试点办法》的通知。经国务院批准，2011年上海市、浙江省、广东省、深圳市开展地方政府自行发债试点。自行发债是指试点省（市）在国务院批准的发债规模限额内，自行组织发行本省（市）政府债券的发债机制。

15. "三会换帅"

2011年10月29日，备受外界关注的中国银监会、中国证监会、中国保监会同时宣布"换帅"，尚福林任银监会主席、党委书记，郭树清任证监会主席、党委书记，项俊波任中国保监会主席、党委书记。虽然这是一次正常换届，但"三会"在同一天"换帅"，这在历史上还是第一次。

16. 国际金融论坛（IFF）第八届全球年会

2011年11月9日，国际金融论坛（IFF）第八届全球年会在北京开幕，大会主题为"全球金融新框架：变革与影响"。国际金融论坛（IFF）国际顾问委员会主席、韩国前总理、第56届联合国大会主席韩升洙，国际金融论坛（IFF）共同主席、美联储前主席保罗·沃尔克，国际货币基金组织（IMF）总裁拉加德，联合国贸易和发展会议秘书长素帕猜，国际金融协会（IIF）总裁查尔斯·达拉拉，经济发展与合作组织（OECD）副秘书长包润石等近百位全球金融领袖，以及学术界、民间社会和媒体的代表，参加讨论和审议中国和世界所面临的关键问题。本次年会通过成员间的对话，进一步探讨全球新规则的变革与影响，为世界经济和金融的未来提供前瞻性的思想和可能的途径。本次论坛内容丰富，包括全球货币体系的未来和中国的作用、经济全球化进程中的中国、金融危机下企业的机遇与挑战、中国金融全球化的道路、转型经济中的房地产定位、全球金融架构的改革、全球金融监管改革与新兴市场的启示、促进中小企业融资和民营资本发展、全球再平衡与可持续发展等话题。

17. 2008年来首次下调人民币存款准备金率

2011年11月30日，中国人民银行决定，从2011年12月5日起下调存款类金融机构人民币存款准备金率0.5个百分点。这是央行自2008年12月以来首次下调存款准备金率，目的是在发达国家市场剧烈波动之际提振流动性和扶持国内经济。在经济增速持续放缓、物价总水平回落的情况下，存款准备金率的下调使得货币信贷增长进一步向常态回归，在管理通胀预期方面取得了显著成效，基本完成了稳定物价总水平这一宏观调控的首要任务。

第二节 国外部分

1. "经济自由度指数"报告公布

2011年1月12日，美国传统基金会公布世界"经济自由度指数"报告，我国香港再次获评为全球最自由经济体系，这已是我国香港连续第十七年名列经济自由度榜首。据悉，该经济自由度指数每年测评一次。2010年，我国香港在贸易自由度和财政监管制度两项排行全球第一，财政自由度和货币自由度得分上升。

2.《世界经济展望》和《全球金融稳定报告》发布

2011年1月25日，国际货币基金组织发布了最新的《世界经济展望》和《全球金融稳定报告》，前者认为全球经济复苏的步伐稳定，并上调2011年世界经济增长预期至4.5%；后者则提醒，由于发达国家财政状况持续疲弱，尤其是欧元区财政信用和融资市场的风险，全球金融稳定仍面临挑战。IMF在《世界经济展望》中称，全球经济仍在继续复苏，但是明显呈现出"双轨"的态势：发达国家的增长速度远远低于世界其他地方。报告预计2011年全球经济增长可达4.5%，相对2010年10月的预测上调约0.25个百分点；发达国家经济2011年和2012年将增长2.5%，而新兴经济体和发展中国家将保持6.5%的增长水平，其中增速最快的仍是亚洲发展中国家。

3. 达沃斯世界经济论坛年会

2011年1月30日，为期5天的达沃斯世界经济论坛年会在瑞士达沃斯落下帷幕，本次会议共有超过2500名政商界精英出席，其中包括30多位国家领导人和上千名大企业高管。会议上，全球政商界精英围绕"新形势下的共同准则"这一主题热议全球经济形势和政经格局之变，而中国继续成为焦点。与过去几年相比，今年与会者对于全球经济形势普遍感到乐观。与会专家们认为，今年全球经济仍将保持复苏势头，但也面临诸多不确定因素。IHS首席经济学家纳里曼·贝拉维希在接受新华社专访时认为，欧元区主权债务危机仍有可能蔓延、美国失业高企且财政状况堪忧、全球大宗商品价格上涨、新兴经济体通胀压力加剧和全球经济失衡重新抬头将是主要威胁。

4. 纽约泛欧交易所和德意志证券交易所宣布将合并

2011年2月15日，纽约泛欧交易所和德意志证券交易所宣布，双方已就业务合并事宜达成最终协议，将联合组成全球最大的证券交易所集团，新集团总部将分别设在纽约和法兰克福，这项合并将加强法兰克福与纽约作为世界重要金融中心的地位，新集团同时在巴黎、伦敦、卢森堡及世界其他地方进行业务活动。而双方在阿姆斯特丹、布鲁塞尔、里斯本等其他地方的全国性交易所，仍将保留各自在当地市场的名称，所有交易活动将在当地管理规则与框架下运营，合并后的集团将与所有市场的管理者保持密切合作。这两个交易所2010年营业额总和为54亿美元，利润为27亿美元，合并后将成为全球营业收入和利润最大的交易所集团。

5. 日本海啸引发全球股市动荡

2011年3月11日，日本东北部发生里氏8.9级地震，并引发海啸和核泄漏事故。日本大地震发生后，日本股市和汇市均震荡激烈，日经225指数大跌634点，跌幅达到6.18%，创下自2008年金融危机以来的单日最大跌幅；美元兑日元盘中则最低报80.63日元，日元创下16年来的新高。全球主要股市几乎全线下跌，韩国、新加坡、澳大利亚等股市的跌幅均在1%以上，欧洲三大股指出现不同程度的调整。日本中央银行3月14日宣布向市场投放18万亿日元，并采取一切可能的措施以确保金融稳定。

6. 欧元区主权债务问题进一步恶化

2011年3月，希腊、西班牙、葡萄牙、爱尔兰等国的主权评级连遭降级，导致融资形势再度紧张，葡萄牙成为继希腊、爱尔兰之后第三个向欧盟申请救助的欧元区国家。之后，欧元区主权债务问题进一步恶化，希腊经济快速衰退、处于债务违约边缘，西班牙、意大利等国主权债务风险上升。投资者对欧债危机蔓延的担忧进一步加剧，金融市场出现新一轮动荡。

7. 金融稳定理事会

2011年4月5日，金融稳定理事会在意大利罗马召开第七次全体会议。全会讨论了全球金融体系的主要风险，审议了降低系统重要性金融机构道德风险、场外衍生品市场改革、加强对影子银行业的监管和改进金融体系的数据搜集与共享等方面的政策建议，还讨论了推进标准执行和设立金融稳定理事会地区工作组等问题。

8. 最新版《世界经济展望》报告发布

2011年4月11日，国际货币基金组织发布最新版《世界经济展望》报告表示，2011年和2012年两年世界经济将延续"南高北低"双速复苏局面。2011年世界经济将增长4.4%，2012年增幅则为4.5%；新兴经济体今明两年经济增速均将达到6.5%，发达经济体经济增速将分别为2.4%和2.6%。

9. 第六届世界经济论坛拉美会议

2011年4月28日，第六届世界经济论坛拉美会议开幕，与会者就拉美未来10年发展战略展开深入探讨。本届会议的主题是"为拉美未来10年搭建发展平台"，3个分议题为"加强地区和国际治理"、"提高创新能力和生产率促进均衡增长"以及"推动有效合作实现可持续发展"。

10. 全球主要经济体的增速将出现分化

2011年5月9日，经济合作与发展组织发布的报告显示，其3月份综合领先指标从2月份的103.0升至103.2。该组织表示，综合领先指标显示全球主要经济体的增速将出现分化。中国、美国、德国、加拿大和俄罗斯等经济表现强劲，意大利、巴西和印度等经济增速则将放缓。

11. 第三轮中美战略与经济对话

2011年5月10日，第三轮中美战略与经济对话在美国华盛顿举行。本次主题为"建设全面互利的中美经济伙伴关系"。围绕这一主题，双方将讨论以下议题：一是促进贸易与投资合作，包括推进新兴产业领域的贸易与投资合作等；二是完善金融系统和加强金融监管，主要包括金融业改革、跨境金融监管合作；三是推进结构调整和发展方式转变；四是促进经济强劲、可持续、平衡增长，主要包括全球宏观经济形势与挑战，将涉及欧洲主权债务危机、中东北非形势对地区和世界经济影响、日本特大自然灾害等议题。

12.《2011全球发展地平线——多极化：新的全球经济》报告发布

2011年5月17日，世界银行发布报告《2011全球发展地平线——多极化：新的全球经济》。报告预测，新兴经济体作为一个整体在2011年至2025年期间年均增长率将达到4.7%，发达经济体的同期增长率则为2.3%。不过，发达经济体仍将在全球经济中占主导，欧元区、日本、英国和美国都将在推动全球增长中发挥核心作用。

13. 最新版《全球经济展望》发布

2011年6月7日，世界银行发布了最新版的《全球经济展望》报告，下调了全球和发达国家2011年经济增长预期。2011年全球GDP预计增长3.2%，低于1月份预测的3.3%。虽然2012年会缓慢上升到3.6%，但石油和食品价格一涨再涨会严重抑制经济增长。

14. 希腊成为全球信用评级最低的国家

2011年6月13日，国际评级机构标准普尔宣布，由于希腊发生债务违约的可能性大幅上升，故将该国长期主权信用评级由B连降三档至CCC，评级前景为负面；短期主权信用评级仍为"C"。希腊由此成为全球信用评级最低的国家。

15. 更新版2011年上半年《世界经济展望》报告发布

2011年6月17日，国际货币基金组织发布更新版2011年上半年《世界经济展望》。报告称，全球经济扩张有所放缓，风险上升，报告预计今年全球经济增长4.3%，增速比2011年4月份的预测低0.1个百分点。报告对2012年世界经济增速的预测维持在2011年4月份的4.5%，但把对美国经济2011年和2012年的增速预测分别下降0.3和0.2个百分点，降至2.5%和2.7%。不过，IMF对中国2011年GDP预期依然维持4月预测的9.6%。

16. 欧盟通过宏观财政援助方案的法规框架

2011年7月4日，欧盟通过一项旨在加快实施向正处于财政收支困境的第三国提供宏观财政援助方案的法规框架。根据欧盟委员会当天发布的声明，该法规框架通过为宏观财政援助设立基本规章制度，以及加快单个援助行动的决策程序，从而使财政援助更快、更加有效。

17. 欧洲银行业压力测试结果公布

2011年7月15日，欧洲银行管理局公布欧洲银行业压力测试结果，在接受测试的90家欧洲银行中，有8家未能通过，另有16家勉强过关。未能通过测试的银行包括5家西班牙银行、2家希腊银行以及1家奥地利银行。对于未能通过测试的银行，欧盟将采取措施予以资金支援。

18. 欧元区国家领导人峰会

2011年7月21日，欧元区国家领导人在布鲁塞尔召开峰会，就如何第二次拯救希腊经济达成协议。这一次的救助方案总值高达1090亿欧元。此外，未来为希腊提供的贷款的还款期限将从现在的7年半延长至最少15年，最多30年。同时新贷款的利率也将由目前的4.5%降低到3.5%左右。根据欧洲银行局数据，欧洲90家大型银行所持希腊债务总额高达约980亿欧元。由此预计，欧洲银行业将因此承受总计约205亿欧元的损失，其中，法国巴黎银行损失居首，可能高达10亿欧元。

19. 美国通过提高债务上限和削减赤字的法案

2011年8月2日，美国参议院以74票赞成、26票反对的结果如预料之中通过了提高债务上限和削减赤字的法案。而此前一天，众议院也通过了同一法案。8月3日，美国总统奥巴马签署提高美国债务上限和削减赤字法案。根据这项法案，国会将同意提高美国债务上限至少2.1万亿美元，足以支撑美国政府开支到2012年底，并在10年内削减赤字2万亿美元以上。国会将分"两步走"提高政府债务上限。第一步债务上限将立即提高9000亿美元，同时10年内削减政府开支9170亿美元，削减的部分将主要来自于国防、交通和教育等领域。第二步是国会在2011年晚些时候再次提高债务上限1.2万亿至1.5万亿美元，同时将成立一个由两党议员各占一半人数的专门委员会，负责削减财政赤字约2万亿美元。法案规定不增加税收，还要求建立一个机制，以保证即便专门委员会无法就削减赤字达成协议，国会也可以自动开始削减政府开支。

20. 美国政府信用评级首次被下调

2011年8月5日，标准普尔宣布将美国信用评级从最高级别的AAA级下调至AA+级，并将其评级前景定为"负面"。这是自1917年以来美国政府信用评级首次被下调，也是美国历史上首次丧失其拥有近一个世纪之久的最高信用评级。标准普尔指出，下调评级是因为美国国会通过的赤字削减计划不够有力，不足以稳定美国的债务状况。标准普尔还对美国政治体制进行了措辞尖锐的批评，认为美国在面临持续不断的财政和经济挑战时，其决策和政治体系的有效性、稳定性和可预测性有所削弱。全球市场因美国评级下调而出现大规模动荡，并引发了人们对美国乃至全世界经济二次衰退的担忧。

21. 全球股市遭遇"黑色星期一"

2011年8月8日，全球股市遭遇了一个凶猛的"黑色星期一"，亚太股市哀鸿遍野，A股放量重挫百点，盘中一度击穿2500点，创年内新低。欧美股市同遭重创，截至北京时间9日1时，美国道琼斯指数再度暴跌311.89点或-2.73%，纳斯达克指数暴跌95.82点或-3.78%，欧洲股市也难逃厄运，跌幅达3%~5%。而这一切的导火索，正是8月5日美国主权评级的下调。

22. 经合组织（OECD）发布中期经济预测报告

2011年9月8日，经济合作与发展组织（OECD）发布中期经济预测报告，大幅下调对美、欧、日等主要经济体的增长预期,预计七国集团(G7)下半年平均增速不超过1%。该机构还敦促各大央行进一步放松货币政策。

23. 美国公民发起"占领华尔街"活动

2011年9月17日,美国发起了名为"占领华尔街"的和平示威活动,号召2万人占领华尔街,声讨华尔街金融业者。此次活动由加拿大非营利杂志 Adbusters 于2011年7月发起倡议,旨在呼吁人们关注美国日益加大的贫富差距,包括工会、社会团体、大学生和失业者在内的游行者,自称代表99%的社会民众,受到控制着美国财富40%的最富有的1%的人剥削。活动的直接导火索是华尔街大银行要向消费者收取更高的账户费用,从而转嫁2010年通过的金融监管改革法案给银行带来的成本负担。活动还表达对金融制度偏袒权贵和富人的不满,反对美国政治的权钱交易、两党政争以及社会不公正,声讨引发金融海啸的罪魁祸首。之所以选择9月17日,是因为这天是美国宪法日。

24. 国际货币基金组织发布《全球金融稳定报告》

2011年9月21日,国际货币基金组织发布《全球金融稳定报告》指出,估计欧债危机下欧洲银行业风险敞口达3000亿欧元。报告指出,在过去几个月中,全球金融稳定风险明显加大,采取协调政策来防范风险扩散和提升金融体系抗风险能力至关重要。国际货币基金组织重新启动了总额5710亿美元的资金池,以确保拥有足够的资金帮助欧洲应对其不断恶化的债务危机。

25. 国际货币基金组织和世界银行2011年年度会议

2011年9月23日至25日,国际货币基金组织和世界银行2011年年度会议在华盛顿举行,年会主题是"全球挑战,全球解决方案"。本届年会在部分发达国家主权债务危机进一步恶化、国际金融市场剧烈动荡的背景下召开,取得五大成果:认清了经济形势,凝聚了合作信心,明确了行动路径,深化了发展议题,国际货币基金组织的治理改革也取得新进展。

26. 美国联邦政府赤字连续第三年超过万亿美元大关

2011年10月7日,美国国会预算局公布的最新报告预测,在9月份结束的2011财年,美国联邦政府的财政赤字将达到1.3万亿美元,显示美国政府依然面临严峻的财政压力。这将是美国联邦政府赤字连续第三年超过万亿美元大关。2010财年,美联邦政府的财政赤字达到1.29万亿美元;2009财年曾达到创纪录的1.41万亿美元。

27. 二十国集团(G20)财政部长和中央银行行长会议

2011年10月15日,二十国集团(G20)财政部长和中央银行行长会议在巴黎闭幕。会后发表的联合声明强调,目前全球经济下行风险增大,各方应采取应对措施恢复市场信心,保持银行系统和金融市场稳定,促进经济复苏与增长。会议通过了一项旨在减少系统性金融机构风险的全面框架,包括加强监管、建立跨境合作机制、明确破产救助规程以及大银行需额外增加资本金等。

28. 欧元区成员国领导人峰会

2011年10月27日,21个月以来的第14次欧盟峰会结束,欧元区成员国领导人就解决债务危机达成一揽子协议。此次协议的主要内容包括：私人投资者将所持希腊债务"自愿"减值50%；欧洲金融稳定机制规模将扩大至1.4万亿美元；欧盟向欧洲银行业注资约1000亿欧元；将约90家欧洲大型银行的核心资本充足率提高至9%。此外，欧元区领导人还敦促意大利加大力度巩固财政，实施进一步的经济改革。

29. 首家美国金融机构因受欧债危机影响而破产

2011年10月31日，美国知名期货经纪商——全球曼氏金融控股公司由于投资欧债失败，在纽约南区破产法院申请破产保护，这不仅是首家美国金融机构因受欧债危机影响而破产，而且按资产规模计算，这也是美国第五大金融机构破产案。

30. 二十国集团（G20）第六次峰会

2011年11月3日到4日，二十国集团（G20）第六次峰会戛纳峰会在法国戛纳召开，法国担任轮值主席，确定了三个优先议题：改革国际货币体系、抑制国际市场原材料价格过度波动和全球治理。峰会后发布的《戛纳公报》内容涉及促进增长和就业的全球战略、建立更加稳定和更具弹性的货币体系、改革金融领域和加强市场诚信、解决大宗商品价格波动问题和推动农业发展、改善能源市场和继续应对气候变化、避免保护主义和加强多边贸易体系、应对发展中的挑战、加强反腐败斗争以及改革21世纪的全球治理。与会各国领导人通过了"促进增长与就业的行动计划"，同意采取协调一致措施，各司其职，以应对短期经济脆弱性问题，并在中期内巩固经济增长的基础。但会议未就IMF援助欧洲达成协议。

31. 标准普尔下调15家大型跨国银行信用评级

2011年11月29日，全球三大评级机构之一的标准普尔评级公司下调了包括美国银行和巴克莱银行在内的15家大型跨国银行的信用评级。其中毅然下调7家美国银行评级，分别是美国银行、花旗银行、摩根士丹利、高盛、富国银行、摩根大通以及美国纽银梅隆，各被降一级。欧洲方面，标普下调汇丰、巴克莱及瑞士银行信用评级，分别由AA-级降至A+级、A+级降至A级、A+级降至A级，但维持德意志银行以及法国兴业银行信用评级，这两家银行评级均为A+级。

32. 欧盟峰会

2011年12月8日至9日，为期两天的欧盟峰会闭幕，欧盟内除英国之外的其他成员国就加强财政纪律同意缔结政府间条约，或称"财政契约"，同时增强危机救助工具。但因英国反对，此次峰会未能实现修改欧盟条约的初衷。欧盟领导人承诺向国际货币基金组织注资2000亿欧元，帮助欧元区解决危机。

33. 惠誉公司下调七家美欧大银行评级

2011年12月15日，惠誉公司宣布下调七家美欧大银行评级。将巴克莱银行、瑞信集团的长期信用评级下调两级；将美国银行、法国巴黎银行、花旗集团、德意志银行和高盛的长期信用评级下调一级。同时，惠誉宣布维持对摩根大通、摩根士丹利和瑞银集团的A级长期评级，以及法国兴业银行的A+级长期评级。

34. 新兴市场货币遭遇大幅贬值

2011年下半年，欧债危机的阴云依然笼罩全球金融市场，金融市场的剧烈动荡迫使投资者把资金转移到更安全的避险币种当中，美元走强趋势明显，风险资产包括新兴市场货币却遭遇大幅贬值。从2011年4月份、5月份开始，巴西的雷亚尔、印度的卢比半年来贬值幅度都超过10%。此外，墨西哥等国家也出现了类似的情况。墨西哥银行表示将再次采取向兑换市场拍卖外汇储备的干预性措施，以保证外汇市场充足的资金和正常运作。该措施自2008年金融危机以来第二次启用。伴随着新兴市场国家货币的大幅贬值，跨境资本流动也出现了从新兴市场国家向发达国家回流的趋势。

第五章 金融学科 2011 年文献索引

本报告的文献索引包括中文期刊和英文期刊两部分。中文期刊主要收录了《金融研究》、《经济研究》、《国际金融研究》、《财经问题研究》、《管理世界》等重要刊物的文章，共计 601 篇；英文期刊主要收录了 Journal of Finance、Journal of Financial Economics、The Review of Financial Studies、Journal of Economic Literature、Review of International Economics 等刊物的文章，共计 325 篇。

第一节 中文期刊文献索引

[1] 周小川. 金融政策对金融危机的响应——宏观审慎政策框架的形成背景、内在逻辑和主要内容 [J]. 金融研究，2011（1）.

[2] 徐忠，张雪春，张颖. 初始财富格局与居民可支配收入比重下降趋势 [J]. 金融研究，2011（1）.

[3] 孙永强，万玉林. 金融发展、对外开放与城乡居民收入差距——基于 1978~2008 年省际面板数据的实证分析 [J]. 金融研究，2011（1）.

[4] 范从来，张中锦. 分项收入不平等效应与收入结构的优化 [J]. 金融研究，2011（1）.

[5] 刘东华. 通货膨胀目标制宏观经济效应之"非对称性"的验证 [J]. 金融研究，2011（1）.

[6] 张延群. 中国核心通货膨胀率的度量及其货币政策涵义 [J]. 金融研究，2011（1）.

[7] 陈超，柳子君，肖辉. 从供给视角看我国房地产市场的"两难困境" [J]. 金融研究，2011（1）.

[8] 孙亮，柳建华. 银行业改革、市场化与信贷资源的配置 [J]. 金融研究，2011（1）.

[9] 王兵，朱宁. 不良贷款约束下的中国上市商业银行效率和全要素生产率研究——基于 SBM 方向性距离函数的实证分析 [J]. 金融研究，2011（1）.

[10] 祝继高，陆正飞. 产权性质、股权再融资与资源配置效率 [J]. 金融研究，2011（1）.

[11] 潘莉，徐建国. A 股个股回报率的惯性与反转 [J]. 金融研究，2011（1）.

[12] 温军，冯根福，刘志勇.异质债务、企业规模与R&D投入[J].金融研究，2011（1）.

[13] 龚朴，胡祖辉.信用衍生产品隐含相关性结构研究[J].金融研究，2011（1）.

[14] 赵华，王一鸣.中国期货价格的时变跳跃性及对现货价格影响的研究[J].金融研究，2011（1）.

[15] 李宏彬，马弘，熊艳艳，徐媛.人民币汇率对企业进出口贸易的影响：来自中国企业的实证研究[J].金融研究，2011（2）.

[16] 许祥云，吴烨.货币国际化降低了出口汇率风险了吗？——以金融危机中的日本为例[J].金融研究，2011（2）.

[17] 方文全.中国劳动收入份额决定因素的实证研究：结构调整抑或财政效应[J]？金融研究，2011（2）.

[18] 叶志强，陈习定，张顺明.金融发展能减少城乡收入差距吗——来自中国的证据[J].金融研究，2011（2）.

[19] 刘小玄，周晓艳.金融资源与实体经济之间配置关系的检验——兼论经济结构失衡的原因[J].金融研究，2011（2）.

[20] 甘顺利，刘晓辉.中国金融部门货币错配测算研究[J].金融研究，2011（2）.

[21] 张熠.社会保障基金国债投资的规模扩大效应分析[J].金融研究，2011（2）.

[22] 施海娜，徐浩萍，陈超.中小企业股权融资中投资银行市场竞争力构建与作用[J].金融研究，2011（2）.

[23] 郭剑花，杜兴强.政治联系、预算软约束与政府补助的配置效率——基于中国民营上市公司的经验研究[J].金融研究，2011（2）.

[24] 古志辉，郝项超，张永杰.卖空约束、投资者行为和A股市场的定价泡沫[J].金融研究，2011（2）.

[25] 彭涛，魏建.基金产品零售中的金融消费者保护研究[J].金融研究，2011（2）.

[26] 吴磊磊，陈伟忠，刘敏慧.公司章程和小股东保护——来自累积投票条款的实证检验[J].金融研究，2011（2）.

[27] 周铭山，孙磊，刘玉珍.社会互动、相对财富关注及股市参与[J].金融研究，2011（2）.

[28] 谢世清，邵宇平.股权分置改革对中国股市波动性与有效性影响的实证研究[J].金融研究，2011（2）.

[29] 范小云，肖立晟，方斯琦.从贸易调整渠道到金融调整渠道——国际金融外部调整理论的新发展[J].金融研究，2011（2）.

[30] 董丽霞，赵文哲.人口结构与储蓄率：基于内生人口结构的研究[J].金融研究，2011（3）.

[31] 周黎安，陶婧.官员晋升竞争与边界效应：以省区交界地带的经济发展为例[J].金融研究，2011（3）.

[32] 张会清，王剑. 全球流动性冲击对中国经济影响的实证研究[J]. 金融研究，2011(3).

[33] 1978~2009 中国人民银行营业管理部课题组. 基于生产函数法的潜在产出估计、产出缺口及与通货膨胀的关系[J]. 金融研究，2011(3).

[34] 饶品贵，姜国华. 货币政策波动、银行信贷与会计稳健性[J]. 金融研究，2011(3).

[35] 黄薇. 外资进入对中国保险业效率的影响[J]. 金融研究，2011(3).

[36] 邓向荣，杨彩丽. 极化理论视角下我国金融发展的区域比较[J]. 金融研究，2011(3).

[37] 王聪，张铁强. 经济开放进程中金融危机冲击比较研究[J]. 金融研究，2011(3).

[38] 徐晓萍，马文杰. 非上市中小企业贷款违约率的定量分析——基于判别分析法和决策树模型的分析[J]. 金融研究，2011(3).

[39] 张俊生，曾亚敏. 上市公司内部人亲属股票交易行为研究[J]. 金融研究，2011(3).

[40] 朱钧钧，谢识予. 中国股市波动率的双重不对称性及其解释——基于 MS-TGARCH 模型的 MCMC 估计和分析[J]. 金融研究，2011(3).

[41] 冯旭南，李心愉，陈工孟. 家族控制、治理环境和公司价值[J]. 金融研究，2011(3).

[42] 杨青，薛宇宁，YURTOGLU Besim Burcin. 我国董事会职能探寻：战略咨询还是薪酬监控[J]. 金融研究，2011(3).

[43] 姚昕，蒋竺均，刘江华. 改革化石能源补贴可以支持清洁能源发展[J]. 金融研究，2011(3).

[44] 邢予青，Neal Detert. 国际分工与美中贸易逆差：以 iPhone 为例[J]. 金融研究，2011(3).

[45] 袁志刚，邵挺. 人民币升值对我国各行业利润率变动的影响——基于 2007 年投入产出表的研究[J]. 金融研究，2011(4).

[46] 杨天宇，贺婷. TFP 增长率与中国的高储蓄率——兼论中美储蓄率差异的原因[J]. 金融研究，2011(4).

[47] 庄子罐. 中国经济周期波动的福利成本研究——基于小概率"严重衰退"事件的视角[J]. 金融研究，2011(4).

[48] 时文朝. 直接债务融资对货币供应的影响分析[J]. 金融研究，2011(4).

[49] 肖卫国，袁威. 股票市场、人民币汇率与中国货币需求[J]. 金融研究，2011(4).

[50] 吴玮. 资本约束对商业银行资产配置行为的影响——基于 175 家商业银行数据的经验研究[J]. 金融研究，2011(4).

[51] 刘红忠,赵玉洁,周冬华.公允价值会计能否放大银行体系的系统性风险[J].金融研究,2011(4).

[52] 蔡卫星,赵峰,曾诚.政治关系、地区经济增长与企业投资行为[J].金融研究,2011(4).

[53] 江伟.金融发展、银行贷款与公司投资[J].金融研究,2011(4).

[54] 苏冬蔚,曾海舰.宏观经济因素、企业家信心与公司融资选择[J].金融研究,2011(4).

[55] 郑振龙,汤文玉.波动率风险及风险价格——来自中国A股市场的证据[J].金融研究,2011(4).

[56] 刘志远,郑凯,何亚南.询价制度第一阶段改革有效吗[J].金融研究,2011(4).

[57] 徐信忠,张璐,张峥.行业配置的羊群现象——中国开放式基金的实证研究[J].金融研究,2011(4).

[58] 李东荣.拉美小额信贷监管经验及对我国的启示[J].金融研究,2011(5).

[59] 张健华,王鹏.银行效率及其影响因素研究——基于中、外银行业的跨国比较[J].金融研究,2011(5).

[60] 周光友,罗素梅.外汇储备最优规模的动态决定——基于多层次替代效应的分析框架[J].金融研究,2011(5).

[61] 毛日昇,郑建明.人民币实际汇率不确定性与外商直接投资择机进入[J].金融研究,2011(5).

[62] 朱孟楠,刘林,倪玉娟.人民币汇率与我国房地产价格——基于Markov区制转换VAR模型的实证研究[J].金融研究,2011(5).

[63] 战明华.经济二元结构效应与转轨经济时期的货币长期中性[J].金融研究,2011(5).

[64] 陈宇峰,陈启清.国际油价冲击与中国宏观经济波动的非对称时段效应:1978~2007[J].金融研究,2011(5).

[65] 江曙霞,何建勇.银行资本、银行信贷与宏观经济波动——基于C-C模型的影响机理分析的拓展研究[J].金融研究,2011(5).

[66] 李林,丁艺,刘志华.金融集聚对区域经济增长溢出作用的空间计量分析[J].金融研究,2011(5).

[67] 王定祥,田庆刚,李伶俐,王小华.贫困型农户信贷需求与信贷行为实证研究[J].金融研究,2011(5).

[68] 方明月.资产专用性、融资能力与企业并购——来自中国A股工业上市公司的经验证据[J].金融研究,2011(5).

[69] 解维敏,方红星.金融发展、融资约束与企业研发投入[J].金融研究,2011(5).

[70] 王善平,李志军.银行持股、投资效率与公司债务融资[J].金融研究,2011(5).

[71] 周芳,张维.中国股票市场流动性风险溢价研究[J].金融研究,2011(5).

[72] 刘斌.基于CGE框架下的央行宏观经济模型研究[J].金融研究,2011(6).

[73] 李健,邓瑛.推动房价上涨的货币因素研究——基于美国、日本、中国泡沫积聚时期的实证比较分析[J].金融研究,2011(6).

[74] 李绍荣,陈人可,周建波.房地产市场的市场特征及货币调控政策的理论分析[J].金融研究,2011(6).

[75] 张志栋,靳玉英.我国财政政策和货币政策相互作用的实证研究——基于政策在价格决定中的作用[J].金融研究,2011(6).

[76] 姚余栋,谭海鸣.中国金融市场通胀预期——基于利率期限结构的量度[J].金融研究,2011(6).

[77] 韩峰,谢赤,孙柏.基于IV-GARCH模型的外汇干预有效性实证研究[J].金融研究,2011(6).

[78] 黄光晓,林伯强.中国工业部门资本能源替代问题研究——基于元分析的视角[J].金融研究,2011(6).

[79] 黄祖辉,陈立辉.中国农业企业汇率风险应对行为的实证研究——基于企业竞争力视角[J].金融研究,2011(6).

[80] 章元,许庆.农业增长对降低农村贫困真的更重要吗?——对世界银行观点的反思[J].金融研究,2011(6).

[81] 江萍,田澍,Cheung Yan-Leung.基金管理公司股权结构与基金绩效研究[J].金融研究,2011(6).

[82] 宋云玲,李志文,纪新伟.从业绩预告违规看中国证券监管的处罚效果[J].金融研究,2011(6).

[83] 渡边真理子.国有控股上市公司的控制权、金字塔式结构和侵占行为——来自中国股权分置改革的证据[J].金融研究,2011(6).

[84] 吴斌珍,张琼,乔雪.对药品市场降价政策的评估——来自中国1997~2008年的证据[J].金融研究,2011(6).

[85] 白俊红,李婧.政府R&D资助与企业技术创新——基于效率视角的实证分析[J].金融研究,2011(6).

[86] 张远军.中俄间人民币跨境流通的理论与实证研究[J].金融研究,2011(6).

[87] 黄桂田,何石军.结构扭曲与中国货币之谜——基于转型经济金融抑制的视角[J].金融研究,2011(7).

[88] 王弟海,严成樑,龚六堂.遗产机制、生命周期储蓄和持续性不平等[J].金融研究,2011(7).

[89] 吴军,董志伟,涂竞.有效需求不足背景下的潜在通货膨胀压力——基于货币结

构分析视角[J]. 金融研究, 2011 (7).

[90] 方舟, 倪玉娟, 庄金良. 货币政策冲击对股票市场流动性的影响——基于 Markov 区制转换 VAR 模型的实证研究[J]. 金融研究, 2011 (7).

[91] 燕红忠. 货币供给量、货币结构与中国经济趋势: 1650~1936 [J]. 金融研究, 2011 (7).

[92] 周京奎. 公积金约束、家庭类型与住宅特征需求——来自中国的经验分析[J]. 金融研究, 2011 (7).

[93] 杨军华. 金融危机中处置问题银行的政策选择研究[J]. 金融研究, 2011 (7).

[94] 张龙耀, 江春. 中国农村金融市场中非价格信贷配给的理论和实证分析[J]. 金融研究, 2011 (7).

[95] 刘玉海, 武鹏. 转型时期中国农业全要素耕地利用效率及其影响因素分析[J]. 金融研究, 2011 (7).

[96] 陈鹏, 刘锡良. 中国农户融资选择意愿研究——来自"10省2万家农户借贷情况调查问卷数据"[J]. 金融研究, 2011 (7).

[97] 丁志国, 赵晶, 赵宣凯, 吕长征. 我国城乡收入差距的库兹涅茨效应识别与农村金融政策应对路径选择[J]. 金融研究, 2011 (7).

[98] 王茵田, 朱英姿. 中国股票市场风险溢价研究[J]. 金融研究, 2011 (7).

[99] 周开国, 李涛, 张燕. 董事会秘书与信息披露质量[J]. 金融研究, 2011 (7).

[100] 唐松, 胡威, 孙铮. 政治关系、制度环境与股票价格的信息含量——来自我国民营上市公司股价同步性的经验证据[J]. 金融研究, 2011 (7).

[101] 麦勇, 胡文博, 于东升. 上市公司资本结构调整速度的区域差异及其影响因素分析——基于2000~2009年沪深A股上市公司样本的研究[J]. 金融研究, 2011 (7).

[102] 毛雪峰, 刘靖. 刘易斯转折点真的到来了吗[J]. 金融研究, 2011 (8).

[103] 韩其恒, 李俊青. 二元经济下的中国城乡收入差距的动态演化研究[J]. 金融研究, 2011 (8).

[104] 郑挺国, 王霞. 泰勒规则的实时分析及其在我国货币政策中的适用性[J]. 金融研究, 2011 (8).

[105] 戴翔, 张二震. 危机冲击、汇率波动与出口绩效——基于跨国面板数据的实证分析[J]. 金融研究, 2011 (8).

[106] 谭政勋, 王聪. 中国信贷扩张、房价波动的金融稳定效应研究——动态随机一般均衡模型视角[J]. 金融研究, 2011 (8).

[107] 方堃. 日美金融危机和经济衰退的根源与规律探讨——基于产业革命周期理论[J]. 金融研究, 2011 (8).

[108] 邓建平, 曾勇. 金融关联能否缓解民营企业的融资约束[J]. 金融研究, 2011 (8).

[109] 杜兴强, 曾泉, 杜颖洁. 政治联系、过度投资于公司价值——基于国有上市公

司的经验证据[J]. 金融研究, 2011 (8).

[110] 程新生, 谭有超, 许垒. 公司价值、自愿披露与市场化进程——基于定性信息的披露[J]. 金融研究, 2011 (8).

[111] 李小晗, 朱红军. 投资者有限关注与信息解读[J]. 金融研究, 2011 (8).

[112] 张雅慧, 万迪昉, 付雷鸣. 股票收益的媒体效应: 风险补偿还是过度关注弱势[J]. 金融研究, 2011 (8).

[113] 贾颖, 杨天化. "次贷危机"下发达国家和地区股票指数的惯性效应与反转效应——以美国、日本、欧洲、香港为例[J]. 金融研究, 2011 (8).

[114] 黄惠春, 褚保金. 我国县域农村金融市场竞争度研究——基于降低市场准入条件下江苏37个县域的经验数据[J]. 金融研究, 2011 (8).

[115] 王静, 吕罡, 周宗放. 信贷配给突变分析——破解信贷配给难题的理论模型[J]. 金融研究, 2011 (8).

[116] 王晟, 蔡明超. 中国居民风险厌恶系数测定及影响因素分析——基于中国居民投资行为数据的实证研究[J]. 金融研究, 2011 (8).

[117] 吕朝凤, 黄梅波. 习惯形成、借贷约束与中国经济周期特征——基于RBC模型的实证分析[J]. 金融研究, 2011 (9).

[118] 唐东波, 王洁华. 贸易扩张、危机与劳动收入份额下降——基于中国工业行业的实证研究[J]. 金融研究, 2011 (9).

[119] 蒋海, 储著贞. 紧缩性货币政策冲击、成本渠道与通货膨胀——来自中国的检验[J]. 金融研究, 2011 (9).

[120] 王先柱, 毛中根, 刘洪玉. 货币政策的区域效应——来自房地产市场的证据[J]. 金融研究, 2011 (9).

[121] 龙海明, 唐怡, 凤伟俊. 我国信贷资金区域配置失衡研究[J]. 金融研究, 2011 (9).

[122] 周伟, 何建敏. 后危机时代金属期货价格集体上涨——市场需求还是投资泡沫[J]. 金融研究, 2011 (9).

[123] 张金清, 张健, 吴有红. 中长期贷款占比对我国商业银行稳定的影响——理论分析与实证检验[J]. 金融研究, 2011 (9).

[124] 林建浩, 王美今. 通货膨胀与股票收益的关系研究——基于具有财务杠杆与货币效用的资产定价模型[J]. 金融研究, 2011 (9).

[125] 邵新建, 巫和懋, 李泽广, 唐丹. 中国IPO上市首日的超高换手率之谜[J]. 金融研究, 2011 (9).

[126] 潘越, 戴亦一, 林超群. 信息不透明、分析师关注与个股暴跌风险[J]. 金融研究, 2011 (9).

[127] 崔巍. 证券投资中的信任及影响因素研究[J]. 金融研究, 2011 (9).

[128] 林大庞, 苏冬蔚. 股权激励与公司业绩——基于盈余管理视角的新研究[J]. 金

融研究，2011（9）．

[129] 花贵如，刘志远，许骞. 投资者情绪、管理者乐观主义与企业投资行为[J]. 金融研究，2011（9）．

[130] 秦朵，何新华. 大缓和时期发达国家的低通胀受益于全球化的新证据[J]. 金融研究，2011（10）．

[131] 贾彦东. 金融机构的系统重要性分析——金融网络中的系统风险衡量与成本分担[J]. 金融研究，2011（10）．

[132] 何晓萍. 中国工业的节能潜力及影响因素[J]. 金融研究，2011（10）．

[133] 吕越，盛斌. 开放条件下产出缺口型菲利普斯曲线的再验证——基于中国省际季度动态面板数据[J]. 金融研究，2011（10）．

[134] 周俊山，尹银. 中国计划生育政策对居民储蓄率的影响——基于省级面板数据的研究[J]. 金融研究，2011（10）．

[135] 潘岳奇，樊洪，贾生华. 企业资本结构、产权性质与竞拍行为——来自商品住宅用地拍卖的经验[J]. 金融研究，2011（10）．

[136] 田素华，徐明东. 外资银行进入对中国不同行业影响差异的经验证据[J]. 金融研究，2011（10）．

[137] 胡士华，卢满生. 信息、借贷交易成本与借贷匹配——来自农村中小企业的经验证据[J]. 金融研究，2011（10）．

[138] 王咏梅，王亚平. 结构投资者如何影响市场的信息效率[J]. 金融研究，2011（10）．

[139] 罗荣华，兰伟，杨云红. 基金的主动性管理提升了业绩吗[J]. 金融研究，2011（10）．

[140] 潘莉，徐建国. A股市场的风险与特征因子[J]. 金融研究，2011（10）．

[141] 曾爱民，傅元略，魏志华. 金融危机冲击、财务柔性储备和企业融资行为——来自中国上市公司的经验证据[J]. 金融研究，2011（10）．

[142] 左浩苗，刘振涛. 跳跃风险度量及其在风险—收益关系检验中的应用[J]. 金融研究，2011（10）．

[143] 李学峰，张舰，田元泉，李佳明. 我国证券投资基金的隐形激励[J]. 金融研究，2011（10）．

[144] 胡秋灵，马丽. 我国股票市场和债券市场波动溢出效应分析[J]. 金融研究，2011（10）．

[145] 黄炎龙，陈伟忠，龚六堂. 汇率的稳定性与最有货币政策[J]. 金融研究，2011（11）．

[146] 潘敏，夏庆，刘小燕，张华华. 汇率制度改革、货币政策与国债利率期限结构[J]. 金融研究，2011（11）．

[147] 刘涛，周继忠. 外部压力是否推动了人民币升值？——基于2005~2010年美国

施压事件效果的考察[J].金融研究,2011(11).

[148] 王君斌,郭新强.人民币升值、经常账户失衡和中国技术进步[J].金融研究,2011(11).

[149] 孙国峰,张砚春.消费信贷部门的扩张是否提升了货币政策的效力[J].金融研究,2011(11).

[150] 项后军,许磊.汇率传递与通货膨胀之间的关系存在中国的"本土特征"吗[J].金融研究,2011(11).

[151] 杨子晖.政府债务、政府消费与私人消费非线性关系的国际研究[J].金融研究,2011(11).

[152] 孙安琴.信用风险转移与银行体系稳定性研究[J].金融研究,2011(11).

[153] 孙浦阳,靳一,张亮.金融服务多样化是否能真正改善银行业绩?——基于OECD359家银行的实证研究[J].金融研究,2011(11).

[154] 彭江波,孙军,唐功爽.对当前农信社差别化准备金政策的探讨——以山东省为例[J].金融研究,2011(11).

[155] 张瑜,张诚.跨国企业在华研发活动对我国企业创新的影响——基于我国制造业行业的实证研究[J].金融研究,2011(11).

[156] 赵玉芳,余志勇,夏新平,汪宜霞.定向增发、现金分红与利益输送——来自我国上市公司的经验证据[J].金融研究,2011(11).

[157] 薛祖云,王冲.信息竞争抑或信息补充:证券分析师的角色扮演——基于我国证券市场的实证分析[J].金融研究,2011(11).

[158] 刘煜辉,沈可挺.是一级市场抑价,还是二级市场溢价——关于我国新股高抑价的一种检验和一个解释[J].金融研究,2011(11).

[159] 何东,王红林.利率双轨制与中国货币政策实施[J].金融研究,2011(12).

[160] 张健华,常黎.哪些因素影响了通货膨胀预期——基于中国居民的经验研究[J].金融研究,2011(12).

[161] 赵胜民,方意,王道平.金融信贷是否中国房地产、股票价格泡沫和波动的原因——基于有向无环图的分析[J].金融研究,2011(12).

[162] 李波,伍戈.影子银行的信用创造功能及其对货币政策的挑战[J].金融研究,2011(12).

[163] 刘春航,朱元倩.银行业系统性风险度量框架的研究[J].金融研究,2011(12).

[164] 邱立成,殷书炉.外资进入、制度变迁与银行危机——基于中东欧转型国家的研究[J].金融研究,2011(4).

[165] 许友传,刘庆福,王智鑫.基于动态和前瞻性的贷款损失拨备适度性研究[J].金融研究,2011(12).

[166] 陆瑶,沈小力.股票价格的信息含量与盈余管理——基于中国股市的实证分析

[J]. 金融研究, 2011 (12).

[167] 何德旭, 饶明. 配股融资、市场反应与投资者收益 [J]. 金融研究, 2011 (12).

[168] 郑志刚, 丁冬, 汪昌云. 媒体的负面报道、经理人声誉与企业业绩改善——来自我国上市公司的证据 [J]. 金融研究, 2011 (12).

[169] 童馨乐, 褚保金, 杨向阳. 社会资本对农户借贷行为影响的实证研究——基于八省1003个农户的调查数据 [J]. 金融研究, 2011 (12).

[170] 傅勇. 比较优势、市场定位与我国中小金融机构发展战略研究 [J]. 金融研究, 2011 (12).

[171] 王怀书, 丁加华. 信托中的权利分割思想及其应用 [J]. 金融研究, 2011 (12).

[172] 李礼辉. 经济弱复苏, 金融新动荡——2010年全球经济与国际金融回顾和展望 [J]. 国际金融研究, 2011 (1).

[173] 周莉萍. 货币乘数还存在吗 [J]. 国际金融研究, 2011 (1).

[174] 龙超, 张文. 内外部均衡目标下的汇率政策选择 [J]. 国际金融研究, 2011 (1).

[175] 汪川, 黎新, 周镇峰. 货币政策的信贷渠道: 基于"金融加速器模型"的中国经济周期分析 [J]. 国际金融研究, 2011 (1).

[176] 王永中. 中国外汇储备的构成、收益与风险 [J]. 国际金融研究, 2011 (1).

[177] 王维安, 徐滢. 次贷危机中美联储非常规货币政策应对、影响和效果 [J]. 国际金融研究, 2011 (1).

[178] 谭燕芝, 张运东. 外汇储备规模的宏观经济影响因素分析——基于中国、日本的比较研究 [J]. 国际金融研究, 2011 (1).

[179] 肖欣荣, 伍永刚. 美国利率市场化改革对银行业的影响 [J]. 国际金融研究, 2011 (1).

[180] 曾俭华. 国际化经营对中国商业银行效率的影响研究 [J]. 国际金融研究, 2011 (1).

[181] 窦尔翔, 熊灿彬. 基于RAROC的我国金融机构的风险与效率分析——以商业银行和保险公司为例 [J]. 国际金融研究, 2011 (1).

[182] 简永军, 周继忠. 人口老龄化、推迟退休年龄对资本流动的影响 [J]. 国际金融研究, 2011 (2).

[183] 张玉鹏, 王茜. 金融开放视角下宏观经济波动问题研究——以东亚国家 (地区) 为例 [J]. 国际金融研究, 2011 (2).

[184] 冀志斌, 周先平. 中央银行沟通可以作为货币政策工具吗——基于中国数据的分析 [J]. 国际金融研究, 2011 (2).

[185] 王信. 中国清末民初银本位下的汇率浮动: 影响和启示 [J]. 国际金融研究, 2011 (2).

[186] 姜凌, 王晓辉. 全球失衡原因: 基于"恒久收入—生命周期假说"与国际分工的视角 [J]. 国际金融研究, 2011 (2).

[187] 梁权熙, 田存志. 国际资本流动"突然停止"、银行危机及其产出效应 [J]. 国际金融研究, 2011 (2).

[188] 陈晓亮, 韩永辉, 邹建华. 美国房地产泡沫、世界经济不平衡与金融危机——兼驳金融危机根源外部论 [J]. 国际金融研究, 2011 (2).

[189] 徐涛, 王亚亚. 解读当今国际货币秩序的新范式——复活的布雷顿森林体系论述 [J]. 国际金融研究, 2011 (2).

[190] 刘昌黎. 日本增加外汇储备的外汇平衡操作及其中止的原因 [J]. 国际金融研究, 2011 (2).

[191] 陈雨露, 甄峰. 大型商业银行国际竞争力: 理论框架与国际比较 [J]. 国际金融研究, 2011 (2).

[192] 梁斌. 银行信贷首付约束与中国房地产价格研究 [J]. 国际金融研究, 2011 (3).

[193] 张斌. 亚洲经济体是否应该在外汇储备中增加亚洲货币资产——基于中国的答案 [J]. 国际金融研究, 2011 (3).

[194] 张天顶, 李洁. 全球流动性扩张的通货膨胀效应研究 [J]. 国际金融研究, 2011 (3).

[195] 陈涤非, 李红玲, 王海慧, 张建平. 通胀预期形成机理研究——基于SVAR模型的实证分析 [J]. 国际金融研究, 2011 (3).

[196] 王三兴, 王永中. 资本渐进开放、外汇储备累积与货币政策独立性——中国数据的实证研究 [J]. 国际金融研究, 2011 (3).

[197] 钟伟, 谢婷. 巴塞尔协议Ⅲ的新近进展及其影响初探 [J]. 国际金融研究, 2011 (3).

[198] 陆静. 巴塞尔协议Ⅲ及其对国际银行业的影响 [J]. 国际金融研究, 2011 (3).

[199] 崔红宇, 盛斌. 银行危机救助策略的分析 [J]. 国际金融研究, 2011 (3).

[200] 龚明华, 刘鹏飞. 监管监管者的理论基础及主要机制研究 [J]. 国际金融研究, 2011 (3).

[201] 谢世清. 主权信用违约互换的运作及启示 [J]. 国际金融研究, 2011 (3).

[202] 徐光, 邵诚. 关于"裸卖空"和"CDS裸卖空"的经济分析及启示 [J]. 国际金融研究, 2011 (3).

[203] 万志宏, 曾刚. 量化宽松货币政策的实践——以日本为例 [J]. 国际金融研究, 2011 (4).

[204] 万晓莉, 陈斌开, 傅雄广. 人民币进口汇率传递效应及国外出口商定价能力——产业视角下的实证研究 [J]. 国际金融研究, 2011 (4).

[205] 李云峰, 李仲飞. 汇率沟通、实际干预与人民币汇率变动——基于结构向量自回归模型的实证分析 [J]. 国际金融研究, 2011 (4).

[206] 庞晓波, 姚远. 贸易溢出效应对人民币有效汇率的影响 [J]. 国际金融研究, 2011 (4).

[207] 黄寿峰, 陈浪南, 黄榆舒. 人民币汇率变动的物价传递效应: 多结构变化协整回归分析 [J]. 国际金融研究, 2011 (4).

[208] 宗良, 李亚芬, 边卫红. 日本大地震对经济金融的影响 [J]. 国际金融研究, 2011 (4).

[209] 郭小波, 王婉婷, 周欣. 我国中小企业信贷风险识别因子的有效性分析——基于北京地区中小企业的信贷数据 [J]. 国际金融研究, 2011 (4).

[210] 邓超, 胡威, 唐莹. 基于拒绝推论的小企业信用评分模型研究 [J]. 国际金融研究, 2011 (4).

[211] 李学峰, 李佳明. 投资者个体的羊群行为: 分布及其程度——基于分割聚类的矩阵化方法 [J]. 国际金融研究, 2011 (4).

[212] 柏培文. 不同主体收入差距对我国 A 股上市公司绩效影响的研究 [J]. 国际金融研究, 2011 (4).

[213] 吴培新. 以货币政策和宏观审慎监管应对资产价格泡沫 [J]. 国际金融研究, 2011 (5).

[214] 陆前进, 柴天仪. 印度汇率制度的改革及对中国的启示 [J]. 国际金融研究, 2011 (5).

[215] 曹永福. 金融危机与经济波动特征事实: 中美两国比较 [J]. 国际金融研究, 2011 (5).

[216] 杨超, 乐无穷, 郑辉. 有管理的浮动汇率: 对新加坡汇率制度的实证研究 [J]. 国际金融研究, 2011 (5).

[217] 张青龙, 王舒婷. 国际收支结构研究: 基于人民币国际化视角的分析 [J]. 国际金融研究, 2011 (5).

[218] 邢苗. 从 2005~2010 年《国际金融研究》的载文统计看国际金融研究的发展态势 [J]. 国际金融研究, 2011 (5).

[219] 陈雄兵. 银行业集中、竞争与稳定的研究述评 [J]. 国际金融研究, 2011 (5).

[220] 周开国, 李琳. 中国商业银行收入结构多元化对银行风险的影响 [J]. 国际金融研究, 2011 (5).

[221] 郭琨, 成思危. 金融状况指数研究评述 [J]. 国际金融研究, 2011 (5).

[222] 于瑾, 王梦然. 可转债融资对上市公司市场价值的长期影响及原因分析 [J]. 国际金融研究, 2011 (5).

[223] 金蕾, 年四伍. 国际黄金价格和美元汇率走势研究 [J]. 国际金融研究, 2011 (5).

[224] 周茂华, 刘骏民, 许平祥. 基于 GARCH 族模型的黄金市场的风险度量与预测研究 [J]. 国际金融研究, 2011 (5).

[225] 杨艺, 陶永诚. 中国国际储备适度规模测度 1994~2009——基于效用最大化分析框架的数值模拟 [J]. 国际金融研究, 2011 (6).

[226] 苏冬蔚，肖志兴. 基于亚洲六国宏观数据的我国金融危机预警系统研究 [J]. 国际金融研究，2011（6）.

[227] 孙浦阳，靳舒晶，卞超. 汇率调整是否能有效地改变贸易逆差呢？——从金融市场完善程度差异性的角度分析 [J]. 国际金融研究，2011（6）.

[228] 孙新宝. 发展中国家的金融体系问题研究：基于法律制度的视角 [J]. 国际金融研究，2011（6）.

[229] 陈娟，田丰，陈创练，陈国进. 我国外汇市场压力研究——基于马尔可夫区制转换 [J]. 国际金融研究，2011（6）.

[230] 王昭伟. 外汇市场的协同波动与联合干预 [J]. 国际金融研究，2011（6）.

[231] 韩蓓，龚六堂. 双边市场理论对商业银行发卡业务的启示 [J]. 国际金融研究，2011（6）.

[232] 李锦玲，李延喜，栾庆伟. 关系融资、银行信贷与新创企业绩效的关系研究 [J]. 国际金融研究，2011（6）.

[233] 章彰. 审视内部评级体系：风险权重、风险偏好与银行业务策略 [J]. 国际金融研究，2011（6）.

[234] 李文泓，罗猛. 巴塞尔委员会逆周期资本框架在我国银行业的实证分析 [J]. 国际金融研究，2011（6）.

[235] 曹劲. 非零售类风险暴露信用风险模型的校准和主标尺开发 [J]. 国际金融研究，2011（6）.

[236] 何国华，袁仕陈. 货币替代和反替代对我国货币政策独立性的影响 [J]. 国际金融研究，2011（7）.

[237] 隋建利，刘金全. 中美两国货币增长不确定性与经济周期联动机制的差异性分析 [J]. 国际金融研究，2011（7）.

[238] 杨权，裴晓婧. 资本账户开放、金融风险与最优外汇储备 [J]. 国际金融研究，2011（7）.

[239] 石巧荣. 国际货币竞争格局演进中的人民币国际化前景 [J]. 国际金融研究，2011（7）.

[240] 杜晓蓉. 市场预期及其影响因素与人民币汇率波动关系分析 [J]. 国际金融研究，2011（7）.

[241] 项卫星，王达. 国际资本流动格局的变化对新兴市场国家的冲击——基于全球金融危机的分析 [J]. 国际金融研究，2011（7）.

[242] 杨胜刚，成程. 中国的主权信用评级是否被低估 [J]. 国际金融研究，2011（7）.

[243] 宋琴，郑振龙. 巴塞尔协议Ⅲ、风险厌恶与银行绩效——基于中国商业银行2004~2008年面板数据的实证分析 [J]. 国际金融研究，2011（7）.

[244] 冯宗宪，陈志毅. 基于风险视角的伊斯兰银行与传统银行的比较 [J]. 国际金融研究，2011（7）.

[245] 刘莉, 万解秋. 我国股市与汇市之间关系的再检验——基于滚动时间窗口技术和阈值误差修正模型的证据 [J]. 国际金融研究, 2011 (7).

[246] 卞志村, 孙俊. 中国货币政策目标制的选择——基于开放经济体的实证 [J]. 国际金融研究, 2011 (8).

[247] 赵伟, 朱永行, 王宇雯. 中国货币政策工具选择研究 [J]. 国际金融研究, 2011 (8).

[248] 陆晓明. 美国公共债务的可持续性及其影响 [J]. 国际金融研究, 2011 (8).

[249] 张军, 厉大业. 美国政府债务长期可持续性分析——基于一般均衡条件下的代际预算约束模型 [J]. 国际金融研究, 2011 (8).

[250] 娄伶俐, 钱铭. 资本账户开放测度方法: 比较与综合 [J]. 国际金融研究, 2011 (8).

[251] 田拓. 后危机时代对跨境资金流动管理的思考——兼评IMF关于管理资本流入的政策框架 [J]. 国际金融研究, 2011 (8).

[252] 张金城, 李成. 金融监管国际合作失衡下的监管套利理论透析 [J]. 国际金融研究, 2011 (8).

[253] 史建平, 高宇. 宏观审慎监管理论研究综述 [J]. 国际金融研究, 2011 (8).

[254] 倪志凌. 动机扭曲和资产证券化的微观审嗅监管——基于美国数据的实证研究 [J]. 国际金融研究, 2011 (8).

[255] 丰吉闯, 李建平, 高丽君. 商业银行操作风险度量模型选择分析 [J]. 国际金融研究, 2011 (8).

[256] 余永定. 社会融资总量与货币政策的中间目标 [J]. 国际金融研究, 2011 (9).

[257] 张学勇, 宋雪楠. 金融危机下货币政策及其效果: 基于国际比较的视角 [J]. 国际金融研究, 2011 (9).

[258] 赵文哲, 董丽霞. 中国通货膨胀结构性变化的财政分权机制研究 [J]. 国际金融研究, 2011 (9).

[259] 郭朋, 吴烨. 我国核心通胀率的决定因素: 基于面板数据的实证研究 [J]. 国际金融研究, 2011 (9).

[260] 盛梅, 袁平, 赵洪斌. 有效汇率指数编制的国际经验研究与借鉴 [J]. 国际金融研究, 2011 (9).

[261] 金洪飞, 万兰兰, 张翅. 国际金融危机对中国出口贸易的影响 [J]. 国际金融研究, 2011 (9).

[262] 鲁明易. 母国流动性危机与外资银行的贷款供给——基于新兴市场国家的实证研究 [J]. 国际金融研究, 2011 (9).

[263] 毛奉君. 系统重要性金融机构监管问题研究 [J]. 国际金融研究, 2011 (9).

[264] 李文泓, 王刚. 美国实施沃尔克规则的最新进展与启示 [J]. 国际金融研究, 2011 (9).

[265] 梁琪,郭娜.我国房地产价格与银行绩效——基于省际面板数据的实证研究[J].国际金融研究,2011(9).

[266] 朱民.世界经济结构的深刻变化和新兴经济的新挑战[J].国际金融研究,2011(10).

[267] 陈健,徐康宁,王剑.货币供给、价格波动差异与经济增长:全球视角的经验研究[J].国际金融研究,2011(10).

[268] 李勇,邓晶,王有贵.中国通胀、资产价格及货币政策间关系研究——基于开放经济视角的分析[J].国际金融研究,2011(10).

[269] 王家玮,孙华妤,门明.人民币汇率变动对通货膨胀的影响——基于进口非竞争型投入产出表的分析[J].国际金融研究,2011(10).

[270] 陈胜涛,张开华.世界银行碳基金组织运作方式及启示[J].国际金融研究,2011(10).

[271] 黄小兵.异质企业、汇率波动与出口——基于中国企业的实证研究[J].国际金融研究,2011(10).

[272] 叶蓁.全球产品内分工与资本形成[J].国际金融研究,2011(10).

[273] 翟光宇,陈剑.资本充足率高代表资本充足吗?——基于中国上市银行2007~2011年季度数据分析[J].国际金融研究,2011(10).

[274] 孙岩,汪翀.基于RAROC的银行表内资产转让定价决策研究[J].国际金融研究,2011(10).

[275] 张成思,舒家先.中国股市波动特征的区制转移研究[J].国际金融研究,2011(10).

[276] 孔东民,邵园园.盈余质量、机构投资者和资产流动性[J].国际金融研究,2011(10).

[277] 吴军,肖威,涂竞.中国通货膨胀成因的量化分析[J].国际金融研究,2011(11).

[278] 邢天才,孙进,汪川.从金融危机到经济危机——基于"金融加速器"理论的视角[J].国际金融研究,2011(11).

[279] 王倩.东亚经济体汇率的锚货币及汇率制度弹性检验——基于新外部货币模型的实证分析[J].国际金融研究,2011(11).

[280] 周阳,唐齐鸣.估计汇率形成机制的一种新方法:以人民币汇率为例[J].国际金融研究,2011(11).

[281] 李广子,李玲.商业银行资本补充机制:现状、动因与效果[J].国际金融研究,2011(11).

[282] 徐超.系统重要性金融机构识别方法综述[J].国际金融研究,2011(11).

[283] 王胜邦,张漫春.市场风险资本监管制度的演进:以VaR模型为重点的研究[J].国际金融研究,2011(11).

[284] 王茂斌, 刘莎莎, 孔东民. 募集资金投向变更、公司治理与公司绩效 [J]. 国际金融研究, 2011 (11).

[285] 邹文理, 王曦. 预期与未预期的货币政策对股票市场的影响 [J]. 国际金融研究, 2011 (11).

[286] 陈昆亭, 周炎, 龚六堂. 信贷周期: 中国经济 1991~2010 [J]. 国际金融研究, 2011 (12).

[287] 谈正达, 唐琳, 胡海鸥. 我国国际资本流动与货币冲销的有效性研究: 1999~2010 [J]. 国际金融研究, 2011 (12).

[288] 白钦先, 张志文. 人民币汇率变动对 CPI 通胀的传递效应研究 [J]. 国际金融研究, 2011 (12).

[289] 李晓峰, 钱利珍, 黎琦嘉. 人民币汇率预期特征研究——基于调查数据的实证分析 [J]. 国际金融研究, 2011 (12).

[290] 于一, 何维达. 货币政策、信贷质量与银行风险偏好的实证检验 [J]. 国际金融研究, 2011 (12).

[291] 宋清华, 曲良波. 高管薪酬、风险承担与银行绩效: 中国的经验证据 [J]. 国际金融研究, 2011 (12).

[292] 傅勇, 邱兆祥, 王修华. 我国中小银行经营绩效及其影响因素研究 [J]. 国际金融研究, 2011 (12).

[293] 陈野华, 王玉峰, 王艳. 基于双重资本约束的投资银行全面风险管理体系构建——美国五大投资银行"终结"的启示 [J]. 国际金融研究, 2011 (12).

[294] 肖峻, 石劲. 基金业绩与资金流量: 我国基金市场存在"赎回异象"吗 [J]. 经济研究, 2011 (1): 112-125.

[295] 朱信凯, 骆晨. 消费函数的理论逻辑与中国化: 一个文献综述 [J]. 经济研究, 2011 (1): 140-153.

[296] 袁中国, 陈平, 刘兰凤. 汇率制度、金融加速器和经济波动 [J]. 经济研究, 2011 (1): 57-70.

[297] 谢世清, 李四光. 中小企业联保贷款的信誉博弈分析 [J]. 经济研究, 2011 (1).

[298] 陈斌开, 李涛. 中国城镇居民家庭资产——负债现状与成因研究 [J]. 经济研究, 2011 (1).

[299] 侯成琪, 龚六堂, 张维迎. 核心通货膨胀: 理论模型与经验分析 [J]. 经济研究, 2011 (2): 4-18.

[300] 洪正. 新型农村金融机构改革可行吗 [J]. 经济研究, 2011 (2): 44-58.

[301] 章元, 刘时菁, 刘亮. 城乡收入差距、民工失业与中国犯罪率的上升 [J]. 经济研究, 2011 (2): 59-72.

[302] 罗琦, 胡志强. 控股股东道德风险与公司现金策略 [J]. 经济研究, 2011 (2): 125-137.

[303] 陆国庆. 中国中小板上市公司产业创新的绩效研究 [J]. 经济研究, 2011 (2): 138-148.

[304] 许庆, 尹荣梁, 章辉. 规模经济、规模报酬与农业适度规模经营 [J]. 经济研究, 2011 (3): 59-71.

[305] 肖欣荣, 田存志. 私募基金的管理规模与最优激励契约 [J]. 经济研究, 2011 (3): 119-130.

[306] 吕冰洋. 财政扩张与供需失衡: 孰为因? 孰为果? [J]. 经济研究, 2011 (3): 18-31.

[307] 李实, 罗楚亮. 中国收入差距究竟有多大? [J]. 经济研究, 2011 (4): 68-79.

[308] 方军雄. 高管权力与企业薪酬变动的非对称性 [J]. 经济研究, 2011 (4): 107-120.

[309] 于洪霞, 龚六堂, 陈玉宇. 出口固定成本融资约束与企业出口行为 [J]. 经济研究, 2011 (4): 55-67.

[310] 山立威. 心理还是实质: 汶川地震对中国资本市场的影响 [J]. 经济研究, 2011 (4): 121-134.

[311] 陈工孟, 俞欣, 寇祥河. 风险投资参与对中资企业首次公开发行折价的影响——不同证券市场的比较 [J]. 经济研究, 2011 (5): 74-85.

[312] 王兵, 朱宁. 不良贷款约束下的中国银行业全要素生产率增长研究 [J]. 经济研究, 2011 (5): 32-45.

[313] 李科, 徐龙炳. 融资约束、债务能力与公司业绩 [J]. 经济研究, 2011 (5): 61-73.

[314] 姜付秀, 黄继承. 经理激励、负债与企业价值 [J]. 经济研究, 2011 (5): 46-60.

[315] 张学勇, 廖理. 风险投资背景与公司 IPO: 市场表现与内在机理 [J]. 经济研究, 2011 (6): 118-132.

[316] 朱平芳, 张征宇, 姜国麟. FDI 与环境规制: 基于地方分权视角的实证研究 [J]. 经济研究, 2011 (6): 133-145.

[317] 寇宗来, 周敏. 混合绩效评估下的区位—价格竞争研究 [J]. 经济研究, 2011 (6): 68-79.

[318] 黄俊, 陈信元. 集团化经营与企业研发投资——基于知识溢出与内部资本市场视角的分析 [J]. 经济研究, 2011 (6): 80-92.

[319] 龚强, 王俊, 贾坤. 财政分权视角下的地方政府债务研究: 一个综述 [J]. 经济研究, 2011 (7): 144-156.

[320] 刘瑞翔, 安同良. 中国经济增长的动力来源与转换展望 [J]. 经济研究, 2011 (7): 30-41.

[321] 何启志, 范从来. 中国通货膨胀的动态特征研究 [J]. 经济研究, 2011 (7): 91-101.

[322] 谭洪涛, 蔡利, 蔡春. 公允价值与股市过度反应——来自中国证券市场的经验证据 [J]. 经济研究, 2011 (7): 130-143.

[323] 徐建炜, 杨盼盼. 理解中国的实际汇率: 一价定律偏离还是相对价格变动? [J]. 经济研究, 2011 (7): 78-115.

[324] 陆旸. 中国的绿色政策与就业, 存在双重红利吗? [J]. 经济研究, 2011 (7): 6.

[325] 姚树洁, 姜春霞, 冯根福. 中国银行业的改革与效率: 1995~2008 [J]. 经济研究, 2011 (8): 4-14.

[326] 黄少安, 韦倩. 合作与经济增长 [J]. 经济研究, 2011 (8): 51-64.

[327] 周明生. 经济稳定与持续繁荣的宏观分析——中国经济增长与周期 (2011) 国际高峰论坛综述 [J]. 经济研究, 2011 (8): 147-154.

[328] 张卫国, 任燕燕, 花小安. 地方政府投资行为, 地区性行政垄断与经济增长 [J]. 经济研究, 2011 (8): 26-37.

[329] 包群, 邵敏, 侯维忠. 出口改善了员工收入吗? [J]. 经济研究, 2011 (9): 41-54.

[330] 刘勇政, 冯海波. 腐败, 公共支出效率与长期经济增长 [J]. 经济研究, 2011 (9): 17-28.

[331] 丘东晓. 自由贸易协定理论与实证研究综述 [J]. 经济研究, 2011 (9): 147-157.

[332] 刘尧成, 赵晓菊, 何众志等. "资本市场与金融创新"国际研讨会综述 [J]. 经济研究, 2011 (9): 158-160.

[333] 张兵, 李翠莲. "金砖国家"通货膨胀周期的协动性 [J]. 经济研究, 2011 (9): 29-40.

[334] 李燕凌, 欧阳万福. 县乡政府财政支农支出效率的实证分析 [J]. 经济研究, 2011 (10): 110-122.

[335] 陈彦斌, 邱哲圣. 高房价如何影响居民储蓄率和财产不平等 [J]. 经济研究, 2011 (10): 25-38.

[336] 倪克勤, 赵颖岚, 徐凤. 劳动生产率对我国贸易收支的传导效应研究 [J]. 经济研究, 2011 (10): 123-136.

[337] 白钦先, 张志文. 外汇储备规模与本币国际化: 日元的经验研究 [J]. 经济研究, 2011 (10): 137-149.

[338] 李锴, 齐绍洲. 贸易开放、经济增长与中国二氧化碳排放 [J]. 经济研究, 2011 (11): 60-72.

[339] 梅冬州, 龚六堂. 新兴市场经济国家的汇率制度选择 [J]. 经济研究, 2011 (11): 73-88.

[340] 周业安, 宋紫峰. 社会偏好、信息结构和合同选择——多代理人的委托代理实验研究 [J]. 经济研究, 2011 (11): 130-144.

[341] 钱先航, 曹廷求, 李维安. 晋升压力、官员任期与城市商业银行的贷款行为

[J].经济研究,2011(12):72-85.

[342] 廖理,张金宝.城市家庭的经济条件、理财意识和投资借贷行为——来自全国24个城市的消费金融调查[J].经济研究,2011(S1):17-29.

[343] 宋双杰,曹晖,杨坤.投资者关注与IPO异象——来自网络搜索量的经验证据[J].经济研究,2011(S1):145-155.

[344] 蔡明超,黄徐星,赵戴怡.房地产市场反周期宏观调控政策绩效的微观分析[J].经济研究,2011(S1):80-89.

[345] 肖经建.消费者金融行为、消费者金融教育和消费者福利[J].经济研究,2011(S1):4-16.

[346] 赵煊.认知偏误对金融消费者保护的影响——以零售金融产品为例[J].经济研究,2011(S1):127-133.

[347] 姜伟,闫小勇,胡燕京.消费者情绪对通货膨胀影响的理论分析[J].经济研究,2011(S1):90-104.

[348] 陈志娟,郑振龙,马长峰等.个人投资者交易行为研究——来自台湾股市的证据[J].经济研究,2011(S1):67-79.

[349] 李志生,胡凯.多因素影响下的最优年金化时间决策[J].经济研究,2011(S1):116-126.

[350] 冯科,何理.我国银行上市融资、信贷扩张对货币政策传导机制的影响[J].经济研究,2011(S2):51-62.

[351] 姚余栋,谭海鸣.央票利率可以作为货币政策的综合性指标[J].经济研究,2011(S2):63-74.

[352] 毛捷,汪德华,白重恩.民族地区转移支付、公共支出差异与经济发展差距[J].经济研究,2011(S2):75-87.

[353] 刘瑞明.所有制结构、增长差异与地区差距:历史因素影响了增长轨迹吗?[J].经济研究,2011(S2):16-27.

[354] 李琦,罗炜,谷仕平.企业信用评级与盈余管理[J].经济研究,2011(S2):88-99.

[355] 殷德生,唐海燕,黄腾飞.国际贸易、企业异质性与产品质量升级[J].经济研究,2011(S2):136-146.

[356] 石建勋,全淑琴,钟建飞.人民币成为区域主导货币的实证研究——基于汇率视角的考察[J].财经问题研究,2011(1):58-67.

[357] 胡志颖,王丹丹.准则变迁、债务重组方式选择和政府监管——基于盈余管理视角的研究[J].财经问题研究,2011(1):75-81.

[358] 柯军,卢二坡.不同规模公司股票在不同市场状态下动量效应研究[J].财经问题研究,2011(1):82-88.

[359] 严成樑,龚六堂.政府公共支出理论框架评述[J].财经问题研究,2011(1).

[360] 赵煜程. 新股发行对股市波动的影响分析 [J]. 财经问题研究, 2011 (2): 58-62.

[361] 张莹, 孙明贵. 消费者怀旧的理论基础、研究现状与展望 [J]. 财经问题研究, 2011 (2): 28-33.

[362] 田菁. 中国区域金融发展: 差异、特点及政策研究 [J]. 财经问题研究, 2011 (2): 63-70.

[363] 史永东, 于明业. 限售股解禁、过度反应与股市振荡 [J]. 财经问题研究, 2011 (2): 49-57.

[364] 张金松, 陈国辉. 注册会计师与上市公司财务舞弊博弈的审计收费——来自中国上市公司的经验证据 [J]. 财经问题研究, 2011 (2): 114-123.

[365] 贾澎, 张攀峰, 陈池波. 基于农业产业化视角的农户融资行为分析——河南省农民金融需求的调查 [J]. 财经问题研究, 2011 (2): 95-101.

[366] 王哲华, 吴珂文. 银行信贷退出中的银企行为博弈分析 [J]. 财经问题研究, 2011 (2): 71-74.

[367] 吴旭东, 姚巧燕. 基于行为经济学视角的兑收遵从问题研究 [J]. 财经问题研究, 2011 (3): 84-89.

[368] 宋晶. 工资决定理论: 古典经济学与现代经济学的比较 [J]. 财经问题研究, 2011 (3): 21-27.

[369] 赵玉娟. 服务业 FDI、资本效应与经济增长——基于服务业 FDI、制造业 FDI 和国内固定资产投资实证分析 [J]. 财经问题研究, 2011 (3): 46-50.

[370] 梁云芳, 刘金叶. 中国货币政策对国内需求影响的非对称性研究——基于受约束的非对称 VECM 模型 [J]. 财经问题研究, 2011 (3): 51-58.

[371] 刘志杰. 外资并购国有股权定价过程的博弈分析 [J]. 财经问题研究, 2011 (3): 71-76.

[372] 袁绍锋, 甄红线. H 股指数期货对现货市场信息效率影响的实证研究——基于非线性 Granger 检验 [J]. 财经问题研究, 2011 (3): 64-70.

[373] 朴明根, 张伟. 美国证券化法规体系的重大变革及启示 [J]. 财经问题研究, 2011 (3): 77-83.

[374] 白雪梅, 赵峰. 我国区域经济趋同测度研究——基于面板数据空间计量模型的分析 [J]. 财经问题研究, 2011 (4): 108-115.

[375] 翟光宇, 邓弋威. 我国存款市场信息传递是有效的吗?[J]. 财经问题研究, 2011 (4): 79-84.

[376] 刘庆富, 周程远, 张婉宁. 地震灾难对中国股票市场的冲击效应 [J]. 财经问题研究, 2011 (4): 61-67.

[377] 黄建军. 资本约束与城市商业银行发展 [J]. 财经问题研究, 2011 (4): 74-78.

[378] 蔡绍洪, 陆琳. 基于主观博弈的产业集群动态共生稳定研究 [J]. 财经问题研究, 2011 (5): 42-46.

[379] 杨棉之，卢闯.公司治理、盈余质量与经理人代理成本[J].财经问题研究，2011（5）：93-97.

[380] 姜英兵，王清莹.上市公司股权结构与真实活动盈余管理[J].财经问题研究，2011（5）：73-80.

[381] 赵国庆，林梦瑶.中国货币长期中性实证研究——基于FS方法的估计[J].财经问题研究，2011（5）：60-64.

[382] 郭炳利.信息不对称与企业年金市场微观激励机制研究[J].财经问题研究，2011（5）：98-103.

[383] 庞菁菁，石柱鲜.基于SVAR模型的货币政策对信贷规模的影响分析[J].财经问题研究，2011（5）：53-59.

[384] 薛峰，李承.银行业改革绩效：银行经营行为改变了吗？[J].财经问题研究，2011（5）：65-72.

[385] 刘晓星，卢菲，林辉.基于稳定发展视角的银行监管效果分析[J].财经问题研究，2011（6）：63-68.

[386] 高晓燕，孙晓靓.我国村镇银行可持续发展研究[J].财经问题研究，2011（6）：96-100.

[387] 王春丽，宋连方.金融发展影响产业结构优化的实证研究[J].财经问题研究，2011（6）：51-56.

[388] 范立夫，张捷.货币增速剪刀差与CPI相关性的实证研究[J].财经问题研究，2011（6）：57-62.

[389] 聂尔德.基于演化博弈视角的中小企业融资分析[J].财经问题研究，2011（6）：27-31.

[390] 陈菁泉.东北亚区域经济制度性合作研究——以全球金融危机为背景[J].财经问题研究，2011（6）：124-130.

[391] 郑磊.FDI对国内投资潜在影响的实证研究——基于东北地区行业面板数据的检验[J].财经问题研究，2011（6）：131-136.

[392] 张璇.欧盟泛欧金融监管体系改革及其启示[J].财经问题研究，2011（6）：116-119.

[393] 高山，黄杨，王超.货币政策传导机制有效性的实证研究——基于我国利率传导渠道的VAR模型分析[J].财经问题研究，2011（7）：50-58.

[394] 宁静，薛畅，李一维.我国消费金融公司现状及发展研究[J].财经问题研究，2011（7）：45-49.

[395] 万丛颖.市场竞争与股权结构的治理效应：互补还是替代[J].财经问题研究，2011（7）：37-44.

[396] 康健.中国经济预测者的真伪羊群行为辨析[J].财经问题研究，2011（7）：19-25.

[397] 阮永平. 金融控股集团道德风险问题研究——基于侵害债权人利益的视角 [J]. 财经问题研究, 2011 (8): 43-48.

[398] 夏雨, 尚文程. 金融危机"后遗症"与中国对外投资的战略选择 [J]. 财经问题研究, 2011 (8): 54-59.

[399] 曾铮. 我国经济发展方式转变的理论、实证和战略——基于供给视角的研究 [J]. 财经问题研究, 2011 (8): 3-10.

[400] 尹丹莉, 翟淑萍. 上市公司股权融资规模决策研究——基于治理机制与时机选择的视角 [J]. 财经问题研究, 2011 (8): 49-53.

[401] 孙刚. 汇率二重性与当代汇率决定模型 [J]. 财经问题研究, 2011 (8): 36-42.

[402] 王立国, 张洪伟. 地方政府公共投资制度与投资决策问题研究——基于完善投资体制和投资决策科学化的文献综述 [J]. 财经问题研究, 2011 (9): 21-28.

[403] 袁光珮. 物流金融参与主体间联合最优决策分析 [J]. 财经问题研究, 2011 (9): 100-107.

[404] 姜毅, 刘淑莲. 信息披露质量与控制权私人收益——以股权分置改革为背景 [J]. 财经问题研究, 2011 (9): 50-56.

[405] 汪旭晖, 黄睿. FDI溢出效应对我国流通服务业自主创新的影响研究 [J]. 财经问题研究, 2011 (9): 90-99.

[406] 李妍, 覃正. 互联网技术对金融危机传导速度影响研究 [J]. 财经问题研究, 2011 (9): 42-49.

[407] 陈守东, 王妍. 金融压力指数与工业一致合成指数的动态关联研究 [J]. 财经问题研究, 2011 (10): 39-46.

[408] 谢朝华, 罗琼. 中国银行业技术效率与组织结构间相关性分析 [J]. 财经问题研究, 2011 (10): 47-51.

[409] 吕炜. 体制性约束、扩张性政策与政策效果异化——兼论此轮政策调控的后续影响及中国经济前景 [J]. 财经问题研究, 2011 (10): 3-9.

[410] 岳宝宏, 孙健. 控制权转移中的内幕交易者收益研究 [J]. 财经问题研究, 2011 (10): 68-75.

[411] 徐建邦, 梁富山. 房地产价格波动对地方财政收入的效应研究——基于京、津、沪、渝四个直辖市面板数据的实证分析 [J]. 财经问题研究, 2011 (10): 89-94.

[412] 杨勇. 外资企业生产率与东道国经济增长可持续性研究 [J]. 财经问题研究, 2011 (10): 112-119.

[413] 邢天才, 唐国华. 美国货币政策对中国货币政策的溢出效应研究 [J]. 财经问题研究, 2011 (11): 50-55.

[414] 王春娟, 黄昊. 住房改革、流动性约束与城镇居民消费研究 [J]. 财经问题研究, 2011 (11): 135-140.

[415] 张颖. 当前我国城市物流金融的发展机制研究 [J]. 财经问题研究, 2011 (11):

120-125.

[416] 胡威. 管理层盈利预测精确度影响因素及其经济后果研究——来自中国A股市场的经验证据 [J]. 财经问题研究, 2011 (11): 67-74.

[417] 安烨, 钟廷勇, 朱欣悦. 制造业上市公司股权特征对公司绩效影响实证研究 [J]. 财经问题研究, 2011 (11): 43-49.

[418] 杜晓郁. 后金融危机时期中国经济结构调整的政策搭配——基于斯旺模型的拓展分析 [J]. 财经问题研究, 2011 (11): 17-22.

[419] 阎石, 李连伟. 我国期货价格风险管理研究 [J]. 财经问题研究, 2011.

[420] 庞明川. 中国企业对发达国家的逆向投资: 进入障碍与策略 [J]. 财经问题研究, 2011 (11): 31-38.

[421] 冯晓玲, 张璐. 人民币实际有效汇率对中国吸引FDI的影响分析 [J]. 财经问题研究, 2011 (11): 56-61.

[422] 平新乔. 募股权与治理权价值 [J]. 经济学动态, 2011 (1): 36-40.

[423] 苏剑. 中国目前的通货膨胀: 特点、成因及对策 [J]. 经济学动态, 2011 (1): 50-55.

[424] 李斌. 经济增长、B-S效应与通货膨胀容忍度 [J]. 经济学动态, 2011 (1): 61-66.

[425] 托尼, 艾迪生. 金融、食品和气候危机: 三重危机下的社会保障与人类发展 [J]. 经济学动态, 2011 (1): 9-15.

[426] 马君潞, 郭廓. 人民币汇率调整、经济结构转型及其对宏观经济的影响 [J]. 经济学动态, 2011 (1): 40-45.

[427] 胡海峰, 孙飞. 从资本大国迈向资本强国: 中国资本市场未来发展前景展望 [J]. 经济学动态, 2011 (1): 67-70.

[428] 李心愉, 郁智慧. 非寿险业对经济增长的促进——基于修正的人力资本和增长模型 [J]. 经济学动态, 2011 (1): 71-76.

[429] 葛鹤军, 缑婷. 中国地方政府融资平台信用风险研究 [J]. 经济学动态, 2011 (1): 77-80.

[430] 刘小玄, 王冀宁. 新兴小型金融机构的产权和法人治理机制 [J]. 经济学动态, 2011 (2): 31-38.

[431] 阮加, 阮敬科. 收入分配问题现状、原因及对策探讨 [J]. 经济学动态, 2011 (2): 59-62.

[432] 胡金焱, 亓彬. 证券投资基金与A股市场波动性——基于2004~2010年宏微观数据的实证分析 [J]. 经济学动态, 2011 (2): 63-66.

[433] 张鹤, 黄琨, 姚远. 我国商业银行X-效率的实证研究与改革策略 [J]. 经济学动态, 2011 (2): 67-70.

[434] 王修华, 邱兆祥. 农村金融发展对城乡收入差距的影响机理与实证研究 [J]. 经

济学动态，2011（2）：71-75.

[435] 许宪春. 国际金融危机爆发以来我国的经济增长表现［J］. 经济学动态，2011（3）：21-25.

[436] 汤凌霄. 大国特征、金融稳定与汇率制度改革［J］. 经济学动态，2011（3）：46-49.

[437] 张辉，黄泽华. 我国货币政策利率传导机制的实证研究［J］. 经济学动态，2011（3）：54-58.

[438] 杨思群. 中国货币需求：实证研究及政策含义［J］. 经济学动态，2011（3）：59-64.

[439] 郭其友，陈银忠，易小丽. 汇率变动、流动性过剩与通货膨胀的动态关系［J］. 经济学动态，2011（3）：65-70.

[440] 周景彤，辛本胜. 货币增长是通货膨胀的主因吗［J］. 经济学动态，2011（3）：71-74.

[441] 齐杨，柳欣. 利率变动与通货膨胀［J］. 经济学动态，2011（3）：75-79.

[442] 钱露，李世宗. 机构投资者参与公司治理的决策研究［J］. 经济学动态，2011（4）：44-47.

[443] 冯科. 中国房地产市场在货币政策传导机制中的作用研究［J］. 经济学动态，2011（4）：42-49.

[444] 赵彦志. 境外"热钱"、人民币汇率与物价水平［J］. 经济学动态，2011（4）：67-73.

[445] 郑湘明. 控制我国通胀：数量型工具与价格型工具的比较分析［J］. 经济学动态，2011（4）：74-78.

[446] 林清泉，罗刚. 我国金融衍生品市场发展模式与路径选择［J］. 经济学动态，2011（4）：88-91.

[447] 卢亚娟，褚保金. 区域产业集群发展的金融支持机制研究：案例分析［J］. 经济学动态，2011（4）：92-95.

[448] 朱乾宇. 微型金融的经济和社会效应研究评述［J］. 经济学动态，2011（4）：120-125.

[449] 董富华. 中小民营银行公司治理结构研究：以稠州商行为例［J］. 经济学动态，2011（5）：75-80.

[450] 刘金石，王贵. 公司治理理论：异同探源、评介与比较［J］. 经济学动态，2011（5）：80-85.

[451] 树友林. 高管权力、货币报酬与在职消费关系实证研究［J］. 经济学动态，2011（5）：86-89.

[452] 胡铭. 金融系统风险研究新进展［J］. 经济学动态，2011（5）：124-129.

[453] 孙力军，朱洪. 紧货币、宽财政的宏观经济效应："民工荒"和信贷配给下的作

用机制与实证分析[J]. 经济学动态, 2011 (6): 28-33.

[454] 朱建平, 魏瑾, 谢邦昌. 金融高频数据挖掘研究评述与展望[J]. 经济学动态, 2011 (6): 59-62.

[455] 刘喜和. 我国通货膨胀的短期动态特征与驱动因素比较[J]. 经济学动态, 2011 (6): 69-72.

[456] 许荣, 汪勇祥, 向文华. 最终控制人对公司价值影响研究述评[J]. 经济学动态, 2011 (6): 138-143.

[457] 彭飞, 曾庆鹏. 定向增发信息公告与定价研究述评[J]. 经济学动态, 2011 (6): 144-148.

[458] 黄宪, 熊启跃. 银行资本约束下货币政策传导机理的"扭曲"效应[J]. 经济学动态, 2011 (6): 119-124.

[459] 张碧琼, 高慧清. 汇率之谜与汇率理论研究新进展[J]. 经济学动态, 2011 (6): 125-131.

[460] 王家华, 孙清. 资产风险结构、经济资本动态配置与银行价值最大化[J]. 经济学动态, 2011 (7): 35-38.

[461] 张晓晶. 滞胀成因的重新审视与中国的滞胀风险[J]. 经济学动态, 2011 (7): 39-44.

[462] 刘湘云, 杜金岷. 全球化下金融系统复杂性、行为非理性与危机演化——一种新的金融危机演化机制的理论解说[J]. 经济学动态, 2011 (7): 61-68.

[463] 刘银国, 张琛. 基于公司治理的商业银行风险研究[J]. 经济学动态, 2011 (7): 80-84.

[464] 李建伟. 我国居民消费价格上涨的影响因素及其贡献评估[J]. 经济学动态, 2011 (8): 12-21.

[465] 胡静波, 李洪英. 我国上市公司治理信息披露有效性分析[J]. 经济学动态, 2011 (8): 43-46.

[466] 卢盛荣, 邓童. 系统性货币政策与通货膨胀持续性[J]. 经济学动态, 2011 (8): 111-114.

[467] 龙超, 邓琨. 中小企业融资与社区银行发展——美国社区银行发展的启示[J]. 经济学动态, 2011 (8): 150-153.

[468] 何孝星, 赵颖楠. 当前我国货币政策困境与通货膨胀应对政策的新取向[J]. 经济学动态, 2011 (9): 49-54.

[469] 闫超, 金晓彤. 通货膨胀和消费对经济增长的影响有多大——基于多变量结构转变模型的分析[J]. 经济学动态, 2011 (9): 54-61.

[470] 冯俊新, 李稻葵. 金融监管和货币政策决策机制研究评述[J]. 经济学动态, 2011 (9): 121-126.

[471] 杨德勇, 邓路. 上市公司私募发行融资行为: 理论分析与经验证据[J]. 经济学

动态，2011（9）：150–155.

［472］葛秋颖. 对外直接投资视角下的跨国公司研究［J］. 经济学动态，2011（10）：69–72.

［473］同生辉，李文中. 中国上市公司退市风险预测模型研究［J］. 经济学动态，2011（10）：73–76.

［474］张鹏，张屹山. 通胀传导与货币政策犭 ［J］. 经济学动态，2011（10）：88–94.

［475］张强，张宝. 货币政策传导的风险承扌 究进展［J］. 经济学动态，2011（10）：103–107.

［476］谭洪涛，蔡利，蔡春. 金融稳定监管视角 . 性风险研究述评［J］. 经济学动态，2011（10）：137–142.

［477］苏剑，童立. 近年来我国热钱流入规模的估算［J］. 经济学动态，2011（11）：53–59.

［478］张龙耀，杨军. 农地抵押和农户信贷可获得性研究［J］. 经济学动态，2011（11）：60–64.

［479］王兆旭，纪敏. 我国 M2/GDP 偏高的内在原因和实证检验［J］. 经济学动态，2011（11）：65–70.

［480］王辉. 次贷危机后系统性金融风险测度研究述评［J］. 经济学动态，2011（11）：119–123.

［481］吕炜，储德银. 城乡居民收入差距与经济增长研究［J］. 经济学动态，2012（12）：30–36.

［482］李竹薇，史永东，武军伟. 组合信用衍生品定价理论综述［J］. 经济学动态，2012（12）：120–124.

［483］蔡春，朱荣，谢柳芳. 真实盈余管理研究述评［J］. 经济学动态，2012（12）：125–130.

［484］赵永亮. 中国内外需求的市场潜力研究——基于工资方程的边界效应分析［J］. 管理世界，2011（1）：20–29.

［485］李广子，唐国正，刘力等. 股票名称与股票价格非理性联动——中国 A 股市场的研究［J］. 管理世界，2011（1）.

［486］董大勇，肖作平. 证券信息交流家乡偏误及其对股票价格的影响：来自股票论坛的证据［J］. 管理世界，2011（1）：52–61.

［487］张利庠，张喜才. 外部冲击对我国农产品价格波动的影响研究——基于农业产业链视角［J］. 管理世界，2011（1）：71–81.

［488］许静静，吕长江. 家族企业高管性质与盈余质量——来自中国上市公司的证据［J］. 管理世界，2011（1）：112–120.

［489］李增福，董志强，连玉君. 应计项目盈余管理还是真实活动盈余管理？——基

于我国 2007 年所得税改革的研究[J]. 管理世界, 2011 (1): 121-134.

[490] 李焰, 秦义虎, 张肖飞. 企业产权、管理者背景特征与投资效率[J]. 管理世界, 2011 (1): 135-144.

[491] 王正位, 王思敏, 朱武祥. 股票市场融资管制与公司最优资本结构[J]. 管理世界, 2011 (2): 40-48.

[492] 李万福, 林斌, 宋璐. 内部控制在公司投资中的角色: 效率促进还是抑制? [J]. 管理世界, 2011 (2): 81-99.

[493] 张会丽, 吴有红. 企业集团财务资源配置、集中程度与经营绩效——基于现金在上市公司及其整体子公司间分布的研究[J]. 管理世界, 2011 (2): 100-108.

[494] 姚铮, 王笑雨, 程越楷. 风险投资契约条款设置动因及其作用机理研究[J]. 管理世界, 2011 (2): 127-141.

[495] 王君斌, 郭新强, 蔡建波. 扩张性货币政策下的产出超调、消费抑制和通货膨胀惯性[J]. 管理世界, 2011 (3): 7-21.

[496] 鲍晓华. 中国是否遭遇了歧视性反倾销[J]. 管理世界, 2011 (3).

[497] 姜付秀, 黄继承. 市场化进程与资本结构动态调整[J]. 管理世界, 2011 (3): 124-134.

[498] 徐莉萍, 辛宇, 祝继高. 媒体关注与上市公司社会责任之履行——基于汶川地震捐款的实证研究[J]. 管理世界, 2011 (3): 135-143.

[499] 叶林祥, 李实, 罗楚亮. 效率工资、租金分享与企业工资收入差距——基于第一次全国经济普查工业企业数据的实证研究[J]. 财经研究, 2011, 37 (3): 4-16.

[500] 姚颐, 刘志远. 投票权制度改进与中小投资者利益保护[J]. 管理世界, 2011 (3): 144-153.

[501] 陆正飞, 杨德明. 商业信用: 替代性融资, 还是买方市场? [J]. 管理世界, 2011 (4): 6-14.

[502] 周业安, 周洪荣, 孙瑞. 市账率: 权衡还是择时? [J]. 管理世界, 2011 (4): 15-25.

[503] 徐明东, 陈学彬. 中国微观银行特征与银行贷款渠道检验[J]. 管理世界, 2011 (5): 24-38.

[504] 马连福, 曹春方. 制度环境、地方政府干预、公司治理与 IPO 募集资金投向变更[J]. 管理世界, 2011 (5): 127-139.

[505] 叶康涛, 刘行. 税收征管、所得税成本与盈余管理[J]. 管理世界, 2011 (5): 140-148.

[506] 邵军. 中国出口贸易联系持续期及影响因素分析——出口贸易稳定发展的新视角[J]. 管理世界, 2011 (6): 24-33.

[507] 陈建军, 崔春梅, 陈菁菁. 集聚经济、空间连续性与企业区位选择——基于中国 265 个设区城市数据的实证研究[J]. 管理世界, 2011 (6): 63-75.

[508] 卢洪友，卢盛峰，陈思霞. 关系资本、制度环境与财政转移支付有效性——来自中国地市一级的经验证据[J]. 管理世界，2011（7）：9-19.

[509] 曹胜，朱红军. 王婆贩瓜：券商自营业务与分析师乐观性[J]. 管理世界，2011（7）：20-30.

[510] 夏立军，陆铭，余为政. 政企纽带与跨省投资——来自中国上市公司的经验证据[J]. 管理世界，2011（7）：128-140.

[511] 郑志刚，许荣，徐向江等. 公司章程条款的设立、法律对投资者权力保护和公司治理——基于我国 A 股上市公司的证据[J]. 管理世界，2011（7）：141-153.

[512] 汪伟，郭新强. 收入不平等与中国高储蓄率：基于目标性消费视角的理论与实证研究[J]. 管理世界，2011（9）：7-25.

[513] 吴化斌，许志伟，胡永刚等. 消息冲击下的财政政策及其宏观影响[J]. 管理世界，2011（9）：26-39.

[514] 隋建利，刘金全，庞春阳. 基于太阳黑子冲击视角的中国货币政策有效性测度[J]. 管理世界，2011（9）：40-52.

[515] 于忠泊，田高良，齐保垒等. 媒体关注的公司治理机制——基于盈余管理视角的考察[J]. 管理世界，2011（9）：127-140.

[516] 朱茶芬，姚铮，李志文. 高管交易能预测未来股票收益吗？[J]. 管理世界，2011（9）：141-152.

[517] 李科，陆蓉. 投资者有限理性与基金营销策略——基金大比例分红的证据[J]. 管理世界，2011（11）：5.

[518] 吕长江，张海平. 股权激励计划对公司投资行为的影响[J]. 管理世界，2011（11）：118-126.

[519] 陈德球，李思飞，王丛. 政府质量、终极产权与公司现金持有[J]. 管理世界，2011（11）：127-141.

[520] 张勇. 银行个体特征对贷款行为差异性的影响——来自中国银行体系制度约束的经验研究[J]. 经济学家，2011（1）：86-94.

[521] 李龙筠，谢艺. 中国创业板上市公司创新能力评估[J]. 经济学家，2011（2）：93-102.

[522] 沈坤荣，刘东皇. 中国劳动者报酬提升的需求效应分析[J]. 经济学家，2011（2）：43-50.

[523] 张晨，张宇. 国有企业是低效率的吗[J]. 经济学家，2011（2）：16-25.

[524] 任太增. 政府主导、企业偏向与国民收入分配格局失衡——一个基于三方博弈的分析[J]. 经济学家，2011（3）：42-48.

[525] 李腊生，关敏芳，李萍. 消费跨期替代中的财富传承偏好——理论模型与中国的证据[J]. 经济学家，2011（3）：33-41.

[526] 朱富强. 现代经济学中人性假设的心理学基础及其问题——"经济人"假设与

"为己利他"行为机理的比较[J]. 经济学家, 2011 (3): 49-58.

[527] 高明华, 赵峰. 国际金融危机成因的新视角: 治理风险的累积[J]. 经济学家, 2011 (3): 91-98.

[528] 陈志新, 张忠根. 供应链网络治理与供应链金融发展[J]. 经济学家, 2011 (4): 78-81.

[529] 刘凤义. 新自由主义、金融危机与资本主义模式的调整——美国模式、日本模式和瑞典模式的比较[J]. 经济学家, 2011 (4): 86-95.

[530] 尹碧波. 中国经济的高增长与低就业——货币有效就业假说与经验检验[J]. 经济学家, 2011 (5): 28-35.

[531] 王柏杰, 何炼成, 郭立宏. 房地产价格、财富与居民消费效应——来自中国省际面板数据的证据[J]. 经济学家, 2011 (5): 57-65.

[532] 叶茜茜. 影响民间金融利率波动因素分析——以温州为例[J]. 经济学家, 2011 (5): 66-73.

[533] 马永强. 中国农户融资现状与民间借贷偏好分析——来自全国农户借贷调查问卷[J]. 经济学家, 2011 (6): 28-37.

[534] 黎贵才, 卢荻. 资本深化、资源约束与中国经济可持续增长[J]. 经济学家, 2011 (5): 74-81.

[535] 梁东黎. 国民收入的分配、转移格局: 理论表达与我国实情[J]. 经济学家, 2011 (7): 70-77.

[536] 郭其友, 陈银忠. 人民币汇率升值下的输入型通货膨胀——基于递归SVAR模型的经验分析[J]. 经济学家, 2011 (8): 83-89.

[537] 王千红. 金融供应链下商业银行信贷配给改进的机理和实践研究[J]. 经济学家, 2011 (8): 90-95.

[538] 冯涛, 高东胜. 二元经济转型背景下的货币供给、经济增长与通货膨胀[J]. 经济学家, 2012, 12.

[539] 黄新飞, 翟爱梅, 魏运新. 汇率波动、异质效应与跨国城市边界效应[J]. 经济学家, 2012, 11.

[540] 周孟亮, 李明贤, 孙良顺. "资金"与"机制": 中国小额信贷发展的关键[J]. 经济学家, 2012 (1).

[541] 李恒, 吴维库. 战略群组、策略选择与并购效率影响研究: 来自我国银行并购案例的经验证据[J]. 经济学家, 2013 (12): 73-83.

[542] 于震, 徐晓妹. "次贷危机"后中美金融市场联动性更强了吗[J]. 经济学家, 2014, 9.

[543] 佟家栋, 周燕. 二元经济、刘易斯拐点和中国对外贸易发展战略[J]. 经济理论与经济管理, 2011 (1): 18-26.

[544] 况伟大. 房地产投资、房地产信贷与中国经济增长[J]. 经济理论与经济管理,

2011（1）：59-68.

[545] 陈亮, 陈霞. 通货膨胀问题国外研究进展与评述［J］. 经济理论与经济管理, 2011（2）：50-58.

[546] 邹正方, 徐艺芳. 美国在华直接投资对中美贸易不平衡的影响研究［J］. 经济理论与经济管理, 2011（2）：79-86.

[547] 张杰. 预算约束与金融制度选择的新理论：文献述评［J］. 经济理论与经济管理, 2011（3）：25-31.

[548] 王林. 我国股票发行制度变迁及若干思考［J］. 经济理论与经济管理, 2011（3）：64-71.

[549] 朱方明, 林雨杰. 中国上市公司高管薪酬差异分析［J］. 经济理论与经济管理, 2011（3）：82-88.

[550] 刘伟, 苏剑. 人民币升值及我国的应对措施［J］. 经济理论与经济管理, 2011（4）：5-12.

[551] 肖争艳, 程冬, 戴轶群. 通货膨胀冲击的财产再分配效应［J］. 经济理论与经济管理, 2011（6）.

[552] 李杰, 庞皓. 中国贸易开放与通货膨胀持续性关系研究［J］. 经济理论与经济管理, 2011（6）：59-68.

[553] 韩松, 姜鹏. 中国商业银行竞争力及影响因素分析：2002~2009年［J］. 经济理论与经济管理, 2011（7）：56-66.

[554] 杨溢. 货币供应与通货膨胀的动态关系研究［J］. 经济理论与经济管理, 2011（7）：67-74.

[555] 陈涵. 中小企业信托融资模式问题研究［J］. 经济理论与经济管理, 2011（8）.

[556] 赵胜民, 翟光宇, 张瑜. 我国上市商业银行盈余管理与市场约束［J］. 经济理论与经济管理, 2011（8）.

[557] 刘宏, 汪段泳. 金融危机后中国对外直接投资的海外利益研究［J］. 经济理论与经济管理, 2011（8）：96-101.

[558] 庄太量, 许愫珊. 人民币国际化与国际货币体系改革［J］. 经济理论与经济管理, 2011（9）：40-45.

[559] 杨靖, 许年行, 王琨. 定向增发中的控股股东决策动机及特征解析［J］. 经济理论与经济管理, 2011（9）：48-55.

[560] 伊志宏, 李艳丽, 高伟. 市场化进程、机构投资者与薪酬激励［J］. 经济理论与经济管理, 2011（10）：75-83.

[561] 邢祖礼, 周文. 转轨体制、租金机制与企业的性质［J］. 经济理论与经济管理, 2011（11）.

[562] 黄先海, 杨君, 肖明月. 中国资本回报率变动的动因分析——基于资本深化和技术进步的视角［J］. 经济理论与经济管理, 2012（11）：47-54.

[563] 何平. 我国的央行票据发行与公开市场操作 [J]. 经济理论与经济管理，2012（12）：37-44.

[564] 陈敏菊，曹桂芝. 企业主逃债事件背景下的中小企业融资缺口分析 [J]. 经济理论与经济管理，2012（12）：101-109.

[565] 曾月明，崔燕来，陈云. 我国上市公司信息披露违规的影响因素研究——基于2006~2009年数据的实证分析 [J]. 经济问题，2011（1）：116-120.

[566] 朱相诚，叶德磊. 略论QFII对中国股市的垂直影响——基于沪深A股指数收益率的变化 [J]. 经济问题，2011（1）：126-128.

[567] 方蔚豪. 货币政策冲击效应的区域非对称性研究 [J]. 经济问题，2011（1）：36-40.

[568] 余劲松，陈其安. 我国证券市场执法活动对股市参与影响的实证研究 [J]. 经济问题，2011（1）：73-76.

[569] 王克明，王平. 公司治理、现金股利变化与盈余变化持续性——基于中国上市公司的分析 [J]. 经济问题，2011（1）：69-72.

[570] 张倩，刘璐. 现代银行业危机预警研究 [J]. 经济问题，2011（1）：101-104.

[571] 严太华，曹小春. 农村金融发展与经济增长关系的实证研究——以四川为例 [J]. 经济问题，2011（1）：84-87.

[572] 江俊龙，邹香，狄运中. 我国地方政府债务及其风险控制研究 [J]. 经济问题，2011（2）：31-35.

[573] 李国璋，刘津汝. 产权制度、金融发展和对外开放对全要素生产率增长贡献的经验研究 [J]. 经济问题，2011（2）：4-9.

[574] 李皓，章冬梅. 人民币实际汇率及波动率对中美贸易的影响——基于协整检验和ECM的实证分析 [J]. 经济问题，2011（2）：58-62.

[575] 徐敏. 农业经济发展的财政金融政策效应研究——基于状态空间模型的分析 [J]. 经济问题，2011（2）：76-80.

[576] 吕江林，王庆皓. 国际金融危机对FDI的影响渠道研究 [J]. 经济问题，2011（2）：104-108.

[577] 魏晓琴，古小华. 基于资产组合模型的央行外汇干预有效性的实证研究 [J]. 经济问题，2011（2）：99-103.

[578] 杨大楷，王劲松. 我国企业债券发行条件非市场化实证研究 [J]. 经济问题，2011（2）：109-115.

[579] 周琳. 政策调整、盈余管理与公司价值——来自房地产上市公司的经验证据 [J]. 经济问题，2011（3）：11-15.

[580] 杨建，刘安琪. 我国货币政策与资产价格的相关性分析 [J]. 经济问题，2011（3）：21-23.

[581] 周远. 金融产品拓展的引致路径与风险传导 [J]. 经济问题，2011（3）：93-96.

[582] 杨棉之, 张中瑞. 上市公司债权治理对公司绩效影响的实证研究 [J]. 经济问题, 2011 (3): 57-60.

[583] 黄安仲, 谢海蓉. 我国通货膨胀是输入型的吗——基于2006~2008年数据的研究 [J]. 经济问题, 2011 (4): 4-8.

[584] 庞晓波, 姚远. 人民币有效汇率波动对我国分类出口产品的影响——基于两时段面板数据的实证研究 [J]. 经济问题, 2011 (4): 39-43.

[585] 林霞, 汪海涛, 姜洋. 汇率—利率的互动效应: G7国家与中国的实证比较 [J]. 经济问题, 2011 (4): 67-72.

[586] 徐潮进. 机构股权与股价波动性——基于股利政策的研究 [J]. 经济问题, 2011 (4): 87-91.

[587] 郭保民. 当前金融宏观调控中货币政策工具的效应研究 [J]. 经济问题, 2011 (4): 73-77.

[588] 王克武, 丁潇, 廖维晓. 银行账户利率风险计量: 标准框架及其适用性 [J]. 经济问题, 2011 (4): 21.

[589] 沈悦, 张学峰, 刘毅博. 亚太地区间资本市场联动效应实证分析——以中国内地、中国香港、日本和美国股市为例 [J]. 经济问题, 2011 (4): 83-86.

[590] 张玉玲, 杨晓. 农村金融与农村经济关系实证研究——以新疆为例 [J]. 经济问题, 2011 (4): 106-111.

[591] 任碧云, 高之岩, 李涛. 国民收入分配效率对通货膨胀的影响——基于1978~2007年时间序列数据的分析 [J]. 经济问题, 2011 (5): 4-8.

[592] 何恩良, 刘文. 金融资本、地方政府干预与产业结构——基于中部地区的实证分析 [J]. 经济问题, 2011 (5): 37-40.

[593] 杜兴端, 徐万刚. 略论财政、金融支农对农业发展的影响 [J]. 经济问题, 2011 (5): 73-75.

[594] 叶茜茜. 我国区域金融发展的空间演化分析 [J]. 经济问题, 2011 (5): 106-109.

[595] 杨坚, 常远. 外商直接投资与经济增长——基于我国中部地区的实证分析 [J]. 经济问题, 2011 (6): 19-22.

[596] 刘锦恒, 齐俊峰. 基于妒忌偏好的最优激励契约模型改进及其应用 [J]. 经济问题, 2011 (6): 40-44.

[597] 祝文峰, 左晓慧. 公司并购中目标公司绩效问题研究 [J]. 经济问题, 2011 (6): 45-49.

[598] 管延德, 戴蓬军. 中国农业上市公司X-效率的实证研究——基于动态视角 [J]. 经济问题, 2011 (6): 35-39.

[599] 张润林. 利率平价在中国的适用性分析 [J]. 经济问题, 2011 (6): 86-88.

[600] 孙清, 陈靖元. 基于引力模型的商业银行流动性风险管理 [J]. 经济问题, 2011 (6): 82-85.

[601] 郑鹏程，石柱鲜. 股指期货对资本市场波动性实证检验——基于 2004~2010 年数据 [J]. 经济问题，2011 (6)：89-93.

第二节　英文期刊文献索引

[1] Hendershott T., Jones C. M., Menkveld A. J. Does algorithmic trading improve liquidity? [J]. The Journal of Finance, 2011, 66 (1): 1-33.

[2] Loughran T., McDonald B. When is a liability not a liability? Textual analysis, dictionaries, and 10-Ks [J]. The Journal of Finance, 2011, 66 (1): 35-65.

[3] Engelberg J. E., Parsons C. A. The causal impact of media in financial markets [J]. The Journal of Finance, 2011, 66 (1): 67-97.

[4] Acharya V. V., Viswanathan S. Leverage, moral hazard, and liquidity [J]. The Journal of Finance, 2011, 66 (1): 99-138.

[5] Næs R., Skjeltorp J. A., Ødegaard B. A. Stock market liquidity and the business cycle [J]. The Journal of Finance, 2011, 66 (1): 139-176.

[6] Savov A. Asset pricing with garbage [J]. The Journal of Finance, 2011, 66 (1): 177-201.

[7] Bongaerts D., De Jong F., Driessen J. Derivative pricing with liquidity risk: Theory and evidence from the credit default swap market [J]. The Journal of Finance, 2011, 66 (1): 203-240.

[8] Dinc I. S., Gupta N. The decision to privatize: Finance and politics [J]. The Journal of Finance, 2011, 66 (1): 241-269.

[9] Warner J. B., Wu J. S. Why do mutual fund advisory contracts change? Performance, growth, and spillover effects [J]. The Journal of Finance, 2011, 66 (1): 271-306.

[10] Boyer B. H. Style-Related Comovement: Fundamentals or Labels? [J]. The Journal of Finance, 2011, 66 (1): 307-332.

[11] Benmelech E., Bergman N. K. Bankruptcy and the collateral channel [J]. The Journal of Finance, 2011, 66 (2): 337-378.

[12] Hertzberg A., Liberti J., Paravisini D. Public information and coordination: evidence from a credit registry expansion [J]. The Journal of Finance, 2011, 66 (2): 379-412.

[13] Jenter D., Lewellen K., Warner J. B. Security issue timing: What do managers know, and when do they know it? [J]. The Journal of Finance, 2011, 66 (2): 413-443.

[14] Lerner J., Sorensen M., Strömberg P. Private Equity and Long-Run Investment: The Case of Innovation [J]. The Journal of Finance, 2011, 66 (2): 445-477.

[15] Guo S., Hotchkiss E. S., Song W. Do buyouts (still) create value? [J]. The Journal of Finance, 2011, 66 (2): 479-517.

[16] Ameriks J., Caplin A., Laufer S., et al. The joy of giving or assisted living? Using strategic surveys to separate public care aversion from bequest motives [J]. The Journal of Finance, 2011, 66 (2): 519-561.

[17] Giroud X., Mueller H. M. Corporate governance, product market competition, and equity prices [J]. The Journal of Finance, 2011, 66 (2): 563-600.

[18] Puckett A., Yan X. S. The interim trading skills of institutional investors [J]. The Journal of Finance, 2011, 66 (2): 601-633.

[19] Dasgupta A., Prat A., Verardo M. Institutional trade persistence and long-Term equity returns [J]. The Journal of Finance, 2011, 66 (2): 635-653.

[20] Becker B., Ivković Z., Weisbenner S. Local dividend clienteles [J]. The Journal of Finance, 2011, 66 (2): 655-683.

[21] Acharya V. V., Myers S. C., Rajan R. G. The internal governance of firms [J]. The Journal of Finance, 2011, 66 (3): 689-720.

[22] Longstaff F. A. Municipal debt and marginal tax rates: Is there a tax premium in asset prices? [J]. The Journal of Finance, 2011, 66 (3): 721-751.

[23] Dharmapala D., Foley C. F., Forbes K. J. Watch what I do, not what I say: the unintended consequences of the Homeland Investment Act [J]. The Journal of Finance, 2011, 66(3): 753-787.

[24] Garlappi L., Yan H. Financial Distress and the Cross-section of Equity Returns [J]. The Journal of Finance, 2011, 66 (3): 789-822.

[25] Masulis R. W., Mobbs S. Are all inside directors the same? Evidence from the external directorship market [J]. The Journal of Finance, 2011, 66 (3): 823-872.

[26] Nagel S., Singleton K. J. Estimation and evaluation of conditional asset pricing models [J]. The Journal of Finance, 2011, 66 (3): 873-909.

[27] Bao J., Pan J., Wang J. The illiquidity of corporate bonds [J]. The Journal of Finance, 2011, 66 (3): 911-946.

[28] Stoughton N. M., Wu Y., Zechner J. Intermediated investment management[J]. The Journal of Finance, 2011, 66 (3): 947-980.

[29] Babenko I., Lemmon M., Tserlukevich Y. Employee stock options and investment [J]. The Journal of Finance, 2011, 66 (3): 981-1009.

[30] Døskeland T. M., Hvide H. K. Do individual investors have asymmetric information based on work experience? [J]. The Journal of Finance, 2011, 66 (3): 1011-1041.

[31] Cochrane J. H. Presidential address: Discount rates [J]. The Journal of Finance, 2011, 66 (4): 1047-1108.

[32] Afonso G., Kovner A., Schoar A. Stressed, not frozen: The federal funds market in the financial crisis [J]. The Journal of Finance, 2011, 66 (4): 1109-1139.

[33] Wagner W. Systemic Liquidation Risk and the Diversity-Diversification Trade-Off [J]. The Journal of Finance, 2011, 66 (4): 1141-1175.

[34] Acharya V. V., Gale D., Yorulmazer T. Rollover risk and market freezes [J]. The Journal of Finance, 2011, 66 (4): 1177-1209.

[35] Novy-Marx R., Rauh J. Public pension promises: how big are they and what are they worth? [J]. The Journal of Finance, 2011, 66 (4): 1211-1249.

[36] Griffin J. M., Harris J. H., Shu T., et al. Who drove and burst the tech bubble? [J]. The Journal of Finance, 2011, 66 (4): 1251-1290.

[37] Shivdasani A., Wang Y. Did structured credit fuel the LBO boom? [J]. The Journal of Finance, 2011, 66 (4): 1291-1328.

[38] Lynch A. W., Tan S. Explaining the Magnitude of Liquidity Premia: The Roles of Return Predictability, Wealth Shocks, and State-Dependent Transaction Costs [J]. The Journal of Finance, 2011, 66 (4): 1329-1368.

[39] Foucault T., Sraer D., Thesmar D. J. Individual investors and volatility [J]. The Journal of Finance, 2011, 66 (4): 1369-1406.

[40] Constantinides G. M., Czerwonko M., Carsten Jackwerth J., et al. Are Options on Index Futures Profitable for Risk-Averse Investors? Empirical Evidence [J]. The Journal of Finance, 2011, 66 (4): 1407-1437.

[41] Da Z., Engelberg J., Gao P. In search of attention [J]. The Journal of Finance, 2011, 66 (5): 1461-1499.

[42] Décamps J. P., Mariotti T., Rochet J. C., et al. Free cash flow, issuance costs, and stock prices [J]. The Journal of Finance, 2011, 66 (5): 1501-1544.

[43] Bolton P., Chen H., Wang N. A unified theory of Tobin's q, corporate investment, financing, and risk management [J]. The journal of Finance, 2011, 66 (5): 1545-1578.

[44] Levit D., Malenko N. Nonbinding voting for shareholder proposals [J]. The Journal of Finance, 2011, 66 (5): 1579-1614.

[45] Campello M., Lin C., Ma Y., et al. The real and financial implications of corporate hedging [J]. The Journal of Finance, 2011, 66 (5): 1615-1647.

[46] Kadyrzhanova D., Rhodes-Kropf M. Concentrating on governance [J]. The Journal of Finance, 2011, 66 (5): 1649-1685.

[47] Malmendier U., Tate G., Yan J. Overconfidence and early-life experiences: the effect of managerial traits on corporate financial policies [J]. The Journal of finance, 2011, 66 (5): 1687-1733.

[48] Gervais S., Heaton J. B., Odean T. Overconfidence, compensation contracts, and

capital budgeting [J]. The Journal of Finance, 2011, 66 (5): 1735-1777.

[49] Morse A., Nanda V., Seru A. Are incentive contracts rigged by powerful CEOs? [J]. The Journal of Finance, 2011, 66 (5): 1779-1821.

[50] Manso G. Motivating innovation [J]. The Journal of Finance, 2011, 66 (5): 1823-1860.

[51] Bertrand M., Morse A. Information disclosure, cognitive biases, and payday borrowing [J]. The Journal of Finance, 2011, 66 (6): 1865-1893.

[52] Rajan R. G., Ramcharan R. Land and credit: A study of the political economy of banking in the united states in the early 20th century [J]. The journal of finance, 2011, 66 (6): 1895-1931.

[53] Cole S., Sampson T., Zia B. Prices or knowledge? What drives demand for financial services in emerging markets? [J]. The Journal of Finance, 2011, 66 (6): 1933-1967.

[54] Backus D., Chernov M., Martin I. Disasters implied by equity index options [J]. The Journal of Finance, 2011, 66 (6): 1969-2012.

[55] Battalio R., Schultz P. Regulatory uncertainty and market liquidity: The 2008 short sale ban's impact on equity option markets [J]. The Journal of Finance, 2011, 66 (6): 2013-2053.

[56] Abrahamson M., Jenkinson T., Jones H. Why don't US issuers demand European fees for IPOs? [J]. The Journal of Finance, 2011, 66 (6): 2055-2082.

[57] Gopalan R., Nanda V., Yerramilli V. Does poor performance damage the reputation of financial intermediaries? Evidence from the loan syndication market [J]. The Journal of Finance, 2011, 66 (6): 2083-2120.

[58] Grinblatt M., Keloharju M., Linnainmaa J. IQ and stock market participation [J]. The Journal of Finance, 2011, 66 (6): 2121-2164.

[59] Bollerslev T., Todorov V. Tails, fears, and risk premia [J]. The Journal of Finance, 2011, 66 (6): 2165-2211.

[60] Illeditsch P. K. Ambiguous information, portfolio inertia, and excess volatility [J]. The Journal of Finance, 2011, 66 (6): 2213-2247.

[61] Thompson S. B. Simple formulas for standard errors that cluster by both firm and time [J]. Journal of Financial Economics, 2011, 99 (1): 1-10.

[62] Fahlenbrach R., Stulz R. M. Bank CEO incentives and the credit crisis [J]. Journal of Financial Economics, 2011, 99 (1): 11-26.

[63] Harford J., Jenter D., Li K. Institutional cross-holdings and their effect on acquisition decisions [J]. Journal of Financial Economics, 2011, 99 (1): 27-39.

[64] Wahal S., Wang A. Y. Competition among mutual funds[J]. Journal of Financial Economics, 2011, 99 (1): 40-59.

[65] Jylhä P., Suominen M. Speculative capital and currency carry trades [J]. Journal of Financial Economics, 2011, 99 (1): 60-75.

[66] Price R., Román F. J., Rountree B. The impact of governance reform on performance and transparency [J]. Journal of Financial Economics, 2011, 99 (1): 76-96.

[67] Bhattacharyya S., Nain A. Horizontal acquisitions and buying power: A product market analysis [J]. Journal of Financial Economics, 2011, 99 (1): 97-115.

[68] Chava S., Purnanandam A. The effect of banking crisis on bank-dependent borrowers [J]. Journal of Financial Economics, 2011, 99 (1): 116-135.

[69] Lee K. H. The world price of liquidity risk [J]. Journal of Financial Economics, 2011, 99 (1): 136-161.

[70] Yu J. Disagreement and return predictability of stock portfolios [J]. Journal of Financial Economics, 2011, 99 (1): 162-183.

[71] Butler A. W., Cornaggia J. Does access to external finance improve productivity? Evidence from a natural experiment [J]. Journal of Financial Economics, 2011, 99 (1): 184-203.

[72] Tu J., Zhou G. Markowitz meets Talmud: A combination of sophisticated and naive diversification strategies [J]. Journal of Financial Economics, 2011, 99 (1): 204-215.

[73] Yan S. Jump risk, stock returns, and slope of implied volatility smile [J]. Journal of Financial Economics, 2011, 99 (1): 216-233.

[74] DeAngelo H., DeAngelo L., Whited T. M. Capital structure dynamics and transitory debt [J]. Journal of Financial Economics, 2011, 99 (2): 235-261.

[75] Morellec E., Schürhoff N. Corporate investment and financing under asymmetric information [J]. Journal of Financial Economics, 2011, 99 (2): 262-288.

[76] Brav A., Mathews R. D. Empty voting and the efficiency of corporate governance [J]. Journal of Financial Economics, 2011, 99 (2): 289-307.

[77] Benmelech E., Bergman N. K. Vintage capital and creditor protection [J]. Journal of Financial Economics, 2011, 99 (2): 308-332.

[78] Ibragimov R., Jaffee D., Walden J. Diversification disasters [J]. Journal of financial economics, 2011, 99 (2): 333-348.

[79] Billett M. T., Flannery M. J., Garfinkel J. A. Frequent issuers' influence on long-run post-issuance returns [J]. Journal of Financial Economics, 2011, 99 (2): 349-364.

[80] Gryglewicz S. A theory of corporate financial decisions with liquidity and solvency concerns [J]. Journal of Financial Economics, 2011, 99 (2): 365-384.

[81] Chen L., Zhang L. Do time-varying risk premiums explain labor market performance? [J]. Journal of Financial Economics, 2011, 99 (2): 385-399.

[82] Du D. General equilibrium pricing of options with habit formation and event risks

[J]. Journal of Financial Economics, 2011, 99 (2): 400-426.

[83] Bali T. G., Cakici N., Whitelaw R. F. Maxing out: Stocks as lotteries and the cross-section of expected returns [J]. Journal of Financial Economics, 2011, 99 (2): 427-446.

[84] Almeida H., Park S. Y., Subrahmanyam M. G., et al. The structure and formation of business groups: Evidence from Korean *chaebols* [J]. Journal of Financial Economics, 2011, 99 (2): 447-475.

[85] Massoud N., Nandy D., Saunders A., et al. Do hedge funds trade on private information? Evidence from syndicated lending and short-selling [J]. Journal of Financial Economics, 2011, 99 (3): 477-499.

[86] Ivashina V., Sun Z. Institutional demand pressure and the cost of corporate loans [J]. Journal of Financial Economics, 2011, 99 (3): 500-522.

[87] Ferreira D., Ferreira M. A., Raposo C. C. Board structure and price informativeness [J]. Journal of Financial Economics, 2011, 99 (3): 523-545.

[88] Glode V. Why mutual funds "underperform" [J]. Journal of Financial Economics, 2011, 99 (3): 546-559.

[89] Henkel S. J., Martin J. S., Nardari F. Time-varying short-horizon predictability [J]. Journal of Financial Economics, 2011, 99 (3): 560-580.

[90] Shivdasani A., Song W. L. Breaking down the barriers: Competition, syndicate structure, and underwriting incentives [J]. Journal of Financial Economics, 2011, 99 (3): 581-600.

[91] Lustig H., Syverson C., Van Nieuwerburgh S. Technological change and the growing inequality in managerial compensation [J]. Journal of Financial Economics, 2011, 99 (3): 601-627.

[92] Lin H., Wang J., Wu C. Liquidity risk and expected corporate bond returns [J]. Journal of Financial Economics, 2011, 99 (3): 628-650.

[93] Cumming D., Johan S., Li D. Exchange trading rules and stock market liquidity [J]. Journal of Financial Economics, 2011, 99 (3): 651-671.

[94] Avramov D., Kosowski R., Naik N. Y., et al. Hedge funds, managerial skill, and macroeconomic variables [J]. Journal of Financial Economics, 2011, 99 (3): 672-692.

[95] David McLean R. Share issuance and cash savings [J]. Journal of Financial Economics, 2011, 99 (3): 693-715.

[96] Lin C., Ma Y., Malatesta P., et al. Ownership structure and the cost of corporate borrowing [J]. Journal of Financial Economics, 2011, 100 (1): 1-23.

[97] Teo M. The liquidity risk of liquid hedge funds [J]. Journal of Financial Economics, 2011, 100 (1): 24-44.

[98] Chod J., Lyandres E. Strategic IPOs and product market competition [J]. Journal of

Financial Economics, 2011, 100 (1): 45-67.

[99] Desai M. A., Jin L. Institutional tax clienteles and payout policy [J]. Journal of Financial Economics, 2011, 100 (1): 68-84.

[100] Berger A. N., Scott Frame W., Ioannidou V. Tests of exante versus expost theories of collateral using private and public information [J]. Journal of Financial Economics, 2011, 100 (1): 85-97.

[101] Kaustia M., Torstila S. Stock market aversion? Political preferences and stock market participation [J]. Journal of Financial Economics, 2011, 100 (1): 98-112.

[102] De Jong A., Dutordoir M., Verwijmeren P. Why do convertible issuers simultaneously repurchase stock? An arbitrage-based explanation [J]. Journal of Financial Economics, 2011, 100 (1): 113-129.

[103] Bae K. H., Kang J. K., Wang J. Employee treatment and firm leverage: A test of the stakeholder theory of capital structure [J]. Journal of Financial Economics, 2011, 100 (1): 130-153.

[104] Aggarwal R., Erel I., Ferreira M., et al. Does governance travel around the world? Evidence from institutional investors [J]. Journal of Financial Economics, 2011, 100 (1): 154-181.

[105] Kirk M. Research for sale: Determinants and consequences of paid-for analyst research [J]. Journal of Financial Economics, 2011, 100 (1): 182-200.

[106] Cvitanić J., Malamud S. Price impact and portfolio impact [J]. Journal of Financial Economics, 2011, 100 (1): 201-225.

[107] Henderson B. J., Pearson N. D. The dark side of financial innovation: A case study of the pricing of a retail financial product [J]. Journal of Financial Economics, 2011, 100 (2): 227-247.

[108] Dichev I. D., Yu G. Higher risk, lower returns: What hedge fund investors really earn [J]. Journal of Financial Economics, 2011, 100 (2): 248-263.

[109] Morck R., Deniz Yavuz M., Yeung B. Banking system control, capital allocation, and economy performance [J]. Journal of Financial Economics, 2011, 100 (2): 264-283.

[110] Ivashina V., Sun Z. Institutional stock trading on loan market information [J]. Journal of Financial Economics, 2011, 100 (2): 284-303.

[111] An X., Deng Y., Gabriel S. A. Asymmetric information, adverse selection, and the pricing of CMBS [J]. Journal of Financial Economics, 2011, 100 (2): 304-325.

[112] Houston J. F., Lin C., Ma Y. Media ownership, concentration and corruption in bank lending [J]. Journal of Financial Economics, 2011, 100 (2): 326-350.

[113] He Z. A model of dynamic compensation and capital structure [J]. Journal of Financial Economics, 2011, 100 (2): 351-366.

[114] Yu J., Yuan Y. Investor sentiment and the mean-variance relation [J]. Journal of Financial Economics, 2011, 100 (2): 367-381.

[115] Hwang B. H. Country-specific sentiment and security prices [J]. Journal of Financial Economics, 2011, 100 (2): 382-401.

[116] Chen H. J. Firm life expectancy and the heterogeneity of the book-to-market effect [J]. Journal of Financial Economics, 2011, 100 (2): 402-423.

[117] Da Z., Warachka M. The disparity between long-term and short-term forecasted earnings growth [J]. Journal of Financial Economics, 2011, 100 (2): 424-442.

[118] Dimson E., Spaenjers C. Ex post: The investment performance of collectible stamps [J]. Journal of Financial Economics, 2011, 100 (2): 443-458.

[119] O'Hara M., Ye M. Is market fragmentation harming market quality? [J]. Journal of Financial Economics, 2011, 100 (3): 459-474.

[120] Bakshi G., Panayotov G., Skoulakis G. Improving the predictability of real economic activity and asset returns with forward variances inferred from option portfolios [J]. Journal of Financial Economics, 2011, 100 (3): 475-495.

[121] Della Corte P., Sarno L., Tsiakas I. Spot and forward volatility in foreign exchange [J]. Journal of Financial Economics, 2011, 100 (3): 496-513.

[122] Ferreira M. A., Santa-Clara P. Forecasting stock market returns: The sum of the parts is more than the whole [J]. Journal of Financial Economics, 2011, 100 (3): 514-537.

[123] Bizjak J., Lemmon M., Nguyen T. Are all CEOs above average? An empirical analysis of compensation peer groups and pay design [J]. Journal of Financial Economics, 2011, 100 (3): 538-555.

[124] Puri M., Rocholl J., Steffen S. Global retail lending in the aftermath of the US financial crisis: Distinguishing between supply and demand effects [J]. Journal of Financial Economics, 2011, 100 (3): 556-578.

[125] Day T. E., Li G. Z., Xu Y. Dividend distributions and closed-end fund discounts [J]. Journal of Financial Economics, 2011, 100 (3): 579-593.

[126] Jain B. A., Kini O., Shenoy J. Vertical divestitures through equity carve-outs and spin-offs: A product markets perspective [J]. Journal of Financial Economics, 2011, 100 (3): 594-615.

[127] Bayar O., Chemmanur T. J., Liu M. H. A theory of equity carve-outs and negative stub values under heterogeneous beliefs [J]. Journal of Financial Economics, 2011, 100 (3): 616-638.

[128] Kim J. B., Li Y., Zhang L. Corporate tax avoidance and stock price crash risk: Firm-level analysis [J]. Journal of Financial Economics, 2011, 100 (3): 639-662.

[129] Loutskina E. The role of securitization in bank liquidity and funding management

[J]. Journal of Financial Economics, 2011, 100 (3): 663-684.

[130] Glode V., Green R. C. Information spillovers and performance persistence for hedge funds [J]. Journal of Financial Economics, 2011, 101 (1): 1-17.

[131] Love D. A., Smith P. A., Wilcox D. W. The effect of regulation on optimal corporate pension risk [J]. Journal of Financial Economics, 2011, 101 (1): 18-35.

[132] Bali T. G., Brown S. J., Caglayan M. O. Do hedge funds' exposures to risk factors predict their future returns? [J]. Journal of financial economics, 2011, 101 (1): 36-68.

[133] Bargeron L., Kulchania M., Thomas S. Accelerated share repurchases [J]. Journal of Financial Economics, 2011, 101 (1): 69-89.

[134] Lettau M., Wachter J. A. The term structures of equity and interest rates [J]. Journal of Financial Economics, 2011, 101 (1): 90-113.

[135] Gilbert T. Information aggregation around macroeconomic announcements: Revisions matter [J]. Journal of Financial Economics, 2011, 101 (1): 114-131.

[136] Tian X. The causes and consequences of venture capital stage financing [J]. Journal of Financial Economics, 2011, 101 (1): 132-159.

[137] Faleye O., Hoitash R., Hoitash U. The costs of intense board monitoring [J]. Journal of Financial Economics, 2011, 101 (1): 160-181.

[138] Cooper I., Priestley R. Real investment and risk dynamics [J]. Journal of Financial Economics, 2011, 101 (1): 182-205.

[139] Cici G., Gibson S., Merrick Jr J. J. Missing the marks? Dispersion in corporate bond valuations across mutual funds [J]. Journal of Financial Economics, 2011, 101 (1): 206-226.

[140] Berger D., Pukthuanthong K., Jimmy Yang J. International diversification with frontier markets [J]. Journal of Financial Economics, 2011, 101 (1): 227-242.

[141] Chordia T., Roll R., Subrahmanyam A. Recent trends in trading activity and market quality [J]. Journal of Financial Economics, 2011, 101 (2): 243-263.

[142] Cuoco D., Kaniel R. Equilibrium prices in the presence of delegated portfolio management [J]. Journal of Financial Economics, 2011, 101 (2): 264-296.

[143] Cornett M. M., McNutt J. J., Strahan P. E., et al. Liquidity risk management and credit supply in the financial crisis [J]. Journal of Financial Economics, 2011, 101 (2): 297-312.

[144] Berkman H., Jacobsen B., Lee J. B. Time-varying rare disaster risk and stock returns [J]. Journal of Financial Economics, 2011, 101 (2): 313-332.

[145] Lynch A. W., Tan S. Labor income dynamics at business-cycle frequencies: Implications for portfolio choice [J]. Journal of Financial Economics, 2011, 101 (2): 333-359.

[146] Kotter J., Le U. Friends or foes? Target selection decisions of sovereign wealth

funds and their consequences [J]. Journal of Financial Economics, 2011, 101 (2): 360-381.

[147] Chemmanur T. J., He J. IPO waves, product market competition, and the going public decision: Theory and evidence [J]. Journal of Financial Economics, 2011, 101 (2): 382-412.

[148] Fich E. M., Cai J., Tran A. L. Stock option grants to target CEOs during private merger negotiations [J]. Journal of Financial Economics, 2011, 101 (2): 413-430.

[149] Larcker D. F., Ormazabal G., Taylor D. J. The market reaction to corporate governance regulation [J]. Journal of Financial Economics, 2011, 101 (2): 431-448.

[150] Van Rooij M., Lusardi A., Alessie R. Financial literacy and stock market participation [J]. Journal of Financial Economics, 2011, 101 (2): 449-472.

[151] Edwards A., Shevlin T. The value of a flow-through entity in an integrated corporate tax system [J]. Journal of Financial Economics, 2011, 101 (2): 473-491.

[152] Becker B., Milbourn T. How did increased competition affect credit ratings? [J]. Journal of Financial Economics, 2011, 101 (3): 493-514.

[153] Garfinkel J. A., Hankins K. W. The role of risk management in mergers and merger waves [J]. Journal of Financial Economics, 2011, 101 (3): 515-532.

[154] John K., Knyazeva A., Knyazeva D. Does geography matter? Firm location and corporate payout policy [J]. Journal of financial economics, 2011, 101 (3): 533-551.

[155] Benzoni L., Collin-Dufresne P., Goldstein R. S. Explaining asset pricing puzzles associated with the 1987 market crash [J]. Journal of Financial Economics, 2011, 101 (3): 552-573.

[156] Guasoni P., Huberman G., Wang Z. Performance maximization of actively managed funds [J]. Journal of Financial Economics, 2011, 101 (3): 574-595.

[157] Ellul A., Jotikasthira C., Lundblad C. T. Regulatory pressure and fire sales in the corporate bond market [J]. Journal of Financial Economics, 2011, 101 (3): 596-620.

[158] Edmans A. Does the stock market fully value intangibles? Employee satisfaction and equity prices [J]. Journal of Financial Economics, 2011, 101 (3): 621-640.

[159] Kandel E., Massa M., Simonov A. Do small shareholders count? [J]. Journal of Financial Economics, 2011, 101 (3): 641-665.

[160] Butler A. W., Cornaggia J., Grullon G., et al. Corporate financing decisions, managerial market timing, and real investment[J]. Journal of Financial Economics, 2011, 101 (3): 666-683.

[161] Maskara P. K., Mullineaux D. J. Information asymmetry and self-selection bias in bank loan announcement studies [J]. Journal of Financial Economics, 2011, 101 (3): 684-694.

[162] Campbell T. C., Gallmeyer M., Johnson S. A., et al. CEO optimism and forced

turnover [J]. Journal of Financial Economics, 2011, 101 (3): 695-712.

[163] Kim J. B., Li Y., Zhang L. CFOs versus CEOs: Equity incentives and crashes [J]. Journal of Financial Economics, 2011, 101 (3): 713-730.

[164] Bailey W., Kumar A., Ng D. Behavioral biases of mutual fund investors [J]. Journal of Financial Economics, 2011, 102 (1): 1-27.

[165] Morse A. Payday lenders: Heroes or villains? [J]. Journal of Financial Economics, 2011, 102 (1): 28-44.

[166] Yang W. Long-run risk in durable consumption [J]. Journal of Financial Economics, 2011, 102 (1): 45-61.

[167] Lewellen J. Institutional investors and the limits of arbitrage [J]. Journal of Financial Economics, 2011, 102 (1): 62-80.

[168] Edmans A. Short-term termination without deterring long-term investment: A theory of debt and buyouts [J]. Journal of Financial Economics, 2011, 102 (1): 81-101.

[169] Ang A., Gorovyy S., Van Inwegen G. B. Hedge fund leverage [J]. Journal of Financial Economics, 2011, 102 (1): 102-126.

[170] Lam F. Y., Wei K. C. Limits-to-arbitrage, investment frictions, and the asset growth anomaly [J]. Journal of Financial Economics, 2011, 102 (1): 127-149.

[171] Acharya V. V., Amihud Y., Litov L. Creditor rights and corporate risk-taking [J]. Journal of Financial Economics, 2011, 102 (1): 150-166.

[172] Kapadia N. Tracking down distress risk [J]. Journal of Financial Economics, 2011, 102 (1): 167-182.

[173] Liu Y., Mauer D. C. Corporate cash holdings and CEO compensation incentives [J]. Journal of Financial Economics, 2011, 102 (1): 183-198.

[174] Bebchuk L. A., Cremers K. J., Peyer U. C. The CEO pay slice [J]. Journal of Financial Economics, 2011, 102 (1): 199-221.

[175] Bulkley G., Giordani P. Structural breaks, parameter uncertainty, and term structure puzzles [J]. Journal of Financial Economics, 2011, 102 (1): 222-232.

[176] Giesecke K., Longstaff F. A., Schaefer S., et al. Corporate bond default risk: A 150-year perspective [J]. Journal of Financial Economics, 2011, 102 (2): 233-250.

[177] Heitzman S. Equity grants to target CEOs during deal negotiations [J]. Journal of Financial Economics, 2011, 102 (2): 251-271.

[178] Kim E. H., Lu Y. CEO ownership, external governance, and risk-taking [J]. Journal of Financial Economics, 2011, 102 (2): 272-292.

[179] Liljeblom E., Pasternack D., Rosenberg M. What determines stock option contract design? [J]. Journal of Financial Economics, 2011, 102 (2): 293-316.

[180] Maksimovic V., Phillips G., Prabhala N. R. Post-merger restructuring and the

boundaries of the firm [J]. Journal of Financial Economics, 2011, 102 (2): 317-343.

[181] Fecht F., Nyborg K. G., Rocholl J. The price of liquidity: The effects of market conditions and bank characteristics [J]. Journal of Financial Economics, 2011, 102 (2): 344-362.

[182] Boguth O., Carlson M., Fisher A., et al. Conditional risk and performance evaluation: Volatility timing, overconditioning, and new estimates of momentum alphas [J]. Journal of Financial Economics, 2011, 102 (2): 363-389.

[183] Kristensen D., Mele A. Adding and subtracting Black-Scholes: a new approach to approximating derivative prices in continuous-time models [J]. Journal of financial economics, 2011, 102 (2): 390-415.

[184] Lin C., Ma Y., Xuan Y. Ownership structure and financial constraints: Evidence from a structural estimation [J]. Journal of Financial Economics, 2011, 102 (2): 416-431.

[185] Boucly Q., Sraer D., Thesmar D. Growth lbos [J]. Journal of Financial Economics, 2011, 102 (2): 432-453.

[186] Li F., Srinivasan S. Corporate governance when founders are directors [J]. Journal of financial economics, 2011, 102 (2): 454-469.

[187] Greenwood R., Thesmar D. Stock price fragility [J]. Journal of Financial Economics, 2011, 102 (3): 471-490.

[188] Liu X., Mello A. S. The fragile capital structure of hedge funds and the limits to arbitrage [J]. Journal of Financial Economics, 2011, 102 (3): 491-506.

[189] Lin C., Officer M. S., Zou H. Directors' and officers' liability insurance and acquisition outcomes [J]. Journal of Financial Economics, 2011, 102 (3): 507-525.

[190] Almeida H., Campello M., Hackbarth D. Liquidity mergers [J]. Journal of Financial Economics, 2011, 102 (3): 526-558.

[191] Agarwal S., Amromin G., Ben-David I., et al. The role of securitization in mortgage renegotiation [J]. Journal of Financial Economics, 2011, 102 (3): 559-578.

[192] Liu X., Ritter J. R. Local underwriter oligopolies and IPO underpricing[J]. Journal of Financial Economics, 2011, 102 (3): 579-601.

[193] Uysal V. B. Deviation from the target capital structure and acquisition choices [J]. Journal of Financial Economics, 2011, 102 (3): 602-620.

[194] Siegel J. I., Licht A. N., Schwartz S. H. Egalitarianism and international investment[J]. Journal of Financial Economics, 2011, 102 (3): 621-642.

[195] Billett M. T., Garfinkel J. A., Jiang Y. The influence of governance on investment: Evidence from a hazard model [J]. Journal of Financial Economics, 2011, 102 (3): 643-670.

[196] Kumar A., Page J. K., Spalt O. G. Religious beliefs, gambling attitudes, and financial market outcomes [J]. Journal of Financial Economics, 2011, 102 (3): 671-708.

[197] Drechsler I., Yaron A. What's vol got to do with it [J]. Review of Financial Studies, 2011, 24 (1): 1-45.

[198] Chen X., Ghysels E. News—good or bad—and its impact on volatility predictions over multiple horizons [J]. Review of Financial Studies, 2011, 24 (1): 46-81.

[199] Bonomo M., Garcia R., Meddahi N., et al. Generalized disappointment aversion, long-run volatility risk, and asset prices [J]. Review of Financial Studies, 2011, 24 (1): 82-122.

[200] Titman S., Tiu C. Do the best hedge funds hedge? [J]. Review of Financial Studies, 2011, 24 (1): 123-168.

[201] Garcia D., Strobl G. Relative wealth concerns and complementarities in information acquisition [J]. Review of Financial Studies, 2011, 24 (1): 169-207.

[202] Chun A. L. Expectations, bond yields, and monetary policy [J]. Review of Financial Studies, 2011, 24 (1): 208-247.

[203] Bartolini L., Hilton S., Sundaresan S., et al. Collateral values by asset class: Evidence from Primary Securities Dealers [J]. Review of Financial Studies, 2011, 24 (1): 248-278.

[204] Inkmann J., Lopes P., Michaelides A. How deep is the annuity market participation puzzle? [J]. Review of Financial Studies, 2011, 24 (1): 279-319.

[205] Haushalter D., Lowry M. When do banks listen to their analysts? Evidence from mergers and acquisitions [J]. Review of Financial Studies, 2011, 24 (2): 321-357.

[206] Cremers K. J. M., Huang R., Sautner Z. Internal capital markets and corporate politics in a banking group [J]. Review of Financial Studies, 2011, 24 (2): 358-401.

[207] Conyon M. J., Core J. E., Guay W. R. Are US CEOs paid more than UK CEOs? Inferences from risk-adjusted pay [J]. Review of Financial Studies, 2011, 24 (2): 402-438.

[208] Minnick K., Unal H., Yang L. Pay for performance? CEO compensation and acquirer returns in BHCs [J]. Review of Financial Studies, 2011, 24 (2): 439-472.

[209] Carr P., Wu L. A simple robust link between American puts and credit protection [J]. Review of Financial Studies, 2011, 24 (2): 473-505.

[210] Stango V., Zinman J. Fuzzy math, disclosure regulation, and market outcomes: Evidence from truth-in-lending reform [J]. Review of Financial Studies, 2011, 24 (2): 506-534.

[211] Ertimur Y., Ferri F., Muslu V. Shareholder activism and CEO pay [J]. Review of Financial Studies, 2011, 24 (2): 535-592.

[212] Loh R. K., Stulz R. M. When are analyst recommendation changes influential? [J]. Review of Financial Studies, 2011, 24 (2): 593-627.

[213] Parlour C. A., Stanton R., Walden J. Revisiting asset pricing puzzles in an ex-

change economy [J]. Review of Financial studies, 2011, 24 (3): 629-674.

[214] Da Z., Gao P., Jagannathan R. Impatient trading, liquidity provision, and stock selection by mutual funds [J]. Review of Financial Studies, 2011, 24 (3): 675-720.

[215] Deuskar P., Johnson T. C. Market liquidity and flow-driven risk [J]. Review of Financial Studies, 2011, 24 (3): 721-753.

[216] Carlin B. I., Manso G. Obfuscation, learning, and the evolution of investor sophistication [J]. Review of Financial Studies, 2011, 24 (3): 754-785.

[217] Jin L., Scherbina A. Inheriting losers [J]. Review of Financial Studies, 2011, 24 (3): 786-820.

[218] Saffi P. A. C., Sigurdsson K. Price efficiency and short selling [J]. Review of Financial Studies, 2011, 24 (3): 821-852.

[219] Burnside C., Eichenbaum M., Kleshchelski I., et al. Do peso problems explain the returns to the carry trade? [J]. Review of Financial Studies, 2011, 24 (3): 853-891.

[220] Dasgupta A., Prat A., Verardo M. The price impact of institutional herding [J]. Review of Financial Studies, 2011, 24 (3): 892-925.

[221] Joslin S., Singleton K. J., Zhu H. A new perspective on Gaussian dynamic term structure models [J]. Review of Financial Studies, 2011, 24 (3): 926-970.

[222] Allen F., Fulghieri P., Mehran H. The value of bank capital and the structure of the banking industry [J]. Review of Financial Studies, 2011, 24 (4): 971-982.

[223] Allen F., Carletti E., Marquez R. Credit market competition and capital regulation [J]. Review of Financial Studies, 2011, 24 (4): 983-1018.

[224] Mehran H., Thakor A. Bank capital and value in the cross-section [J]. Review of Financial Studies, 2011, 24 (4): 1019-1067.

[225] Erel I. The effect of bank mergers on loan prices: Evidence from the United States [J]. Review of Financial Studies, 2011, 24 (4): 1068-1101.

[226] Degryse H., Masschelein N., Mitchell J. Staying, dropping, or switching: the impacts of bank mergers on small firms [J]. Review of Financial Studies, 2011, 24 (4): 1102-1140.

[227] Bharath S. T., Dahiya S., Saunders A., et al. Lending relationships and loan contract terms [J]. Review of Financial Studies, 2011, 24 (4): 1141-1203.

[228] Dass N., Massa M. The impact of a strong bank-firm relationship on the borrowing firm [J]. Review of Financial Studies, 2011, 24 (4): 1204-1260.

[229] Giannetti M., Burkart M., Ellingsen T. What you sell is what you lend? Explaining trade credit contracts [J]. Review of Financial Studies, 2011, 24 (4): 1261-1298.

[230] Ayotte K., Gaon S. Asset-Backed Securities: Costs and Benefits of "Bankruptcy Remoteness" [J]. Review of Financial Studies, 2011, 24 (4): 1299-1335.

[231] Iyer R., Peydro J. L. Interbank contagion at work: Evidence from a natural experiment [J]. Review of Financial Studies, 2011, 24 (4): 1337-1377.

[232] Brown C. O., Dinc I. S. Too many to fail? Evidence of regulatory forbearance when the banking sector is weak [J]. Review of Financial Studies, 2011, 24 (4): 1378-1405.

[233] Piskorski T., Tchistyi A. Stochastic house appreciation and optimal mortgage lending [J]. Review of Financial Studies, 2011, 24 (5): 1407-1446.

[234] Loutskina E., Strahan P. E. Informed and uninformed investment in housing: The downside of diversification [J]. Review of Financial Studies, 2011, 24 (5): 1447-1480.

[235] Tetlock P. C. All the news that's fit to reprint: Do investors react to stale information? [J]. Review of Financial Studies, 2011, 24 (5): 1481-1512.

[236] Korniotis G. M., Kumar A. Do behavioral biases adversely affect the macro-economy? [J]. Review of Financial Studies, 2011, 24 (5): 1513-1559.

[237] Chiang Y. M., Hirshleifer D., Qian Y., et al. Do investors learn from experience? evidence from frequent ipo investors [J]. Review of Financial Studies, 2011, 24 (5): 1560-1589.

[238] Han Y., Lesmond D. Liquidity biases and the pricing of cross-sectional idiosyncratic volatility [J]. Review of Financial Studies, 2011, 24 (5): 1590-1629.

[239] Linnainmaa J. T. Why do (some) households trade so much? [J]. Review of Financial Studies, 2011, 24 (5): 1630-1666.

[240] Andersen S., Nielsen K. M. Participation constraints in the stock market: Evidence from unexpected inheritance due to sudden death [J]. Review of Financial Studies, 2011, 24 (5): 1667-1697.

[241] Cassar G., Gerakos J. Hedge funds: Pricing controls and the smoothing of self-reported returns [J]. Review of Financial Studies, 2011, 24 (5): 1698-1734.

[242] Klein A., Zur E. The impact of hedge fund activism on the target firm's existing bondholders [J]. Review of Financial Studies, 2011, 24 (5): 1735-1771.

[243] Spiegel M. The academic analysis of the 2008 financial crisis: round 1 [J]. Review of financial studies, 2011, 24 (6): 1773-1781.

[244] Fishback P. V., Flores-Lagunes A., Horrace W. C., et al. The Influence of the Home Owners' Loan Corporation on Housing Markets During the 1930s [J]. Review of Financial Studies, 2011, 24 (6): 1782-1813.

[245] Ghent A. C. Securitization and mortgage renegotiation: Evidence from the Great Depression [J]. Review of Financial Studies, 2011, 24 (6): 1814-1847.

[246] Demyanyk Y., Van Hemert O. Understanding the subprime mortgage crisis [J]. Review of Financial Studies, 2011, 24 (6): 1848-1880.

[247] Purnanandam A. Originate-to-distribute model and the subprime mortgage crisis

[J]. Review of Financial Studies, 2011, 24 (6): 1881-1915.

[248] Santos J. A. C. Bank corporate loan pricing following the subprime crisis [J]. Review of Financial Studies, 2011, 24 (6): 1916-1943.

[249] Campello M., Giambona E., Graham J. R., et al. Liquidity management and corporate investment during a financial crisis [J]. Review of Financial Studies, 2011, 24 (6): 1944-1979.

[250] Garleanu N., Pedersen L. H. Margin-based asset pricing and deviations from the law of one price [J]. Review of Financial Studies, 2011, 24 (6): 1980-2022.

[251] Tong H., Wei S. J. The composition matters: capital inflows and liquidity crunch during a global economic crisis [J]. Review of Financial Studies, 2011, 24 (6): 2023-2052.

[252] Brunetti C., Di Filippo M., Harris J. H. Effects of central bank intervention on the interbank market during the subprime crisis [J]. Review of Financial Studies, 2011, 24 (6): 2053-2083.

[253] Gropp R., Hakenes H., Schnabel I. Competition, risk-shifting, and public bail-out policies [J]. Review of Financial Studies, 2011, 24 (6): 2084-2120.

[254] Maddaloni A., Peydró J. L. Bank risk-taking, securitization, supervision, and low interest rates: Evidence from the Euro-area and the US lending standards [J]. Review of Financial Studies, 2011, 24 (6): 2121-2165.

[255] Acharya V. V., Shin H. S., Yorulmazer T. Crisis resolution and bank liquidity [J]. Review of Financial Studies, 2011, 24 (6): 2166-2205.

[256] Fulghieri P., Sevilir M. Mergers, spinoffs, and employee incentives [J]. Review of Financial Studies, 2011, 24 (7): 2207-2241.

[257] Cai J., Song M. H., Walkling R. A. Anticipation, acquisitions, and bidder returns: Industry shocks and the transfer of information across rivals [J]. Review of Financial Studies, 2011, 24 (7): 2242-2285.

[258] Bao J., Edmans A. Do Investment Banks Matter for M&A Returns? [J]. Review of Financial Studies, 2011, 24 (7): 2286-2315.

[259] Netter J., Stegemoller M., Wintoki M. B. Implications of Data Screens on Merger and Acquisition Analysis: A Large Sample Study of Mergers and Acquisitions from 1992 to 2009 [J]. Review of Financial Studies, 2011, 24 (7): 2316-2357.

[260] Bouwman C. H. S. Corporate Governance Propagation through Overlapping Directors [J]. Review of financial studies, 2011, 24 (7): 2358-2394.

[261] Edmans A., Manso G. Governance through trading and intervention: A theory of multiple blockholders [J]. Review of Financial Studies, 2011, 24 (7): 2395-2428.

[262] Hirshleifer D., Teoh S. H., Yu J. J. Short arbitrage, return asymmetry, and the accrual anomaly [J]. Review of Financial Studies, 2011, 24 (7): 2429-2461.

[263] Ivashina V., Kovner A. The Private Equity Advantage: Leveraged Buyout Firms and Relationship Banking [J]. Review of Financial Studies, 2011, 24 (7): 2462-2498.

[264] Li K., Wang T., Cheung Y. L., et al. Privatization and Risk Sharing: Evidence from the Split Share Structure Reform in China [J]. Review of Financial Studies, 2011, 24 (7): 2499-2525.

[265] Hou K., Karolyi G. A., Kho B. C. What factors drive global stock returns? [J]. Review of Financial Studies, 2011, 24 (8): 2527-2574.

[266] Huang J., Sialm C., Zhang H. Risk Shifting and Mutual Fund Performance [J]. Review of Financial Studies, 2011, 24 (8): 2575-2616.

[267] Bolton P., Oehmke M. Credit default swaps and the empty creditor problem [J]. Review of Financial Studies, 2011, 24 (8): 2617-2655.

[268] Borisova G., Megginson W. L. Does Government Ownership Affect the Cost of Debt? Evidence from Privatization [J]. Review of Financial Studies, 2011, 24 (8): 2693-2737.

[269] Freixas X., Martin A., Skeie D. Bank liquidity, interbank markets, and monetary policy [J]. Review of Financial Studies, 2011, 24 (8): 2656-2692.

[270] Bansal R., Shaliastovich I. Learning and Asset-price Jumps [J]. Review of Financial Studies, 2011, 24 (8): 2738-2780.

[271] Gormley T. A., Matsa D. A. Growing out of trouble? Corporate responses to liability risk [J]. Review of Financial Studies, 2011, 24 (8): 2781-2821.

[272] Edmans A., Gabaix X. The effect of risk on the CEO market [J]. Review of Financial Studies, 2011, 24 (8): 2822-2863.

[273] Edmans A., Gabaix X. Tractability in Incentive Contracting [J]. Review of Financial Studies, 2011, 24 (9): 2865-2894.

[274] Duffee G. R. Information in (and not in) the term structure [J]. Review of Financial Studies, 2011, 24 (9): 2895-2934.

[275] Braggion F., Moore L. Dividend Policies in an Unregulated Market: The London Stock Exchange, 1895-1905 [J]. Review of financial studies, 2011, 24 (9): 2935-2973.

[276] Li D. Financial constraints, R&D investment, and stock returns [J]. Review of Financial Studies, 2011, 24 (9): 2974-3007.

[277] Deuskar P., Pollet J. M., Wang Z. J., et al. The Good or the Bad? Which Mutual Fund Managers Join Hedge Funds? [J]. Review of Financial Studies, 2011, 24 (9): 3008-3024.

[278] Banerjee S. Learning from Prices and the Dispersion in Beliefs [J]. Review of Financial Studies, 2011, 24 (9): 3025-3068.

[279] García D., Sangiorgi F. Information sales and strategic trading [J]. Review of Financial Studies, 2011, 24 (9): 3069-3104.

[280] Ball E., Chiu H. H., Smith R. Can VCs time the market? An analysis of exit choice for venture-backed firms [J]. Review of Financial Studies, 2011, 24 (9): 3105-3138.

[281] Ghent A. C., Kudlyak M. Recourse and residential mortgage default: evidence from US states [J]. Review of Financial Studies, 2011, 24 (9): 3139-3186.

[282] Leary M. T., Michaely R. Determinants of dividend smoothing: Empirical evidence [J]. Review of Financial Studies, 2011, 24 (10): 3197-3249.

[283] Stanton R., Wallace N. The bear's lair: Index credit default swaps and the subprime mortgage crisis [J]. Review of Financial Studies, 2011, 24 (10): 3250-3280.

[284] Agarwal V., Daniel N. D., Naik N. Y. Do hedge funds manage their reported returns? [J]. Review of Financial Studies, 2011, 24 (10): 3281-3320.

[285] Baranchuk N., MacDonald G., Yang J. The economics of super managers [J]. Review of Financial Studies, 2011, 24 (10): 3321-3368.

[286] Hennessy C. A., Zechner J. A Theory of Debt Market Illiquidity and Leverage Cyclicality [J]. Review of Financial Studies, 2011, 24 (10): 3369-3400.

[287] Ayotte K., Bolton P. Optimal Property Rights in Financial Contracting [J]. Review of Financial Studies, 2011, 24 (10): 3401-3433.

[288] Boot A. W. A., Thakor A. V. Managerial Autonomy, Allocation of Control Rights, and Optimal Capital Structure [J]. Review of Financial Studies, 2011, 24 (10): 3434-3485.

[289] Fahlenbrach R., Minton B. A., Pan C. H. Former CEO directors: Lingering CEOs or valuable resources? [J]. Review of Financial Studies, 2011, 24 (10): 3486-3518.

[290] Bebchuk L. A., Goldstein I. Self-fulfilling credit market freezes [J]. Review of Financial Studies, 2011, 24 (11): 3519-3555.

[291] Masulis R. W., Pham P. K., Zein J. Family business groups around the world: financing advantages, control motivations, and organizational choices [J]. Review of Financial Studies, 2011, 24 (11): 3556-3600.

[292] Faccio M., Marchica M. T., Mura R. Large Shareholder Diversification and Corporate Risk-Taking [J]. Review of Financial Studies, 24 (11): 3601-3641.

[293] Gopalan R., Xie K. Conglomerates and Industry Distress [J]. Review of financial studies, 2011, 24 (11): 3642-3687.

[294] Beber A., Brandt M. W., Kavajecz K. A. What does equity sector orderflow tell us about the economy? [J]. Review of Financial Studies, 2011, 24 (11): 3688-3730.

[295] Lustig H., Roussanov N., Verdelhan A. Common Risk Factors in Currency Markets [J]. Review of Financial Studies, 2011, 24 (11): 3731-3777.

[296] Kyle A. S., Ou-Yang H., Wei B. A Model of Portfolio Delegation and Strategic Trading [J]. Review of Financial Studies, 2011, 24 (11): 3778-3812.

[297] Wei C., Yermack D. Investor Reactions to CEOs' Inside Debt Incentives [J]. Re-

view of Financial Studies, 24 (11): 3813-3840.

[298] Bekaert G., Harvey C. R., Lundblad C. T., et al. What segments equity markets? [J]. Review of Financial Studies, 2011, 24 (12): 3841-3890.

[299] Hau H. Global versus Local Asset Pricing: A New Test of Market Integration [J]. Review of financial studies, 2011, 24 (12): 3891-3940.

[300] Griffin J. M., Hirschey N. H., Kelly P. J. How Important Is the Financial Media in Global Markets? [J]. Review of Financial Studies, 24 (12): 3941-3992.

[301] Grenadier S. R., Malenko A. Real options signaling games with applications to corporate finance [J]. Review of Financial Studies, 2011, 24 (12): 3993-4036.

[302] Chemmanur T. J., Krishnan K., Nandy D. K. How Does Venture Capital Financing Improve Efficiency in Private Firms? A Look Beneath the Surface [J]. Review of financial studies, 2011, 24 (12): 4037-4090.

[303] Saunders A., Steffen S. The costs of being private: Evidence from the loan market [J]. Review of Financial Studies, 2011, 24 (12): 4091-4122.

[304] Judd K. L., Kubler F., Schmedders K. Bond Ladders and Optimal Portfolios [J]. Review of Financial Studies, 2011, 24 (12): 4123-4166.

[305] Atkinson A. B., Piketty T., Saez E. Top Incomes in the Long Run of History [J]. Journal of Economic Literature, 2011, 49 (1): 3-71.

[306] Croushore D. Frontiers of real-time data analysis [J]. Journal of Economic Literature, 2011: 72-100.

[307] Hart O. Thinking about the firm: A review of Daniel Spulber's the Theory of the Firm [J]. Journal of Economic Literature, 2011, 49 (1): 101-113.

[308] Goodhart C. A. E. The Squam Lake Report: Commentary [J]. Journal of Economic Literature, 2011: 114-119.

[309] Hoshi T. Financial regulation: Lessons from the recent financial crises [J]. Journal of Economic Literature, 2011: 120-128.

[310] Tirole J. Illiquidity and all its friends [J]. Journal of Economic Literature, 2011, 49 (2): 287-325.

[311] Syverson C. What Determines Productivity? [J]. Journal of Economic Literature, 2011, 49 (2): 326-365.

[312] Van der Ploeg F. Natural resources: Curse or blessing? [J]. Journal of Economic Literature, 2011: 366-420.

[313] Gilbert R. A world without intellectual property? A review of Michele Boldrin and David Levine's against intellectual monopoly [J]. Journal of Economic Literature, 2011, 49 (2): 421-432.

[314] Guinnane T. W. The historical fertility transition: A guide for economists [J]. Jour-

nal of Economic Literature, 2011, 49 (3): 589-614.

[315] Holmlund H., Lindahl M., Plug E. The causal effect of parents' schooling on children's schooling: a comparison of estimation methods [J]. Journal of Economic Literature, 2011, 49 (3): 615-651.

[316] Rose A. K. "Exchange Rate Regimes in the Modern Era": Fixed, Floating, and Flaky [J]. Journal of Economic Literature, 2011: 652-672.

[317] Ramey V. A. Can government purchases stimulate the economy? [J]. Journal of Economic Literature, 2011, 49 (3): 673-685.

[318] Taylor J. B. An empirical analysis of the revival of fiscal activism in the 2000s [J]. Journal of Economic Literature, 2011: 686-702.

[319] Parker J. A. On Measuring the Effects of Fiscal Policy in Recessions [J]. Journal of Economic Literature, 2011, 49 (3): 703-718.

[320] Chen X., Hong H., Nekipelov D. Nonlinear models of measurement errors [J]. Journal of Economic Literature, 2011, 49 (4): 901-937.

[321] Fry R., Pagan A. Sign restrictions in structural vector autoregressions: a critical review [J]. Journal of Economic Literature, 2011, 49 (4): 938-960.

[322] Keane M. P. Labor supply and taxes: A survey [J]. Journal of Economic Literature, 2011, 49 (4): 961-1075.

[323] Xu C. The fundamental institutions of China's reforms and development [J]. Journal of Economic Literature, 2011: 1076-1151.

[324] Kotwal A., Ramaswami B., Wadhwa W. Economic liberalization and Indian economic growth: What's the evidence? [J]. Journal of Economic Literature, 2011: 1152-1199.

[325] Sapir A. European Integration at the Crossroads: A Review Essay on the 50th Anniversary of Bela Balassa's "Theory of Economic Integration" [J]. Journal of Economic Literature, 2011: 1200-1229.

后　记

　　一部著作的完成需要许多人的默默贡献，闪耀着的是集体的智慧，其中铭刻着许多艰辛的付出，凝结着许多辛勤的劳动和汗水。

　　本书在编写过程中，借鉴和参考了大量的文献和作品，从中得到了不少启悟，也汲取了其中的智慧菁华，谨向各位专家、学者表示崇高的敬意——因为有了大家的努力，才有了本书的诞生。凡被本书选用的材料，我们都将按相关规定向原作者支付稿费，但因为有的作者通信地址不详或者变更，尚未取得联系。敬请您见到本书后及时函告您的详细信息，我们会尽快办理相关事宜。

　　由于编写时间仓促以及编者水平有限，书中不足之处在所难免，诚请广大读者指正，特驰惠意。

图书在版编目（CIP）数据

金融学学科前沿研究报告 2011/李俊峰主编. —北京：经济管理出版社，2015.3
ISBN 978-7-5096-3679-4

Ⅰ.①金… Ⅱ.①李… Ⅲ.①金融学—研究报告—世界—2011—文集 Ⅳ.①F831-53

中国版本图书馆 CIP 数据核字（2015）第 058808 号

组稿编辑：张永美
责任编辑：张永美　陈小宁
责任印制：黄章平
责任校对：赵天宇

出版发行：经济管理出版社
（北京市海淀区北蜂窝 8 号中雅大厦 A 座 11 层　100038）
网　　址：www.E-mp.com.cn
电　　话：（010）51915602
印　　刷：北京银祥印刷厂
经　　销：新华书店
开　　本：787mm×1092mm/16
印　　张：24
字　　数：555 千字
版　　次：2015 年 7 月第 1 版　2015 年 7 月第 1 次印刷
书　　号：ISBN 978-7-5096-3679-4
定　　价：78.00 元

·版权所有　翻印必究·
凡购本社图书，如有印装错误，由本社读者服务部负责调换。
联系地址：北京阜外月坛北小街 2 号
电话：（010）68022974　　邮编：100836